字烛照未来

TopBook

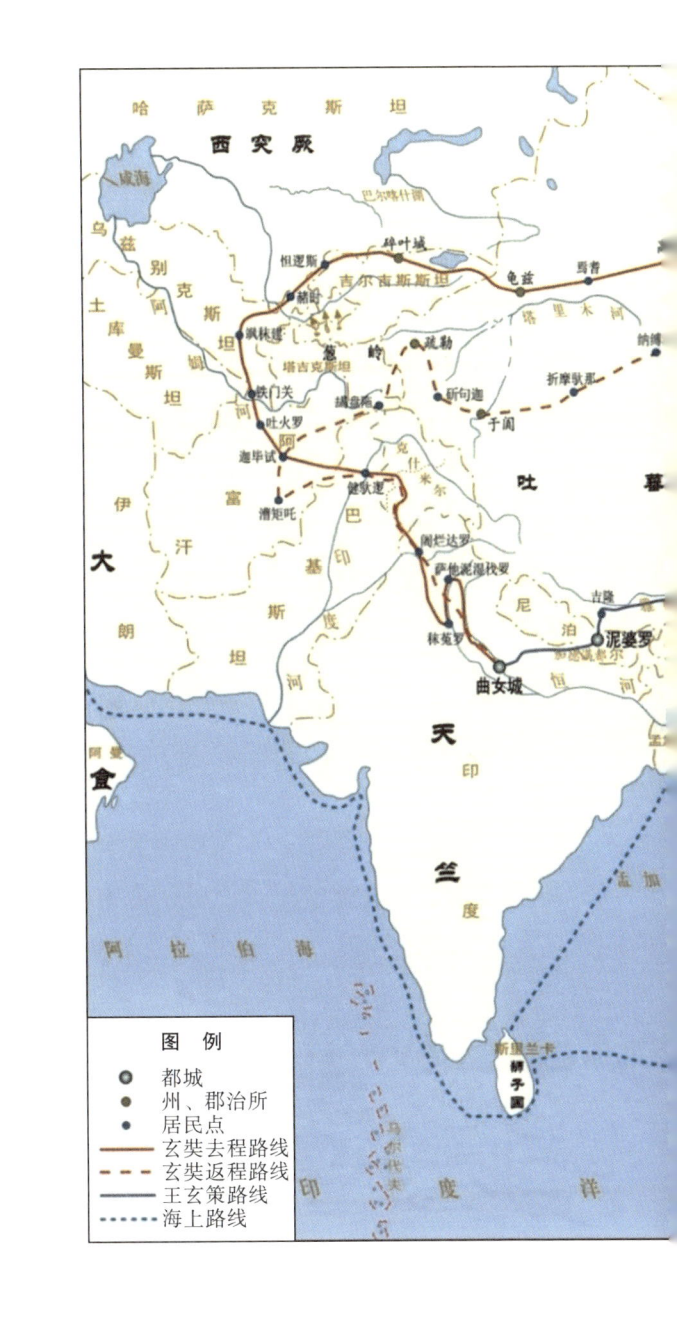

图例
- ◉ 都城
- ● 州、郡治所
- • 居民点
- —— 玄奘去程路线
- ---- 玄奘返程路线
- —— 王玄策路线
- ···· 海上路线

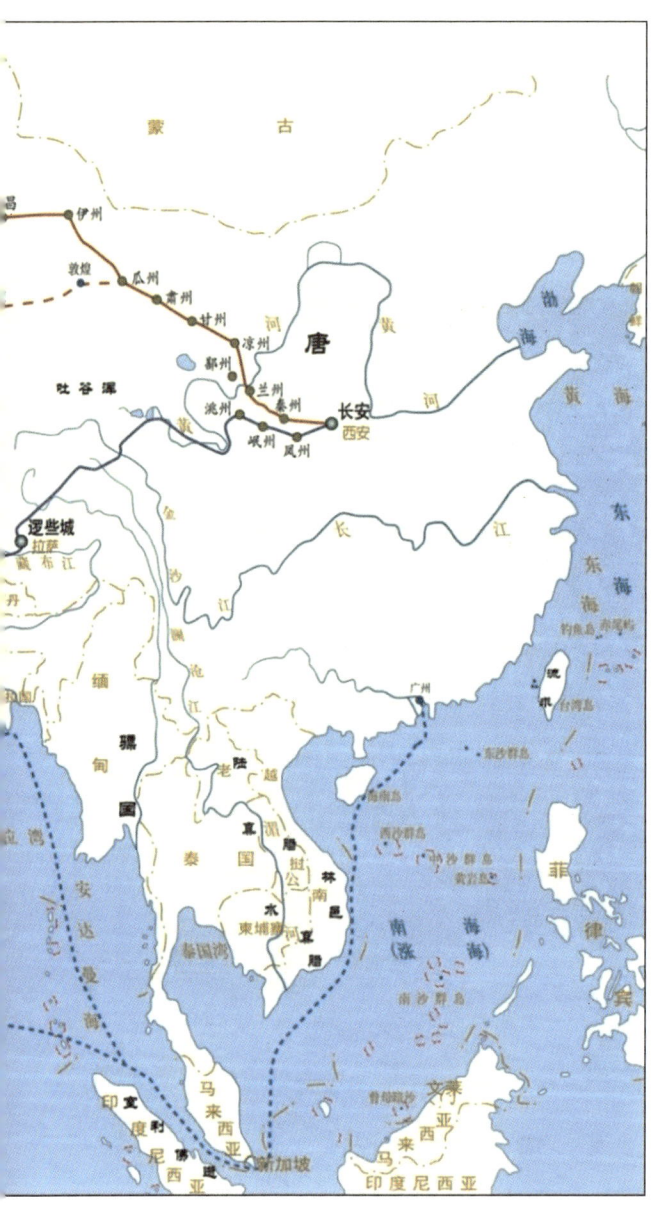

唐代通印度路线示意图

李宗俊 — 著

大唐西域使
王玄策西行记

陕西新华出版
陕西人民出版社

饕书客

图书在版编目(CIP)数据

大唐西域使：王玄策西行记／李宗俊著. -- 西安：陕西人民出版社，2025. -- ISBN 978-7-224-15802-1

Ⅰ．K827=42

中国国家版本馆 CIP 数据核字第 2025X1S186 号

出 品 人：赵小峰
总 策 划：关　宁
出版统筹：韩　琳
策划编辑：王　倩
责任编辑：张　现
封面设计：侣哲峰

大唐西域使：王玄策西行记
DATANG XIYUSHI：WANGXUANCE XIXINGJI

作　　者	李宗俊
出版发行	陕西人民出版社
	（西安市北大街 147 号　邮编：710003）
印　　刷	中煤地西安地图制印有限公司
开　　本	700 毫米×1000 毫米　1/16
印　　张	26
字　　数	300 千字
版　　次	2025 年 7 月第 1 版
印　　次	2025 年 7 月第 1 次印刷
书　　号	ISBN 978-7-224-15802-1
审 图 号	GS 陕（2025）62 号
定　　价	69.80 元

如有印装质量问题，请与本社联系调换。电话：029-87205094

目录

引子	一块"神石"复活一段历史	\ 001
一	贞观十三年的一场马球赛	\ 009
二	四道难题，引出一段姻缘	\ 022
三	两国和亲，高原上架起了一道彩虹	\ 039
四	穿针引线，唐玄奘会晤戒日王	\ 054
五	经西域到长安城的天竺使臣	\ 065
六	青海骢，莫邪剑	\ 074
七	双眉间长着"迪勒格"的少女	\ 086
八	他在天竺立起两块唐碑	\ 099
九	有情人难成眷属	\ 109
十	为石蜜再行一程	\ 116
十一	曲女城的天变了	\ 128
十二	豺狼坐上了宝殿	\ 139
十三	公主设计救情郎	\ 155
十四	三寸之舌借两国强兵	\ 170
十五	曲女城布下一个口袋	\ 183
十六	战象军团的天敌	\ 197

十七	火牛阵大败叛军	\ 207
十八	再见喜马拉雅	\ 221
十九	长安城的皇家盛宴	\ 234
二十	玄策与玄奘的会面	\ 246
二十一	一个时代的落幕	\ 257
二十二	昭陵前的吐蕃赞普像	\ 269
二十三	进献袈裟的最佳人选 ——三使天竺	\ 280
二十四	大使的气节	\ 290
二十五	历险中刻下《大唐天竺使之铭》	\ 299
二十六	沿途国的圣迹	\ 312
二十七	迎请佛顶骨舍利	\ 320
二十八	碎叶城的可汗帐	\ 327
二十九	长安城恭迎佛骨	\ 336
三十	著述流芳	\ 343
三十一	不识时再遭贬官	\ 351
三十二	西域烽烟再起 ——四使天竺	\ 362
三十三	大军突降护密城	\ 369
三十四	吐火罗的唐碑	\ 376
三十五	消失在茫茫人海中的身影	\ 388

| 后　记 | | \ 402 |

引子　一块"神石"复活一段历史

1990年6月的一天，两辆吉普车载着考察队一行十多人，匆匆穿梭在藏南雅鲁藏布江河谷中。

头顶是湛蓝明净的天，淡云缓缓划过天边。河谷中万木葱茏，漫坡的格桑花竞相开放，鲜艳如画，将整个河滩点缀得生机勃勃。嵯峨绵延的山峰拱卫雄峙，山上白雪皑皑，在阳光的映照下，反射出璀璨的光芒。

车队一行是西藏自治区文管会与四川大学历史系联合组织的文物普查队第一小组，他们正在对日喀则地区吉隆县进行文物普查。经过近一个月的跋涉，队员们早已疲惫不堪，加之此行收获不多，大家正考虑打道回府。但就在准备返程的前一天，一个意外的收获如同天降——他们从当地群众那里得到了一条重要线索。

提供这一重要线索的人是吉隆县宗喀乡乡长罗桑。作为一位在当地生活了多年的老人，他对宗喀乡的风土民情、一草一木了如指掌。他为人风趣健谈，言辞间总是充满智慧与幽默，与众不同的是他怀里无论何时都揣着一架十分精致的折叠式望远镜——据说那是二十世纪从英国人手中缴获的战利品。罗桑老人十分珍视这架望远镜，闲来无事时，总喜欢端起它神气十足地四处眺望。

或许正是这一爱好,练就了老爷子鹰一般犀利的眼神,而常年在地方做行政工作,更让他多了一份寻常老人少有的精明与干练,也为他增添了一些神秘的气息。

早在考察队来到吉隆考古之初,罗桑老人便已表现出极大的热情,经常主动为他们带路、翻译。就在考察队结束野外调查、准备返回的途中,老人偶然提到了一件近来困扰他的事情。

老人说,县里正准备在县城北面的马拉山下投资修建一条水渠,可这水渠的正中却不偏不倚地躺着一块"神石",要修建水渠,就要炸掉"神石"。这"神石"自他的祖辈记事起就矗立在这里,当地的老人甚至将它所在之处视为圣地,常常到那里去朝拜,供祭酥油和风马旗。① 眼下被大家供奉多年的"神石"面临粉身碎骨的危机,他想请考察队出面跟县里说一下,不要破坏这块"神石"。

"这块石头可不一般,那上面刻着好多汉字。前些年村里来支教的大学生说,这块还未被破解的石刻搞不好藏着一个惊天的大秘密呦!"

考察队员一听,立刻察觉到这条线索非同寻常,心里充满了激动、疑惑与期待。

回到县城,队员们立即向主管文物工作的县政府刘副县长打听这件事。刘副县长在县城工作也有些年头了,对于该石刻显然也知道一些,他告诉考察队:"这里的确是有这么一块石头,上面有些模模糊糊的汉字,这石头大概是清代'赵尔丰'时期的碑刻吧——赵尔丰主政西藏时,这儿常年有清军驻扎。正巧这次你们来了,那就请各位专家去看看,如果没什么价值的话,过两天群众开渠就会把它炸掉。"

---

① 风马旗:一种藏区特有的小旗幡,上面印着狮、马、虎、龙、鹏及佛像,彰显着藏族人民对天、地、人三界神灵的崇拜。

第二天一大早，考察队请罗桑老人做向导，驱车前往马拉山口。车出县城，向北行驶五公里左右，一条宽阔的山沟便出现在众人眼前。在离沟口不远处，罗桑让司机停下了车。

"这之后的路程我们只能步行啦！汽车的声音可能会惊扰到神明。"罗桑老人压低了声音说道。

大家只好下车步行，亦步亦趋地跟在老人身后，片刻后，峰回路转，一条小溪映入眼帘，阳光洒在溪水上，闪耀着清冽的波光，如同飘飞在山谷中的一条银色哈达。

老人的嘴角浮起自豪的微笑，他对着考察队介绍道："这条小溪名叫'鲁玛满久'，其北面曾是通往吉隆盆地的古道入口，地理位置十分重要！"

沿着溪流向前，老人带着众人爬上了一面山坡，在一块崖壁下，老人慢慢停住了脚步，双手合十，神情变得异常庄重，他无比虔诚地磕了几个头。随后，指着一块长宽不到一米的岩面，小心翼翼地用衣袖揩了揩上面抹涂的一层厚厚的酥油，对大家说："看看吧，就是这块神石！"

大家闻言都赶忙凑近身去，睁大眼睛顺着岩石细细观察，在上面的确可以看到一些竖刻的汉字，每个字约二厘米见方，都有阴线刻出的方框相间，但由于上面抹涂的酥油太多，再加上灰尘的蒙蔽和岁月的侵蚀，这些字被包裹在酥油下，影影绰绰，看不真切，要准确地识别实在困难。这时有人灵机一动，从车上取来汽油喷灯，烧热一锅水浇了上去，蒙在石面上的酥油渐渐融化。

酥油被融化退去，石面上的文字如同从历史深处缓缓浮现，逐渐清晰，开头的一行文字清晰地映入眼帘："维显庆三年六月，大唐驭天下之四十载……"

"这是一块唐碑！"霍巍队长低沉而惊奇的一声，犹如石投古潭,在每个人的心中激起层层涟漪。大家都感觉心跳加速,呼吸短促,几乎不敢相信自己的眼睛,谁能想到在这偏远幽谷,竟然还有唐碑的存在。

接下来,奇迹浮现,在清洗干净的石刻额题上,一排每字约五厘米见方的篆书显露出来,虽然有些漫漶不清,但可以准确地识别出"大唐天竺使之铭"七个大字。直到这时,大家方才确信,眼前这通下半部残损的摩崖石刻,既不是一块西藏常见的宗教信仰拜物,也不是赵尔丰所刻的石碑,而是一通唐代石刻,碑铭的书体、行文格式,都确凿无疑地证实了这一点。

继续清洗,后面的文字继续显现:"皇上纳隍殄念,濡足施仁,乃命臣朝散大夫、行左骁卫长史王玄策……于是出使天竺之国……显庆三年夏五月,届于小杨童之西,南呾仓法关之东北。时水潦方壮……"

一时间,大家都屏住了呼吸。山谷里除了喏喏的轻读声,就只剩下风吹刮崖壁的呼啸声,那风似乎来自显庆三年五月的一个夏季。对大家而言,仿佛是和一位失散已久的亲人,偶然重逢在天涯一角,执手相对无语,而内心早已波澜起伏、心潮澎湃。

紧接着,又有两个人的声音带着震惊和更加肯定的语气说道:

"王玄策……历史上确有其人!"

"是,难道真是唐代那位一人灭一国的传奇人物吗?"

一阵短暂的骚动过后,大家很快恢复了沉默,每个人的心都悬在了喉咙口,都能清晰地听到自己心脏的紧张跳动,眼神中闪烁着兴奋、震惊和难以置信。都暗自揣测:这很可能是一个即将震撼世界、刷新认知的考古成果,一个足以填补历史甚至改写历史的重大发现!

大家的释读尽管断断续续,但都已逐渐明白了碑文大意:显庆三年五月,唐朝天竺使节王玄策一行奉命出使天竺①,历经艰难险阻,方抵达吐蕃境内小杨童(小羊同)的西境。因遇到山洪暴发,前路受阻,被迫于此滞留多日。想到唐朝的武功伟烈与使团一行不畏艰险的壮举,王玄策等人心潮澎湃,于是效仿前人,于此勒石纪念。

在对这方石刻进行彻底清洗之后,最终大约清洗出二百二十余字,相当一部分文字已经泐损。当天已经来不及详细记录和拓片,考察队立即赶回县城,把这一重要发现及时向县政府做了汇报,并紧急电告西藏自治区文物管理委员会,请求立刻采取紧急保护措施。

次日,考察队在有关部门的协助下再赴现场对唐碑做了记录与拓片。很快,自治区文物管理委员会与文化厅方面也派员赶到吉隆,并与当地政府通过商议做出了两项保护决定:一是原定的水渠改道修建;二是对石刻就地加固保护。

一块举世闻名的唐代石刻在经历了一千三百多年的沉睡和风雨的洗礼后,终于揭开神秘的面纱——以一种震撼人心的姿态,沧桑古朴的面容,展现在世人面前。

随即,专家的细致解读揭示了这方石刻的非凡意义,它不仅是一方承载着厚重历史的石刻,更是中华文明悠久传承的生动见证。它记载的是一段尘封的往事,一段惊天地泣鬼神的英雄传奇……

回顾这一石破天惊的发现,让人在满心欢喜与由衷赞叹之余,又不禁深思:如果没有当地藏族人民对那段刻骨铭心的汉藏情谊的珍视,如果没有藏族人民千百年来敬重文化古迹的传统,如果

---

① 天竺:中国古代曾把整个南亚次大陆称为"天竺",又称其为"身毒"或"印度"。

不是罗桑老人对这块刻有汉字的"神石"情有独钟,如果不是这支考察队恰好赶在群众开渠炸石之前到达吉隆,那么这块重要的石刻或许会彻底地从世间消失。在赞叹机缘巧合的同时,令人不由得浮想联翩,莫不是冥冥之中真有什么神明,抑或是我们的祖先在启发、引导着我们呢?

无独有偶,就在《大唐天竺使之铭》被发现以后不久,南京又传出了一项与王玄策出使天竺有关的重大发现。2007年11月,正当南京市博物馆考古部对南京大报恩寺遗址进行考古发掘时,发现了始建于北宋大中祥符四年(1011)的长干寺真身塔地宫。2008年7月,考古人员在地宫内发现了一个铁函和一块《金陵长干寺真身塔藏舍利石函记》碑刻。碑刻铭文详细介绍了北宋大中祥符四年,金陵长干寺住持演化大师可政和守滑州助教王文等人,得到宋真宗的允许,修建九层宝塔,在塔下地宫瘗藏了"佛顶真骨"舍利,并明确记载其中有"感应舍利十颗,并佛顶真骨,泊诸圣舍利,内用金棺,周以银椁,并七宝造成阿育王塔,□以铁□□函安置"。

为了解读铁函内埋藏着的跨越千年的神秘历史,专家们小心翼翼地打开铁函。于函内发现了碑文中记载的七宝阿育王塔。将阿育王塔从铁函内请出后,又在塔内发现了两套金棺银椁。这些均与碑刻铭文的记载相互印证,完全一致。但经解读碑文与文献以后发现,函中的"佛顶真骨"并非由北宋皇帝所赐,亦未曾在北宋皇宫供奉,乃演化大师可政自行获得。

那演化大师可政又是从哪儿自行获得的呢?大家不由得想起历史上王玄策出使西域[①]迎请佛祖顶骨舍利的事。

---

① 西域:汉代以后对今甘肃玉门关以西地区的通称。狭义指葱岭以东,包括我国新疆全境及今阿富汗、巴基斯坦以东之地,广义泛指亚洲中西部、印度半岛乃至东欧、北非等地。

据有关唐史文献记载，在大食①东扩的背景下，唐朝西域大使王玄策曾奉命西行，将原由迦毕试国②供养的佛祖顶骨舍利迎请至长安，从此被唐朝奉为国宝，先后在长安和洛阳皇宫供养。

说来难以置信，南京大报恩寺遗址发现的这块"佛顶真骨"，竟与文献记载的王玄策从迦毕试国迎请到的那块佛祖顶骨，大小尺寸与颜色等外观几乎完全一致。

曾经被供养在唐朝皇宫的佛祖顶骨究竟是如何从长安或洛阳来到南京的呢？学界至今没有答案。但令人惊叹的是，此佛祖顶骨舍利的发现，距西藏发现王玄策《大唐天竺使之铭》的时间不到二十年，确实如中国佛教协会副会长学诚法师评价："佛顶骨舍利盛世重光，堪称千载一时、因缘殊胜！"

两项具有里程碑意义的考古发现一经公布，中国的各大报刊、中央电视台、中央人民广播电台等媒体，都争相做了报道，很快在国内外学术界甚至社会各界引起了巨大的轰动和热议。

学术界之所以如此震惊，不仅因为两项考古发现都为震古烁今的稀世珍宝，更是因为两项发现的焦点都与一个辉煌的历史时代紧密相连，与一位历史传奇人物的事迹紧密相关……

在重要文物与文献相继发现，学术研究高潮迭起的背景下，日本科幻文学大师田中芳树先生指出："即使是把他当成好莱坞具有华丽风格之冒险电影的主角也丝毫不会缺失分量。"随之，他仅仅将王玄策第二次出使印度事迹改写成《天竺热风录》，一度在中外文学界与读者中引起了不小的轰动。但在了解这段历史、熟悉了学术界已经取得的成果之后，在赞叹其作品的精彩之余，让人

---

① 大食：即当时的阿拉伯帝国。
② 迦毕试国：旧称罽宾，约在今阿富汗科波尔谷地。

也不得不为其挂一漏万深感遗憾。

多年来，昔日的石刻碑铭、诏敕文告与往来书信等史料，都已被一件件地发掘出来，那个波澜壮阔的时代——中印两大文明古国文化交流达到巅峰时代，一个个历史人物、史事片段，不时浮现在文史爱好者的眼前，无时无刻不在穿越时空的隧道，涌入他们的内心，激荡着每一个人。而无数关心英雄事迹的好奇与疑问，又时时催动、困扰并激励着学术界，大家皆为英雄的事迹与那段跌宕起伏的历史未能得到充分展示而遗憾和叹惋。

有感于此，作者自云："我虽驽钝，但自感忝列学界亦有年，岂能坐看先贤功业之不彰，前朝事迹之泯灭哉？"于是不揣谫陋，谨结合史学界已有成果，将英雄的事迹，重新编排次序，增补细节，较为完整地呈现给读者——让英雄穿越千年，站在我们面前，去感受他的爱，他的恨，他的驰骋……

一　贞观十三年的一场马球赛

贞观十三年(639)，农历十月。

大唐王朝的京城长安，天气开始逐渐变凉，街道两旁的树叶已由金黄变为枯黄，各坊肆屋瓦间升起的炉烟逐渐多了起来，街巷四面八方的人流也大了起来，熙熙攘攘，喧闹声此起彼伏，长安城呈现出一派车水马龙的繁荣景象。

那些风尘仆仆、源源不断涌进长安城的车马队，大都是千里迢迢赶来朝贡的各国使节与唐王朝境内各州及各地蕃王的朝贡使团，有的骑着高头大马，身穿异域风情的皮裘；有的骑着骆驼，披着厚重的披风；还有的坐在吱吱呀呀的大轱辘车上，车后跟着长长的载物马队或驼队——那是他们带来向朝廷朝贡的贡品，有特产山珍，有珠玉珍玩，有金银器皿，有淫巧奇器……

各国朝贡使纷纷来到皇城南面的鸿胪寺①报到，在交还了沿途关津签发的过所(通关文牒)，领取了住宿的签牌后，住进了鸿胪寺四方馆，而各州及各地蕃王的朝集使则径直前往京城各坊，住

---

① 鸿胪寺：官署名，秦曰典客，汉改为大行令，武帝时又改名大鸿胪。至北齐，始置鸿胪寺。唐朝鸿胪寺，掌外交与宾客、朝会、凶仪等事；领典客、司仪二署。其长官称鸿胪寺卿。卿一人，从三品；少卿二人，从四品；丞二人，从六品。

进朝廷为他们在京城专设的邸第。

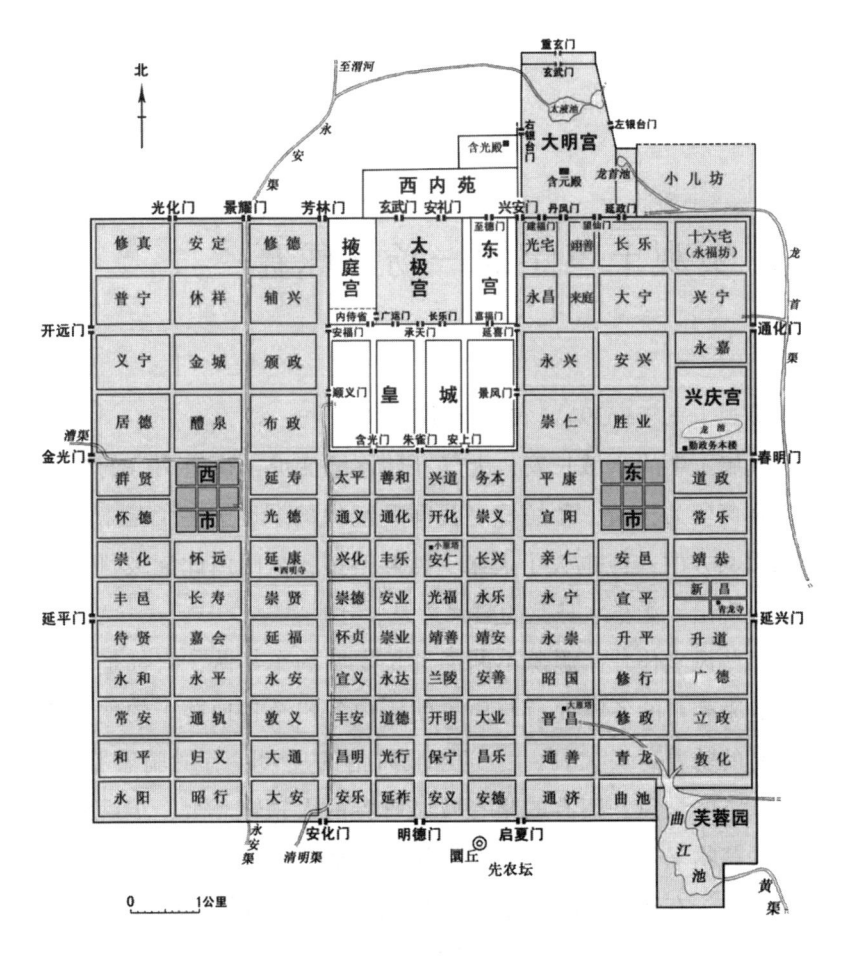

唐长安城平面图①

接下来,这些朝贡使或朝集使一直要等到冬至或元正日,在参加了唐朝天子于正殿举行的朝贡大典,觐见过天子,交付了朝

---

① 图片选自张全民编著:《隋唐长安城》,西安出版社,2015年,第6页。

贡品、考课簿，完成各项奏请、审批和报备，最后领取到赏赐，并拿到中央对地方官员的考绩之后，才能在鸿胪寺的安排下陆续返回。在经历了旅途的各种艰辛和刺激之后，于繁华的京城之中，能够免费旅行和享受好吃好喝的优渥待遇数十天，甚至还有额外的赏钱可领，实在是作为朝贡使与朝集使的一大乐事。①

在等候朝贡大典的这段时间里，鸿胪寺的官员为他们精心安排了各种娱乐活动，有时也安排他们在京城或近郊尽情游玩。其中最受欢迎的莫过于精彩绝伦的马球比赛。即便时令进入冬季，长安城各地大部分植被已经枯黄，但这丝毫不影响使节们对马球的热情。他们总是迫不及待地通过这项充满挑战与激情的运动来驱散冬日的严寒，享受几分热闹与快活，尤其是那些善于骑射的各国使节，更乐于借此机会，切磋交流马球技艺，并乘机炫耀一番自己的马上功夫。

今年的马球比赛安排在十一月十八日，地点在皇家禁苑球场。

禁苑，位于唐长安城的最北面，南面紧挨着宫城。作为皇家御花园，不仅是皇帝与后宫佳丽观花赏鱼、休闲娱乐的胜地，也是养殖禽兽以供射猎游乐的场所。禁苑内还驻扎着精锐的禁军左右屯营

---

① 唐朝的接待制度非常健全。专门负责外交的部门叫鸿胪寺，具体招待外宾的机构是鸿胪寺下设的典客署，有明文规定："凡朝贡、宴享、送迎预焉，皆辨其等位而供其职事。凡酋渠首领朝见者，则馆而以礼供之。"也就是说，外宾是按照官职高低与各自国家的大小和影响力被划分成不同的等级，待遇也不同。外交是双方的互动，唐朝方面也有出使的任务，出使的人选首先是鸿胪寺的长官鸿胪卿与副官鸿胪少卿，但他们的出使任务不多，他们只有在唐朝皇帝册命外邦，为较大国的首脑加冕之时，方才出使，大部分的出使任务则为临时的任命派遣，出使者多由鸿胪寺挑选，或熟悉外番事务，或精于政务应对，且均须兼具文韬武略。

飞骑①，守卫京城安全，其中就包括扈从太宗出行的龙虎军——"百骑"，个个都是经过精心挑选，在马上百步穿杨的骑射高手。

禁苑东有浐灞，北有渭水，西为皂河，这几条天然河流，如环垣的护城河，使其与外界隔绝。再加上有明确的禁令，不仅庶民百姓，甚至皇亲国戚，也不可以随意进入，所以称"禁苑"。

这一年，因太宗与众嫔妃要亲来观看球赛，所以特意选在禁苑举行，对于参赛者与众朝臣可谓特例开禁，规格也非比寻常。

禁苑内球场有几处，这次选定的球场在太液池以东的清思殿前。该球场西有珠镜殿，南面是清思殿，东面是太和殿，北面和西北面紧邻着太液池。从球场东南绕过太和殿便是左银台门，从中间横穿东夹城就是太和门，出了太和门就是禁军之左军驻地。可见，选此球场也是考虑到禁军与朝官进入方便，无须深入禁苑，掖庭局管理起来也很方便。

清思殿球场开阔，提前已经被扫除干净，维护一新，平望若砥。场地四周纷纷竖起了各色旗幡，大鼓高架，以便于在比赛中擂鼓助威，提振士气。

球场上设有球门，马球比赛称局为"都"，每局比赛以三刻为限，时间用沙漏、水漏计。参赛者分两队，出场者人骑一马，手持一杖，对立于球场两端的两个球门前，两队队员骑在马上挥杖争球、传球、运球、射门，将球击入对方的球门，每攻入一球即为得一筹。比赛中有专门的唱筹员"唱筹"，得一分插上一面红旗，最后旗数多者胜出。

---

① 左右屯营飞骑：唐代御林军军士名。唐初，以随李渊太原起兵的部分将士置北门（玄武门）屯营，所领兵号为"元从禁军"。太宗贞观十二年（638）又分置左右屯营，所领兵名飞骑，隶属屯卫。贞观十二年又拣飞骑中才力骁健、善骑射者，称为"百骑"，衣五色袍，乘骏马，以虎皮为鞯。

十一月十八日到了，清晨的球场万籁俱静，仿佛屏住了呼吸，天空异常晴朗，没有一丝云彩，金色的阳光穿透大气，温煦地洒在球场上。微风轻拂，带着冬日的丝丝凉意，却又不失难得的柔和与温暖，仿佛大自然也对即将举行的盛大球赛满怀期待。

已时已到，赛场奏响《凉州曲》，慷慨激昂的旋律在空中回荡，似乎在为即将到来的比赛注入无穷的力量。太宗皇帝在众人簇拥下从容登上看台，太常寺太乐署的乐队又开始演奏《龟兹乐》，悠扬的乐声中带着异域风情的浪漫与激情，仿佛瞬间带人穿越时空，骑着马或骆驼，踏上那悠远的丝绸古道。

乐曲奏罢，鼓声响起，紧张激烈的角逐正式开始。赛场上人呼马嘶，选手们奋力拼搏，观众们时而屏气凝神，时而激动欢呼。

几番激烈的比赛下来，在西突厥①、吐谷浑②、波斯③、吐火罗④、龟兹⑤、焉耆⑥等的使节中，以禄东赞为首的吐蕃⑦使臣毫

---

① 西突厥：从突厥政权中分裂出来的政权，主要活动在西域。隋开皇三年(583)，游牧在中国北方的突厥政权在隋王朝的分化瓦解下分裂为东西突厥。贞观初年东突厥被唐所灭，西突厥降服后，高宗永徽二年(651)阿史那贺鲁自立为可汗叛唐，直至显庆三年(658)被唐平定。
② 吐谷浑：隋唐时期在今甘、青及川西一带游牧的一个民族政权。该民族原为北方鲜卑慕容部的一部，十六国、北朝时期迁徙至此，吐蕃兴起以后一部分并入唐朝，一部分被吐蕃兼并。
③ 波斯：今伊朗，当时为萨珊波斯王朝。
④ 吐火罗：隋唐时期吐火罗国又被称吐呼罗、睹货罗等，在葱岭西，今阿姆河南一带。公元8世纪为阿拉伯所灭。
⑤ 龟兹：今库车，曾为西域绿洲城邦国之一，贞观二十二年并入唐朝。
⑥ 焉耆：又称为乌夷、阿耆尼，在今新疆焉耆回族自治县一带，也是丝绸之路上的城邦国，贞观十八年后并入唐朝。
⑦ 吐蕃：吐蕃是公元六至七世纪初兴起于青藏高原的一个政权，其首领称"赞普"，首相称"禄"或"论"，以今西藏山南地区泽当、穷结一带的藏族先民雅隆部为中心，逐渐将势力扩展到了拉萨河流域及藏北高原。七世纪初，松赞干布以武力降服古代羌人苏毗(今西藏北部及青海西南部)、羊同(今西藏西北部)诸部，将首府迁至逻些(今拉萨)，正式建立了吐蕃王朝。

无悬念地拔得头筹、脱颖而出，众人欢呼赞叹，太宗也是暗暗称奇，果然是马背上的民族！

比赛的关键一场为各使团中胜出者与太宗禁军龙虎军——"百骑"对决，只见参赛双方已经严阵以待，一方为代表唐朝的禁军军士七人，另一方是代表吐蕃的使臣七人，骑马排成了两队，只等一声号令。

细看参赛的禁军百骑军将，一个个衣五色袍，乘骏马，以虎皮为鞯，威武鲜亮，气势不凡，太宗及众位妃嫔、大臣们早就期待这场压轴比赛了。

比赛开始，擅长马术的吐蕃使，个个矫健如飞，打出了一个接一个的好球，赛场上顿时高潮迭起，场外欢声雷动，看台上高坐的太宗皇帝及其宫妃、大臣，台下观看的官员及长安仕女，也是连声叫好。

因球赛的消息早已在长安城传开，禁苑内的宫女也是准备已久。比赛当日，太常歌舞是开幕式的重要项目，俟后近千名女乐自然成了最受欢迎的观众。女孩子们银铃般的欢笑声此起彼伏，加上她们五颜六色的唐装，更加烘托出比赛现场热烈而欢快的气氛。

经过两局的较量，"吐蕃皆胜"，唐朝队皆败下阵来。观众群情激奋，球迷中有些已经喝出倒彩，以表达对唐朝球队的不满。坐在看台正中的太宗眉头也不经意地蹙了蹙，眼看唐朝队无计可施，他的脸色渐渐阴沉。

这场比赛非同寻常，高原的吐蕃人正强势崛起，此番前来正一心向中原学习，若在这时候输给他们，那我大唐的颜面何存？往后他们还会把大唐放在眼里吗？

"朕平日里锦衣玉食养活的虎贲百骑，竟然连几个穿着皮衣毡帽、皮肤黝黑的吐蕃人也战胜不了,真是一帮废物!"太宗心里暗自嘀咕,两腮的肌肉兀自抽搐了一下。

赛场上的气氛已经紧张至极,看台上的人大气都不敢出,多数人半张着嘴,太宗貌似镇定自若,其实已经失望透顶。眼看唐朝球队就要败下阵来,忽有一人,拨开人群,一个箭步跃上前,对着看台中央,主动请缨:"陛下!臣、臣愿斗胆一试,去战胜那吐蕃人!"

那人声如洪钟,太宗身子微微前倾,睁大眼睛仔细打量来人。见此人约莫二十余岁,昂藏七尺,气度不凡,一张棱角分明的脸上目光灼灼,飞眉入鬓,目似朗星,举手投足之间竟是英气逼人。

见来人气宇不凡,太宗心中暗暗一惊,朗声问道:"台下何人?"

"明、明经及第王玄策叩见陛下!"

"嗯?王玄策!"太宗有点诧异地瞪大了眼睛。

"卿不知有何本领?"

"臣自幼击球,方才看、看双方比赛,已、已经看出对方破绽。"王玄策抱拳施礼,急忙作答。

大家一听,此人说话声若洪钟,但明显有点口吃,有人已经在下面窃笑起来,但太宗见来人身材魁梧,语气坚定,心想初生牛犊不怕虎,不知他看出什么破绽了?见吐蕃人球技高超,现场军中一时也无更合适人选,只好半信半疑地允诺他一试,另派六名禁军军士与其一起出战。

看大唐换人上场,众人低落的情绪一下又被调动起来,期待的目光顿时聚焦到王玄策身上,只见他先将六名禁军军士召集在一起,肩对肩小声耳语了一番,然后一个鹞子翻身便上了一匹矫肥骏健的白马,大手一挥,喝道:"上!"

七马一字排开,等裁判员一声令下,便飞马向前,一刹那,赛场出奇地安静。只见王玄策头戴幞头,身着白色圆领襕衫,腰束一条乌黑发亮的皮革蹀躞带,脚蹬乌皮六合靴,手执鞠杖,居中立定。座下所骑,那马全身白如素缎,身高九尺,颈与身等,昂举若凤,细尾扎结。

吐蕃队也派出了以禄东赞为首的马球队,两队人马相向排开,只见禄东赞纵身一跃,上马如飞燕,身手敏捷,骑行如飞龙,步伐稳健。二队首四目相对,电光石火间,似已短兵相接。而场外,"百马攒蹄近相映,欢声四合壮士呼",狂热的马球迷们激动难耐,手舞足蹈,一片欢呼雀跃。

吐蕃人善骑射,尤其以打马球的实力为傲,据说吐蕃优秀的马球手能够马踏飞燕,百步穿杨。比赛伊始,吐蕃队就展现出他们的实力,第一个回合便轻松取胜。他们觉得已经摸清了唐朝马球的实力,胜券在握,不屑地看着王玄策及其球队,快乐地打着轻佻的口哨,在马背上又唱又舞,骄横气十足。

王玄策面无怯色,集合马球队,调整阵容,一会儿挥手齐进,一会儿示意退守,优化组合,攻防兼备,阵容与技法不断变化,令人目不暇接、眼花缭乱。

很快,吐蕃队员顾此失彼,疲于奔命。而唐朝队员,飞马奔驰,所向披靡。王玄策手执弦月状球头杆,球飞杖前,眼看着对方一个饿虎扑食,拍马直奔来救,玄策突然一个奋力鱼跃,敏捷而夺,队员们快速跟进,把吐蕃队员又甩在了后面。

这时王玄策一个扎猛倒挂马背,如海底捞月,将那球击于高空中,几般回旋,所有人的视线紧紧黏着马球,都定格在了那个决定胜负、欲落未落的马球上,顿时空气凝滞。观众都不自觉地张大了嘴巴、屏住呼吸、伸长了脖子,视线随着球移动,时间仿佛在这一刻也凝固了。

只见那球如鹰击长空，又如流星飞逝，画着优美的弧线，稳稳当当地砸进球门。刹那间，欢呼声像炸雷一样，看台上所有人的眼睛都亮了起来，官员们、宫女们、随从们、侍卫们都情不自禁地又叫又跳，这毕竟是唐朝队第一次胜出。太宗的脸上泛起红色的光芒，方才绷紧的神经也渐渐舒缓下来，立即口传圣谕，为所有队员赐御酒三杯以壮士气。

酒下豪肠，血气方刚，唐朝众马球队员个个摩拳擦掌。

接着大唐队连胜一局，场上的比分二比二。胜负就在这最后一局了，锣鼓一响，王玄策便腾空跃马，拍马而起，紧接着双方便开始激烈争夺。马嘶风吼，球杖飞扬，扣人心弦，王玄策头脑冷静，眼神坚定，或从容指挥，声东击西，或抢占先机，风驰电掣。他的队员听从号令，见缝插针，环环相扣，紧密配合。

唐朝队员机动灵活，冲、挡、抢、扛、攘、击、夺、捞的技法不断变化，全场活跃。王玄策的撒手锏是立马扣球和腹下捞。当对方击中的球飞旋空中时，他只身立于马背，骏马飞奔，他一猛回，扣球出去，队员便精准接上球，此为立马扣球；对方的球从他马下飞过时，他则脚夹马背，倒挂于马肚，从马腹下捞球——此为马腹捞。用这些技法，王玄策几乎是百发百中，令对方应接不暇。

几个回合下来，吐蕃队阵脚大乱，逐渐只有招架之功，毫无还手之力。

玄策往来奔驰如风驰电掣，时而沉着指挥，时而挥杖击球，他如同一只猎鹰，手中的鞠杖仿佛是他的翅膀，每一次挥杆都准确无误。他与坐骑的配合也是天衣无缝，仿佛彼此心灵相通、早有约定。

在比赛结束前最后一刻的争夺中,他猛力一拉缰绳,马匹人立而起,他趁机一杆击出,马球如离弦之箭一般飞向对方球门。

再看吐蕃主将禄东赞,虽也是骑马飞奔,运筹帷幄,但毕竟已年过四十,加之后两回合过于紧张,气力渐渐不敌,几次阻拦都无济于事。眼看玄策又要祭出绝招,他策马上前阻拦,玄策却虚晃一杆,只听"哎哟"一声,禄东赞跌落马下。刹那间,玄策一个海底捞月,用力挥杖之际,那球不偏不倚,像一只听话的飞鸟,稳稳落进了球门。对方回天无力,唐朝队大获全胜。太宗拍案叫好,众皇妃宫女红晕飞颊,球场外呼声震天,真是惊心动魄,大快人心。

这打马球也叫击鞠,是一种骑在马上以杖击球的剧烈运动,要求队员不仅有精湛的马术,还要有高超的武功。

据说马球最早源于波斯,但早在东汉时期就已经流行于中原地区。三国时曹植便在《名都篇》中留下"连翩击鞠壤,巧捷惟万端"的千古名句,写的就是马球运动。

正是由于这一运动形式具有较强的竞技特点,加之比赛气氛非常热烈,所以在尚武崇勇,经济文化发达的唐朝一直风行,成为一项影响最广、声势最大的运动项目。

这种运动使全民狂热,连身为九五之尊的天子也多有此好,在整个唐王朝的二十一位皇帝中,有十八位都是马球运动的爱好者,太宗李世民对打马球尤其推崇喜爱,认为它是强身健体和练习武艺的良方,兴致好时,还亲自下场打上几回。

上有所好,下必甚焉!

不仅军人武士、青壮男儿喜欢,就连贵族女子也喜欢飞杖击球。所谓:

两番供奉打球时,鸾凤分厢锦绣衣。

虎骤龙腾宫殿响，骅骝争趁一星飞。

　　这是禁军飞骑打球时的情景，真是气势如虹。而英姿飒爽的女子们跨坐在飞驰的骏马上，熟练地驾驭马匹，"殿前香骑逐飞球"的情景，也是令人神往。

　　太阳已经下山，归巢的小鸟与喜鹊在球场周围的树枝上叽叽喳喳，但人们的热情久久不能熄灭。
　　比赛结束，双方队员都前来参见天子领赏。由于方才跌落马下，禄东赞略显出狼狈失据之态，在众人的搀扶下趔趔趄趄来到看台下面。太宗急忙慰抚，先给队员赐酒，对吐蕃队的表现大加赞赏。吐蕃队员对唐朝御酒早已垂涎欲滴，再也顾不得失败的落寞，咕咚咕咚地饮将起来。
　　这时玄策前来，太宗转身低声夸赞玄策道："卿科考高中，只道卿妙手著文章，科考的对策文名震京城！岂不知卿文武双全，技压群芳，今日球场扬青年志气，壮我大唐威风，甚慰朕心！"
　　玄策急忙跪伏在地称谢道："谢、谢陛下，臣雕虫小技，不足挂齿。其、其实陛下有所不知，论马球技艺比臣高超者，京城俯拾皆是！"
　　太宗一听，心下明白，玄策此话有弦外之音，其实是讲给吐蕃人听的。"此人竟机智如此，尽管有点口吃，但说话能说到关键处。这鞠球虽说只是竞技娱乐，但从中可看出双方的马术及武功的高下，岂能让吐蕃人小看了我泱泱大国！"太宗心里想着，微微颔首，以示赞同，不觉心下对其更是赞赏。
　　对于吐蕃人的破绽，以及王玄策是如何反败为胜的，太宗似乎已经看出了一些门道，不过究竟如何，还是让他好奇，于是示意玄策前来，低声问道："爱卿不负朕望，但不知吐蕃队的破绽究竟在哪里？"

玄策起身向太宗略微靠近，低声答道："吐蕃人擅、擅长马术，但技法单一，不注意变化；又各自为战，不注重组合与彼此配合。臣避其所长，攻、攻其所短，所以取胜！"

"正是！爱卿高明！朕亦有同感！"太宗连连点头。

这时禄东赞前来叩见太宗，太宗急忙将他扶起，慰勉一番后示意他与玄策相见。二人彼此施礼，看着面前这位剑眉星目、彬彬有礼的新科士子，不见了球场上的敏捷与霸气，相反那张谦逊与温暖的脸上洋溢着满满的真诚与善良，举手投足间不乏英武之气与儒雅之风，禄东赞不禁暗自敬羡，连连称颂大唐藏龙卧虎、人物昌盛。

太宗大喜，又命重赏王玄策，颁赐吐蕃及各球队。

这场球场竞技比赛，令各国使节大开眼界，个个心下叹服：大唐果然是人才辈出、国力强盛。而宫廷禁苑之瑰丽绝伦和森严壮观，也给他们留下了深刻的印象。

看那禁苑之气派，苑城东西二十七里，南北三十里，东至灞水，西连汉长安城，南连京城，北枕渭水。苑中有望春宫、未央宫、含光殿、鱼藻池、广运潭、凝碧桥、上阳桥、临渭亭、球场亭、桃园亭、樱桃园、梨园、西楼、虎圈等建筑二十四所，处处是花草林木葱郁，亭台桥榭掩映，实在是画舫游艇荡漾的好去处。

禁苑内，太液池、龙首池碧波万顷，绿水荡漾。湖面上野鸭、天鹅嬉戏，时而振翅高飞，时而潜水觅食。湖边燕子、鹈鹕、鸲鹆、鸿鹄成群翻飞，翅膀拍击水面的声音与鸟鸣声交织成一曲生动和谐的交响乐。紫龟与绿鳖在水中戏逐，偶尔探出头来，四处张望。堤岸幽深曲折，高大的雕胡、紫箨、绿节错落其间，形成一道道绿色的屏障。

园内的宫殿如大福殿等临水而建,斗拱飞檐,碧瓦丹柱,辉映庄严。廊阁之间,流水潺潺,芳草迷离……

唐蕃球场比赛,上演反转大戏,名不见经传的王玄策一夜成了名满京华的人物,而吐蕃朝贡使首次登场而表现出色的消息也是不胫而走,迅速传遍了长安城。

且说这位明经及第的王玄策,表字名远,乃河南洛阳人士,年方二十五岁,出身仕宦之家,自幼文武兼修,智勇双全,科举考试中一举中了明经科,此时正在京城等候铨选。

唐初,选拔官员的科举考试中进士科与明经科最为重要,通过中央尚书省考试者称为进士及第或明经及第,进士科重词章,明经科重经义,中了进士和明经的人还要在吏部报到以待铨选,等待有空缺位置的时候才会被正式委任官职。王玄策青年中第,已让满朝文武刮目相看,如今在球场崭露头角,众人方知他文武兼备,马球技艺竟如此高超,更是啧啧称奇。但不知这柄初露锋芒的龙泉剑,在未来的际会中将会搅起怎样的风浪来?

二 四道难题，引出一段姻缘

贞观十三年(639)冬至日到了。

天刚破晓，三秦大地云蒸霞蔚，风光旖旎，东方一轮丹阳冉冉升起，大唐王朝的长安城太极宫，层楼高起，琳宫环抱，四周的宫殿楼阁重叠掩映，台榭壮丽，复道飞檐，气势颇为磅礴。

一条笔直宽阔的大甬道，直对一阙门楼，阙楼峥嵘轩峻，楼上镶嵌一块金色大匾，匾上写着斗大的三个字——"承天门"。

今天的阙楼前并不像往日般平静。唐朝文武百官和前来朝贡的各国使臣排成长长的两列，功臣列侯诸将军依次陈西向东，文官丞相以下陈东向西，分班立定，正静静等候着皇帝銮驾的到来。

阙楼上翠华摇摇、旌旗猎猎，广场四周设兵张旗，一切都昭示着今日的不同寻常。

每年的冬至、元正日，是大唐天子于正殿受朝贺的日子。

元日一岁之元，万象更新；冬至一阳生，万物潜动。自古圣帝明王，皆于这两个日子"朝万国，观云物"，礼之大者，莫逾是时！

今年的冬至朝贺别有不同。太宗登基以来，东突厥、吐谷浑、吐蕃等，相继或束手就擒，或俯首听命，加上西域的波斯、西突厥、吐火罗、康国①、安国②、焉耆、龟兹、于阗③、疏勒④，以及东蕃契丹、奚⑤、高丽⑥、新罗⑦、倭国⑧，等等，前来朝贡的蕃邦倍增，今年的阵容明显更盛于往年。

待夜漏方尽，鸡人报晓过后，接着是隐隐三声净鞭，后宫礼官三声传呼，太宗皇帝的龙车凤辇，缓缓推出。一时钟鼓承应，琴瑟齐鸣，《太和》奏响，韶乐飘扬。

在众玉女与宦官的簇拥之下，太宗皇帝——这位历史上有名的贞观大帝，宝伞华盖，旗幡飘扬，法驾卤簿迤逦而行。

步辇行至承天门前缓缓停下，在众人的簇拥之下，太宗款步下了步辇，在太常礼官的引导下从容登上承天门楼。门楼下各国使臣与唐朝文武百官各分为两列，一时间山呼万岁，匍匐于地。

待太宗皇帝俨然升坐，钟鼓止，百官起。

抬眼望去，中央广场上，各国朝贡的金玉宝物，特产山珍，罗列纷呈，堆积如山。这气派，后有诗人吟颂得好：

> 绛帻鸡人报晓筹，尚衣方进翠云裘。
> 九天阊阖开宫殿，万国衣冠拜冕旒。
> 日色才临仙掌动，香烟欲傍衮龙浮。

---

① 康国：西汉时康国称康居国，位于锡尔河至阿姆河之间，隋唐时的康国，王都飒秣建城，为昭武九姓国之一。
② 安国：也是西域昭武九姓国之一，与康国邻近，大约位于今乌兹别克斯坦境内。
③ 于阗：大致即今新疆和田，为西域南道的绿洲城邦，贞观二十一年后被唐朝所并。
④ 疏勒：大致即今新疆喀什，亦为西域南道的绿洲城邦，贞观二十一年后被唐朝所并。
⑤ 契丹和奚都是唐代居于东北辽水以西的民族政权，对唐王朝时叛时服。
⑥ 高丽：中国史书中出现的唐前期的"高丽"，其实是指该时期的高句丽政权，位于今朝鲜半岛的北部。
⑦ 新罗：位于今朝鲜半岛的东南部
⑧ 倭国：即日本。

朝罢须裁五色诏,佩声归到凤池头。

众官员顺着笏板抬眼看向太宗,但见其圣威穆穆,头戴通天冠,身着龙纹锦袍,身材壮硕,龙犀日角,目光如炬,两道整齐的八字须向嘴角微微翘起,浑身上下无不显露着龙威虎气。

他举目环视,剑眉逐渐紧锁,如炬的双眼与一脸的威严,显示龙颜渐渐不悦。"在各国朝贡使者中,今天又未见到高昌①来使,这已经是高昌第三个年头不来朝贡了。"

太宗心里想着,徐徐开口道:"高昌小国,数年来朝贡脱略,全无藩臣之礼,国中擅自署置百官,僭越拟朝廷制度,称臣于人,岂得如此!今兹年关岁首,万国来朝,而文泰不至,目无朝廷。事人缺礼,离间邻好,恶而不诛,善者何劝?明年,当发兵击尔!"

太宗的声音不疾不徐,在那鸦雀无声的朝堂上,如空谷回音般清晰,字字坚定,掷地有声。说罢,朝堂上一时震恐,朝臣、使节不知如何是好。

还没等大臣们回过神来,太宗继而不无感慨地说道:"想当年,隋朝盛世,东西道路大开,炀帝大业年间,西域有四十余国遣使来朝,独天竺不至。故《炀帝实录》记载:'诸国多有至者,唯天竺不通,帝以为恨'。朕每念及此,犹以为恨!今天竺未通,道路却被高昌阻断,是可忍,孰不可忍!"

听到此言,陪侍在旁的尚书左仆射梁国公房玄龄、司空赵国公长孙无忌急忙上前,低声劝解道:"陛下息怒,年关岁首,诸国朝贡贺喜,咱们暂不提高昌也罢!"

---

① 高昌:十六国北朝以来在今新疆吐鲁番盆地建立的一个汉人政权,隋唐之际王姓麹氏,国都高昌城(在今吐鲁番市东约40千米处)。

太宗听了，微微颔首，眉宇间怒意渐消。

随即，朝贺典礼开始。只见峨冠博带的大鸿胪跪奏："请朝贺！"

掌礼郎唱赞："皇上延谯王李真登！"

大鸿胪跪唱："谯王臣李真等奉白璧各一，再拜贺！"

语毕，一时门楼前人头攒动，空气中回荡着掌礼郎与大鸿胪洪亮的唱赞，一切井然有序地继续进行。

先是皇太子献寿，随后是上公献寿，再次是尚书二仆射奏诸州表，黄门侍郎奏祥瑞，户部尚书奏诸州贡献，礼部尚书奏诸蕃贡献，太史令奏天文云气，各朝贡使者依次传呼参拜上奏……待侍中宣布奏礼毕，殿上群臣百僚又是一阵山呼万岁。

正当各朝贡使在赞叹大唐朝贡之礼繁缛而有序时，各国朝贡使逐次拜见的时候到了。掌礼郎首先唱赞："皇上延波斯国朝贡使登！"

大鸿胪接着跪唱："波斯国国王臣伊嗣候遣使者琨斯等觐见！"

依次传呼，朝贡使趋步上前，先奉上贡物清单，再递上提前拟好的奏表。

波斯、吐谷浑、焉耆依次传呼拜见之后，传呼到吐蕃。但见吐蕃这次派来的朝贡使，是由大相禄东赞率领的一百人的庞大使团。就在主持朝贺的掌礼郎唱过吐蕃贡单之后，禄东赞趋行上前，高呼万岁，行过三跪九叩首的舞蹈大礼之后，及时进上吐蕃谢罪表，并再次奉上了请婚奏表和请婚大礼。

这次吐蕃献上纯金打造的盆、钵、碗、盘等器具共千斤，宝马千匹，珍宝百数，以为聘礼。太宗听礼官报毕，颇为吐蕃的隆礼和诚心所动。举目细看那禄东赞，只见他脱去了前日打马球时的戎装，身着一袭土黄色小袖团窠花锦袍，长巾束发，腰间挂一织锦鱼鳞纹圆帛囊，面容清瘦而明毅硬朗，目光睿智有神，举止颇为稳健。想到他前日的球场技艺，而今又如此进退合度，不由得又生出三分好感，便兴致勃勃地垂问起吐蕃事宜来。

太宗皇帝开口道："吐蕃之名，隋代以前在我中原似无所闻，贞观八年（634）以来，何以突然坐大，威逼周邻，雄霸西戎？"

禄东赞略加思索，从容答道："陛下有所不知，我吐蕃本西方大国，隋代以前，中原所谓'附国'即指我国一部。我国人源出西羌，乃禹王之后，与大唐同属中华儿女，但'吐蕃'也是'拓跋'之讹，又是后魏鲜卑皇帝赐封予我王室的大魏皇姓，后来成了我们的国号。可见，我国早在南北朝时期，已经受封于大魏，声闻于中原。"

"附国之名，隋代已有耳闻。大业年间，确实已来朝贡。炀帝下令缘西南边置诸道总管府，对之遥领管辖，隋朝《实录》也是记载凿凿啊！但对于'吐蕃'乃'拓跋'之讹，朕却是未曾予闻啊！"太宗从容说道，显得颇为好奇。

"隋代已来朝贡，那为何多年不来我大唐朝贡？反而兴兵犯我西疆，北争吐谷浑？"陪侍在御座一旁的左光禄大夫郑国公魏徵一脸严肃地质问道。

"多年前，我国遭遇不幸，先赞普身遭不测，奸臣图谋弑君窃国，危难之际，当今赞普临危受命，弱冠嗣位，承父祖遗烈，及时捕拿凶手，平息了叛乱，又率领臣民西灭象雄①，北并苏毗②、多弥及白兰诸部③，今又迁都逻些④，一时间忙于内部，无暇东

---

① 象雄：在今西藏阿里地区。
② 苏毗：在今西藏北地区。
③ 多弥及白兰诸部：均在今青海湖西南一带。
④ 逻些：即今西藏拉萨。

顾，因此耽误了向中原及时进献朝贡之礼！"禄东赞不疾不徐，从容解释。

不等太宗及众大臣开口，禄东赞继而又道："至于犯大国西疆我吐蕃确实不敢，但北争吐谷浑确有其事。臣闻中原有句'逐鹿'的古话，鹿在未死之前，打猎之人竞相争夺，直至一人得手，众人罢手。如今吐谷浑这头鹿被贵国征服，怎能怪罪起当年与自己一起争鹿的人呢？"

禄东赞含笑说罢，太宗与众大臣一时无语。太宗稍稍停顿，随后神情严肃地说道："既然多年朝贡缺略，又归款不久，今即来求婚！通婚之事乃国之大事，应等我君臣慢慢商议才是！"

"陛下明察，我吐蕃求婚，已经不是首次。早在贞观八年，在陛下派遣使臣冯德遐出使慰抚我吐蕃之际，我赞普已经上表请婚。当时听闻大唐使臣前来，我赞普无比欢喜，派人远道迎接，隆礼款待。酒酣之际，我赞普探问天子使臣冯德遐：'听说中原前朝大隋天子优渥四夷，将皇室几位公主分别嫁给了突厥可汗与吐谷浑可汗，今我吐蕃东临青海之隅，西据黄河之险……国富兵强，不知可得尚大唐公主否？'冯德遐随即答道：'前朝开皇年间，四夷宾服，突厥等朝贡不绝，所以得尚大隋公主。今我大唐天子睿哲圣明，降雷霆之威，吐谷浑蕞尔小丑，必将毁灭，出兵之际，赞普若能风从向化，率师接应，将那吐谷浑剿灭之后，天子自有封赏。'"

说到此，禄东赞向太宗君臣略微扫视了一眼，见大家都已默认，接着道："我赞普听了，当即应允。加之吐谷浑离间我唐蕃关系，阻挠我吐蕃向大唐请婚。随即贞观九年（635）在大唐出兵吐谷浑之际，我赞普亦亲率大军，会师青海，一举铲除了吐谷浑伏允政权，立了大功。而且当日，我赞普随即备了丰厚的聘礼，并派使臣随冯德遐出使大唐，早已献上朝贡表奏与求婚聘礼。这一切，难道陛下与众大臣一一都忘了不成？"禄东赞又是不疾不徐地说，恭敬有礼，还不卑不亢。尤其最后一句反问，着实厉害，在场的大臣听了都暗暗称奇。

"荒服之邦，岂有初次建交，就嫁公主于你的道理！即使是农家小户，嫁女也要讲究个三聘五书六礼的程序！何况我大唐公主，天潢贵胄，岂能轻嫁！"魏徵愤而怒怼道。

只见太宗，此时也是一脸威严，接着魏徵的话又说道："凡事也要讲究个次序，求婚有先后，吐谷浑可汗诺曷钵求婚在先，今吐谷浑已经降服，理应在先。再说诺曷钵年幼即位，威望不高，朝廷担心他难以驾驭其部众，所以先赐尚公主并册封其王，以此来提升他在本国的威望。这也是为吐谷浑国内的稳定着想啊！"

太宗话音刚落，魏徵又是一脸严肃地说道："你吐蕃前番使臣不遵次序，听说回到吐蕃后，因无功而返，自觉羞辱，为了向赞普交差，竟然编造谎言说：'本来唐朝已经答应把公主许降我吐蕃，不料吐谷浑使臣进献重礼，又在其中挑唆离间，致使唐朝廷反悔，公主反被吐谷浑争得了。'这显然是你吐蕃使臣迁怒于吐谷浑。结果你吐蕃赞普不辨真假，擅自出兵，攻打我唐所立吐谷浑诺曷钵，而且贞观十二年又出兵我松州，还振振有词说：'若大国不嫁公主与我，即当入寇。'幸亏我大唐及时出兵，松州一战大捷，才让贵国君臣清醒了许多，这才派你等前来！"

"前番求婚，非臣出使，使臣一时传言，可能有误！致使二国互生猜忌，妄有杀伤，正因此我赞普才特意遣臣前来。微臣不才，但备位吐蕃大论，一如大唐之宰相，加之聘礼隆重，可见我吐蕃君臣之诚心！我吐蕃仰慕大唐，今日归款，心悦诚服。况且臣之使命，乃和好二国，旨在请婚，前番误会，还请天朝谅解，陛下开恩!"禄东赞的语气诚恳而坚定,说罢再次跪伏于地。

太宗君臣听了,再无话可说,大家心里明白,对方确实是一片诚心,理应不能辜负人家才是。但太宗心里清楚:大唐嫁公主给周边部族,尽管是在明确双方的宗藩关系,而且也是对其羁縻控制的一种手段。但得尚皇家公主,对周边部族政权来说又是一种荣宠,一种借重大国声威抬高自己权威的方式,大唐在对他们羁縻控制的同时,也赋予了其号令和赋役周邻的特权,必须慎之又慎。尤其巧合的是,这次前来求婚的各国,大都是与大唐已经结好的与国,且已几番求婚,还需斟酌平衡为好,若处置不当,反倒引起厚此薄彼的非议。太宗思忖至此,一时面露难色,不知如何是好。

众大臣见太宗为难,或面面相觑,或窃窃私语,也都不知如何是好。最后还是英国公李勣上前,为太宗解围道:"溥天之下,莫非王土;率土之滨,莫非王臣。前有薛延陀、西突厥求婚,今又有吐蕃请婚,日月无私,蛮夷同照,应一视同仁。为公平起见,臣以为陛下可命题考量,令诸蕃争尚,以哪国使臣才智胜出者优先!"

李勣一言,如灵光乍现,太宗顿觉开窍,立刻舒展了眉头,无比威严地传下口谕道:"朕欲设难与求婚诸使,在诸求婚使者中,哪一国使臣聪明勇敢,朕便将公主许配哪国。为此,烦劳诸位使臣一争高下!"

一时间,朝堂里人声喧哗,或夸赞禄东赞应对敏捷,或赞扬李勣所出的办法好。最终太宗经过与近臣及后宫佳丽几番商议之后,拟定出如下四道题目,口谕传下,要求各国使臣在当日之内作答:

题一，宫殿上有一颗巨大的玉珠，珠上有两孔，孔之间有一条孔道连接彼此，且深陷珠中，在玉珠中又九曲回转。给答题者一根丝线，能将细而软的丝线穿过孔道者胜出。

题二，从皇家监牧畜养的禽畜中，找来百只母鸡及百只小鸡，另找来百匹母马和百匹马驹，能分辨出它们的母子关系者胜出。

题三，御园堆积着工匠们截好的百段建筑用的断木，能识出每根木头的根与梢者胜出。

题四，按惯例当晚朝廷要设国宴款待各国使节，宫廷夜宴之后，答题者需经过曲折蜿蜒的廊道和三百六十道宫门，能在昏暗中夜行不迷路，顺利找到自己住处者胜出。此题也是这四道难题中的最后一道，难度也最大，无论前面的题目解答得如何巧妙，这最后一题完成不了，也会前功尽弃。

以上题目一出，那些平日里口若悬河、使才用智的使臣个个面露难色，一时间像热锅上的蚂蚁，或抓耳挠腮，或满面羞惭，或交头接耳，好不狼狈。太宗一旁侍驾的众女官和坐在屏风后的宫女嫔妃们个个忍俊不禁，对随后的比赛更是满怀期待。

随后，礼官宣："比赛定于当日未时在禁苑举行！有事者奏事，无事退朝！"

太宗皇帝在众人的簇拥下，下了承天门楼，上了銮舆起驾回宫。众人皆匍匐于地，山呼万岁。使臣们或看热闹或担忧前程，各怀着心事渐次退出了广场。

转眼未时已到，太阳此时已经偏西，空气中弥漫着仲冬的寒意。但早早进入比赛场地的那些求婚使臣们，一个个如热锅上的蚂蚁，急得抓耳挠腮，不知如何是好。

鸿胪卿宣布比赛开始后，只见五名宫女鱼贯而入，导引着几位力士将宫殿上那颗巨大的玉珠抬出。这便是第一道题——丝线穿九曲孔洞。待玉珠放置妥当，又有宫女上前在珠旁放置一根丝线，事毕，典礼官朗声道："玉珠已安置妥当，诸位使者皆可上前观看尝试，以一炷香为限，最快将丝线穿过玉珠者获胜。"

一声令下，只见西突厥、高丽、波斯、倭国的使臣们皆快步上前。那珠中的孔道生得巧妙，只有一指的宽度，且其中又是弯弯绕绕，将细软的丝线穿入其中实属不易。几人争先恐后来试，结果都无奈地停在了第一个弯处，怎么也穿不过去，苦思冥想，一筹莫展，最后都是垂头丧气，纷纷败下阵来。

最后轮到禄东赞，只见他背着手围着玉珠转了一圈，然后从袖中从容取出一个锦囊来，囊中装着一个小罐，里面竟盛着一只硕大的蚂蚁。他先是将丝线缠绕捆绑在蚂蚁的腰上，而后又在玉珠的另一端出口处抹上蜂蜜，在孔洞这头的蚂蚁闻得蜂蜜的香味，拼了命地挤入珠中奔爬，不一会的工夫，蚂蚁便带着丝线穿过了九曲孔洞。

看台上的众人先是惊讶疑惑，一头雾水，顷刻之间便恍然大悟，掌声四起。太宗看到此景，亦是颔首赞许。

众人欢呼，皆夸赞禄东赞的智慧，他则波澜不惊，客气道："我们吐蕃有句古话：'智者善借力！'本使只是借力而已！"

接着便是第二道考题，辨认百只母鸡与小鸡、百匹母马和小马的关系。比赛开始，但见各位婚使轮流上前辨认，有的按毛色来区分，有的照品相来分配，但终究无法证明它们的母子关系。轮到禄东赞时，众使皆已败北下场，他却是面无难色，只在那场地中顺手撒了一大把小米，那小米粒粒饱满硕大，又金黄喷香，

031

母鸡们见状都"咯咯哒——咯咯哒——"地叫起来,在母鸡的召唤下,小鸡们纷纷跑到母鸡的颈下,在母鸡的庇佑下吃了起来,从看台上向下望去,每一对母鸡与小鸡都可轻松辨别。

在母鸡与小鸡进食的时候,禄东赞已经请太仆寺的官员将赤岸泽监牧的百匹母马与小马驹赶到了禁军校场,并早已将母马与小马分成两栏多时了。因在烈日下暴晒又狂奔多时,一匹匹小马都垂头丧气,口渴难耐,此时禄东赞突然放出母马来,那一只只小马见母马出现,都狂奔着去找母马吃奶,禄东赞又轻而易举辨认出了它们的母子关系,在场者也是连声喝彩叫好。

到第三道难题时,众使臣从断木的年轮和表皮去推断何为梢、何为根,此法虽然可行,但极其耗费时间,要想在一炷香之内辨认出来,简直是不可能完成的任务。

再看禄东赞,还是那么气定神闲,只见他径直走上前来,俯身叩拜,请求太宗准其更换比赛场地。见他胸有成竹,太宗便应允了。

禄东赞将众人带至太液池畔,又令武士们将上百段的木段纷纷投入池水中,很快,众人便恍然大悟。原来,树的根部较重,必然下沉,而树梢则较轻,自然浮于湖面,依此便可轻松认出树根与树梢。此法虽易,但能想到者非有丰富的生活阅历且极具聪明才智不可,一时间观者又是无不惊叹。

前三道难题被禄东赞顺利解答了,不知道最后一道难题他能否完成,大家都心怀好奇。

下午酉时刚过,长安城已是晚幕低垂夜色斓。按照惯例,当天晚上,天子要在太液池大宴群臣。

夜宴开始,自然是杯觥交错、歌舞上场。使臣们纷纷流连迷醉,待离席回返之时,面对重重宫墙,竟如坠云雾之中,皆已寻不得来处。因长安城的宫城重楼复殿，五步一楼，十步一阁，那正是："盘盘焉，囷囷焉，蜂房水涡，矗不知乎几千万落。"

禄东赞也喝多了美酒，众人为他担忧，他自己却浑然不在意，只是吩咐随行朝着前面的光点前进。顺着他手指的方向，大家顿时惊叹起来，那地上竟星星点点地闪着一条荧光带，原来禄东赞出门时便在身上系了一袋荧光粉末，吐蕃人素来喜好以彩色涂面，那荧粉颜料，白天时并不明显，到了漆黑的夜里，却能闪闪烁烁发出光来。他早已在来路的拐角处暗暗撒了作为记号。

至此，四道难题均被禄东赞一一破解，吐蕃使臣喜不自胜，次日上朝，太常卿宣布比赛结果——吐蕃胜出！在场者掌声雷动，无不为禄东赞的智慧深深折服。

看来吐蕃得尚公主已成定局，但众大臣中还是有人顾虑重重，各国使臣中也是反对声不绝于耳——毕竟吐蕃归款不久，何以能后来者居上？

关键时刻，禄东赞又向太宗上奏了一事，又为吐蕃的求婚添了一枚重磅筹码。

原来，禄东赞想起朝贡大殿上太宗以至今不能与天竺互通而深以为恨的那句话，随即上奏："我吐蕃与北天竺毗邻，我赞普为创制文字，前已派大臣吞米·桑布扎前往天竺学习梵文，后又迎娶了泥婆罗①赤尊公主为妃，今泥婆罗为吐蕃属国，两国已有驿骑往来。经由我吐蕃与泥婆罗至天竺各国，不必绕道西域，行程可大为缩短。"

太宗听后，心头为之一怔，尽管当时不置可否地微微点了点头，但禄东赞随后对于行程的讲述却令他一一记在了心里，而且

---

① 泥婆罗：即今尼泊尔。

一连几日反复默念:"青海湖西南为吐谷浑衙帐,又西南为白兰羌,又西南至苏毗,又西南至敢国,又南少东至我吐蕃国,又西南至羊同国。又西南度呾仓法关,又东少南度末上加三鼻关,东南入谷……野行四十余日,至北天竺泥婆罗国。"

这日上朝,正当鸿胪寺官员再次奏请出嫁公主的事宜时,大家的目光一齐看向了太宗。只见太宗一脸的严肃,随即一字一句,认真地说道:"'言忠信,行笃敬,虽蛮貊之邦,行矣。言不忠信,行不笃敬,虽州里,行乎哉?'"①

大臣们听后都不再有异议,各国使节大都还没明白太宗此话的意思,太宗转而又从容说道:"前已有约,胜出者得尚公主!"

吐蕃使节禄东赞等方才明白,一时欢呼雀跃,连声拜谢。

出降公主于吐蕃的事宜已定,但古来婚嫁,男女都遵从"父母之命,媒妁之言",而且都要经过纳采、问名、纳吉、纳征、请期、亲迎等六项大的礼节程序,皇室嫁女自然一样都少不了。双方纳采(提亲)已过,下来是问名,即要问双方的名字及生辰八字,纳吉即媒人问名与八字之后,要占卜合婚,再将结果告知双方。因此,唐朝出嫁的公主并非提前确定的,而是要经过合婚遴选。

参加遴选的包括皇上、亲王在内的宗室诸王女,名单与画像写真早已登记、收录在宗正寺的花名册上。在禄东赞将吐蕃赞普的生辰八字报给宗正寺以后,宗正寺的长官宗正卿又要请太史李淳风占卜合婚等,遴选工作紧密而有序地进行着。

远嫁外邦的公主,必须通过选秀一关,不仅要花容月貌,而

---

① 此话出自《论语·卫灵公》,意思是说话忠诚信实,行事笃厚谨慎,即使到了边远的蛮荒国家也是行得通的。相反,如果说话不忠诚信实,行事不笃厚谨慎,即使在自己的乡里,也很难通行。

且要知书达理、品行、才智出众。通过选秀、合婚的有五位宗室女，但只有最终被确定者才可晋升为公主。

原来各宗室女的称号、地位和身份也是不一样的，天子的姐妹为长公主，天子之女为公主，太子之女为郡主，亲王、郡王女曰县主，这些都有礼部和宗正寺的明确规定，一般不会改变。郡主和县主只有以天子之女的名义远嫁外邦或确是由天子许配命婚而赏赐于大臣者，方可晋升为公主。这次被选中的，是以天子之女的名义远嫁者，自然要晋封为公主。

当收到太常寺与宗正寺的通知以后，各家都是忧喜参半，尽管女儿远嫁外邦荣为王后，家族也会受此福泽得到庇佑，受朝廷封赏，但也意味着生离死别，以后她很难再与家人团聚。加之高原地气酷寒，所以一连几天上朝，太宗几番过问，均未能将人选确定下来，他颇为着急。

最后入选的五位人选中，最引人注目者就是有京城"才女"之称的李雪雁。原来雪雁并非寻常的女子，她是太宗亲堂弟——唐朝开国功臣江夏王李道宗的嫡长女，芳龄十六岁，不仅出自天潢贵胄，才貌无双，而且自幼读书明理，志向高远，誓言非俊彦高才不嫁。其父李道宗更是朝中声名素著的大将，无论是李唐开国还是几番边疆出征，他都积极参战，屡立战功，且为人持重，颇受太宗器重。

见太宗着急，道宗罢朝回家后还记挂在心，一时闷闷不乐，小女雪雁见状，便前来问安。

道宗见女儿前来，犹豫再三，最后还是如实相告："今吐蕃赞普向我大唐求婚，陛下为选不出合适的人选出嫁而发愁！和好二国，安定边疆，也是我宗室的责任，我父女怎能不为陛下分忧，为国家解难呢？"

雪雁听了，已然明白父亲的用意，思忖再三后回父亲话："孩儿婚嫁，唯父母之命是从！国家事重，小女义不容辞。但不知吐蕃赞普是何等人物。自古以来，为王为侯者不少，但为人残虐无道、为富不仁的桀纣、盗跖也不少。孩儿远嫁不足为惜，只担心若遇人不淑，误了我大唐与爹爹的英名。"

听女儿此言，道宗又如实相告道："听说吐蕃当今赞普，乃一代英主，他少年即位，性骁武，多英略，为人慷慨才雄，不仅是爱民如子的蕃主，还是霸有西戎的雄才。只是吐蕃路远山高，加之地气酷寒，为父于心何忍呀！"说着，道宗不禁流下泪来。

雪雁明白父亲之意，含羞答道："孩儿自幼读书，早已知晓，自古就有中原出降公主于四夷的惯例。自汉朝初年，七十余年间，几乎每年都要嫁公主于匈奴。西汉后期，南匈奴降汉以后，汉朝又连续降公主给匈奴。史书明确记载的就有十余位，有名有姓者也有四五位。前有远嫁乌孙的细君、解忧二位公主，后有嫁于匈奴单于的王昭君，孩儿不敢奢望成为万世留名的王昭君，但也希望能够成为和好远邦的细君与解忧。若能为家国立功，留名青史，即使远嫁他乡，身受酷寒，也值得。"

"是呀！'招远在修近，闭祸在除怨。'结好两国，和同一家，消弭不义的杀戮与战争，这也是泽及后世的大功德啊！人们只知道那些金戈铁马、驰骋疆场的将士为国家的英雄，岂不知这些妙龄女子，一个个也都是顶天立地、安邦定国的巾帼英雄。我大唐此前已嫁弘化公主于吐谷浑可汗，若你能嫁于吐蕃赞普，今后你二人将犹如那屹立于大唐西疆的长城铁壁，定能保我西疆无虞，天下百姓康宁……"

雪雁听了父王一番话，顿感自己肩挑重担，使命光荣，于是她坚定地对父王说："父亲，孩儿诚愿远嫁吐蕃，换取国家西疆的安宁！此应是我们父女的荣耀，您不必伤感！"

第二天一早，道宗便向太宗上奏了家人的决定与女儿雪雁的志愿，太宗大喜道："我皇家不乏巾帼，前有弘化公主出降吐谷浑，今有雪雁远降吐蕃，结二国之邻好，保西疆之永安，志气可嘉！"

随后，又经大臣廷议，一一称意，方颁诏晋封，礼册雪雁为"文成公主"，准备出降吐蕃。

当日，太宗于观德殿召见吐蕃使，禄东赞听后急忙跪拜，行舞蹈大礼，连声称谢。

太宗看着禄东赞，想起前日球场比赛时他的表现与他在请婚时的应对合度，打心眼里喜欢起这位来自高原的使臣。为示荣宠，太宗打算另颁赐恩命，将琅琊公主的外孙女段氏嫁给他。要知道，段氏乃唐朝皇家的外甥，也是皇家血胤、龙裔凤种。但太宗口谕一下，禄东赞却迟疑了。犹豫片刻，他跪伏于地，向太宗奏明："臣本国有妇，为父母指名聘娶，微臣不敢忍心背离。况且赞普未谒公主，陪臣安敢辄娶？万望陛下开恩谅解！"

此言一出，太宗与众大臣，面面相觑，转而各自在心里啧啧称奇。没想到，曾被他们视为化外之人、荒服之戎狄的禄东赞竟如此克己重礼，忠贞有节，既不忘记自己肩负的使命，还忠于爱情。相形之下，那些饱受礼仪教化，平日里满口忠信礼仪，纵使有三妻四妾，仍然视续弦纳妾如拾草芥，攀附皇亲如同得道的士大夫，确实应该汗颜！对禄东赞此举，君臣当然只有赞赏和敬重！知道不能勉为其难，太宗只好暂时作罢。

随即，太宗降口谕道："吐蕃乃今日西方大藩，频来献款。又其使臣聪敏机智，比赛中频频胜出！朕已许降文成公主于吐蕃。结汉蕃之懿亲，保西疆之永好！不日将派人护送公主出降，与赞普完婚,但此去山高路远,不知何人能不辞辛劳,甘当护送的任务?"

太宗话音刚落,只见大臣中闪出一人,高声应诺:"臣愿护送公主前往!"大家转头望去,原来正是公主的亲生父亲,江夏王、礼部尚书李道宗。李道宗继而奏道:"小女蒙皇恩册封为公主远嫁吐蕃,汉蕃结亲,恩泽及于荒服,天下黎元与臣阖府同庆!然小女自幼深居宫闱,未曾远游,其祖母放心不下。再说,因臣昔日远征吐谷浑,亲履河源地,熟悉沿途道路,请陛下恩准!"

太宗闻言,迟疑了片刻,转而温言道:"御弟前往甚好,熟悉沿途道路与吐蕃、吐谷浑事务,但年事已高,朕只是担心御弟不堪旅途奔波的劳苦啊!"

"陛下不必多虑!臣虽然已无当年的气力,但身体还十分硬朗,定不辜负陛下的使命!"李道宗毫不犹豫地答道。

"也好!朕委任御弟亲为护送公主兼册命吐蕃赞普使,念御弟年事已高,还是另选配一位年轻的副使一并护送前往为好!"太宗又说道。

还没等到太宗说出另派之人为谁,魏徵上前称奏:"臣推荐一人!此人即前日球场上迎战吐蕃的明经及第王玄策。此人说话虽然略有些口吃,但头脑冷静,且能文能武,应对敏捷,一定能担当此重任!"

太宗一听,拊掌叹道:"卿之所荐,正合朕心!此人说话确实带点结巴,但瑕不掩瑜,他文武双全,用人所长嘛!速速宣王玄策上殿!"

礼官从速召玄策觐见。玄策奉诏,趋步上前,连呼万岁,拜舞称谢!

三　两国和亲，高原上架起了一道彩虹

转眼便是贞观十五年三月，文成公主出嫁吐蕃的时间到了。

暮春三月，万物阜新，渭河边芳草萋萋，杨柳依依，杂花生树，群莺翻飞，一派春意融融的景象。

这天，长安城中张灯结彩，喜气洋洋。在喧天锣鼓声中，一列送亲使团从开远门缓缓而出。

且看这一行人马阵容是何等的庞大：二十对金甲引马骑兵与五六十员持棒喝道过后，五百骑士身穿金铠金甲，手执戟戈旌旗，两行整齐，八面威风，拥卫着一位头戴进贤冠的长者。他身着紫锦袍，骑着追风逐日的大宛马，体格魁梧，风神俊朗。后面一面锦旗上书写着斗大的一个"唐"字。另一面锦旗上大书："礼部尚书江夏郡王敕送公主使兼册命吐蕃赞普使"。

紧随其后的是众多衣饰鲜丽的骑马女子，簇拥着文成公主。只见她头戴玉簪花钗冠，身穿石榴裙，外披霓裳羽衣，幂篱垂于背，脚蹬红锦靴，骑一匹雪白马，英姿飒爽而又高贵文雅。

再后面则是满载物品的五百马队与吐蕃五百多人的迎婚使团。

最后是身穿银盔银甲、手持武器，亦骑着高头大马的五百骑士，为首之人便是送亲副使王玄策，只见他头戴金翅白纱帽，身

着蓝锦袍，腰束玉带，身佩宝剑，十分威风。

道路两旁是前呼后拥、依依道别的文武百官和城坊百姓。百姓大都难得一睹文成公主的芳容，今日有幸见了，都啧啧赞叹。在双方的一再道别与频频致意中，一行人马渐行渐远……

经过近一个月的跋涉，这一天送亲使团终于到达了洮州①赤岭。过了赤岭，向西就进入吐谷浑的地界，继续向西南行三五日便是吐蕃。

这里既有冰川消融、泉流迂回的绿色草原，也有白雪皑皑的高山雪景。低缓的山丘在碧绿的草甸间露出一道道橙红、棕红或殷红色的山脊，红绿相间，色彩斑斓。牦牛如星星一般散落在绿草如茵的广阔草原上，一片片金灿灿的油菜花热烈地开放，高原的雄鹰在蓝天白云下自由翱翔……

众人一路欣赏着迷人的风光，不知不觉便来到了洮河渡口，看天色已晚，周围也不见渡船、索桥，道宗传令就地扎营歇息。大家很快搭起帐篷，垒起柴火，准备生火做饭。

突然，对面山上传来一阵雷鸣般的金鼓之声与马蹄奔驰之声，接着喊杀声震天动地，一队人马杀气腾腾向这边冲来。

众人一时大惊。心想赤岭以东，唐朝关防严密，赤岭以西，虽是吐谷浑的地界，但吐谷浑早已归服唐朝，自诺曷钵即可汗位后，忠心事唐，加之弘化公主出嫁以后，两国早已如同一家，哪里会有贼人胆敢拦截唐朝皇家的敕使马队？

还未等到道宗将人马组织起来，这帮人已经冲到眼前，马队一列排开，在使团营前围成了一个扇形。为首一员为黑脸虬髯大

---

① 洮州：在今甘肃临潭县与卓尼县一带，治所在今临潭县洮滨乡洮城。

汉,身形高大魁伟,身着虎皮翻领羊皮短袍,手持长枪,虎眼圆睁,甚是威猛彪悍。旁边是一身穿左衽翻领白色素长袍的男子,只见他手持宝剑,奋力扯着破锣似的嗓子指挥着队伍。

使团这边,许多武士还未来得及披挂刚刚卸下的铠甲,只胡乱抓起各色武器,便匆匆上马,拱卫在了道宗与公主的周围。玄策也未及披挂,但他还是一跃而起,飞身跨上马,手提宝剑挡在前面。大家竞相喝道:"何方毛贼?胆敢无礼!我们乃是大唐敕使!"

"哈哈!等的就是你们!""素长袍"用半通不通的汉话生硬说道。

"你们是什么人?"道宗厉声问道。

"我们是诺曷钵可汗派来的!这里可是我吐谷浑的地界!""素长袍"阴阳怪气地答道。

"诺曷钵!吐谷浑?"大家听了惊得目瞪口呆。

"诺曷钵可汗不是已经接受我大唐册封,还迎娶了我们弘化公主吗?"

"是啊!既然已经嫁公主给我们可汗,为何又要嫁公主给吐蕃赞普?"

"吐谷浑与吐蕃俱为我大唐藩国,和亲二国,天下一家,难道不好吗?"

"大唐想让天下一家,但我们这些曾经的王爷还能是王爷吗?别废话,想活命,留下财物回去!""素长袍"恶狠狠地说。

"且慢!既然是吐谷浑兄弟,那为何不遵朝廷约束?分明是来打劫财物的毛贼,胆敢冒充吐谷浑王爷!让出大路,本王赏赐你们一些银两,快滚!"

道宗毕竟是身经百战的老将,他看这帮人衣着破烂,身份各异，不像是吐谷浑国的正规军，心想一定是拦路打劫的毛贼。与其莽撞力战，不如引诱智取。

一听有银两赏赐，这帮人开始迟疑了，后面几个人开始交头接耳，似已心动。

道宗见贼人有些迟疑，转头向兵卒吩咐道："快把嫁妆抬出来！"

后面武士纷纷领旨，将刚从马背上卸下的嫁妆一一抬出，道宗又有意指挥大家将财物长长摆了一列。众贼人见使团多没有披挂，不等"素长袍"与黑脸大汉开口，便纷纷下马，举着火把开始查看各包裹中究竟是何宝物，一时间乱作一团。

道宗见贼人阵脚已乱，不听号令，于是和玄策互换了眼色，暗暗传令众武士准备战斗。

禄东赞此时已暗暗敦促大家把已经点燃的火把灭了。

"放箭！"玄策一声令下，躲在暗处的众武士向贼方火把聚集的方向一齐放箭，一支支利箭从耳畔呼啸而过，只听对面哇哇的惨叫声此起彼伏，那帮贼人或人仰马翻，或四散逃走。

"素长袍"见此大惊，急忙拨马后退，反观那虬髯大汉，却跃马挺枪，左防右挡，杀上前来，手上的玄龙枪上下翻飞，射到他面前的箭支纷纷落地。那七尺七寸的玄龙枪，寒气逼人。

说时迟，那时快，王玄策已经挥剑迎了上去。只见他人马合一，剑法犀利，招招致命，众毛贼多战不到一回合，便纷纷毙命，加之挡在他剑前的众毛贼的兵器，都如同被削的泥一般，或被拦腰砍断跌落于地，或被削成了铁片纷纷飞溅，可叹这毛贼数量再多也是螳臂当车，不自量力！

玄策一人成军、摧枯拉朽，顷刻便将周边毛贼清扫干净。定睛一看，不远处，禄东赞正拦住那大汉，举枪大战，于是拍马举剑直指大汉而去。

电光火石之间，玄策和禄东赞已将那大汉围住，刀枪齐上，那大汉竟然左右拦挡，从容不迫，玄策亦不断变换着出剑角度，剑剑直冲要害，但始终不能伤他分毫。

十几回合下来，双方都没讨得半点好处。眼看无法迅速取胜，王玄策心生一计。只见他突然拨转马头，向西奔去，速度不紧不慢。大汉见状并未多想，拍马直追了上去。玄策回头见他追得近了，突然回首，扬手射出一箭。因夜晚光线昏暗，加之玄策出手极快，大汉猝不及防，只见一线闪过，飞箭端端插进其马左眼。只见那马嘶鸣着团团转了两圈便扑倒在地。

就在玄策以为胜券在握时，谁料那大汉竟果断弃马，一跃而起，用那玄龙枪一挑平地，单脚落在一毛贼后背处猛然一蹬，整个人半跃而起，挥动着的玄龙枪如鹰隼扑食般直刺玄策胸口处来。

禄东赞见状，早已拍马上前，举枪压住了大汉的玄龙枪，玄策乘机左手握住其枪柄，顺势一拉，右手同步挥剑，剑锋直指持枪者的颈项处，丝毫不差地卡在大汉的咽喉处。

只听"噗"的一声闷响，玄龙枪落在了地上。很快，禄东赞与几个士兵一起上来，将大汉压倒在地，五花大绑捆了起来。

就在王玄策与大汉交战之时，李道宗指挥众兵士无不以一当十，一时间喊杀声震天动地，贼人大都来不及上马，便已人头搬了家，空气中弥漫着浓重的血腥味。后方贼人见势不妙，慌不择路地逃走了。"素长袍"亦赶忙掉转马头，快马加鞭，仓皇逃窜，转眼便消失在夜色中。

玄策与东赞见"素长袍"等已仓皇逃窜，便不再追赶。众贼已散，道宗立于帐前，喝令将大汉押上来，厉声问道："大胆毛贼，胆敢抢劫我大唐敕使？"

在火炬的光照下,只见那大汉黑脸虬髯,挺胸仰头,无所畏惧,用那别扭的唐语说道:"要杀要剐,别啰唆!"

道宗见他是个硬汉,便心生爱慕,于是令军士给他松绑,宽慰道:"看你也是一身的本事,为何不做正经人,竟来做这等毛贼?"

见道宗等态度变好,虬髯大汉也渐渐平静下来,刚才蹩脚的唐语也流利了许多,镇定答道:"本人拓跋无敌,原是当地党项①酋长,曾受吐谷浑可汗封赏。吐谷浑降唐后,前因吐蕃北扩占领了此地,我等又被迫从了吐蕃。近日唐蕃和好,吐蕃退走,我等没了牛羊,没了去向,恰巧素和贵来此,告诉我们唐蕃和亲,送亲使团将西去经过此地,受其蛊惑,于是跟他前来抢劫些财物!"

"素和贵为何人,他、他又是如何知道我等为大唐送亲使队,要经过此地?"玄策正在简单包扎伤口,插话问道。

"素和贵为吐谷浑一王爷,刚才逃走穿素长袍的那人便是!他背叛诺曷钵可汗,投降了吐蕃。"

"投降了吐蕃,那他又怎能来劫持我大唐使团呢?"道宗不解地自言自语道。

站在一旁的禄东赞此刻已然明白,接着道宗的话答道:"刚才逃走的应该就是素和贵,他确实曾为吐谷浑一王爷。因他为人不忠,此前趁大唐出兵攻打吐谷浑之际,背叛吐谷浑可汗,投降了我吐蕃。近来唐蕃和亲,他又挑拨离间,百般阻挠,现已被我赞普赶出王宫。如今可能是无路可走,于是假托受吐谷浑可汗指派,胁迫本地党项部落前来抢劫使团,破坏唐蕃联姻!"

"原来如此,幸亏没让此贼得逞!"道宗至此也才明白过来。

---

① 党项:西羌族的一支,故有"党项羌"的称谓,唐代时主要生活在今青海省东南部黄河一带。

"原来如此,小人无知,请众官人宽恕!"拓跋无敌说着跪倒在地。

"我看你一、一身的本事,何不就此跟我使团前去,投奔我大唐,保你做个军将,以后也是出路!"玄策劝道。

"只要官家不弃,小人愿往!"拓跋无敌急忙拜谢。

"那就跟我们走吧,为国家立功,这也是你最好的出路!"见道宗已答应,玄策又鼓励道。

一番惊心动魄的战斗过后,天色已晚。火堆旁,营地昏暗而寂静,重新胡乱生火做饭后,众人都心有余悸,无法安眠。

高原的夜晚颇有寒意,夜风裹挟着山野的气息,加上隐隐传来的不知名的虫鸣声,显得格外寂静而深邃,大家不停地加柴烤火,几位兵卒碰巧捉到两只兔子,年轻人围坐在一起烤兔肉吃,香气四溢,加上不时的嬉闹之声,气氛开始变得其乐融融。

经历了一场虚惊,道宗也一时难以入眠,坐起来与年轻人一道烤火聊天。

"吐谷浑!父王您当年带兵出征的就是这个国家吗?"文成公主好奇地问了一句,竟将道宗的思绪带回到那段金戈铁马的远征岁月。

"吐谷浑,又被称为吐浑,是十六国、北朝以来雄踞青海、陇右的一个草原民族。他们本为辽东鲜卑慕容部的一支,属于战国秦汉时的东胡,今吐蕃人和党项人都称他们为阿柴。"

"我们有时也把他们称为'阿辇'或'阿柴虏'。"禄东赞插了一句。

道宗默认地点了点头,接着讲道:"'吐谷浑'本来是他们一位祖先的名字。西晋时期,他们的首领慕容涉归有两个儿子,长子为庶出的吐谷浑,次子为嫡出的慕容廆,慕容涉归临死时,遗命两个儿子分为两部,由兄弟俩分别统领。两部均以牧马为生,一天牧场发生纠纷,二部马斗相伤,弟弟慕容廆一时冲动,就派人责骂兄长说:'先公处分,与兄分部,牧马何不相远,而令马斗?'吐谷浑听了气愤地回道:'马是畜生,斗是马斗,与人何干而迁怒于人?今我发誓远走,去你万里之外!'自此吐谷浑率领他的部帐向西,先是驻牧于阴山,后逢中原永嘉之乱,始度陇西,至青海、陇右①和川西,成为西戎霸主。吐谷浑死后,其子孙开始以'吐谷浑'为其族名,从此,吐谷浑由人名转为姓氏和族名。"道宗娓娓道来,年轻人听得入了神。

"当年吐谷浑人仅有七百户,怎、怎么势力发展得那么大?"王玄策一脸好奇地问。

"过去吐谷浑人心齐呀!据说到了吐谷浑王阿柴时,鉴于往日与群羌争霸的艰辛,临终前,他让身边人拿出二十支竹箭,又把自己的二十个儿子都叫到跟前,对着自己的同母弟弟慕利延说:'你取一支箭折给他们看!'慕利延拿起箭就折断了。他又说:'现在你取十九支箭折一下!'结果慕利延用尽全力,就是不能折断。于是阿柴说:'你们明白了吗?单者易折,众则难摧。只有团结一心,才能保社稷江山永固。'说罢就咽气了。自此,吐谷浑人遵从祖先教诲,上下一心,开疆拓土,一时成为西戎霸主。"

"听说隋朝就曾降公主给吐谷浑?"王玄策又插话问道。

"是的,隋朝建立之初,吐谷浑强盛,居伏俟城②……其地东西三千里,南北千余里。隋朝以光化公主妻其可汗。"

---

① 陇右:今甘肃东南部与青海一带。
② 伏俟城:伏俟城遗址位于今青海海南藏族自治州共和县石乃亥乡铁卡加村西南,俗名铁卡加古城。

"嗨嗨,可惜吐谷浑人后来忘记了'单者易折,众则难摧'的古训,还背叛了大隋,致使隋炀帝曾御驾亲征吐谷浑!"禄东赞略带惋惜地插话道。

"是的,吐谷浑后来分裂了,还叛服无常,大业五年(609)三月,隋炀帝亲征吐谷浑,以四十万大军合围吐谷浑军十万。吐谷浑军被彻底击溃,隋于吐谷浑旧地设西海、河源、鄯善、且末四郡。"①

"鄯善与且末在西域?"玄策插话道。

"是的,吐谷浑当时的势力发展到了西域南道,于阗以东。"道宗看了一眼玄策。

接着又讲道:"隋末天下大乱,吐谷浑趁机再度兴起,屡寇河西、陇右,贞观八年(634),吐谷浑执我大唐使臣鸿胪丞赵德楷,太宗遣使十余次,仍不放还。同年十二月,太宗命特进李靖为统帅,率领我等五总管出征……其可汗兵败,与千余骑向西逃走,我大唐军先锋薛万彻兄弟率军追讨,最后他无路可走,被迫自杀。随后,我大唐先后扶持慕容顺与其子慕容诺曷钵为可汗,他们父子对我大唐忠心不二,天子封他们为西平郡王,授趉胡吕乌甘豆可汗,那意思为吐谷浑英明、快乐的可汗,并于去年二月遣左骁卫将军、淮阳王李道明等护送弘化公主入吐谷浑与诺曷钵成婚。二人今居青海湖边的伏俟城。"

"那我们这次能不能见到弘化公主?我俩已经很久没见面了,我想路过青海湖去看看她!还有,听说青海湖很美……"文成公主一脸向往,炽热的火焰映红了她那娇美的脸庞。

"不能,伏俟城在青海湖的西南隅,那得绕道鄯州②和青海湖。

---

① 西海与河源在今青海省境内,鄯善与且末在今新疆若羌县境内。
② 鄯州:唐代鄯州治所在今青海乐都。

我们这次取道洮州,因走洮州道至吐蕃,路程要缩短近十天呀!青海湖,那是传说中西王母的瑶池所在,周回八百里,湖光山色,蓝天白云,如仙境一般。因有王母血脉遗传,湖边的牧羊女貌美,个个如仙女下凡……那里出产名马——青海骢。那可是天马所生,能日行千里,风驰电掣一般……"

夜已很深,篝火在漆黑的草原上燃烧,不时发出噼噼啪啪的声响,给人以温暖和无穷的力量,众人的激情也像是被点燃了一般,悉心聆听道宗讲述吐谷浑的历史,有的如痴如醉,有的思绪万千……

玄策的思绪跑得很远,他寻思着吐谷浑人,又想到世上所有的人——的确,几乎所有的人相互都有联系,也相互都在遗忘。无论是吐谷浑二兄弟,还是阿柴的二十个儿子及他们的子弟,随着时空的变化,似乎都会淡忘同出一父、一家的事实。吐谷浑内部如此,那么吐谷浑与整个鲜卑人,鲜卑人又与党项人、吐蕃人,乃至所有的华夏各部族之间,是不是也是这样呢?玄策感到一种莫名的困惑和悲哀。

次日清晨,使团在晨光中再次踏上征程。自此有了党项拓跋无敌的护送,一路平安无事。又向西南走了百十里,渐渐进入吐蕃地界。

王玄策跨马走在前面,想想这一路走来,途中不知翻越了多少高山陡崖,蹚过了多少江河湖泊,这一天终于抵近了吐蕃界首柏海①,快要完成任务了,心中自是轻松了许多。

这里水草丰茂,牛羊成群,辽阔的草原一望无际。远远望见

---

① 柏海:今青海省境内接近黄河河源的鄂陵湖或扎陵湖。

黄河如白练一般曲曲折折地流来，柏海如宝石般镶嵌于绿色的大地，竟是那样一泓澄澈、醉人的蓝！

众人正出神地看着这人间仙境，忽听见几声号响，一股黄尘过处，远远看见并排两个探子飞马来报："禀报将军，赞普亲率大军在前面恭候多日了！"

正当大家惊异之际，接着又是一股黄尘，两对四个骑手飞马来报。

第三批又是四对八个探子飞马来报。这时举目望去，前来迎接的吐蕃大军黑压压两队列开，旌旗招展，随着使团的渐渐接近，欢呼声雷动，路两边的山梁上断断续续燃起了煨桑，一缕缕淡淡的香烟冉冉升腾，一会儿又变为一道道浓浓的烟柱直冲蓝天，那是迎接贵客的信号。原来，按照唐朝的"亲迎"礼仪，身为一国之主的松赞干布尽管未能亲赴长安，但还是按照礼仪亲自到吐蕃界首前来迎接。

说话间，迎面走来一排秀发细辫的吐蕃姑娘，身穿鲜丽的吐蕃服饰，手捧哈达，后面又是一群身材健壮，手持海螺、唢呐的乐队。就在姑娘们齐声唱起热情嘹亮的迎客歌时，乐队奏响了声音悠远的海螺和欢快的唢呐。呜呜的海螺声拖着长长的尾音在山谷中飘荡，在欢快中增添了一份肃穆与庄严。

走至近前，姑娘们一边唱着歌，一边将那洁白的哈达郑重献给远方来的客人，优雅而虔诚，哈达在空中划过一道道优雅、亮丽的弧线。随后，她们又双手捧起酒碗，分成两排站立，唱着敬酒歌，歌声中充满了热情与敬意，将香醇的青稞酒递给每一位贵宾，一时间，酒香四溢，令人沉醉。

顺着歌声向前望去，在迎客乐队身后，大军的中央一顶名叫"大拂庐"的高大镶金白色毡帐矗立在高冈之上，上面飘扬着五彩幡旗，随风猎猎作响，毡帐四周更是布满了精美的刺绣。赞普在亲卫军及仪仗队伍的扈从之下健步迎上前来。

但见赞普身材魁梧，眉目英武，额上裹着金帛，金光闪闪，身着羊毛织成的素褐长袍，腰间悬挂着金丝剑，剑鞘上镶嵌着宝石，足蹬鹿皮虎头六合靴，显得尊贵而威严。行至近前，向大唐送亲主使江夏郡王李道宗郑重跪拜，先行了子婿大礼。

道宗急忙双手将他扶起，请出文成公主与赞普相见。赞普从侍从手中接过一个鲜花编制的硕大花环，满怀敬意地亲手给公主戴上。在这一瞬间，赞普的目光落在文成公主身上，只见她身着艳丽服饰，面容秀美，神态端庄，气质高雅，不禁为公主的美丽与风采所倾倒。

回头再看自己所带侍卫与仆从，服饰容貌略显粗犷，尤其一个个涂染得赭红色的脸，在公主皎洁如玉的肌肤映衬下，不禁有些局促，眼神中不自觉地流露出几分羞涩与自惭。

宾主施礼见后，一起向这号称"大拂庐"的赞普帐走去，帐外是层层设防的亲卫队，里面宽阔如同大殿，有黄金蛟螭与猛虎、豹等图案点缀其间，大帐的外面以兽皮、武器、丝绸和精美的唐卡等为装饰，宝楯环绕，显得气势雄壮又雍容华贵，处处流露出肃穆而威严的氛围。

大帐正中高台之上已经备好香案，道宗款步上前，用那庄严、浑厚的声音宣布："有制！"

赞普率随行诸臣僚急忙跪拜接旨。道宗宣读册命诏制曰：

> 皇帝若曰：我大唐诞膺天命，光宅中土，君临四方，包举八荒。声教所加，册命咸及。而况吐蕃，西方之大藩，俗慕华风，频献忠款。赞普松赞干布，气禀江河，材雄昆仑，

纳忠效信，宾于皇唐。旌忠懋赏，赐尚公主。

文成公主，朕之懿亲，生和孝敬，天赐聪明，桃李凝华，芝兰蕴秀；奉公官之育训，禀昭君之志气。今遣朕堂弟礼部尚书、江夏郡王道宗等送公主与赞普完婚，兼册命松赞干布为吐蕃赞普、西海郡王。永执藩礼，无替华风。克终令名，常保禄位。可不慎呼！

诏书听来晦涩冗长，但关键的就是两句："旌忠懋赏，赐尚公主。"就是说因为吐蕃赞普向唐归款效忠，所以对他嘉奖，赐尚公主，并正式册命他为"吐蕃赞普、西海郡王"。

赞普跪拜受诏，双手接过那沉甸甸的印绶，瞬间，欢呼声如潮水般涌来，激动与喜悦、责任与梦想在空气中弥漫……

宣旨完毕，宴会开始，但见大帐外面，野炊的火焰熊熊燃烧，一口口煮肉的大锅正被烧得热气沸腾，烤全羊已经被烤得金黄发亮，草原上弥漫着手抓肉和烤肉的香气，以及酥油茶与青稞酒的清香。

是夜，篝火燃起，在李道宗的主持下，松赞干布与文成公主举行了简约而独特的婚礼。年轻人唱起了草原上动人的情歌，跳起了欢快的锅庄舞，男女各站一边，拉手成圈，分班唱和。男子带头启唱，歌声嘹亮，穿透了夜色，舞者们悠颤跨腿，趋步辗转，撩、甩、晃之间变换着舞姿，这里已经成了欢乐的海洋。

汉蕃皆欢庆而舞，篝火久久不息，歌声婉转悠扬，黄河之水源源奔流，漫天的星海、皎洁的圆月、静静的扎陵湖，见证了这神圣的一刻……

这一刻注定载入史册，它标志着唐朝与吐蕃之间舅甥之国的亲密关系正式确立。从此，吐蕃成为唐朝的一大藩国，开启了唐蕃一家亲的历史新篇章。

经过数日的休养,送亲使团终于到了向赞普、公主告别的时刻。在转身离开女儿的那一刻,道宗终于崩溃,他的眼眶中涌满泪水,如同泛滥的江河,无声地流淌,每一滴都是对女儿深沉的爱与不舍。他的手微微颤抖,想要回头再看一眼,却怕这一眼会让自己彻底失去离开的勇气。

而对于公主来说,想起即将与父亲相隔万里,那颗留恋亲情的心也无法平静。她的眼中闪烁着泪光,嘴角却努力挂着微笑,不想让父亲看到自己的脆弱和不舍,只是在心底默默祈祷。就此分别了,她的耳旁,早已萦绕起一首《悲秋歌》:

> 吾家嫁我兮天一方,远托异国兮乌孙王。
> 穹庐为室兮毡为墙,以肉为食兮酪为浆。
> 居常土思兮心内伤,愿为黄鹄兮归故乡。

在亲人的目送下,赞普携公主踏上了返程,沿途的吐蕃人民一路欢迎庆贺,祝福他们的赞普和赞蒙。

而李道宗、王玄策一行,自河源辞别公主以后,又是晓行夜宿,历经了去时的劳苦与艰辛,终于在当年七月,平安返回长安。

太宗在对他们封赏慰勉时,玄策力荐党项人拓跋无敌,太宗对他适时慕义归化,并护送使团立功的表现亦大为赞赏。在封其为禁军校尉时,太宗风趣地说:"党项人拓跋无敌,今朕另赐你个姓名:姓蒋,名师仁。'蒋'者'姜'也,与羌同义。曾经落草,今为禁军校尉,未来必为将军,因此赐汝'蒋'姓;'师仁'者,无敌之师也,'仁者无敌'亦是其义。彼此影射,又暗含原名,不知卿意下如何?"

拓跋无敌闻言,心中感激,连声致谢。自那日起,他更名蒋师仁,满怀喜悦地前往禁军任职。而王玄策,由于适逢西南融州①爆发叛乱,朝廷急于派遣一批英勇果敢的官员前去平叛,于是太宗再次对他委以重任,任命他为融州黄水县令,前去镇压叛乱。赴任之前,蒋师仁提壶执酒,来到灞桥送行,自此彼此牵挂往来,友情日笃。

再说因唐朝与吐蕃联姻以后,加上之前唐朝与吐谷浑已经联姻,唐朝与吐蕃之间的交通道路——"唐蕃道"开通了。而且就在唐朝与吐蕃通婚之际,松赞干布与泥婆罗亦有通婚,松赞干布还迎娶了泥婆罗赤尊公主,吐蕃与泥婆罗之间的道路——"蕃泥道",也已经开通。这样一来,一条崭新的唐朝通印度道——途经吐谷浑、吐蕃、泥婆罗等国的国际通道便开通了。这条新的国际通道,犹如高原上架起的一道彩虹,把中国和印度这两个文明古国紧密连接了起来,较当年玄奘法师经西域去天竺的道路,行程已经大为缩短。

这是一个新时代到来的标志。这个时代不仅是一个地理上联通的新时代,更是两大文明古国心灵与智慧碰撞、文化与文明交相辉映的崭新时代。

---

① 融州:治义熙县,在今广西融水苗族自治县境内。

四　穿针引线，唐玄奘会晤戒日王

上回说到，唐太宗在寻机与天竺互通，一条崭新的国际通道又因唐蕃和亲而开通。殊不知，这两条信息如同电波或心灵的感应一样，似乎很快便穿越了千山万水，传递到了中天竺国的都城曲女城。

这是因为，巧合的是，几乎就在同一时间，一个为双方穿针引线的人——唐玄奘，与一个同样渴望向东土大唐通使往来的人——中天竺国的国王戒日王，在一次惊悚的误会后会面了。

那是唐玄奘归国前三年十月的一天，太阳还没升起，晨风清凉，被邀请至东天竺国王宫的玄奘法师已经与众僧专注地开始上早课。一时间，钵声、撞钟声与隐隐传出的诵经声在宫中悠悠扬扬地响起。在这份祥和之中，睡眼惺忪的东天竺国的鸠摩罗王，却突然收到中天竺国戒日王的驿使送来的一封紧急书信，从而打破了清晨的宁静。当鸠摩罗王急急忙忙打开书信一看，在一页贝多树叶信笺上，无头无尾地写了一行六个字："急送支那僧来。"

读罢书信，鸠摩罗王先是心头一怔，转而向西方迷迷糊糊看了一眼，气愤地说："回去禀报，我头可得，法师不可即来！"

随即，中天竺国的驿使便回去汇报这边的消息。

紧接着，第三天清晨，鸠摩罗王又接到来自戒日王的第二封信，这次是一行十一个字，内容是："汝言头可得者，即付使将来！"

就是说，既然你说你的头可拿来，那就将你的人头取下交付于使者送来好了！

这一次，鸠摩罗王没有立即回话，他的脸色瞬间变得铁青，看向西方的目光也转而散淡，他对自己前日的失言开始感到后悔和惧怕。

原来，前不久，远征他国归来的中天竺国国王戒日王听说有位来自支那国的名叫玄奘的高僧，在近期举行的由天竺十八国高僧参加的辩论法会上频频胜出，一时声震五天竺，名扬十八国。为了一睹其风采，戒日王几次向这位高僧发出了邀请。

不巧的是，包括东天竺迦摩缕波国①的鸠摩罗王在内的其他几个国王，也同时间向玄奘发出了邀请。由于玄奘那时正准备启程回国，所以他和他的业师戒贤法师便拒绝了各国王的邀请。但随即鸠摩罗王就遣使带去书信，声称如果玄奘再拒绝前去，他将率领象军，踏平那烂陀寺。玄奘无奈，只好应邀前往。

玄奘法师到东天竺后，鸠摩罗王率群臣迎拜，恭恭敬敬延请至王宫后，每日给他供陈音乐、水果、美食、鲜花及焚香，供养极为虔诚。但仅仅过了一个月，中天竺国王戒日王因连续几次向这位高僧发出了邀请，不仅迟迟没有等到回话，而且突然听闻这位高僧却被自己的邻邦——多年臣服于自己的鸠摩罗王请去了，他感到自尊心受到极大的伤害，所以十分羞恼，于是出现了开头的一幕。

---

① 迦摩缕波国：今印度高哈蒂。

那么，玄奘法师何以能受到天竺各国的如此重视？是不是真如神话故事中说的那样，是为了长生不老而想吃唐僧肉的缘故呢？

这又得从玄奘游学天竺的原因与中天竺国的历史说起。

话说佛教自西汉末、东汉初传入华夏以后，后经魏晋南北朝的战乱，到了隋唐转而大规模兴盛了起来，与此同时佛教本身的许多问题也就暴露了出来。不仅分裂为八大宗派，而且各宗派各执己见，互相辩难，而且几经辗转翻译来的佛经，许多真伪难辨，艰涩难懂，加上南北朝以来，一些混迹于沙门的投机者为迎合上层社会而伪造的假佛经泛滥，僧俗内外对于一些佛经教义，不时传出非难和质疑。

面对佛教界帮派日多，经卷与教义混乱，戒律松弛，非难迭起的乱象，自南北朝以来，除部分僧侣专程前去虔诚礼佛外，许多献身佛门的高僧大德，都是不远万里，西去天竺求取真经，学习佛法原本的奥义，一股游学天竺的热潮随之在中国大地悄然兴起。

在这股游学天竺的热潮中，贞观三年（629），二十九岁的玄奘，以"远绍如来，近光遗法"的宏愿，怀揣寻求真理的梦想，以不畏艰险的勇气与献身佛法的牺牲精神，踏着前代僧人的足迹，从长安出发，孤身远迈，西去天竺求法取经。

在唐蕃古道尚未开通之前，西出印度只能取西域道。玄奘法师从长安出发后，向西经河西走廊，取西域北道至高昌、焉耆、龟兹，一路渡流沙，迈雪岭，风餐露宿，出生入死，历经艰辛，方抵达天竺。

当七世纪初玄奘到达天竺的时候，印度半岛已由原来的笈多王朝分裂为东、西、南、北、中五部分，相应分设有五个较大的城邦国家，号称五天竺，各有城邑数百。

至于当时确切的邦国数目，因时有兼并，难以计数。再者，说起印度的历史，尽管古代印度的文明也是源远流长，但相较于善于记述历史的华夏人来说，印度人对于他们过去的历史事件和人物的记录实在不敢恭维，要么无确切记载，要么含糊其词，争议很大。而且许多内容都是人神不分，神话和传说混杂其中，除部分能借助别国史料——如汉籍或波斯、阿拉伯文献，对照可以辨明外，大部分则是难以稽考。从已经辨明的史事来看，在玄奘到来之前，曾有三个统一的王朝先后出现，分别是孔雀王朝、贵霜帝国和笈多王朝。①

从笈多王朝分裂后的天竺各国中，其中的中天竺国，也就是摩揭陀国，又称羯若鞠阇国，为当时天竺最为强大的一个国家。该国在玄奘法师的笔下可以看到：国土辽阔，土地肥沃，人口众多，稻岁四熟，百姓殷乐，与大秦、扶南、交趾相贸易。富有之家更是锦衣玉食，府藏山积，赋役很少，治安良好，尊师重道之风与礼佛行善之风大行其国。

然而，在玄奘法师来到该国以前，摩揭陀国曾经历过一场巨大的变难。中天竺王姓乞利咥氏，世有其国。曾经的老国王波罗伐弹那英明贤能，国家富强，人民拥戴，于是引起邻近各国的担忧和嫉恨。在一番精心密谋和蛊惑欺骗以后，老国王波罗伐弹那及其太子王增相继被杀，危急之际，大臣婆尼等共推举前国王次

---

① 印度历史上曾经出现的这三个统一王朝，首先是孔雀王朝，公元前四世纪，出生于饲养孔雀的家族的月护王统一了印度，至公元前三世纪，阿育王统治时期，王朝达到了极盛，疆域广大，国力强盛，佛教在他的支持下在印度兴盛起来并开始向外传播；此后，印度由贵霜帝国长期统治，其疆域纵贯中亚和北印度，公元一至二世纪在其巅峰时期与当时的罗马帝国、安息帝国和东汉帝国，为那个时代并驾齐驱的世界四大帝国；再下来是公元四世纪初出现的笈多王朝，该王朝疆域广大，很长时间政通人和，被称为印度历史上的"黄金时代"。但该王朝至六世纪中叶又在白匈奴的入侵之下分崩离析。

子尸罗逸多即位,这位新国王即后来加冕的戒日王。

戒日王尸罗逸多雄姿秀杰,算略宏远,是一位雄才大略之主。被拥立以后,他积极扩军备战,并迅速发展至拥有象军六万、马军十万、步军五万的大国,四时征讨,练兵聚众,所向无敌。

经过六年象不解鞍、人不释甲的卧薪尝胆和南北征讨,尸罗逸多终于大败侵略者,为父兄报了仇,并先后征服了克什米尔、古吉拉特和信德等地,天竺各国纷纷俯首称臣。

此后他励精图治,加之勤政爱民,赏罚分明,国势再度蒸蒸日上,并将首都从华氏城①迁到了恒河中游的曲女城。②

自此,该国二十余年间兵戈不起,政教和平,国泰民安。戒日王对于佛教隆礼尊崇,玄奘记该国有寺院百余所,僧徒万余人。尤其值得称道的是,戒日王自己生活节俭,乐善好施,一年四季为贫穷的人建造房屋,储备粮食,提供医疗药品,为了周济贫民不惜倾其府库所有。

此外,戒日王很重视文化学术活动,曾拨巨额款项奖掖学者文人。当时的印度已具很高的文化水平和浓厚的学术氛围,而他本人也多才多艺,具有不凡的文化修养,当时在印度广为流传的《璎珞传》《妙容传》《龙喜传》三个剧本就出自戒日王之手。

正是在戒日王统治中天竺期间,玄奘抵达了天竺,并十数年如一日,瞻礼圣迹,历谒名贤,叩询请益,寻求梵本。他曾长时期潜心于印度佛教文化中心——摩揭陀国的那烂陀寺学习。

那烂陀严谨并开放的学术氛围,令玄奘学问精进。在他准备

---

① 华氏城:华氏城又作波吒厘子、波吒罗、波罗利子等,为中印度摩揭陀国之旧都城,位于恒河左岸,即今之巴特纳市。
② 曲女城:曲女城为摩揭陀国之新都,位于恒河上游珠木那河地区,即今印度的卡瑙吉。

启程回国之际，已经获大乘"大乘天"与小乘"解脱天"的殊荣，成为经、律、论皆通的三藏法师，各国竞相礼谒聘请。

各国竞相聘请，但确实不是为了吃他的"唐僧肉"，而是在佛教极为盛行的天竺各国，出于对他的敬重，请他前去为国王、贵族讲法辩经，受戒灌顶，也是因各国为修功德而对高僧如活菩萨一样争相供养。

前面说到，为争相迎请玄奘而惹恼戒日王的鸠摩罗王，在收到戒日王的第二封信以后，他意识到了问题的严重性，随即向玄奘说明了情况。玄奘法师也为自己前日对戒日王的怠慢和疏忽感到抱歉，为了避免两国间因自己而产生更大的误会和矛盾，玄奘当即同意，起驾随鸠摩罗王乘坐由象军二万、乘船三万艘组成的浩浩队伍，溯殑伽河而上，向中天竺国的方向进发。

二人昼夜兼程，在第三日下午，便抵达了位于殑伽河北岸的行宫。在那里，戒日王亲自率领的迎接队伍也已经到来。

随后，在中天竺国节步鼓的喧嚣声与数千人的欢呼声中，玄奘法师在戒日王的引导下，又改乘其宝船，转而向中天竺国的都城曲女城进发。

上了宝船，玄奘看戒日王宝衣华盖，身材壮硕，气度轩昂，礼仪极为虔诚，心里头也放下了戒备，对他渐渐产生出好感来。

到了都城曲女城，鼓乐喧天，幢幡飘扬，倾城僧俗前来迎接。细看那玄奘，只见他身长六尺，尽管因长途旅行而面容略微黝黑，但五官清秀，双目睿智有神，举止庄重和蔼。僧俗对他更加敬慕，前呼后拥着将他接进了王宫。

进入王宫，但见穹顶高拱，壮丽宏伟，狮子宝座峥嵘轩昂，十分气派。众人各个拜见法师，宾主坐定，寒暄过后，戒日王问法师:"弟子前日多次恭请,法师为何推辞不来?"

玄奘答曰:"玄奘为寻访佛法远道而来,为专心学习《瑜伽师地论》夜以继日。又因请众法师讲论此经尚未结束,不得脱身。后因鸠摩罗王邀请在先,又去了东天竺国,因此迁延至今。"

戒日王又问:"听说法师从支那国而来?到此有何打算?"

法师答道:"是的,贫僧从东土大唐而来。于此佛生处,求取真经并求大法,以广利群生。"

戒日王一听玄奘确实是从大唐而来,已经难掩心中的喜悦,急迫地问道:"大唐国究竟在何方?听说路途很遥远?"

玄奘回答:"大唐在贵国东北数万里之外,天竺人所称摩诃支那国便是。"

"哦,原来大唐国正是摩诃支那国,那《秦王破阵乐》正是贵国的名剧?前日贵国皇帝遣使朝贡通好,本王始知有大唐国!原来大唐国即是我们天竺人口中的摩诃震旦国或支那国,自古为东方大国!遗憾两国之前未尝通使往来。"

"是的!《秦王破阵乐》正是我国的名剧——是反映我国当今天子为秦王时开创基业的艰辛与神武的名剧。而我大唐国是东方大国,'支那',原本是我们国家古代秦国国号(Chin)的读音。梵语摩诃支那即伟大的支那国的意思。大唐国,才是今天我们国家的国号。之前两国没有通使往来之记载,但民间的往来已经不少。"

原来,戒日王所说的前日唐朝来使,史书确有记载:"至贞观十三年……太宗遣云骑尉梁怀璥往通其国。尸罗逸多惊问其国人说:'自古还有摩诃震旦使人来到我国吗?'身边人回答:'再没有呀!'"史书此记,说明早在贞观十三年,唐太宗已经派遣使者到达了中天竺。但目前发现的史书仅记有此一条,至于梁怀璥其人其事,再不见于任何史籍文献。

接着，戒日王若有所思道："'支那'曾是贵国的国号'秦'的读音。说明我天竺人很早已经知道贵国的大名！"

"是呀，我华夏人知道天竺也很早。但最初我们把天竺称为'身毒'。秦国统一华夏之际，正是天竺阿育王时期，但秦国不久就亡国了，代之而起的是大汉王朝，汉武帝时期就曾设法打通途经巴蜀、云南通向天竺的道路，遗憾未能成功。那时我们的天子——汉武帝，曾派遣他的使臣博望侯张骞出使西域。张骞出生入死，来去十三年，曾经到达大夏、大月氏、康居①等国。后来回国以后，他向汉武帝汇报说：'臣在大夏时，曾见到出产于蜀川的邛竹杖与蜀布，问他们是从哪儿得到的，大夏人说：'我国的商人与身毒贸易所得。身毒国在大夏东南数千里之外，其国地势低下，多平原、酷热，其民乘大象以为战争之具。其国三面临大海，风俗与大夏同。'依臣忖度，身毒应该地近我国巴蜀、云南。此后汉武帝派人从巴蜀、云南四道并出，各深入一二千里，可惜中途或遇盗贼，或遇猛兽，都未能成功到达身毒，只好作罢。"

"是吗？但不知佛法是何时传至贵国的？"戒日王若有所思地插话道。

"汉朝以来，佛法经西域东传。东汉初，楚王'诵黄、老之微言，尚浮屠之仁祠'。汉明帝因夜梦神人金像——项背日月光明，于是派博士蔡愔及弟子秦景等十人远赴西域，至大月氏国抄得佛经四十二章，并请到中天竺迦摄摩腾、竺法兰二位法师，以白马驮经像，返回中土，自此二法师居于洛阳白马寺，开始译经、传法。"

"贵国之汉代，应为我天竺的贵霜王朝时期。"戒日王插话道。

---

① 此三国位置大约在今中亚巴基斯坦至阿富汗、乌兹别克斯坦、哈萨克斯坦等国境内。

"是的。此后两国高僧互有往来。著名者，东晋法显，曾取道西域，巡礼五天竺，历时十四年，回国时搭乘海船，九死一生，得达故土，有《法显传》传世；西域高僧鸠摩罗什，先到凉州[①]传法十七年，后被后秦姚兴亲迎入长安，尊为国师。数十年间所译经卷不可胜数，贤达弟子有四圣、八俊、十哲之称；南北朝时天竺高僧达摩于少林寺面壁九年，创立禅宗……所以，我国人知道天竺甚早，佛法传来也很早，两国友好往来，早已传承于民间。"

玄奘说罢，戒日王连声感叹道："是啊，是啊！历代先贤出生入死，才有两国互通与佛法的东传，后人应该铭记他们的功德才是！"

"请问法师，贵国先代圣人先哲有哪些，可得闻乎？"戒日王又好奇地问。

"我华夏自古便是礼仪之邦！且不说历代先王如黄帝尧舜禹，商汤周文武，都是些贤能仁德的君王，就说那传道立说的圣哲先贤，有创立道家学说的老庄，制礼作乐的周公旦，万世师表的孔丘，兵法修列的武圣孙武，诗赋如日月高悬的屈原……"玄奘一口气说出了数十位华夏先代圣贤，脸上满是喜悦和自豪。

"可敬！可敬呀！中华人才辈出！法师在我天竺十余载，请问法师，我天竺与大唐治国理政有何不同？"戒日王接着又提出了一个当下他最为关心的问题。

"天竺俗无簿籍（户籍），亦不重史书与典章，谋反者幽杀之，小犯罚钱以赎罪。我大唐则不然，天下州县户数人口皆有籍，历朝各代皆有史，礼仪制度皆有典，职官选举皆有章，作奸犯科皆有律……官署分三省六部、九寺、五监、十二卫，职官分三公九

---

① 凉州：即今武威。

卿……"玄奘将大唐先进的礼仪典章、律令制度及职官,一一说了个遍。

"大唐律令修明,文物典章闻所未闻,有生之年,若能通好上国,乃本王之愿也!"戒日王又是一番感慨和神往。

戒日王夸赞的话语音刚落,玄奘接着说:"然则,法无常法,势无定势,贵在整肃吏治与相时而变。秦始皇行韩非之法,国富民强而兼并六国。汉朝崇'黄老之术'和'与民休息',而天下大治,享国四百余年,最为长久。"

"与其繁法苛政,不如'与民休息',我天竺久经大战,民心思安,亦应尊'黄老之术',但不知可有效法的典籍?其所主张可否略加详述?"戒日王急切地问道。

"我中华人文始祖黄帝与春秋时的老子,皆主张'无为而治'。老子《道德经》言:'治大国若烹小鲜!'就是说治理大国要像煴火炖小鱼一样,切不可急功近利,多加搅动——多搅则易烂……'就是说,治理国家不能好大喜功,妄加干涉,应当清心寡欲,轻徭薄赋,与民休息。但'无为'并非无所作为,在利国利民的大事上,必要时还是要有所作为的。所以,老子又有言:'天之道,损有余以补不足',就是主张及时扶危济困,抑制豪强……"玄奘又是一番滔滔不绝的讲述,那双睿智闪亮的眼睛里更是充满了自豪。

"是呀,苛政繁多而扰民,又朝令夕改,千古所恨。前朝好大喜功,佃田卖地,竞相豪奢,兵徭不断,又听任酷吏动辄大兴土木、暴力强拆,从中渔利,致使天下田地被占,民力耗尽,又上下相互粉饰欺瞒,民风怎能不坏?"戒日王附和道。

"老子不仅有'无为而治'的治国理念,还有教化育人与开启民智的哲学智慧,其'有无相生,难易相成''祸兮福之所倚,福兮祸之所伏''知足不辱,知止不殆,可以长久'等等,均包含无穷的智慧与人生经验,也都是我国人世代尊奉的哲理。"

"妙,妙呀!有生之年若能通好上国,迎请到老子尊像与其著述,乃寡人此生之愿也!"戒日王连声赞叹。

不知觉一日一夜过去,戒日王望着东方出现的晨光,他的眼眸中闪烁着钦羡和向往的光芒。

五　经西域到长安城的天竺使臣

话说自从与玄奘法师进行了一日一夜全面而透彻的交谈之后，戒日王对玄奘的崇敬之情日益加深，对东方大唐的文明强盛与文物典章更是充满了憧憬与向往，对西域正在风行的名剧《秦王破阵乐》所歌颂的大唐天子也感到神秘，对老子的《道德经》与"无为而治"的治国智慧，更是心往神驰。

在这种强烈的好奇心和使命感的驱使下，戒日王最终下定决心，派使节前往大唐出使朝贡，让两国自此通好往来。于是，他迅速组织了一支由近臣翟昙领衔的二十多人的遣唐使团，准备启程前往遥远的大唐。

在使团出发前夕，翟昙等人向玄奘法师请教旅程路线和应注意的事项。因此时玄奘与中天竺国人尚不知唐朝与吐蕃已经交往，以及唐蕃大道随即开通，所以选择了玄奘西去时所取的道路。

法师知无不言，反复叮嘱，最后还将自己珍藏的西域宝典——隋朝官方编纂的《西域图记》中关于道路的部分，亲自抄录了一份交予翟昙，为使团提供参考。

《西域图记》乃隋朝国家秘笈，是隋炀帝为经营西域而委任裴矩等人撰写的巨著。裴矩知识渊博，眼光远大，但凡有商胡至，便诱访诸国山川、风俗,王及庶人仪形、服饰等并详加记注,最终撰成《西域图记》三卷,合四十四国。各卷均附地图,详记山川要害,其道路"发自敦煌,至于西海,凡为三道。北道从伊吾,中道从高昌,南道从鄯善……总凑敦煌……"①此书后来因隋末大乱才落入民间,并多有传抄,玄奘当年西行时幸赖此书,方顺利得达。

做了充分准备以后,翟昙一行迎着一路的秋色和随之而来的寒风,很快出发了。

使团一路风餐露宿,备尝艰辛,但毕竟有秘笈指引,一路顺利。经过四个月的跋涉,终于在贞观十四年(640)二月到达西域大国龟兹。

玄奘称颂该国"管弦伎乐,特善诸国"。很快他们就为当地的富庶与多彩文化所吸引。龟兹乐、胡旋舞、葡萄美酒、烧烤手抓,无不令人陶醉。

但是在龟兹,他们随即便注意到大街上人们正在热切议论和关注的事来,只听大家纷纷议论道:

"高昌竟然是这样一个两面三刀、昏聩无道的国家!一面在拜佛,一面在做坏事!"

"杀人放火,拆房扒坟,皆为万恶之首,千古所恨!"

"是啊!两国相争,不杀百姓。无论官匪,不拆房扒坟,这是立国做人的底线!高昌不灭,天道何存!"

……

---

① 当年通西域的道路,出了河西走廊要分三大道,北道从伊吾(今哈密)北越天山后沿天山北麓西进,中道从高昌(今吐鲁番)沿天山南麓西进,南道沿塔里木盆地南缘、昆仑山北麓西进。北道经粟特人居住的阿姆河与锡尔河流域转而南下至印度,中道与南道至疏勒(今喀什)会合,再西经瓦罕走廊穿越葱岭(今帕米尔高原)至阿富汗境内南下至印度。

人们议论纷纷，或气愤不已，或幸灾乐祸。

经细问，原来焉耆以东的道路近年来被高昌切断，不仅不向唐朝朝贡，令东西道路不通，而且近来对邻国焉耆几次劫掠，杀人放火，无恶不作。正因此，近闻唐军已经过了碛口，十万大军打来了，此消息已经在西域各国竞相传递。

那么，唐军已过碛口与十万大军打来的消息，高昌及其以西的焉耆、龟兹是如何得知的呢？

原来，当时的军情传递方式已经很高明，尽管位处伊吾①的碛口西距高昌王城尚有八百余里，但当时沿线都有烽燧建置，军情传递非常迅速。西域各地自汉魏以来，在西域都护府与戊己校尉②等机构的管理下，道路驿站与沿线烽燧十分健全。遇到敌情，夜间举火称"烽"，白天放烟称"燧"。那种用柴草夹杂狼粪燃起的所谓"狼烟"直而浓黑，非常醒目。而且敌情多寡皆有暗号，来敌五百以下举一道烽或燧，来敌五百以上举二道。而且烽火台之间相距一般为十里左右，在一天一夜的时间内，烽火台可以将信息传递到三千六百里之外。

谁知，就在天竺使臣满心期待东西道路重新开通之际，唐朝的大军其实正在昼夜行军，并且很快兵临高昌城下。随即，中印往来的另一道——西域道，便被重新打通。

似乎是冥冥之中有一种无形的力量，曾经无声地推动着东西方的联系。因为正当东西方两个古老文明大国彼此如同心灵感应一样——热切希望开启两国联系的大门以通使往来之际，沟通两国的唐蕃道和西域道，这南北二大道几乎就在同一时间开通了，随后两国之间的距离也在两国雄才大略的元首的引领下开始拉近。

---

① 伊吾：今新疆哈密。
② 戊己校尉：汉代管理西域的一个官职，主要负责掌管西域的屯田事务。

对于唐朝这次出兵十万，一举拿下高昌的事实，随即在天竺使臣到达高昌后，便了解到完整的过程。

贞观十三年十二月，眼看高昌执迷不悟，唐太宗果断任命吏部尚书侯君集为交河道行军大总管出兵，吐谷浑、吐蕃诸国竞相派兵助战。

次年四月，唐朝十万大军经过近一个月的昼夜行军，顺利度过莫贺延碛，突然出现在高昌碛口，高昌王麹文泰得报唐军突然到来，一时不知所措，惊得一口气接不上来，便惊惧而死了，朝堂顿时大乱。

大军压境，麹文泰突然暴死，高昌城随之大乱，但几经劝降无果，见新即位的高昌王麹智胜还在犹豫和观望，于是侯君集果断下令攻城。一时间唐军冲车、抛车齐上，喊杀声震天动地。高大的冲车所撞之处，城墙纷纷陷落，而抛车飞石如雨，高昌城中更是鬼哭狼嚎，乱作一团。

眼看唐军即将攻克都城，麹智胜见大势已去，只好打起白旗，膝行出降。侯君集亦下令打开营门，陈列虎贲，接受投降。

这一天，天竺使团翟昙一行到达高昌，及时向唐军主帅侯君集递上国书，请求唐军帮助。唐军统帅侯君集得报来人乃天竺使团，知太宗早已为之翘首以待，于是速速安排驿骑发遣。

随后，翟昙一行乘驿骑，取道河西走廊，途经汉代以来有名的河西四郡与金城兰州、天水而至长安。

一路上，他们为"桑麻翳野，天下称富庶者无如陇右"的河西走廊所信服；为敦煌的千佛洞、张掖的马蹄寺、武威的天梯山、天水的麦积山等石窟的鬼斧神工与金碧辉煌所感动；为一路的大漠孤烟直、长河落日圆的瑰丽景象所震撼；更为一路甘甜的瓜果、芳香的烤全羊、甘醇的葡萄酒、多彩的民风和民俗所吸引……

贞观十四年（640）的九月初五，他们终于抵达了日夜期盼的唐朝京城——长安！这座被沿途的胡商誉为"世界上最大、最繁华，也是构思最为精巧的城市"。

过了渭水桥，举目望去，只见渭河南岸，南山北麓，平畴千里，村落相望，长安城八水绕城，城墙巍峨，周长绵延六十余里。

全城环城十八门，城内九衢十二街，自北而南分宫城、皇城、坊里三个区。

宫城分为正北的太极宫与东北龙首原的大明宫。

宫城南面是皇城，国家的政府机关，即三省六部、九寺、一台、四监、左右屯营等的办公场所，都集中分列在皇城。

皇城南面又是居民区——坊里区。纵贯南北的朱雀大街，为全城的中轴线，连同城内南北十一条大街、东西十四条大街，将皇城南面的居住区划分为整整齐齐的一百零八坊，每坊都有专名，坊与坊之间以墙隔开，夜间宵禁①。东面属万年县管辖，西面属长安县管辖。

城内的市场，分东、西两市，东曰"都会"，西曰"利人"，在皇城外东南和西南对称分布。两市是城内手工业和商业的集中地，是平日里长安城最为繁华的地方；茶肆、酒楼星布，商行、店铺林立，四方珍奇宝货荟萃其中。

宗教场所也颇有规模，东面坐落着代表佛教的大兴善寺，整

---

① 唐朝承隋制实行宵禁制度，禁止人们夜间上街。其《宫卫令》规定：待晚上衙门的漏刻"昼刻"已尽，就擂响六百下"闭门鼓"；每天早上五更三点后，就擂响四百下"开门鼓"。凡是在"闭门鼓"后、"开门鼓"前在城里大街上无故行走者，就获"犯夜"之罪，要笞打二十。

整占了一坊之地；西面坐落着代表道教的玄都观。这里不仅有佛教、道教场所，就连西域的夷教——袄教①、景教②，在长安城也都设有道场。在这里几乎每个人都有自己的精神家园，面带笑容，心怀善念，各种教派与儒释道并存，三教九流皆有，四夷诸蕃云集。

……

话说天竺使团翟昙一行初到长安，先是在鸿胪寺官员的引领下，一连数日参观长安城各处，真真切切为其磅礴的气势、整齐的规划、无比繁荣的景象所折服。

"这长安城啊，原本为隋初所建的大兴城。开皇二年（582），隋文帝诏左仆射高颎为总领事，太子左庶子宇文恺为副都监，于关中龙首原之南营建新都。武德元年（618）我大唐建国，才改大兴城为长安城。"

"据说宇文恺相中的这座新都，乃五塬、六岗、八水、十一池之地，为造化生就的帝王建都之所。不仅'龙首山川原秀丽，卉物滋阜，卜食相土，宜建都邑'，而且南北六条冈阜恰巧暗合《周易》的乾卦六爻之象，这六条冈阜（六坡）东西横亘，北临渭水，东濒浐、灞，西有沣水，南对终南。由北而南，以龙首原'潜龙腾渊'的卦象为九一，设为禁苑；'以九二置宫殿，以当帝王之居，九三立百司，以应君子之数，九五贵位，不欲常人居之，故置玄都观及兴善寺以镇之'"。

---

① 袄教：为波斯人琐罗亚斯德所创，在中国又称"拜火教"，曾盛行于中东至中亚的许多国家。
② 景教：即唐代正式传入中国的基督教聂斯托里派，景教起源于今日叙利亚，由叙利亚教士聂斯托里创立，在波斯建立教会。唐朝称当时的罗马帝国为"大秦"，所以又称该教为"大秦景教"。著名的《大秦景教流行中国碑》就记载了该教在唐代传入中国及在中国的流传情况。

"更神奇的是如此设计，不仅宫城对应北斗，以为天中，皇城对应环绕北辰的紫薇垣，外郭城对应向北环拱的群星，而且宫室、百官廨署还占据全城高地，高亢轩昂……"

陪同翟昙一行的几位鸿胪寺官员，一路上你一言他一语的介绍，天竺客使听得津津有味，连连赞叹。

随后他们在客舍住下，专等新年的朝贡大典。

转眼贞观十五年正月元日到了，唐朝的元正朝贡大典又在太极殿举行。

卯时刚过，但见太宗衮冕临轩，备黄麾仗，大殿上盛陈历代宝玉与舆辂，百官、朝集使、皇亲贵戚皆服朝服分班侍立。程序依然先是皇太子献寿，然后是上公献寿，再次是中书二仆射奏诸州表，黄门侍郎奏祥瑞，户部尚书奏诸州贡献，礼部尚书奏诸蕃贡献，太史令奏天文云气，朝贡使者在依次传呼参拜上奏之后，侍中宣布奏礼毕，殿上群臣皆呼万岁。

当戒日王派来的朝贡使团献上他们的朝贡大礼——火珠及郁金香、菩提树、地图等后，又及时呈上戒日王的国信，其文曰：

羯若鞠阇国国王尸罗逸多敬问大唐天子陛下：久仰圣德，未缘朝谒。钦慕之诚，难以喻言。前者，贵国高僧玄奘，孤身万里，朝圣礼佛而至鄙国。法师德尊道高，声驰天竺。蒙玄奘法师指示，知大国物华天宝，人物昌盛，天子圣明，万国朝宗。倾慕之心空积，奉颜之诚倍增。谨遣陪臣翟昙等，奉状代身，敬谒朝贡。献上大宝珠两颗，郁金香一匣，金菩提树一棵，伏乞收取。谨状。羯若鞠阇国国王尸罗逸多再拜顿首。

071

太宗览毕，龙颜大悦，又旧话重提道："想当年，隋王朝一统天下，东西交通大开，炀帝大业年间，万国来朝，唯天竺不通，炀帝以之为恨。今天竺使至，招徕远夷，佛陀德音亦至，实乃我大唐威德远披，天下万民之福！"

群臣皆高呼万岁！

是夜，长安城爆竹声声，华灯绽放。太极殿香烟袅袅，鼓乐飘扬。每年的这天晚上，天子都要宴请群臣及各国朝贡使，此暂不多说。

只说这次来访的中天竺客使翟昙一行，大唐的旖旎风光与多彩文化令他们震撼不已，而长安人对郊游的热爱及生活的从容、优雅也给他们留下了深刻的印象。

长安人喜好郊游宴乐，尤好诗词唱和，文人雅士无事不作诗，无处不留诗。交游投赠、时事感发、下第书怀、离愁别恨、逞志得意，必有诗文，郊游宴乐更是少不了即目写景，酌酒吟诗。

每至正月半后，京城士女各乘车跨马，供帐于园圃或郊野中，为探春之宴。待到二月二中和节至三月初的上巳节、寒食节、清明节，又多去曲江和乐游原、兴善寺、青龙寺。立春后逐渐进入雨水节气，杏花、樱花、李花、油菜花随之开放，花信风渐暖。至惊蛰，桃花、棣棠、蔷薇又次第开放，春色烂漫。至春分时，海棠、木兰竞相开放，姹紫嫣红。三月的牡丹，盛夏的芙蓉，秋天的金菊……浐、灞两岸柳絮纷飞，渭河之水晕染霞光，南山幽谷四季叠翠、清香烂漫……

踏春郊游时节，往往是美女如云，游人如织。这种景象，后有诗吟诵得好：

三月三日天气新，长安水边多丽人。

态浓意远淑且真,肌理细腻骨肉匀。
绣罗衣裳照暮春,蹙金孔雀银麒麟。
……

唐代女子服饰开放、时尚,有简约敞胸的半臂,有长可曳地的高腰石榴裙和间裙,有印花蹙金的襦衫,有搭肩绕颈的帔帛等,袒肩露胸,华丽丰美,有时还穿胡服和男装。那正是"慢束罗裙半露胸……参差羞杀白芙蓉……"

人们白日里驾车骑马郊游宴乐,诗赋唱和,而长安城的夜生活也丰富多彩。平康坊的妓馆灯红酒绿,西市的酒肆胡姬伴唱,皆是"昼夜喧呼、灯火不绝";遇到节日,各大寺院的戏场,除纷纷推出精心编排的剧目外,还上演吞刀、吐火、弄丸、舞剑及走绳、杆技(长杆顶上表演的轻技)等西域风情的节目。而正月十五的观灯赏月尤为盛事,"谁家见月能闲坐,何处闻灯不看来"。千姿百态的花灯把长安城照得如梦境一般……

六　青海骢，莫邪剑

上回说到，对这次来访的中天竺客使翟昙一行，太宗极为重视，不仅命鸿胪寺官员陪同将长安城及其近郊玩了个遍，还去唐朝国内四处观瞻游玩，饱览大唐河山，弹指间两年多过去，归国日程已到。

贞观十七年(643)农历三月，当清明的细雨滋润着长安城郊的油菜花盛开之际，天竺使臣上奏请求返回天竺。礼尚往来，作为礼仪之邦的太宗深知其意，况且对那个诞生了佛陀的神秘国度——众僧眼里的极乐世界，他早已充满了好奇和向往；其次，正当大唐王朝着力经营西域之际，深谙远交近攻之道的太宗，战略上的考量也是其一；再说，此时派遣使臣出使，就如同当年张骞出使西域一样，那可是派往沿途各国的一双"眼睛"。

于是，在收到天竺使臣的奏请之后，太宗急切下令，招募护送天竺客使返回的专使。

因路途遥远，奋身绝域，而且外交事重，只有文武兼备又精通梵文的人才堪当重任，所以招募的皇榜贴出后，多日都无人敢前来应募。

有人先举荐了卫尉寺臣李义表，此人精通梵文，又有多年的仕宦经历，但生性懦弱，不甚理想。

正当太宗为不得合适的人选而犯难时，李道宗前来觐见，并推荐一人，太宗一听便豁然开朗。

道宗所荐之人，不是别人，正是前番作为道宗副使护送文成公主出嫁吐蕃的王玄策。

道宗盛赞，此人不仅文武双全，应对敏捷，上次作为副使亲至河源吐蕃境，顺利完成送亲任务，熟悉沿途道路，而且此人早年受家庭熏陶研习佛教义理，通晓梵文，实乃出使天竺的不二人选。于是太宗指示速速召王玄策入京。

话说那王玄策，自从任融州黄水县令以来，施恩布惠，兴利除弊，抑制豪强，不久县境大治。不知不觉两年时间过去，已经到了贞观十七年。这天，突然有飞马来报，要求他火速返京。不知道朝中召他所为何事，只好将公务草草交割后，乘驿骑上道了。

赶到京城上朝，方知太宗有意召他作为卫尉寺臣李义表的副使，一起护送天竺客使返回天竺。

此时唐蕃大道已开，取道吐蕃南下至泥婆罗，便可直达天竺，朝廷已将使团行程拟好。而且出使的任务也非常明确，其一送中天竺客使返回天竺，一并访问天竺各国；其二途经吐谷浑和吐蕃二国，顺道探视弘化公主与文成公主；其三召玄奘速速返回长安，太宗急欲召见。

二人跪拜接旨，又恭敬接过出使旌节，李义表深感责任重大，忧心忡忡。而王玄策心中早已无比激动与自豪，张骞、苏武、班超……一个个曾经蹈锋饮血、立功边疆的英雄，不断在他眼前闪现。

他颤抖着手接过诏书，口中默念着："使于四方，不辱君命——这才是大丈夫的人生！"兴奋和激动模糊了他的眼睛。

这次出使，除天竺客使二十余人外，唐朝所派的使臣包括朝散大夫、行卫尉寺丞、上护军李义表，副使、前融州黄水县令王玄策，加上挑夫、伙夫、武士等共计二十二人，双方合计四十余人。

光阴荏苒，四月暮春，五月浅夏，使团从长安城出发，一路向西。因要顺道探视弘化公主，所以使团这次取道河州①，从临津关北渡黄河，然后沿湟水西行至鄯州城。在参观了南凉秃发乌孤的都城——乐都城遗址后，向西南行到青海湖。再沿青海湖南岸一路向西，又历经月余，终于到达吐谷浑王城伏俟城。

伏俟城乃吐谷浑强盛以后的都城。远远望去，该城坐落在一大河南岸，城墙高大，城门东开，城分内外两重，周回数里，气势恢宏，蔚为壮观。

城周围草原地域开阔，水草丰美，近处的牛羊漫山遍野，白色毡帐星星点点；远处是碧波万顷的青海湖，东西蔓延二百余里，天水一色，恍若仙境。

听闻玄策一行西行途中顺道前来探视公主，诺曷钵可汗与弘化公主夫妇早已派人前去设顿奉迎，他夫妇二人也亲自出城恭候。

待宾主施礼见过，玄策抬头细看二位，诺曷钵可汗十八九岁，椎髻皂帽，锦袍玉带，身材魁梧，面容清秀，器宇不凡。弘化公主亦青春年少，辫髻于后，头戴金花，长裙曳地，只是昔日莹润如雪的肌肤较前黝黑了些，却显出一种成熟和健康之美。

入城后，向西是一条平展的中轴大道，两侧官舍俨然，宿卫整齐。进入可汗王庭，大臣纷纷前来拜见，有王公、仆射、尚书及郎中等称号，加之官员服饰与华夏略同，显示出吐谷浑与中原关系之久远，这一切令玄策感到熟悉而又亲切。

---

① 河州：约今甘肃临夏。

次日恰好为六月六日，正赶上吐谷浑人的"六月节"。

此节日不仅为吐谷浑人的祭神节，也是吐谷浑家人团聚和文化交流的重要节日，如同中原的正月元正、十五一般。其间男女老少穿新衣、吃美食，欢庆歌舞。庆祝活动有祭神、上口扦、跳神舞……跑马、摔跤、射箭等。

赛马是节日期间最重要的活动，也是吐谷浑人最喜欢的运动，吐谷浑人过着游牧生活，是名副其实的马背上的民族，身手矫健，无比勇猛。

这天恰巧晴天大好，太阳已经升起，赛场上彩旗招展，阳光洒在牧草上，草原上犹如披上绿色的地毯，细软油嫩的牧草散发着清香，给人以自由、舒畅和急欲奔腾的渴望。

比赛开始前，先是举行隆重的祭神活动。头戴牛头面具、身穿彩色法服的巫师首先上场，他们手持法器，口中念念有词，为即将开始的庆祝活动增添了一抹神圣而神秘的色彩。

祭祀仪式结束后，鼓乐声响起，比赛项目正式开始，场上的气氛瞬间变得热烈起来。

首先是女子的预热表演，分马背上舞蹈和马上倒立，英姿飒爽的吐谷浑姑娘们技术娴熟，身轻如燕，矫健如飞。

随后是男子的表演赛，先是"斩劈"表演。只见身手矫健的小伙子们站立在飞奔的马上，任马奔驰，如履平地，又一个个手持单刀，在经过马道两旁的设置靶时，手起刀落，霎时间如风卷残云，将两旁的木靶一一劈倒。马蹄声、呐喊声四起。

表演赛还有马上射箭、马上捡哈达、多人多马叠罗汉，比赛者技艺娴熟，动作摄人心魄。而真正惊险和展示吐谷浑汉子高超技艺的则是跃马，但见比赛者在马上飞翻，或腾挪跃起，或海底捞月，或箭无虚发。

表演赛过后，正式的跑马赛开始，有短途与长途两项赛事，短途赛比的是速度，赛的是人与马的默契；长途赛不仅赛速度，还赛人与马的毅力与耐力。只听一声令下，骑手们像离弦的箭一般飞出去，身姿矫健，在飞扬的尘土中你追我赶，在速度与激情的较量中尽显风采。

赛场之下，观众们群情激昂，纷纷站起身来，挥舞着手中的旗帜或是衣物，为骑手们呐喊助威。每一匹马儿的奔腾，每一次超越的瞬间，以及每一位骑手策马扬鞭的英姿，都紧紧牵动着观众的心弦……

接连三日的欢庆与盛情款待，已经令使团一行感动不已，就要启程前往吐蕃了，玄策的心还陶醉在赛马的惊心动魄中。临行前，诺曷钵命人牵出两匹骏马。看那马一匹赭黄，一匹枣红，皆昂首嘶鸣，四肢修长，腿蹄轻捷，毛色闪光，周身膘肥健硕，气质高傲，低头似巨龙吸水，昂首如雄兽虎视。

"二位大使，这是本可汗最喜爱的两匹御马，皆为我吐谷浑国的宝马——新一代的青海骢。今赠予二位远途代步，一路为你们保驾护航。"

二人听了心中既惊奇又感动，这种经过特别训练的走马，即便走路也和一般的马不一样，左边两条腿一组，右边两条腿一组，快捷稳健似飞燕。

"久闻贵、贵国出宝马，青海骢可是被写入史书的名马，《隋书》记：'青海周回千余里，中有小山。其俗至冬辄放牝（母）马与其上，言得龙种。吐谷浑尝得波斯草马，放入海，因生骢驹，能日、日行千里，故时称青海骢焉。'"

"王大使所言正是，当年汉武帝为得到大宛马，劳师出征，派贰师将军李广利远征大宛，攻下大宛都城贰师城后获得了上千匹大宛马,返回途中,经湟中时被羌人抢夺了百匹。之后羌人将这百匹大宛马放牧于青海湖海心山,结果每年招徕天马下界择偶,生下的为第一代青海骢,那马较大宛马还要强健百倍。但后来良种渐渐退化了。"弘化公主接口道。

"是吗?当年汉武帝得了西域宝马,欣喜而作《天马歌》,后得大宛汗血马,又作《西极天马歌》。"

天马来兮从西极,经万里兮归有德。
承灵威兮降外国,涉流沙兮四夷服。

不等玄策出口,弘化公主已随口吟出。

"是呀,是呀,那繁衍至今天就不、不知道是多少代了!"玄策又把话题转到青海骢上。

"那良种退化后,到了大业五年(609)炀帝西巡时,西域各国前来张掖觐见,其中有波斯国贡良马二百匹。炀帝命人将其放于青海,由我吐谷浑繁育,于是才培育出这新一代的青海骢。贞观八年(634),吐蕃赞普为得到这批宝马,亲率大军前来,幸亏我吐谷浑人及早将宝马藏匿在青海湖北岸,才得以保全。"诺曷钵道。

"它们果真是天马下凡而育的良种吗?传言好、好不神奇。"

"是的,天马下界!冬春季节,湖面结冰,我吐谷浑人将母马放处在海心山,然后焚香祈祷,祈请天马下凡交配。有缘人往往得见,天马自天空嘶鸣而下,那时候天空忽而云霞万道,众鸟齐飞,忽而又风云大作、雷电交加……之后母马怀孕产子,个个体格劲健如飞。"

"果真如此,那青海骢原来真乃青海湖海心山诞育,是吸收了天地精华,因天马受孕的龙种。"

"我、我大唐一如吐谷浑，人人爱马，就连我们当今天子，不仅酷爱良马，还有一套识别良马的本领。天子还专为他的爱马写了首咏赞的名诗《咏饮马》。"

骏骨饮长泾，奔流洒络缨。
细纹连喷聚，乱荇绕蹄萦。
水光鞍上侧，马影溜中横。
翻似天池里，腾波龙种生。

二人齐声吟出，大家皆鼓掌叫好。继而弘化公主解释道："所谓'翻似天池里，腾波龙种生'，指的正是出自青海湖的青海骢！"

"当年炀帝得到青海骢，命我吐谷浑人再为他精心培育皇家御马。不料他很快亡国了，这些良马也就留在了我吐谷浑！"

说话间，那马竟低头亲吻玄策的手臂，嘴里不停地发出"吐——吐——吐——"的响鼻。好似久别的朋友意外相逢，又像是见到了自己真正的主人。

"骑上试试吧！"诺曷钵满心喜悦地说。

玄策也不推辞，跃身上马，那马早已四蹄腾空，向前飞奔而去……

得知唐使路过吐蕃，日夜思念亲人的文成公主早早便预备迎接他们。自从离开中原故土远嫁异域后，尽管与松赞干布伉俪情深，吐蕃人民对她也十分爱戴，但是在公主的心里，遥远的故乡和亲人仍然是她不变的牵挂，多少次魂牵梦萦，多少次肝肠梦断……

这天，终于迎来了王玄策一行家乡人，文成公主与松赞干布亲自出城迎接。几年不见，公主出落得亭亭玉立，初为人妻的她退去了往昔的稚嫩与青涩，眼角眉梢增添了一抹成熟少妇的妩媚与风韵。只见她身着一袭赞蒙装束，头戴一顶水绿色的缎绣花冠，冠上镶嵌着璀璨的黄金与珠翠宝饰，熠熠生辉。她的耳畔挂着碧玺耳环，随着步伐轻轻摇曳，闪烁着迷人的光芒。身上的锦袍流光溢彩，将她原本就娇美的面容映衬得更加明眸皓齿，宛如画中仙子，令人见之忘俗。

再看松赞干布，头戴丹红朝霞冠，外系红抹额，垂珥珰，身着翻领素色藏袍，云肩左衽，长袖垂地，腰束玉带，上挂镶嵌宝石短剑、躞蹀诸事，两侧垂彩绶，脚蹬乌皮六合靴，立于华盖之下。三十出头的他，鼻梁高挺，眉飞入鬓，嘴唇上卷起的两道髭须较上次见面时愈发浓黑了，浑身洋溢着一种英武而又平易近人的气质。加之近年来，吐蕃在他的领导下学习唐朝的典章制度与文化，国势日振，因而受到举国上下人民的爱戴，更加显得沉稳和淡定。

二位问候过太宗皇帝及宗亲，王玄策细细转达了皇上及道宗一家对文成公主的思念和问候，彼此欢喜。

下午是为客人设置的欢迎宴会。

按照热情好客的吐蕃人的习俗，盛宴款待宾客定要宰杀牦牛以示尊重。而宰杀的数量与对象，皆由尊贵的客人亲自挑选，他们可以按照自己的喜好，或是持剑英勇搏杀，或是挥弓精准射杀，以此增添宴会的欢乐气氛。王玄策受邀，爽快地来到射猎场，先持弓上马，专拣那雄健的牦牛搏斗射杀，观者无不为其骁勇胆识称赞叫好。

经过一番搏杀，两头牦牛或应弦而倒，或身中数剑毙命。宾主在欢呼声中，列鼎生火，烹牛烤羊，宴会开始。

宴会大帐设在吉曲(拉萨河)流过的逻些城前的草场上,芳香的牛排,大盘的手抓,金黄的岗巴烤全羊,甘甜的糌粑,还有那鲜美的藏香猪、独特的僜人手抓饭、纯正的墨脱石锅汤……大家自然又是大快朵颐。又有美酒上来,宾主觥筹交错,把盏更酌。沁人心脾的酥油飘香,甘美的青稞酒酒香四溢。在真挚热烈的祝酒歌声中,宾主频频举杯。

饮下一碗青稞酒,再呷一口酥油茶,细细品味着这清香醇厚、绵甜爽净的"高原明珠、酒林奇葩",真是一番独特的风味和享受。

盛大的歌舞表演开始。高山雪域,蓝天白云,旖旎的雪域风光拱卫着静谧肃穆的红宫。首先上演的是堆谐《飞弦踏春》,但见服饰亮丽的一队男女演员上场,在六弦琴的伴奏下边唱边跳,队形不时变化,时而变成前后两排,时而变成圆形,时而变成三角形,一会儿男女分为两列,一会儿男女穿插对舞。男人们拨动琴弦的手指快速而娴熟,女人们的舞姿整齐而柔美。在有力的靴子蹬踏声中,节奏欢快和谐。

接下来,先后又上演了萨迦索舞、夏巴贡剧,以及大型歌舞《热巴舞》。或舞姿节奏劲健有力,或阵容庞大撼人心魄,曲调优美动听。

王玄策打心眼里为吐蕃人民这种豪放、乐观、喜欢歌舞的性格所感染。为他们这种内涵神奇独特的歌舞文化所吸引,不知不觉已经多喝了几杯。

禄东赞因见识过玄策的剑术,酒酣之际,便提议请远道而来的玄策为大家舞剑助兴。王玄策也不推辞,换了一副轻便行装,提剑上场。只见他身轻如燕,剑在他手中如绣花针一般轻盈,被舞得如白练一般流畅。

舞到兴起,朝那殿前石柱轻轻一挥,如一道闪电掠过,竟把石柱一段拦腰砍下。观者无不目瞪口呆！沉静片刻后，突然掌声雷动，连声叫好。

玄策舞罢，拱手施礼，正欲将剑插回剑鞘，却被禄东赞上前拦住道："名远兄不仅剑术高超，所带剑也是世间少有的宝物，上次赤岭战贼，亲见削铁如泥，今又见斩石如切菜，可否让我吐蕃君臣一饱眼福？"

玄策正在酒兴上，也不推辞，将宝剑恭手递与众人，先呈给赞普与赞蒙，再传与东赞及众大臣。那宝剑寒光闪闪，锋利无比，剑柄又镶金嵌玉，精美异常，真是世间罕见的宝物。细心的禄东赞为剑柄处的两个篆刻汉字所吸引，于是向玄策请教道："剑柄处似为二汉字，不知为何意？"不等玄策开口，早有文成公主认出道："莫非为'莫邪'二字？"众人向玄策看去，玄策只是笑而不答。

文成公主见玄策默认，于是娓娓讲来："我国铸剑之术，源远流长。古来有十大宝剑，其二名为干将、莫邪！据《越绝书》与《搜神记》记载，春秋时期，干将、莫邪是两位闻名于吴越的铸剑师。后来楚王听说后，费尽心机将二人抢到楚国，命令他们为其铸造天下最锋利的剑。二人领命后不敢懈怠，可是烧了很久，却不能将这些精心采集来的金铁熔化，自然也就无法造出剑来。"

"如若铸造不出，楚王是不是就要杀了他二位？"有人插话问。

"是的。但后来受神仙点拨，必须用活人祭炉，金铁吸日月灵气，集天地精华，才能熔化，宝剑才能铸造成功。莫邪不忍楚王为祭炉杀害别人，于是亲身赴火，之后干将终于铸成了双剑，并以他二人的名字将其命名为干将、莫邪。"

"那真是以生命铸就的剑？"禄东赞感叹道。

"干将耗时三年方才铸成宝剑，之后拿着宝剑去向楚王复命。他知道这次面见楚王，必定凶多吉少，因他知道楚王为人心胸狭隘，越是对剑满意，越不会留他性命，因为楚王不想让天下其他人得到与他的剑一样锋利的宝剑。因此，在出门之前，干将把另一柄莫邪剑藏匿起来，并郑重地告知家人，待儿子长大成人后，定要让他手持莫邪剑，为自己讨回公道，血洗冤屈。"公主接着讲道。

"真是可恨，不讲王道，幻想依靠一两件举世无双的武器来控制天下，真是痴人说梦！"赞普气愤地插话道。

"那后来干将的仇报了没有？"在场的赤尊公主着急问道。

"后来干将的儿子赤鼻长大成人，从松树下面找到了莫邪剑，并且带着这柄锋利无比的宝剑去找楚王报杀父之仇，但是苦于无法靠近楚王。后来遇到了一位壮士，与之诉说了自己报仇的愿望与遇到的困难，并请求壮士用莫邪剑砍下自己的头颅，假扮成献剑人提着头去面见楚王。壮士为了成全他，便依计而行。最终楚王果然上当，这位壮士成功靠近了楚王，并用莫邪剑为赤鼻报了杀父之仇。但是这位壮士随后也死在了楚王武士的干将剑下。"

"壮士死去之后，双、双剑曾留在楚国，至秦灭楚时，干将剑下落不明，莫邪剑被灭秦的大将王翦所收。后来秦王亦将莫邪剑赏赐给了王翦，作为他的传家宝贝一代代传了下去。"玄策补充道。

"最后传哪去了呢？"赤尊公主又问道。

文成公主听了，不禁"噗嗤"一声笑了出来，指着玄策说："不就传到他这儿了嘛！"

众人这才恍然大悟，原来玄策乃秦朝名将王翦之后，无怪乎才识胆略非同常人，从此更加对玄策敬羡了。

赞普想起玄策前番护送文成公主到吐蕃，今又呈献精彩绝伦的舞剑表演，加之这位年轻的外交官不论何时，都是彬彬有礼而充满智慧，见之甚为喜爱，于是将自己手腕上常年佩戴的一串天珠手串取下，塞进玄策的手心里。玄策受赐喜不自胜，连声称谢。

玄策知这天珠手串并非等闲之物。它是由几颗上等的白珍珠、红玛瑙、绿松石珠子与中间一颗大大的棕色天珠组成。吐蕃人酷爱天珠，天珠又名"瑟瑟珠"或"九眼石天珠"，为出产于喜马拉雅山两侧的一种精美宝石，上乘者被称"至纯天珠"，上有圆圈纹（眼纹）和平行竖条纹，《新唐书》有"一珠易一马"的记载。将它作为串珠戴在脖颈或手腕，通常被视为护身符，具有吉祥、庄严、殊胜、圆满的含义。

当最后一抹夕阳照在玛布日山的红宫时，篝火在人群的中央燃起，扑闪跳动的火苗娉娉袅袅，俨然如女子柔软优美的舞姿，映红了人们的脸庞。宾主在露天草场跳起了锅庄舞。伴着众人"呀"声的齐喊，歌声变得嘹亮高亢，舞蹈者的甩袖幅度随节拍，忽而紧促如万马奔腾，忽而轻盈似天鹅展翅，动作优美潇洒，手臂旋转自如，步履变化多样，男子的阳刚洒脱、女子的柔美妙曼，尽显绽放。

看着这方神奇的土地，处处透着圣洁和神秘，无论是逻些山顶的红宫，还是纳木错的圣水、琼穆岗嘎雪山，都让玄策深感神秘、留恋和敬畏。

高原的夜，静谧辽阔，伴着如水般流泻的月色，还有小蛇般欢快跳动的火苗，月移人影，舞姿飘逸，天上人间，如梦似幻。一曲由王玄策填词的《高原景色美》，悠忽传来，婉转动情，歌声嘹亮，在夜空中回荡：

蓝天高远兮云为裳，雪山雄峙兮霞为妆。
星海璀璨兮江河长，鲜花为锦兮茵为床。
青稞酒醇兮酪饴香，骏马奔驰兮牛羊昌。
踏歌起舞兮琴曲扬，草原景美兮民安康。

七　双眉间长着"迪勒格"的少女

贞观十七年(643)，注定是中印交往史上不平凡的一年。

这年农历四月，王玄策等护送天竺使臣回归天竺的队伍从长安出发，而同年五月，已经在天竺游学十七年的玄奘法师，辞别了中天竺戒日王及僧俗师友，又从中天竺曲女城出发，踏上了返回长安的路程。

玄奘法师返回时取道西域南道，历时一年多，于贞观十九年一月回到长安。同年二月，太宗因远征高丽，车驾正驻跸洛阳，于是玄奘奉命赶往见驾，最终太宗在东都洛阳仪鸾殿接见了他。

彼此寒暄过后，太宗满心好奇地向玄奘询问起天竺及西域诸国的风俗物产以及各国的政治、经济、地理位置等信息，玄奘一一作答，太宗听得津津有味，满心欢喜。此后一连数日，玄奘的话都萦绕在他的耳畔："稻岁四熟，四季殷乐，一年四季鲜花、水果不断，黄金、宝石、珍珠堆积如山，法律上没有死刑，税收也不到六分之一……举国人民不杀生，不饮酒，不食葱蒜……医药、天文、历法、建筑、音乐、舞蹈与绘画等等，都有自己的特色，与我中华互有所长，多有借鉴之处……"

太宗深感意犹未尽，随后又授意玄奘与他的弟子着手撰写皇皇巨著《大唐西域记》，以记录这些珍贵的文化交流信息，将他在遥远国度的所见所闻，化为永恒的文字。

自此，玄奘法师被奉为上师，时常被召入宫中供天子顾问西域事务并以佛法护持皇家，在此暂不多说。

再说那李义表、王玄策护送天竺使臣一行，自离开吐蕃，在博巴①向导的带领下沿雅鲁藏布江西行，至茶巴拉进入小羊同，继续向西，由小羊同西、拉孜、昂仁、萨嘎，从萨嘎折而南行至芒域（吉隆），沿吉隆河谷转而南下，穿越雄伟的喜马拉雅山，然后向南为泥婆罗，向西尚有屈露多、悉立②。其间经历末上加三鼻关的惊心动魄与穿越十三飞梯时的九死一生，以及攀登十九条栈道的危难卓绝，又沿着西南方向的葛藤攀爬，在荒凉无人、荆棘遍布的野外艰难行进四十余日。最终，取道热索桥，成功抵达了遥远的泥婆罗国，这标志着他们这段必将被载入史册的非凡旅程即将圆满完成。

前文已述，这是一条崭新的国际通道，一条沟通唐都长安与天竺各国的新通道。这条通道，其实吐蕃的使臣已经分头走通。此前松赞干布已经迎娶了泥婆罗的赤尊公主。为此，松赞干布曾派大臣吞米·桑布扎为"迎婚使"，携带大量金币、金粉、璎珞等礼物前往泥婆罗请婚。随即，泥婆罗将赤尊公主出嫁于吐蕃。赤尊公主入藏，藏史上也清楚记载着，松赞干布曾派人至芒域迎接，尼婆罗臣民也将公主送至芒域。

---

① 博巴：藏语"吐蕃人"的意思，为藏族人的自称，"蕃（博）"为藏族居住地，"巴"为人的意思。
② 《大正藏》卷51《游方记抄》收有唐王玄策《中天竺行记》并百官撰《西国志》逸文，其中记有此二国。

至于逻些至长安一段，禄东赞他们已经几番往返，不必再说。但若就长安经吐蕃直至天竺各国的全程来说，李义表、王玄策等人此行可谓史书明确记载的走完该道全程的第一趟，他们也将会成为开创历史、走完全程的第一批人。

在泥婆罗首都加德满都，经过五天的短暂访问和休整后，使团再次启程，又行了十五日，玄策一行在贞观十七年（643）十二月初五日终于抵达中天竺国——羯若鞠阇国，又称摩揭陀国。

那日，一大早天空晴空万里，空气清新，远方的地平线上，中天竺国的都城曲女城逐渐映入眼帘。一排排白色圆顶的房屋与高耸的石柱错落有致，连绵起伏。四周炊烟缭绕，蒸腾而上，曲女城在朦胧中宛如一位戴着面纱的圣女，庄重而神秘。在这片静谧而祥和的氛围中，众人心中对这座传说中的城市早已充满了期待和向往。

曲女城，又名葛那及，法显的《佛国记》中又写作罽饶夷，而在玄奘之《大唐西域记》中则称之为羯若鞠阇，其历史可一直上溯到《罗摩衍那》与《摩诃婆罗多》的半传说时代，但作为大都市的建立则是在戒日王成功统一天竺北部后。戒日王史罗逸多将帝国首都由恒河下游的华氏城迁往上游珠木那河地区，并对该城增事修筑，使之成为中天竺新的军政和经济文化中心。后经过戒日王数十年的营建，新都城曲女城的规模超过了昔日的华氏城，成为当日全天竺甚至整个南亚次大陆规模最大的都市。

这是一座集寺庙之庄严、佛塔之巍峨、宫殿之辉煌于一身的绝美都城，其壮丽景致虽不及唐朝京城长安，但其精巧、繁荣与坚固也足以令人惊叹。即便站在城墙之外，亦能清晰望见城内房屋与佛塔林立，高耸入云，错落有致，城墙与宫殿皆雄伟壮观，坚不可摧。玄奘记："其长二十余里，广四五里。城隍坚峻，台阁相望，花林池沼，光鲜澄镜。异方奇货，多聚于此……"

戒日王闻报，远使大唐的中天竺使臣回来了，且有唐朝使节护送，于是连忙下令迎接。进到朝堂，翟昙等奏明完成出使使命，连声称颂大唐贞观天子的盛情款待与大唐国的文明强盛。随即取出大唐天子赠送的老子画像与其《道德经》一并呈上，戒日王满怀虔诚，躬身接过，供于御案，自此每天奉香祭拜。

随后，翟昙引唐使与戒日王相见。

李义表与王玄策向戒日王躬身施礼。礼毕，便奉上唐朝太宗皇帝给戒日王的御笔国书。其文曰：

> 大唐天子敬问戒日王陛下：久闻芳猷，未因接展，爱慕之心，难以语言。昨蒙荣问，万里朝贡，赤诚之心明鉴，友善之意可嘉，甚慰朕怀！谨遣小臣李义表、王玄策等奉书慰劳，兼送使还。又闻吾国沙门玄奘，瞻礼佛乡，求取真经，访学贵国，今已学成，真经取得，望速发遣令还，与朕相见！顺赠绫帛千段，玉带一双，漆奁库露真①一具、秘色瓷一套，剡藤笺五匣，伏乞慰勉！陛下及诸宰相、首领、百姓并平安好，遣书指不多及。

戒日王看罢书信，心中欢喜，对所赠礼物都十分喜爱。他将其中的丝绸分赐予后宫众嫔妃及公主，将那具精美的漆奁库露真也赐予了自己心爱的妹妹——贺罗阇室丽②长公主，仅将一套被称为"秘色瓷"的精美茶具与五匣名纸"剡藤笺"，留作御用。

---

① 库露真：为出自襄阳的名贵髹器，乃皇家独有的特贡品，材质与绘制技法都极为精巧讲究，有唐诗唱赞道："襄阳作髹器，中有库露真。持以遗北房，给云生有神。"
② 贺罗阇室丽：先王波罗伐弹那的遗腹女——贺罗阇室丽（Harsh shri）长公主。

原来当时的天竺，文化虽已颇为繁荣，但尚未掌握造纸技艺，记事、写经用的都是一种叫多罗树的树叶或棕榈树叶，也叫贝多树叶，写成的佛经称"贝叶经"。这次唐太宗特意赠送了五匣上好的名纸给戒日王。自此以后，天竺各国不断派人去唐朝学习造纸术，纸张渐渐代替了昔日的书写材料，文化传播更加便捷。

这次唐朝天子不仅赠予天竺如此厚礼，各色工匠还带来了造纸、制陶等工艺，还命大臣一路护送天竺使臣归国。前有玄奘来天竺讲求佛法，此次又有王玄策等人前来回访，终于和万国竞相朝贡的大唐建交了，以后多多往来，取长补短，互通有无，造福两国，戒日王心中盘算着。

但提及玄奘，戒日王解释道："二位大使，你们来晚一步，玄奘法师已于几个月前取道迦毕试国踏上返程，回贵国去了。不过，有本王书信关照，天竺境内各国会派人一路护送，二位不必担忧。"

李义表、王玄策听后，连忙答谢。

彼此寒暄过后，晚宴在一组优美的歌舞表演中开始，数十个衣着整洁的侍女鱼贯而出，将各式水果和菜肴摆上餐桌，水果与菜肴都盛在芭蕉叶上，用餐者皆净手后用右手抓食。各色咖喱与烧烤为特色的菜肴，别有一番异域风味，只是可惜少了美酒的助兴。这是因受宗教的影响，天竺人不尚饮酒。

与美食相比，天竺的歌舞更具魅力。天竺舞蹈激情奔放，在急促欢快的节奏中，舞者用身体各部位传递丰富的语言和情感，尤其是手部表演更是变幻莫测，讲究手、眼、心、意的有机结合，生动传情，熟练的舞蹈演员单手可做出二十八种姿势，双手可做出二十四种姿势。再加上首、颈、臂、腿和脚的配合，姿势多变，引人入胜。只见一群穿着鲜艳的纱丽，化着浓妆，手持花朵的美丽女子率先上场。

螓首蛾眉，巧笑倩兮，美目盼兮，一个个都风姿绰约。天竺舞蹈体现着这个民族的文化和信仰，神的样子、战争场面、生产过程等，被生动地演绎了出来。一会儿婀娜多姿，一会儿清爽欢快，一会儿刚强炽热，一会儿又狂热奔放……令人热血沸腾、目不暇接。

一组激情盛大的舞蹈过后，光怪陆离的鱼龙曼延①之戏上场。

只见先由舍利瑞兽出场，在庭中戏乐。随即，瑞兽在水势腾涌、飞溅中化作一条巨大的比目鱼，在水中跳跃漱水，喷雾蔽日。忽然间，比目鱼又变成一条八丈长的黄龙，从水中蜿蜒游出，在庭中舞动，炫耀夺目。继之，各种鸟兽纷纷登场表演，先有熊和虎上场，后有白象、大鱼、巨蟒……奇幻恍惚，变幻莫测，众人看得眼花缭乱，连声赞叹。

正当人们赞叹之际，忽然蹿出一只龇牙咧嘴的舍利奇兽，但转眼之间，它竟变成了一辆由四匹鹿驾着的仙车，上有美丽的华盖，华盖之下端坐着一位妙龄女子。

细看那女子，明眸善睐，眉心间天然生就一颗"迪勒格"，如红宝石般醒目，这可是天竺人人羡慕的象征智慧和尊贵的吉祥痣。此女皮肤皙白，身材曼妙，头上戴着花环，身穿绿色纱丽，上佩白色网状披肩，长裙短袖，脚玲手环，琴弦轻颤，鼓声响起，她从如在云端的仙车上轻盈步下，随着音乐的律动轻盈起舞。舞步时而行云流水，快速旋转时仿佛疾风骤雪；时而凌波微步，在舒缓的歌声中似踏水无痕。少女的曼妙身姿与柔情蜜意在这一刻得到了完美展现。

---

① 鱼龙曼延：这一自汉代至唐代在天竺与西域各国极为盛行的艺术形式，实则是一种大型综合性幻术表演。"鱼龙"与"曼延"原本各自为独立的幻术节目，但因两者常被巧妙融合于一场演出之中，相得益彰，故而世人将其合称为"鱼龙曼延"。

忽然，驾车之仙鹿昂首向前，疾驰如风，其身形随风而化，化作漫天花雨，轻灵旋转，飘然而落，与那舞动的女子共同演绎出一曲天女散花的绝美景致。

王玄策看着这女子如梦似幻的表演，不禁暗暗叹服："想此异域天竺，西域胡国，也不乏如此才色俱佳的天仙女子！"

待歌舞表演结束，戒日王似乎意犹未尽，提议道："众爱卿，趁着这良辰美景，何不各献技艺，为大家助兴啊？"

"是啊，是啊！"众人附和道。

"陛下，臣提议让远道而来的贵宾先上场，好让我们见识一下大唐的风采。"戒日王身边的一位侍臣提议道。

"李大使、王副使，那就请你们展示一番大唐绝技，好让我天竺君臣一饱眼福，可好啊？"戒日王盛情邀请道。

李义表个性腼腆，无甚技艺，玄策无奈，只好应诺上场。

言谈之间，王玄策已换上一身轻便装束，手提利剑，步入场中。只见他身姿轻捷，宛如燕翔于空，手中长剑寒光闪烁，剑尖在他的手中犹如风回雪舞，又似蛟龙潜游，电光石火之间，尽显威武……

玄策舞罢，掌声雷动，戒日王对玄策精湛的表演十分赞赏和好奇，便问道："大使舞剑宛若蛟龙一般，但不知此等武艺为贵国何人所创？有何宗派？"

玄策答道："回禀大王，臣、臣方才所舞剑法名为少林飞龙剑。我中华武术源远流长，流派众多，今著名者有武当、少林、峨眉、南拳等大派，在各大派之外，还有众多派别，传习者难以计数。臣之所、所学属少林派，臣自幼在少林寺学习武功，所舞剑法即是少林剑法。"

"中华武术博大精深，少林武功又如此神异！"戒日王连连赞叹。

"少林武功，发、发源于洛阳附近嵩山少林寺。天竺高僧达摩就曾在少林寺修禅练武，面壁九年，首传禅宗。至今少林拳的精华被称为'少林五拳'，还有刀、剑、枪、戟、铲、棒等器械的十八般技法……少林寺曾受大唐敕封，我们当今天子为秦王时，曾因讨伐河南王世充而一度蒙难，身陷囹圄。多亏少林寺十三名棍僧，凭着精湛的武艺，夜入洛阳城，杀退十万追兵，从大牢中救出了秦王。后又有五百少林僧兵帮助秦王活捉了王世充的大将王仁则，迫使王世充归降了我大唐，立了大功，后来大唐敕封该寺方丈为大将军僧，赐寺田地四十顷，并刻石以记。自此少林武功名扬天下……"

玄策一口气讲罢，戒日王与众大臣对那遥远的大唐更加心生敬意，也无不为玄策的剑术喝彩。

在那些投向王玄策的赞赏的眼光中，有一双眼睛格外引人注目，长久地凝视着这位说话略带点口吃，但身形俊美、文武双全的唐朝副使，脸颊上不自觉已泛起淡淡红晕。顺着这充满深情的目光望去，不难发现，它的主人正是那位长着"迪勒格"的少女。这不经意间的对视，一种美妙的感觉闪现，仿佛预示着一段故事的开始……

夜色已阑，盛大宴会才圆满结束，众人相互道别，玄策一行回到客舍安歇。

天竺的天气大部分时间都非常酷热，而冬季的气温则较为温暖舒畅，刚从长安途经寒冷的高原而来的唐人甚至依然感到有所不适，只好白天待在室内，晚上再出来。这日傍晚，热浪渐渐退去，玄策闲来无事，听侍从说这曲女城的王室御花园就在客舍附近，景色异常秀丽，而且天竺的王室御花园也向庶民开放，于是心动：何不去见识一番这御花园，看看有何景致？随后玄策脱去官服，只着平常服饰，手拿折扇，乘兴前往。

来到御花园，一丝清凉扑面而来，园中景物更是非比寻常，处处是雕刻精美的石柱与碧水荡漾的"功德池"。虽说是冬季，这里却是佳木葱茏，奇花灼灼，四周叶片宽大的棕榈树和芭蕉树郁郁葱葱。远处水波潋滟，鹅鸭嬉戏，连那建筑物的墙壁上也刻画着众多佛教人物及佛经故事，极尽巧思，处处显示着这个国家和民族的文化和信仰。

此情此景，令玄策想起昔日自己新科高中之后，也正是长安城花红柳绿的时节，自己春风得意，跨马长安，与众学子曲江流饮，意气风发，而如今长安应是秋去冬来、寒风萧瑟的季节了，而此地却仍旧绿意盎然。忽然念及故土与昔日同窗，不自觉感到心中孤寂，随口吟出《南歌子·忆长安》一首，其词曰：

中原一片月，西天满地花。
无穷秋色万木稠，又是月圆时候嗟天涯！
长安万里雁，岁寒一叶家。
快意何待问回雪，还记曲江流觞好年华？

玄策吟诵方罢，只听得那边石柱之后有二人连声赞叹，抬头时已见那二人从山后走来。

二人摘下面纱向玄策施礼，玄策定睛一看，其中一位正是前额长着红色"迪勒格"的女子。经随从侍女介绍，原来这位国色天香的女神就是戒日王的亲妹妹，先王波罗伐弹那的遗腹女——贺罗阁室丽长公主。公主脱去了昨晚艳丽的服饰，换上纱丽素装，却也清新淡雅，王玄策急忙上前合掌施礼。

"下官荣幸，不期在此遇见公主，只因今日闲来无事，听闻贵国御花园景色宜人，便冒昧造访。惊动了公主，万望海涵！"

"昨晚见大使舞剑，真是技艺绝伦，高超不凡呐！本公主从小仰慕大唐文化，曾跟随老师玄奘法师学习过几日大唐诗词文化，自从老师东返大唐以后，再无人指导，如今也不知荒废到哪里去了？"贺罗阇室丽公主含羞答道，说着已是红晕满面。

听闻公主曾拜玄奘为师，王玄策感到与她亲近了许多，于是含笑答道："公主过、过奖了，昨日宴会，为了不做焚琴煮鹤之人，便胡乱舞剑，实在不算什么。倒是公主，一曲舞蹈，惊艳全场，令我等惊为天人。至于诗词，卑职也是附庸风雅，不敢自大，有机会可与公主交流一二。"

原来，公主自幼聪颖伶俐，敬信佛法。戒日王对这位幼年失怙而又聪明好学的妹妹格外疼爱，时常带在身边。至此，她已是芳龄二十余，青春洋溢的女子，但公主心高志远，尚未婚嫁。她自幼对神秘的东方感到好奇，玄奘东归前三年，因盛赞她"聪慧利根，善正量部①义"，戒日王便让她跟随玄奘法师研习大乘并学习汉文诗词与大唐文化。

两人一路观赏风景，切磋诗词。令王玄策没想到的是贺罗阇室丽公主的中华文化造诣颇高，心中暗暗佩服。不觉天色已晚，但见月光如水，轻柔地洒在二人身上，园中各色奇花异木飘散出丝丝缕缕的香气，景色幽深而安静，二人心中竟有不忍别离之感……

---

① 正量部：小乘二十部之一，或小乘十八部之一。据《大唐西域记》所载，七世纪中叶，玄奘入印度时，正量部之传布仅次于说一切有部，盛行于中、南、西印等地。这里是说贺罗阇室丽公主不仅聪明伶俐，而且对小乘二十部之一的正量部颇为熟悉。玄奘盛赞公主的话出自[唐]慧立、彦悰著《大慈恩寺三藏法师传》，中华书局，2000年，第107页。

此后数日，二人又几番相约来至园中谈诗论艺，彼此逐渐发现，二人不仅情趣相合，而且对于人生的态度和认知都是出奇地一致。这天又是花好时节，月色溶溶，公主随即吟出：

兰闺久芳菲，寂寞开无主。
观者千万过，无见识花人。

王玄策听得公主吟出这样一首诗，心中一颤，不由得产生出莫名的情愫来。自己虽无司马相如之才，公主倒好似有卓文君赏识爱慕之意，便依韵和了一首曰：

长夜月溶溶，花好燕阳春。
可怜远游客，无缘结香神！

诗已吟出，玄策又深感唐突，为自己的轻率与冒昧暗暗自责。二人一时陷入了沉默，公主低头不语，玄策也不知再如何搭话。但两人的心却在这短短的两首诗的唱和下越来越近，一种难以抑制的兴奋和期待开始在两人周身迅速蔓延，让各自感到血液奔流，心跳加快，一时透不过气来。

夜已很深，二人只好依依道别。回到香闺的贺罗阁室丽，心中是惊涛骇浪，喜悦交织。王玄策挺拔英俊的身影，目光如炬的双眼，尤其是他微笑时那温暖人心的面容，在她的脑海中反复闪现，如同春日里的和煦微风，轻轻拂过她的心田，带给她无尽的温情与遐思。在这样的情感触动下，爱情的种子在公主心中悄然生根，迅速萌发。

但她转念一想，不会是落花有意，流水无情吧？百无聊赖之中，公主命侍女玛亚取来自己心爱的西塔尔琴，以排遣心中的苦闷。只听美妙的琴音一会儿婉转若愁云缭绕，如怨如诉；一会儿急促如大江，掀起惊涛骇浪；一会儿欢快似小桥流水，春光乍泄。

一曲琴音落罢，独对一盏昏黄的孤灯，耳畔是窗外呼啸而过的风声，心中交织着难以名状的情愫。怨则无处可怨，恨亦无从恨起。坐立难安，辗转反侧，即便是想要寻个安睡之处，也难以平复内心的波澜，仿佛整颗心都被这无尽的风声与思绪所缠绕，难以平静。

殊不知那王玄策也是心驰神往，思绪飞动，魂魄如掉进了公主眸子中的深潭一般，不能自拔。公主的话语和曼妙的舞姿不时出现在他的脑海中，似万千火苗在心中撩拨……

自此一连数月，二人几乎每日都形影不离。公主还发现，这位来自大唐的年轻使臣，无论何时、何地、与谁交谈，总是面带微笑，悉心聆听，不时投去肯定和激励的目光，最后往往又能给人以最满意或最令人折服的答案。

渐渐地，公主已经对他产生出深深的依恋，但婚姻大事，必由父兄做主，一日公主找到戒日王，向王兄提出了自己与王玄策彼此爱慕的事，请求他为自己做主，与王玄策结为百年之好。

戒日王一听十分欢喜，往日多少皇亲贵戚前来求婚，贺罗阁室丽都没有满意的人选，如今终于有妹妹喜欢的人了。王玄策本人的优秀自不必多说，若是和大唐结亲，还能加深和大唐的友好关系。只是路途遥远，实在舍不得其远嫁，戒日王思忖良久，难以决断。

次日上朝之后，戒日王便与几个心腹大臣商议此事。不料，竟遭到了一大臣的坚决反对。

"大王，臣以为此事不妥，想那唐朝远在万里之遥，实情尚不可知。若让公主与唐朝使者结亲,就此一去,万里之遥,今生不知何日才能见面?臣素知大王与公主兄妹情深,大王难道能忍痛与公主分离吗?"

提出异议者乃戒日王身边的一位亲信重臣——阿罗那顺,此人身形肥胖,满面笑容,因足智多谋,颇有战功,深得戒日王的宠信。近年来他对公主的婚事也颇为上心。

戒日王陷入沉思。因父王早逝,公主自幼失去父爱,而自己日理万机,无暇顾及她,实在亏欠太多。贺罗阁室丽已到谈婚论嫁的年龄,戒日王为她物色了许多人才俱佳的人选,无奈公主心高气傲,竟无一人让她称心,所以公主的婚事才迟迟没有确定。如今她好不容易看中了唐朝使臣王玄策,但国王实不忍心与妹妹分离,确实为难。

"爱卿所言甚是,可依本王看来,王玄策此人不仅才华横溢,对公主也是关怀备至,二人相处,颇为相宜。贺罗阁室丽对那王玄策也是真情实意,难以阻拦,寡人实在是不忍拒绝这个心肝妹妹!再者,若能与大唐结亲,还能使我天竺国威大增,也不失为一件好事!"戒日王犹豫不定地沉吟道。

"大王,依臣愚见,我天竺虽比不上那大唐,但绝不乏能让公主动心之人,大王何不慢慢寻访,再做打算。至于公主那边,大王可先假意应许,借口拖延,待过几日打发唐使王玄策回国之后,再为公主另择佳婿。到那时,谅公主也不会再有异议。"阿罗那顺替国王谋划道。

"卿言虽是,但这也确实不失为一桩美好婚姻,那就依卿所言,就暂时拖延,以后再做打算吧!"戒日王说罢,还是一脸的踌躇。

阿罗那顺闻言,再无话可说,但那细长的眼眸中仍有一丝不易察觉的犹疑。

八　他在天竺立起两块唐碑

　　这是曲女城寻常的一天，天朗气清，惠风和畅，街头巷尾弥漫着淡淡的无忧树花的清香，女人们身着华丽的纱丽，有的额头上用朱砂点着眉心痣，个个头戴金灿灿的饰品，颈间挂着由珍珠、琥珀、玛瑙、绿松石等珠子组成的繁饰项链，五彩斑斓的装饰与纱丽在阳光下闪耀。街道两旁，小贩们叫卖着各式各样的香料和手工艺品。

　　孩子们光着脚丫，在街边追逐嬉戏，笑声清脆悦耳。不时看见全身赤裸的耆那教僧侣，手托钵盂，静静地接受着信徒的礼拜与施舍。附近的寺庙里，信徒们正虔诚地转动经轮，诵念着古老的梵文经文，钟声和诵经声交织在一起，营造出一种神圣而肃穆的氛围。这时，一列气势恢宏的车马队伍缓缓从皇宫大门中驶出。

　　沿途的民居门前，人们挥舞着鲜艳的花环和吉祥的彩旗，热情地向经过的队伍挥手致意。而那些富有天竺特色的建筑，如圆圆的塔顶、宏伟的石柱以及精美的雕刻，更是让唐朝的使者们目不暇接，惊叹于这个古老国度的丰富文化和瑰丽艺术。但贺罗阇室丽公主的出现，才是天竺人眼中最引人注目的亮点——一道最美丽、最迷人的风景。

"都道咱们的长公主长得如花似玉,貌似天仙,可从来也没见过,今天终于能一睹其芳容。"

"是呀,那几个穿着丝绸衣服,留着须发,十分斯文的人听说是摩诃支那国的使臣!"

"他们穿的那丝绸衣服也太精美了!看——透过后面那人的衣服竟然能看到他脊背的一颗黑痣!"

"真是,听说那人还是穿了七层!"

"那丝绸实在是昂贵,听说胡商从摩诃支那国运来,然后贩卖给王室或贵族,甚至远销至大食或拂林,价格可以翻十几倍乃至几十倍,售卖的价格相当于同质量的黄金。"人们议论纷纷。

原来那戒日王自从听了近臣阿罗那顺的建议,便推托最近国事繁忙,将公主与唐使王玄策的婚事一拖再拖,不再提起。公主天真烂漫,根本没料到这只是其王兄的缓兵之计,也没有放在心上,依旧满怀柔情憧憬着自己的美好未来。

二人日日见面,彼此学习,王玄策的梵文大有长进,公主的唐文水平也与日俱进。直到有一天,使团一行要去拜谒佛祖圣迹,贺罗阇室丽提出陪同他们一同前往,自己可以为他们翻译和讲解,戒日王只好勉强答应,公主十分欢喜,玄策也是怦然心动。

一行人在公主的引导下,一路游览名山胜水,但玄策最喜寻访佛祖圣迹遗踪,在那些庄严神圣的地方,他总能感到心灵的安详。贞观十九年正月二十七日,一行人来到了久负盛名的王舍城[①]。

贺罗阇室丽的讲解深入浅出:在印度,相传佛祖一生所居止之处,被世人尊为四大圣地,亦称为四大道场。它们是佛出生地——蓝毗尼园;佛成道处——菩提伽耶;佛初转法轮处——鹿

[①] 王舍城:遗址在今印度比哈尔邦那兰达县拉杰吉尔镇。

野苑；佛涅槃处——拘尸那迦。随着佛教的发展，在四大根本道场的基础之上，印度的佛陀道场的数量越来越多，道场内的遗迹和圣物也越来越多，后来又演变为八大圣迹。

其中王舍城，音译为曷罗阇姞利呬、罗阅衹，是佛陀时代（公元前六世纪至前四世纪）印度十六大国之一摩揭陀国早期的都城，为佛陀传教的中心区域。在这座城市中，矗立着佛教名山——耆阇崛山（灵鹫山），其周围环绕着诸如迦兰陀竹园等众多圣迹。佛陀常于此说法宣教，当年即是住在王舍城耆阇崛山中开讲《摩诃般若波罗蜜经》的。

提及佛陀的出家，公主又是娓娓道来：据传，出家后的佛陀离开他的家乡迦毗罗卫，南下渡过恒河，来到摩揭陀国都王舍城。年轻的佛陀容光焕发，风采俊美，摩揭陀的国王频婆娑罗看见佛陀后大为赏识，于是亲自前来邀请，劝其出仕，说道："看你如此年轻，周身洋溢着智慧与尊贵，想必一定是出身不凡的武士吧？如若愿意做官，前途一定无可限量！"

不料佛陀回答道："回禀陛下，那圣洁的雪山下，就是我的国家拘萨罗国。那里丰衣足食，居住着人人智勇兼备而品行端正的部族。这个部族被称为太阳之后裔，其中有一名为释迦的部族。而我就是于释迦族出生，今是为引领世人脱离苦难而出家，并非满足俗世的欲望而来。"国王听了十分无奈，只好听任其出家修行。

佛陀在此修行，在此成道，成道后又在此传教说法。佛陀成道后，富有的商人为他施造了一座清幽雅致的竹林精舍。佛陀圆寂后，信徒根据佛陀生前的业行，又建立了众多的佛迹和寺塔，以为纪念。而且就在佛祖涅槃后不久，以其大弟子迦叶为首的五百佛弟子，就曾在此地昆布罗山的七叶石窟举行了第一次结集，并组织众人编纂佛典，弘扬佛法。

作为古印度摩揭陀国的都城,阿育王迁都波吒厘子城后,将王舍城布施给婆罗门豪族居住。自此该城日渐衰落,东晋时法显来此,看到城已荒废,在其行传中已有所记。今玄策一行抵达后,看到该城外郭城已坏,更加无复往日的繁华。唯见内城基址尚存,昔日建筑的雄伟高峻隐约可辨。

此城周长逾二十里,四面各设一门。各式寺庙与神殿遗迹亦清晰可辨,神殿上部都有一尖塔,前部有一个或多个门廊形大厅,充作宗教活动或舞蹈的场所。斑驳的墙壁上饰以大幅的精美雕饰,这些雕饰以重复而有序的形象排列,展现出一种整体的和谐之美,亦显出昔日恢宏的气势。

城中的宫殿和寺庙,昔日的雄伟之貌尚依稀可辨,却难掩其内部的空旷与今日的冷清。曾经响彻云霄的诵经声和朝拜者的喧嚣声,早已被历史的尘埃覆盖,处处是岁月沉淀下来的沧桑与荒凉。只有部分坚守信仰的婆罗门,依然在坚守这块他们心中的圣地。

说话间已到王舍城东不远处的耆阇崛山前,此山乃佛教徒心中的圣山,耸立于勒那山南麓,山上有许多天然岩窟,有佛灭后第一次三藏结集的七叶窟、提婆达多欲谋害佛陀之石、佛入定处、弟子阿难入定处、舍利子入定处、如来七日说法堂等遗迹。

山下又有佛袈裟石,相传佛在世时,一次池浴,脱衣于此,有鹫鸟衔袈裟升飞,既而坠地,化成此石。其南有佛观田,为命弟子难陀制造袈裟处,后世僧俗观瞻礼拜不绝。①

踏着台阶往上走,脚下草色如茵,花朵点点。及至山顶佛台

---

① 对于此地多处佛迹,《法苑珠林·通感部·感应缘》记:"《西国志》云:又王舍城东北,是耆阇崛山,有佛袈裟石,佛在世时,将就池浴,脱衣于此地,有鹫鸟衔袈裟升飞,既而坠地,化为此石,纵横叶纹,今现分明,其南有佛观田,命弟子难陀造袈裟,并有瑞光现。大唐使人王玄策等,前后三回往彼,见者非一。"

四周,又是遍台沙石错落,石塔无数。山上依山就势所建的佛堂,峥嵘轩昂。从佛堂出来向西五六里,到佛祖说法处,菩提掩映,草地平坦。向东又有佛塔,四周也是香烟缭绕,古木参天。

登上耆阇崛山,峰峦竞秀,藤萝倒挂。尼连禅河由南向北,缓缓流淌,声音宛如智者低吟浅唱,又似在深情诉说,仿佛在向世人缓缓讲述着佛陀一生的传奇以及他那深邃而慈悲的教义。

千百年来,佛陀的思想一如尼连禅河的水一样,从这里发源,又向世界各地流淌,澄澈透明,甘甜清冽,净化着世界,传播着慈悲、善良、宽容和智慧,滋润着世俗众生苦难、彷徨或无助的心!

这里每一级台阶,每一孔岩窟,每一处与佛陀相关的遗迹,无不是一段神奇的历史,令人敛声沉思,仿佛看见佛陀坚定、慈悲、睿智的目光,仿佛听见佛陀宽慰、激励和谆谆教诲的话语。

"众生平等""众生皆有佛性""人人皆可成佛"……这一句句掷地有声的语言,在那等级森严的种姓社会中,无异于一声声晴天炸雷,撕开乌云,惊醒了处在苦难和绝望中的芸芸众生,让他们看到了光明和希望……

因自幼阖家虔诚于佛,看着这些圣迹,听着公主讲解,王玄策的心中早已激情难抑、思绪万千。想想自东晋法显以来,中原僧人到此瞻仰者代有其人,但作为华夏俗家弟子,并受国家指派到此礼佛者,几乎前无古人。瞻仰佛踪遗迹,班班可考,俨然俱在。再想想大唐与天竺,自此友好往来,千秋万代将发扬光大,何不在此勒石记行,借佛祖胜迹,将之传于后世,令两国友好与大唐威名、皇帝之德,与此圣山同固,与日月同辉?

随即,玄策欣然命笔,于山上勒石立碑。这块由王玄策撰写,使典司门令魏才书刻的《唐使臣游耆阇崛山碑记》曰:

粤以大唐贞观十七年三月，内爰发明诏，令使人朝散大夫行卫尉寺丞上护军李义表、副使前融州黄水县令王玄策等送婆罗门客还国。其年十二月，至摩揭陀国，因即巡省佛乡，览观遗踪，圣迹神化，在处感征。至十九年正月二十七日至王舍城，遂登耆阇崛山，流目纵观，傍眺罔极。自佛灭度，千有余年。圣迹遗基，俨然俱在，一行一坐，皆有塔记。自惟器识边鄙，忽得穷睹灵迹，一悲一喜，不能裁抑，因铭其山，用传不朽。欲使大唐皇帝，与日月而长明。佛法弘宣，共此山而同固，其辞曰：

大唐出震，膺国龙飞，光宅率土，恩覃四夷，化高三五，德迈轩羲，高悬玉镜，垂拱无为。（其一）

道法自然，儒宗随世。安上作礼，移风乐制。发于中土，不同叶裔。释教降此，运于无际。（其二）

神力自在，应化无边。或涌于地，或降于天，百亿日月，三千大千。法云共扇，妙理俱宣。（其三）

郁乎此山，奇状增多。上飞香云，下临澄波。灵圣之所降集，贤懿之所经过。存圣迹于危峰，伫遗址于严阿。（其四）

参差岭嶂，重叠岩廊。铿锵宝铎，氤氲异香，览华山之神踪，勒贞碑于崇岗。驰大唐之淳化，齐天地之久长。（其五）

碑文记载了这次唐使一行出使的时间、使团的正副使，以及出使的目的。并记使团于贞观十七年十二月到达天竺摩揭陀国，于贞观十九年正月二十七日前来观瞻此圣迹。记事言词明白晓畅，观瞻者对于佛陀的虔诚与观瞻时的激动心情溢于言表，对自己受大唐王朝的委派，亲至佛祖圣迹拜谒而感到无比荣幸，也为大唐王朝声威远播而深感自豪。

次日，又是晴天大好，玄策一行在公主的陪同下继续前往佛祖悟道成道的圣迹——菩提伽耶的摩诃菩提寺拜谒，这里有释迦牟尼悟道成佛的菩提树。

菩提寺住持为戒龙法师，听闻大唐使者王玄策一行在贺罗阇室丽公主的陪同下前来观瞻大寺，急忙率众僧出寺迎接。宾主相见，彼此施礼，各自通报姓名后，一起步入寺院。

对于该寺的初建，公主和戒龙法师又是你一言我一句地讲起。

传说，释迦牟尼当年云游到此，在附近的森林里苦修六年，形容枯槁，精疲力竭，但还是未悟得解脱之道。于是他放弃苦修，到尼连禅河中沐浴，洗去一身积垢后攀树枝上了岸。幸好遇到一位贤惠的牧羊女奉献了一碗乳粥。喝了这碗乳粥之后，顿觉精神倍增，于是来到了菩提伽耶，在一棵大菩提树下打坐静思，发誓如若不能大彻大悟，将终身不起。这样苦思冥想了七七四十九天，终于在一个月圆之夜悟得正道，成为佛陀。

摩诃菩提寺，作为佛教中最为庄严神圣的寺庙之一，其核心建筑是一座巍峨壮观的佛塔，上部逐渐收缩，顶部为圆柱状，上立一铜制螺旋形圆顶。

寺庙朴素庄严，入口在佛塔的东边，佛塔前有古老牌坊石柱，大约为百年前所建，石柱上有莲花纹和象征吉祥的动物卡里和一些传说中的灵兽。佛塔入口处铺设着一块大木板，上面覆盖着跪垫，供信徒行大礼拜用。

佛塔四周有四座小石塔。西面入口处的两个小佛龛供着观音菩萨像。整个大殿由石头雕成，朝拜者一踏入佛殿，便可看到高台上的大佛以降魔手印示人。原本青黑岩材质的大佛，如今被皈依佛门并前来朝圣的吐蕃人镀上了金，使其披上了一件橙黄色的大袍，显得庄严而辉煌。

进得大殿正门，再步入开金阁，只见上塑佛祖圣像，佛祖身披黄色袈裟，大耳垂肩，双眼低垂，面容慈祥，体态端严。

王玄策等将出使时朝廷所备的献物一一取出，虔诚跪献在大殿供桌之上。戒龙大师命人高声颂呈："大唐使臣李义表、王玄策等奉使向佛祖敬献：大珍珠八箱，象牙佛塔一，舍利宝塔一，佛印四。"

献毕，众人又是合掌跪拜。多年来的信仰，千万人心中的圣地，今日有缘造访，王玄策一行感到无比自豪，也愈加虔诚。

转眼已是正午，戒龙大师令寺内精心准备好了素斋，饭香羹鲜，人人喜欢。吃过斋饭，继续观瞻。

寺西侧即是著名的大菩提树，又名思维树。只见该树巨大茂盛，粗数十围，树高四百尺，古木沧桑，枝节遒劲。据说本来该树茎干黄白，枝叶青翠，四季常青，经冬不凋，后来每年至佛入灭日，变色凋落。之后复生，茂盛如前。落叶被人们带回去珍藏……

一片片落叶，犹如一颗颗种子，随风飘向四方，向世界各地蔓延和生长，为困惑的人们带去吉祥、智慧和力量。

树下有一金刚座，相传释迦牟尼就是在这棵菩提树下的金刚座上成佛的。见有银塔环绕，四海信众到此云集，四时焚香、散花，绕树作礼。

迷茫的人至此树下，怀揣着对智慧与慈悲的渴望，放下心中的执念，看着斑斑佛迹，想着佛的件件故事，内心豁然开朗，仿佛找到了指引方向的明灯，一步步走出困惑与迷茫。

王玄策一行至此，又念及大唐威德，四夷宾服，万国来朝，自己受任出使，亲谒佛祖圣迹，旷古未有，于是再次欣然命笔，于大菩提塔西之树下勒石立碑。这块由王玄策起草，仍使典司门

令魏才书刻的碑文曰:

> 昔汉魏君临，穷兵用武。兴师十万，日费千金。犹尚北勒阗颜，东封不到。大唐牢笼六合，道冠百王。文德所加，溥天同附，是故身毒诸国，道俗归诚，皇帝愍其忠款，遐轸圣虑。乃命使人朝散大夫行卫尉寺丞上护军李义表、副使前融州黄水县令王玄策等二十二人巡抚其国，遂至摩诃菩提寺，其寺所菩提树下金刚之座，贤劫千佛，并于中成道。观严饰相好，具若真容，灵塔净地，巧穷天外，此乃旷代所未见，史籍所未详。皇帝远振鸿风，光华道树。爰命使人，届斯瞻仰，此绝代之盛事，不朽之神功，如何寝默咏歌，不传金石者也。乃为铭曰:
>
> 大唐抚运，膺国寿昌，化行六合，威棱八方。身毒稽首，道俗来王。爰发明使，瞻仰道场。金刚之座，千佛代居。尊容相好，弥勒规模，灵塔壮丽，道树扶疏。历劫不折，神力焉如。①

这里又是将大唐的文治武功与四夷宾服的盛况赞颂一番，全文文辞典雅，激情飞扬，其中点出玄策自己与正使李义表率二十二人出使天竺，此来观瞻摩诃菩提寺，亲履佛陀成道之处，"旷代

---

① 贞观十九年唐使王玄策、李义表在天竺游历佛教名山耆阇崛山（灵鹫山）与摩诃菩提寺时刻写的两块唐碑，碑文见载于传世的佛教文献《法苑珠林》与《四库全书》《全唐文》等，但原碑至今尚未挖掘。法国东方学家列维曾邀请沙畹将此二碑翻译后介绍给西方汉学家，后来他还亲赴印度试图寻找，在寻找未果后他曾记:"原碑铭尚未发现，余前借格里逊（Grierson）君之助，曾亲登耆阇崛山，寻求原铭。顾此山草木蔓衍，攀登甚难，失望而返。余颇希望后来寻求者，用新法寻求，或有所得。王舍城园谷荒废，至数百年之久。新藏史迹，应亦尚多也。"

107

所未见，史籍所未详"，深感此行不仅为大唐王朝声威远超前代的标志，也是自己代表国家拜谒佛陀胜迹的无上荣耀，正所谓"绝代之圣事，不朽之神功"，因此勒石以为纪念。

观瞻了菩提寺，临别之际，戒龙法师亲率众僧送行五里。

送君千里，终有一别，这位一生虔诚奉佛，对大唐文明无比敬仰的长者，意味深长地说道："会难别易，自古而然，戒龙年老矣，遗憾不能一睹中华之风采，谨将大使所献之物留作大寺修缮之用，大唐之功德万代颂扬！"玄策等听了深为感动，心中怅然，依依道别。

九　有情人难成眷属

话说王玄策等唐朝使臣在贺罗阇室丽公主的陪同下游历耆阇崛山、摩诃菩提寺等佛教圣迹，其间二人加深了对彼此的了解，尤其对大乘佛教的教义多有共识，心底里早已把对方视为知己。这一日游罢摩诃菩提寺，二人缠绵缱绻，逸兴遄飞，玄策一时得意，便作五言诗一首赠公主：

> 早知菩提远，今道鹿苑遥。
> 不畏悬度①险，万里如梦飘。
> 众僧因佛迹，吾为皇恩浩。
> 不意他乡客，良缘万里招。

公主读罢，心中已然明白玄策之意，自此更加与玄策情好日密。奈何玄策随即又想到自己有出使使命在身，再不敢越雷池一步，只好将所有的激情和满腹心事压下，对于二人的未来不敢再提及。

---

① 悬度：指今克什米尔北部之兴都库什山、喀喇昆仑山及帕米尔南部山地。

闲来光阴易过,倏忽又是一年时间过去。在天竺逗留期间,使团一行为增进大唐与天竺各国文化交流不辞辛劳,为学习天竺文化更是拜谒了东天竺国王鸠摩罗,北天竺毗兰达国的乌地多王、南天竺国王杜鲁婆跋吒等各国国王与贤达、高僧及学界无数名流,无论王公贵族,还是高僧贤达,对大唐的善意与分送的礼物如丝绸、纸张、瓷器和茶叶等无不喜欢,珍视无比,竞相宴请,无奈使团归期渐渐抵近。

一连数日,玄策的内心异常烦乱,自己该怎么做才好?经过一段时间的相处,他和公主已经被对方深深吸引,从欢迎宴会上的初次相遇,那充满柔情的惊鸿一瞥开始,到御花园中诗词唱和,深感彼此才华卓识非凡,互相在心底引为知己。出游各佛教圣地之时,两颗心在旅途奔波中不知不觉越走越近……然而天妒有情人,无奈分别在即,日后便纵有似海深情更与何人说?

每每想起,王玄策都会对着东方遥遥眺望,那里是他的故乡和国家,还有朝廷交付于他的使命!每一次他都在心中暗暗告诫自己:不能不回去!先国后家,自己出仕做官,身心早已交付于国家,不能因为儿女私情,辜负了朝廷。纵使自己怯懦和驽钝,不能如霍去病"匈奴未灭,何以家为"般的铁骨铮铮,也应该如张骞、苏武一般的忠心不二。不能因个人的私情而忘却了自己肩负的使命呀!

这日主意已定,玄策鼓起勇气,去向公主辞行:"贺罗阇室丽,我、我使团近日将奏请大王,启程回国复命,今特来向您告辞!感、感谢公主往日的盛情,祝愿公主青春常在,早日寻得……连理佳偶。"王玄策本来就有点结巴,此来道别更加结结巴巴、吞吞吐吐。

公主一听,顷刻间脑中如轰雷掣电,万千思绪翻涌,千言万语涌至舌尖,却又哽咽难言,只怔怔地凝视着眼前这个无比熟悉却又突然陌生的男人,满眼尽是复杂难解之情。直至玛亚轻声提醒,公主才恍若从梦境中惊醒,两行热泪不由自主地滚落下来,泣诉道:"你有所不知,我已禀报王兄,他已经准许我们结为连理,只是不知你的真心实意,才拖延至今!"

玄策听了公主表白,又是踌躇再三、陷入两难,但经过一番激烈的内心斗争后,还是上前深施一礼,温存相劝道:"玄策有使、使命在身,回国报命是我的职责。先国后家,也是我国从古至今出仕为官者恪守的准则。再说,佛法讲求缘分,你我生在异国,我不能因一时的际会耽误了你一生的婚姻!"

公主不知再说什么为好,但神情颇为伤感。玄策望之,顿生爱怜,情不自禁地将公主紧紧拥入怀中安慰,竟忘却了周遭的一切,不知不觉二人的唇瓣已经轻轻触碰在了一起。那一刻,他感觉到一股温暖的电流迅速流遍全身,心中充满了柔情与感动。两人在这一刻忘记了一切,时间仿佛都为他们停止了流转。

不知过了多久,玄策又慢慢冷静了下来,徐徐说道:"贺罗阁室丽,我作为大唐使臣,回、回国复命是职责,义不容辞,况且在下还要先向朝廷奏请之后,若得到允许才能前来贵国与你提亲,还希望你能理解。"

"既如此,我愿意等你,待你回国复命之后,再来成亲,只是此去万里,只怕你⋯⋯早就把我忘了!"

"不,请你、你相信我!"

二人说着,贺罗阁室丽含泪将自己心爱的象坠从颈上取下,郑重地戴在玄策的颈上。

玄策这才想起自己为她带来的辞行礼物———一把吐蕃生产的牛角形玉梳,拿出后轻轻放在公主的手里。

"贺罗阁室丽,请你珍重!相、相信冥冥之中的缘分,也要相

111

信天下有情人终成眷属!"玄策无奈地安慰道,但他的内心还是一片茫然,不知道将来如何是好。

这日上朝,李义表向戒日王提出要回国复命的请求:"国王陛下,臣等奉我大唐天子之命,护送贵国使者前来,今任务已经完成,归期已到。在此叨扰二载,承蒙陛下与公主款待,我等不胜感激。"

戒日王一听,一时愕然,犹豫片刻后只好无奈地说道:"二位大使既然决意回去,那寡人也不好挽留,待寡人为大使等设宴饯行后再启程!"

二人连忙谢过,回去做返程准备。

是夜,戒日王在御花园大设宴会,为李义表、王玄策等唐朝使者饯行,少不了又是歌舞宴乐一番。但王玄策怎么也高兴不起来,公主的心里更如打翻了五味瓶,酸甜苦辣咸俱有,总说不出是什么滋味。

爱情就是这样,在带给你甜蜜的同时,又给你套上了枷锁,使你遭受桎梏,品尝苦涩,与人所获的任何幸福一样,背后往往就是等量的痛苦。

次日一早,在戒日王、公主与众大臣的目送下,王玄策使团一行告别了天竺的繁华,迎着东方的曙光,踏上了回国复命的路途,只是在他的身后,又多了一份美丽的牵挂……

山高水长,路途遥远,使团经历了两个多月的跋涉,穿越了无数艰难险阻,在贞观二十年九月的一天,终于抵达了吐蕃。

至逻些谒见松赞干布和文成公主,叙说出使行程与在天竺的见闻,无一不使他们感到新鲜好奇。说到唐朝廷近来之事,松赞干布道:"听闻高丽小国,蚍蜉撼树,不自量力,勾结薛延陀,寇扰边疆，多年不来朝贡，陛下今已经御驾亲征，蕞尔小国必闻风丧胆，不战自降。二位大使返回朝廷，代为奏明陛下，如若需要我吐蕃出兵，即可降旨前来，我吐蕃必及时出兵，为朝廷分忧。"

"高丽乃汉乐浪旧地，后叛服无常，多次勾结北狄，威胁边疆，昔日隋朝炀帝父子数次出兵，长途远征，首恶未除。今陛下亲征，嘉猷密谋，必将大获全胜！"王玄策颔首笃定地答道。

正说话间，有人来报："大唐天子御驾亲征，已经大获全胜，不日将班师回京。"众人听得此言，都欢喜振奋。

当晚松赞干布与文成公主在宫中盛设筵席，款待唐朝使臣王玄策等人。歌舞荡气回肠，直至夜半，方才谢幕。

在吐蕃休整几日之后，这日李义表向松赞干布君臣辞行，松赞干布想到大唐征高丽而大获全胜，正准备派使者前往，向天子圣驾凯旋以表祝贺。他刚一发话，禄东赞便上前奏请："臣愿出使，带去我吐蕃的贺表与贡礼。"

松赞干布不假思索，温言道："也好，卿多次出使，甚合本赞普之心，此去定不负我吐蕃重托。你们一同进京，一路上也有个照应。"

商议已定，次日一早，王玄策与禄东赞等人一起启程，继续踏上向东的路程。

又是一路艰辛，两月时光在返程的喜悦中一天天过去，贞观二十年十二月中旬，使团一行终于返回唐朝国都长安。

这里先说说唐朝廷这边，因隋朝以来位处辽东的高丽对中原王朝叛服无常，多次与北方的突厥互通声气，威胁边疆。昔日隋炀帝为此数次御驾亲征，就是旨在打破他们那弧形包围圈，解除隋王朝北方的战略威胁。但炀帝不注重用兵，只是寄希望于战略威慑，结果虚张声势，虎头蛇尾，犯了兵家大忌，几次都大败而还。

唐朝建国以后，高丽又开始蠢蠢欲动，日渐放肆，不仅朝贡脱略，还开始举兵相向，太宗多次派遣使节前往高丽，试图通过外交手段解决争端，然而高丽方面却置若罔闻，拒不悔改，太宗见外交交涉无效，只好御驾亲征。太宗毕竟身经百战，善于用兵，最终于驻跸山下大败高丽，使东夷破胆。班师之际，乃分其地置都督府九、州四十二、县一百，又置安东都护府以统辖其地。

太宗大军得胜而返，忽闻出使天竺的使节已安全返回，且有吐蕃松赞干布遣使来贺，甚感欣喜。

次日太极宫太极殿早朝，急忙命内侍宣李义表、王玄策上殿。

二人趋步上前，在金銮殿上，先行了三拜九叩首的大礼，然后李义表奉上天竺国书及所献的石蜜、火珠、郁金香、菩提树等礼物，太宗一一览毕，开口道："二位爱卿此次护送天竺使臣归国，历经万里，奋身绝域，不辱使命，至隋朝欲至而未至之境，结隋炀帝欲结而未结之国，朕深感欣慰！有司速为二位加官厚赏！"

随即，封王玄策为奉议郎、右卫率府长史，李义表为太子家令，皆入侍东宫。

太宗在厚赏玄策二人后，又命礼官宣吐蕃使臣禄东赞上殿。禄东赞趋步上前，恭恭敬敬献上松赞干布给大唐的贺表与献礼，那贺表书信曰：

圣天子平定四方，日月所照之国，并为臣妾。而高丽自以为辽远，缺失藩臣之礼，天子自领百万大军，度辽致讨，隳城陷阵，指日凯旋。夷狄才闻陛下发驾，少进之间，已闻归国。雁飞迅越，不及陛下速疾。奴忝预子婿，喜百长夷。

夫鹅，犹雁也，故作金鹅奉献。

此表乃近年来返回吐蕃的留学生代为撰写，文中向太宗出征辽东凯旋表示祝贺，文辞谦卑，句意晓畅，不必多言。只说那吐蕃贡礼——一尊黄金铸成的天鹅，通体金黄，绚烂发亮，身高七尺，曲颈长足，神态高雅，形象栩栩如生。又身内镂空，中可贮酒三斛，在场众人见了连声赞叹称奇，无不为吐蕃的金银锻造工艺所折服。

"陛下，此乃赞普珍宝，命人精心打造，做工历时一年，命臣下前来献于陛下，恭贺陛下出征告捷。"禄东赞说道。

"爱卿请起，松赞干布这番好意，令朕感动，但爱惜黎民百姓，为政兢兢业业，确保西疆安宁无事，才是为政者的要务。"

未待禄东赞回话，太宗又转而温言说道："爱卿此番远道而来，历经艰难险阻，实属不易。就不必急于返回了，且在长安多住些时日，休整好再行返回吧。"

"谢陛下！臣遵旨！"禄东赞连声称谢。

十 为石蜜再行一程

话说自从上次王玄策出使天竺回来以后，太宗对他大加赞赏，封其为奉议郎、右卫率府长史。要知道那右卫率府长史一职，乃东宫太子属官。太宗年迈，正是着力培植太子羽翼的时候，此时令玄策为太子僚属，足以见得太宗对其寄予了很高的期望。

一时间，朝中众臣争相与玄策结好，上门送帖之人络绎不绝。

众人皆明白，职场如同赛场，选边站队乃决定往后前途命运的潜规则，跟随了太子，就等于进入了高官预备班，玄策的前途可谓一片光明。

但王玄策的内心却波澜不惊。在他看来，出仕做官是为了实现报国为民的理想抱负和人生价值，也是国家和社会对于个人人格与才能的肯定和期许，也就意味着自己要用一生来奉献和付出。如果无才无德，只是尸位素餐和蝇营狗苟，不仅会亵渎国家的期望和别人的信任，也会玷辱自己的人格和祖训家风，那还不如一开始便去追求简单、自由、率性的生活。

此夜又是月上中天，自家庭院的台阶下月光皎洁，院中的苍竹依然挺拔清幽，院外寺院的诵经声与远处田间的蛙鸣声响起，眼前的一切，让他感到仿佛又回到了天竺一般。

在天竺，每当月圆之夜，他总喜欢独自走出屋庭，在清静的花园散步，细细品味溽热过后夜晚的清爽与宁静，享受片刻的悠闲与惬意。那时，远处寺院的晚课就会按时开始，僧人们的诵经声悠悠扬扬地响起，偶尔还能听到一声两声的蛙鸣。而近处，宫殿后宫往往会时断时续地传出美妙的琴音，一时间诵经声、蛙声与琴声一道，此起彼伏，宛若天籁。而那美妙的旋律，也总会让他想起那位双眉间长着"迪勒格"的少女……

此时他猛然醒悟，自己这是在哪里？过去的一幕幕好似南柯一梦，他觉得好不真实，忙不迭地去找颈上那象坠，直到真真切切将它握在手中，才确信在中天竺的种种经历，并不是虚幻的梦境。那摄人心魄的面庞、白皙的皮肤、略微卷曲的秀发，周身散发的淡淡清香，甚至嘴角狡黠的笑意和顽皮的恶作剧，又开始在他眼前浮现，他仿佛还能感受到他和她脸颊碰触时的温馨，听见她那甜美的嗓音……这一切如潮水般反复拍打着他的思绪，他多么渴望能伸出手去与她十指相连，一生一世，永不分离。此刻他才知道自己是多么爱她。然而分处异域，相隔万里，自己位卑言轻，岂敢因个人私情奏请圣上？考虑再三，终无他法，那份感情自己只能忍痛割舍，永埋心底了。

直到家仆前来，送上高阳公主的帖子，他的思绪才又回到了现实当中。

听闻王玄策返唐，并带来文成公主给她的书信，高阳公主早已急切地想知道文成的近况，但如今她已嫁与房遗爱，不便随意出入宫廷，白日里玄策又忙于公务，不好打扰，只好等他罢朝回家，派人送上帖子，请他明日过府一叙。

王玄策不敢怠慢，次日下朝，急忙回家，简单梳洗穿戴后就径直前往公主府邸。

公主已备好酒菜，在湖心亭中坐等。此处景致清幽雅致，正适合叙话。

彼此施礼见过，几年不见，高阳公主少了当年的意气风发之态，只略施脂粉，稍显憔悴。王玄策从袖中取出那镶金玲珑八宝匣来，里面是文成公主回复高阳的信笺。高阳展信读过，先是捂嘴轻笑，转而又形容复杂，连声嗟叹。思绪片刻，她又轻轻地叹了口气道："文成到底是有福报的人，松赞干布爱重她，对她也体贴入微，这我也就放心了。"

听到此处，王玄策不解地问道："公主如若放心，又、又为何嗟叹呢？"

见玄策不解，高阳苦笑道："我和文成自幼常在一处，我二人约定，将来都要嫁给这世间顶天立地的英雄，如今她虽说远嫁异邦，但也实现了夙愿，我却……原来女子的婚姻，从来由不得自己。所幸她与松赞干布也算是佳偶天成，她在信中道明松赞干布为她修建宫室，改变吐蕃习俗，我替她开心，也为自己叹惋……"

说到这，高阳不由得想起自己的婚姻，心想自己所嫁房遗爱不志于学，一身纨绔气，只知讨父皇的欢心，此次又侥幸随驾东征高丽得胜而还，如今虽在朝中炙手可热，但她深知这都因有功臣子弟与皇家驸马身份的缘故，自后必更加不求上进，平日里鲜衣怒马，斗鸡走狗，耽于酒色，挥金如土，全没有半点男子汉的气概与进取之心。

见高阳公主欲言又止，突然神伤，王玄策以为公主是因思念文成，便匆忙伏地跪拜道："启奏公主，文成公主确、确实过得很幸福，她深受赞普宠爱和吐蕃百姓敬重，她也再三叮嘱让我转告，请你们放心。万望公主善保玉体！"

见玄策慌了神，高阳这才意识到自己走神失态，于是急忙扶起他道:"没关系!文成一切都好,我也就放心了!"

接着她转移话题道:"此次大使归来,带来中天竺一种名叫石蜜的贡物,父皇食后赞不绝口,还派人特意留了一份送到我府上。那石蜜确实神奇,如蜜非蜜,只需小小一颗,便可使糕点美味异常。更奇的是,石蜜竟能治病,本公主近年略微有些隐疾,宫廷御医想尽办法,就是难以治愈,近来尝试用石蜜加生姜调服,腹痛渐渐消失,宿疾竟然奇迹般地好了。父皇近年来也染有一种叫什么'气疾'的症候,犯起病来咳嗽、哮喘不断,冬天时更为严重,近日御医同样尝试用石蜜调治,症候也有了很大改善。只是遗憾,天竺贡献的石蜜很快就要用完了,前日父皇还提及欲打算日后再次派人前往天竺……"

不等公主说完,玄策又急忙跪伏于地道:"玄策愿再、再次前往,为了皇上与公主的安康,虽肝脑涂地,万死不辞!"

"你若是愿意再次出使天竺,那自然最好,只是一路艰辛!还是休整一段时间再说吧!"

玄策略加思索,又道:"此事刻不容缓,一则圣上急需,二则正月已过,二三月天气渐暖,正可趁早启程!"

"如果大使愿意,那我也愿意尽快启请父皇,派大使再辛苦一趟!"

二人主意已定,高阳公主又细细询问了吐蕃和文成公主的近况,方起驾送客。

第二日一早,召王玄策即刻入宫的圣谕便传到了玄策的府邸。内侍一路将玄策领进大明宫延英殿,王玄策前脚还未踏入,便听到殿内言笑晏晏,一片祥和。原来,太宗刚刚征高丽凯旋,加之王玄策等出使天竺归来,带来了天竺诚心结交的消息,正是志得意满之时，心情甚好，正在殿内与几人说话。见王玄策觐见，忙指令公公为他赐座。

须知，在唐代，群臣觐见帝王之时，通常唯有宰相或是德高望重的老臣，方能蒙受赐座之恩，偶获赐茶之殊荣，多数臣僚需恭敬地拱手侍立于侧。今日，太宗心情格外愉悦，竟给予了王玄策这般荣耀，令玄策心中满是惊喜与惶恐，只好怀着惴惴不安的心情，小心翼翼地坐下。

高阳公主也在殿中，正站在太宗的身后为他捶背呢。等玄策觐见过太宗，一番寒暄过后，公主便插话道："早听闻王大使年轻有为，出使天竺，不辱使命，今日得见方知所言非虚。前日大使等出使天竺归来，带回了不少稀奇的东西，其中有一遮奢物，称什么'石蜜'的东西，确实稀罕，父皇赐予了我一些，味道真是奇妙，用它制作的糕点，那味道确实与众不同。不知天竺的美味还有什么神奇的，烦请大使说来与我们听听。"

"启奏陛下与、与公主，臣等此次到天竺，多次受到戒日王陛下设宴款待，但除了延请外国御厨烹饪的食物外，天竺人自己做的饮食单一，多为素食，不尚奢华。即使是王侯之家，食物也多是简单的胡饼、菜汤、手抓甜米饭之类，最好的不过是乳酪粥而已，另有如酥油炸制的甜奶球，叫什么'拉杜'；桔红晶亮的油面圈'杰莱比'……他们的炊具也非常简单，就连戒日王的御膳房至今尚不用铁锅，多使用陶制的土锅。调味品除了食盐就是大把的香辛料，叫什么'咖喱'。不过，天竺盛产大米，一年三熟，其中一种叫'供大人米（印度香米）'者粒大而味美……天竺的水果也是丰富而鲜美，那里常年酷热，瓜果四季常熟，品种繁多，如那甜美的甘蔗、鲜美的芒果、醉人的荔枝，还有庵没罗果（醋栗）、槟榔果、香蕉、葡萄、无花果等等，许多与大唐的不同。"玄策将自己的所见所闻娓娓道来。

"如此说来,这石蜜便是最奇巧的一物了。听闻石蜜是由一种叫甘蔗的植物所制?"公主插话道。

"是的,天竺人把石蜜称为'苏克罗杰'(Sarkara)或'古纳'(Gud),是、是用甘蔗熬制成的。"

"天竺有幸出产甘蔗,但不知石蜜是怎么个做法?"高阳进而又问道。

"天竺各国普遍种有甘蔗,天竺甘蔗有两种:一种苗长八尺,造石蜜多;一种苗短一二尺却造石蜜好。对于石蜜制造,天竺人都是保密的。臣有幸在寺院见过制石蜜的过程:用横板两片,两头凿眼安柱,上笋出少许,下笋出板二尺,埋筑土内……驾车绕团转。轴上凿齿,合缝处须直而圆,圆而缝合,夹蔗于中,一轧而过,蔗过浆流,再拾其滓向轴上鸭嘴,板入再压,又三轧之,其汁尽矣,其滓为薪。凡汁浆流板有槽枧,汁入于缸内……凡取汁煎糖,先将稠汁聚入一锅,然后逐加稀汁两锅之内,若火力少,其糖即成颊糖,起沫但不中用。一般炼后为赤糖,燥而凝之,则为冰糖……"

王玄策说得滔滔不绝,竟然无一次结巴,公主听得全神贯注,太宗也是兴致勃勃。看太宗与公主如此有兴致,他又继续说道:"石蜜除了能用于饮食外,还能用于治病,如蜜及陈石蜜能除痰癖;酥油与石蜜除黄热病;石蜜还能治吐血、干痛病、腹内风等疾病……石蜜已是天竺人日常劳作与生活的必需品……"

王玄策说罢,太宗早已龙颜大悦,这才开口说道:"石蜜的确神奇,这次爱卿带来天竺所贡,凡是品尝者皆赞不绝口,更神奇的是确实还能治病,公主的旧疾已经痊愈,朕的气疾也大有改善……"

"禀报陛下，石蜜治疗气疾确有奇效，天竺人将石蜜和梨——他们称梨为'汉王子'，据说梨是由商人从我中土传去的，放入锅中，加水煎成汁喝，听说长时服用，能根除气疾。"

"那就更奇了，朕随后吩咐御膳房煎制试试，只是遗憾天竺所贡已经不多……"

"臣诚愿再次出使，尽快为陛下、公主取来。再说，既然石蜜人人喜欢，更能治病，天、天下不知还有多少人因病急需！"

"是啊！石蜜金贵，听闻民间西域商胡偶有贩卖，但价比黄金还贵，普通百姓哪能吃得起？爱卿能推己及人，想到天下百姓，真是心系天下！实乃朕之幸，天下百姓之幸！"

"再者，臣以为，'授人以鱼不如授人以渔'，求其石蜜，不如学其制作石蜜的技艺！"玄策接着说道。

"是呀，那当然最好，但石蜜由甘蔗制成，而甘蔗不产于我中华呀！"

"陛下有所不、不知，其实甘蔗在我国岭南交趾等地也有生长，而且已经渊源有自。据臣查考史书，先秦时代的'柘'应该就是甘蔗，但到了汉代才出现'蔗'字，最初二者读音有别，后者应该读"庶 Shu"。今梵语将甘蔗称为'伊克舒'（Ikshu），将甘蔗所产的石蜜称之为'苏克罗杰'（Sarkara）或'古纳'（Gud），'蔗'的音可能就来自梵文'苏克罗杰'（Sarkara）。臣前番在融州任职，得知邻近的岭南交、广①就有出产，附近的黄、桂等州，乃至扬州的地气与交、广相近，应该都能种植。只是交、广百姓至今不知制造石蜜的办法，仅仅把它当作水果或蔬菜食用。近又闻当年平定岭南的卫国公（李靖）讲，他曾亲见岭南道交、广二州出产的甘蔗'茎秆

---

① 交州治交趾，在今越南北部；桂州治始安，即今广西桂林市；黄州在今湖北黄冈市一带；桂州在今桂林；广州在今广州。

实心，如竹有节，茎秆汁多而甘甜'。"

"那就太好了！太好了！"太宗与公主听了连声叫好。

"既然如此，朕就派爱卿再行一趟，专程去引进制作石蜜之法，以后在扬州和岭南大面积推广甘蔗种植。让天下的百姓都能吃到石蜜，这岂不是我大唐利国利民的一项盛举？"

听到这里，玄策坚定地答道："臣遵旨！臣愿再赴天竺，定将石蜜与制作石蜜之法取来。为使我大唐士庶百姓都能吃到石蜜，万、万难不辞！"

"只是爱卿方才回来，尚未得到必要的休整呀！"太宗关切地侧身望着玄策。

"没、没关系，臣近日休整，体力已得恢复，效忠国家，一生能为天下百姓有所贡献，实乃臣之荣幸！臣不惧路途险远，诚愿奉敕前往。"玄策坚定地说。

"上次听说中天竺国的戒日王与东天竺之鸠摩罗王对我中华圣贤老子很感兴趣，在其使臣前来迎请时，朕命玄奘法师与众道士将《道德经》译为梵文，并将老子锦绣圣像一起分送与戒日王与鸠摩罗王，朕又为他们派去了造纸和制陶的工匠，听你们说他们收到后都大为欢喜。此次我大唐求取石蜜之法，戒日王必不隐瞒！那就劳烦爱卿再辛苦一趟！再者，这次多带些礼物和各色工匠，顺道访问天竺及沿途各国。只有多与各国交友结好，互相学习，互通有无，才能造福天下百姓！"太宗从容说道。

说话间，玄策已是胸有成竹，随即答道："是的，臣在天竺期间，戒日王数次与臣谈及老子，对其'无为'之说极为尊崇！对于我中华所出的丝绸、纸张、茶叶与陶器也十分珍爱，两国彼此互通有无，功在当代，利在千秋，臣定当不辱使命，求得制造石蜜之法，潜心学习各国所长，完成出使任务！"

派遣王玄策再次出使的事宜一定，太宗进而寒暄道："近年，我大唐也是喜事连连！军事上，前由朕御驾亲征高丽，大获全胜！后因北方薛延陀挑梁，朕大军出征，大驾刚临朔方，铁勒诸部便纷纷倒戈，薛延陀部顷刻瓦解，束手就擒。而外交上，前面玄奘法师刚从天竺回来，带来佛经六百余部，上月爱卿又从天竺出使回来，给朕带回石蜜与天竺各国的消息。你二人为和好天竺，历尽了艰难万险，功不可没！"

"是啊，喜事连连是因陛下您的英明，也是佛祖护佑我大唐！臣出使天竺受陛下的指派，依仗的是天朝之威和社稷之灵。再、再说，臣之微功，岂敢与玄奘法师比肩？法师来去只身一人，取道西域，往返十七年，行程五万里，所历一百余国。而臣为国家指派，一路或有驿道，较为安全，或途经吐谷浑、吐蕃、泥婆罗等国，多是国家藩属，一路多受他们关照。尤其臣所取吐蕃—泥婆罗道，行程两万余里，较西域道大为缩短，仅仅为西域道的一小半。"王玄策诚恳地说。太宗听到此，已暗暗为玄策的谦让所感动。

提起玄奘，太宗话题一转说："玄奘法师与爱卿俱为我大唐的骄傲！只可惜，玄奘法师前日去了洛阳，朕亲征高丽返回之际，在东都洛阳又召见了他。随后他受洛阳各大寺院的请留，至今还在洛阳讲经说法，遗憾二位尚未见面，爱卿这又要出使了！"

"是呀，甚感遗憾！但臣与法师后会有期！"玄策答道。

太宗突然想起前日玄奘的奏请，又道："玄奘法师行程五万里，所历一百余国，这是亘古未有的壮举，一路见闻我等闻所未闻，前日朕已命他撰写《大唐西域记》，详叙其行程，为国家提供西域见闻与各国信息，也好提升我君臣的见识与经略西域的能力。只是至今他忙于讲经说法，尚未动笔，不知何时才能完成。"

不等王玄策搭话，太宗接着道："另外，玄奘法师这次带回大小乘佛经五百二十夹，六百多部，亟须加快翻译出来。这两项工程皆十分浩大，任务艰巨，前日法师奏请多加些人力。本来爱卿就是最合适的人，不仅通晓梵文，熟悉天竺名物，而且本身也是我朝明经士子，文章巨笔。如能请爱卿与宰相房玄龄、长孙无忌等一道修饰文辞，翻译出来的佛经必将达意准确，文辞优美，更利于佛法的弘扬。"

"陛下圣明，能放眼寰宇，又能重视佛经翻译，这是我国家之大幸！臣虽不能忝列玄奘法师著作的撰写与经部的翻译，但臣可、可以推荐一人，此人为与臣早年一道学习梵文的同窗，天资聪慧，勤奋好学，不仅通晓梵文、精研佛经，而且文章出众，水平远在微臣之上。"

"是吗？此人为何人？现在在何处？"太宗兴奋地问。

"此人法号辩机，十五岁便在长安城永阳坊大总持寺出家，师从该寺住持道岳法师，学成后改住金城坊会昌寺。十余年间他潜心钻研佛法，谙、谙熟大小乘经论。"玄策进而言。

"学自大总持寺！该寺乃大业元年隋炀帝为其父文帝所立，初名大禅定寺，为隋朝皇家大寺，武德元年改为总持寺。会昌寺又为空藏法师驻锡的大寺。他出自两大名寺，又年纪轻轻……"太宗起身，口中喃喃地说着，眼光投向长安城的西南方。

"速传旨召辩机前来！"太宗突然转身下旨道。

太宗口谕传下，一时间长安城里金吾开道，驿马飞驰。因会昌寺所在的金城坊在皇城正西第二区，所以不到半个时辰，辩机已经在恭迎使的引领下，骑乘骏马，风驰电掣般赶往皇宫，直至建福门前的下马桥下了马。随后急忙趋步进入宫城，太宗与玄策等人仍在延英殿内耐心等待。

进入大殿，辩机趋步至太宗御座前，随即身子微微前倾，合掌施礼道："沙门会昌寺辩机觐见陛下！"

太宗见来人缁衣袈裟，身长六尺余，面容清秀，神态娴雅，目光炯炯有神，年龄二十七八岁。

太宗微微点头，并侧身示意道："法师请坐，今由玄策推荐，朕始知法师年纪轻轻，已经精研佛经，学有所成。前日朕已经嘱咐玄奘法师撰写其行记《大唐西域记》，同时准备派人协助他翻译佛经。两项工程皆繁杂浩大，那就请法师前去协助玄奘法师完成，不知法师尊意如何？"

辩机略加思索后，便说道："贫僧倍感荣幸！玄奘法师乃我大唐佛门领袖，贫僧仰慕之至，如能为他提壶执鞭，叨陪末座，是贫僧一生的荣幸，万难不辞！"

见辩机爽快答应，众皆大喜。

随即，太宗吩咐延请事宜，辩机也转身与王玄策等相见，与高阳公主合掌施礼。

奇妙的是，尽管辩机与高阳公主素昧平生，却都对对方感到莫名的熟悉，恍若前生早已相识。高阳被儒雅英俊的辩机所吸引，忍不住多看了他几眼。而早已剪断红尘、心如止水的辩机，此时此刻，竟然也因看到高阳的容貌而面红耳赤，口中连忙默默忏悔："罪过！罪过！"

此后，辩机和尚成为协助玄奘的九位译经僧人之一，而且是当时九人中最年轻的一位。他聪敏伶俐，机智勤谨，很快便成了最受玄奘宠爱和得意的弟子，协助玄奘翻译佛经并为之笔录《大唐西域记》。自此亦跟随玄奘经常出入皇宫，为后宫说法，为皇子、公主授菩萨戒，与高阳见面亦愈加频繁。

且说王玄策因与太宗商定了再次出使的计划，便急忙回家置办行李，准备动身前往天竺。考虑到沿途多经吐谷浑、吐蕃地界，而蒋师仁熟悉沿途道路，武艺高强又粗中有细，加之性格豪爽，二人早已成为亲密无间的朋友，于是玄策向太宗奏请，派他一同前往。不几日，内侍宣旨，太宗授旌节①，任命王玄策为出使天竺大使，蒋师仁为副使，一起出使天竺！皇皇圣谕颁下，玄策与师仁跪伏接旨。

---

① 旌节：秦汉以来，朝廷授予外交使臣举在手中的一种表示身份的旗帜，是由一根象征气节的竹竿上饰以旄毛而制成。旄毛的材质往往为不同颜色的牦牛尾做成。秦为水德，崇尚黑色；汉为火德，崇尚赤色；唐为土德，崇尚黄色，所以唐朝使节的旄毛为黄色。

十一　曲女城的天变了

时已暮春，青藏高原的深沟巨壑之间，仍却是春寒料峭，雨雪飘飘，一队行人在匆忙赶路。他们穿行在蜿蜒的山路上，身影在蒙蒙雨雪中若隐若现。这队行人中，除了骑马的旅人，还有步行的僧侣和肩负重物的脚夫，共计三十余人，他们默默地沿着山道的起伏曲折，一步一个脚印地前行，在这片静谧寂寥的高原上，只听见他们坚定而沉着的脚步声在回响。

为首一人头戴幞头，身着浅绿戎装，脚蹬乌靴，腰悬莫邪剑，胯下为一赭黄青海骢，虽然装束光彩照人，但是面色有些发青，似乎略显病容，但他的目光始终坚定地望着烟雨迷蒙的前方。

此人正是唐朝天竺使王玄策，他已奉旨二次出使天竺，在崎岖艰险的路途上已奔波一月有余，此时他的心早已经飞到了那遥远的中天竺，那里有他的使命与责任，有他追求的理想与抱负——为天下百姓求取石蜜之法而奉敕命出使。这一路，无论风雨交加或荆棘密布，他都将勇往直前。

同时，近来他那颗失落的心似乎又复活了，重新燃起了爱情的希望。真是造化弄人，本来他以为今生今世二人很难再有相见的机会，对万难成全的事，还是趁早放下执念，不要再折磨自己为好。可如今缘分却又不期而至,而且来得这么突然、这么迅疾,令他难以置信。看来,缘分到了就连千山万水也挡不住,真是千里姻缘一线牵呀!

一路上,贺罗阁室丽公主的身影及她说过的话,又开始不时浮现在他的脑海,反复萦绕:"进入寺庙前要脱了鞋子,给人递东西、与人握手皆用右手……不要摸小孩的头……说话不要着急……"

在天竺的那些日子,对于天竺人的礼仪与禁忌,他有时会忘记,而公主总会不厌其烦地偷偷提醒他。

"报告大使,前面就是唐古拉山了!"玄策听到有人来报,这才意识到他们已进入高原腹地了。唐古拉,吐蕃语意为"高原上的山",又称"当拉山",在吐谷浑语中意为"雄鹰飞不过去的高山"。这里是长江、澜沧江、怒江等河流的发源地,天气变幻莫测,暴雨雪说来就来。时而天气晴朗,一色碧蓝,但转眼又是彤云密布,暴雨骤至;时而又是朔风凛凛号空,大雪纷纷盖地。加之严重缺氧,自从登上高原以来,队伍中有人早已嘴唇发紫,面色泛青,有人喘气不止,步态不稳。

玄策自己也感到胸闷气慌,小口地喘着气。他们中不少人是第一次进入吐蕃境,玄策命大家相互扶携,走走停停,鼓励大家勇敢通过,不时从行囊中拿出太医秘制的景天红花丸分与大家服下,继续缓缓前行。

原来这几天玄策日日思念贺罗阁室丽,昨天夜里竟梦到公主被人掳去,向自己求助,玄策不由得心中大恸,加之积日的疲惫、一夜的暴雨,几样加起来添作风寒,病了起来。

考虑到春夏之交高原多雨,加上说变就变的天气、无法预知的雪崩,甚至泥石流,随时都会带走所有人的生命,多待一时就多一分危险,玄策这才强打精神,率领大家不停地赶路。

"住下明天再走吧!"

"不行,山顶不能休息,过了唐古拉山口再、再休息!"

"是啊,只是大使您病体未愈,万万不可出差错……"走在前面的蒋师仁一边开路,一边与玄策说。

说话间不知不觉已经来到山口,只见山口的小路已经被洪水冲断,中间开了一个一丈多宽的大口子,两边的崖面深不见底。而来路已被一夜的大雨冲垮,无法返回。大家正在疑惑怎么越过时,只见玄策掉转马头,走出三十来步远,然后转回马头,一拊马颈,奋身扬鞭,青海骢前蹄腾空而起,昂首嘶叫一声,翻蹄亮掌,向山崖狂奔而去。

蒋师仁见状不由得心中一怵,紧紧地攥住拳头。只见青海骢前蹄腾空,后股用劲一蹬,一道黄光闪过,已经稳稳地落在了对面。

这一跃,让玄策如释重负,顿觉病势都减了三分。看到玄策平安无事,蒋师仁不由得长舒一口气,悬着的心终于落地了。其余将士们也大都是二三十岁血气方刚的小伙子,平时训练有素,看到玄策飞马过崖,大受鼓舞,依次或飞马跨过,或飞身跳过。

跨过悬崖,又越过一道道嶙峋的山崖,爬过一处处险峻的陡坡,大家跟跟跄跄下得山来安营扎寨,道路泥泞,山洪咆哮,不时听见大片的崖块跌入深谷,发出惊心动魄的巨响,令人心悸。

又经过十余天的艰难跋涉,使团一行在翻过了大雪山,蹚过了到处布满陷阱的大草地,饱受了饥寒、缺氧和疲劳的折磨以后,终于抵近了吐蕃都城逻些。

在吐蕃逻些,受到松赞干布和文成公主的款待,但仅休整了三五日,玄策因去天竺心切,便拜辞赞普和公主,带领使团匆匆上路。

最终，经过四个多月的跋涉，使团一行终于来到喜马拉雅山南麓的迦摩缕波，进入了天竺。

天竺地处南亚次大陆，是世界上最为炎热的地区之一，即使寒冬腊月亦不见冰霜。众人遂褪去裘衣，只穿一两件单衣，一下子感觉轻松了不少。

这一日傍晚，使团一行来到一个村落。只见村中灯光点点，听见犬吠声声，便来到一座较大的院落前寻求借宿。

玄策对众人说："你们稍等片刻，我去探个究竟。"说着，玄策敲打院门，操着不太流利的梵语，大声问道："请问有人吗？"

只见一位身穿白叠长袍、腰间围着一块白布的男子走出来问道："你是何人？"

"非常抱歉，擅闯贵府。我们是来自遥远的大唐使臣，要前往中天竺。途经贵地，冒昧来寻个歇脚的地方，不、不知贵府是否方便？"

来人道："容我回禀我家主人。"不久，那人出来回话："我家主人请贵客进屋。"玄策便即合掌，深施一礼表示感谢。众人学玄策手势致谢，然后一齐进院。

当晚，主人阿里请玄策一行一同享用晚饭。未用饭前，侍者先给每人端上一勺清水，让大家仔细净了手。再给每人面前都摆上一片芭蕉叶，遵照着主人的做法，各位都把米饭和胡饼放在芭蕉叶上，将菜和汤浇在上面，见阿里用右手抓饭，众人虽然错愕，但也只能照做。原来天竺人吃饭不用筷子，都是用手抓，而且必须用右手，视左手为不洁。

大家把抓饭放到嘴边，只闻到一股香辣的香料味。看着蒋师仁疑惑的眼神，玄策赶忙解释："这是天竺的咖喱饭，以咖、咖喱粉调味。咖喱粉是用胡椒、姜黄和茴香等二十多种调料合成的一种香辣调味品。天竺人对咖喱粉情有独钟，每餐必用。"

众人有所不知，光着脚、用手抓饭在天竺国是表达亲密的朋友之情的举动，而饭菜中的主角便是咖喱粉，几乎每道菜都要用，什么咖喱鸡、咖喱鱼、咖喱汤等，与大唐的饭菜讲究"色、香、味，蒸、炒、炖"①不同，天竺国菜的特点可谓"糊糊涂涂"，各种主菜中都放一大把咖喱粉，看起来只有一个颜色，但吃起来也别有滋味。

第二天早餐时，主人命仆人奉上牛奶和胡饼，还在桌上放了一个盛放石蜜的罐子。

天竺人因为宗教的原因不会杀牛、吃牛肉，也不会穿牛皮制品，但他们对牛奶情有独钟，往往在牛奶中加入石蜜，使其味道香甜异常。

"这就是石蜜啊？"蒋师仁好奇地凑上前来看。

"色黄如蜜，甘甜如蜜，只是坚硬如石！不知怎么制造？"

"嗨嗨，我们这里盛产甘蔗，我们制造的石蜜远销大食、波斯和吐火罗，但制作之法大家都是保密的！"

"盛产甘蔗？甘蔗长什么样，我们可以看看吗？"蒋师仁兴奋地问道。

"可以，我们房前屋后的田地里都有种植。"

众人听了，一起跟主人出门去看。只见甘蔗田间，一排排甘蔗茎节挺拔，翠绿似剑的叶子在微风的吹拂下轻轻摇曳，展现出勃勃生机。原来他们前番已经见过，只是未曾知晓其名称罢了。

"茎秆实心，如竹有节，茎秆汁液甘甜。"玄策想起卫国公李靖

---

① 另有观点认为只是到了宋代才有"炒"的技术。

的描述,心中更加笃定,甘蔗在我大唐岭南已有种植。现在只需将制石蜜之法带回去,我大唐百姓就都能吃到石蜜了。

随后,王玄策一行带着阿里一家送他们的胡饼,继续朝中天竺曲女城的方向迈进,又是一路的酷暑,饥餐渴饮,晓行夜住。

中天竺到了,远远便闻到无忧树花的奇香,遍地的芭蕉树、棕榈树、菩提树恣意地生长,高大的榕树昂首伫立,但四周田野荒芜,人烟稀少,一连经过几个驿站都无人马接待,村镇不见了昔日的繁华,怎么一两年光景,这里竟然变得如此衰落不堪?

玄策心里正在纳闷,忽然听到一阵急促的马蹄声远远而来。

"大使,这莫非是中天竺王派来迎接的队伍?"一个士兵说道。

"不、不可能,我们现在才到了勒克瑙,按照上次的行程,中天竺国会在曲女城城门迎接,而不是在半道上。且他们亦不知我们已来到勒克瑙。不会是……"王玄策疑惑道。

"难道是盗贼……"蒋师仁惊疑地问道。

"我们先期派去的信使回来了吗?"玄策警惕地问道。

"没有,大使。应该不会出什么意外吧?"

玄策并未作答,脑海中忽然浮现出临行前辩机说过的一段话:"听师傅说,他在离开天竺的路上做了一个奇怪的梦,梦见自己回到那烂陀寺,但它房院荒芜,废墟一片,辉煌不再,只有部分藏经阁还保留着。在梦中,师父见到了金光炫目的曼殊室利菩萨,菩萨对师父说,在不久的将来,戒日王将会被他人取代。邪恶的人会扰乱中天竺,整个天竺将有饥荒与恶人相害,黑暗将笼罩天竺大地……"

玄策心中一悚,连忙摇了摇头,努力驱散那令人不安的念头,越是出现异常的时刻,越是要保持镇定。辛都斯坦平原的暖风掠过，玄策却感受到一阵莫名的心悸，如同有成百上千的蚂蚁在肌肤上爬行一般。而远方的烟尘，越来越快速地向使团逼近。

"大使，快看，他们冲过来了！"一位士兵大喊。

众人的目光都聚焦到这股浓烟上，有三四十个军人装束的人，大声呐喊着，队形散乱，狰狞地挥舞着弯刀与长矛向这边冲来。

"这该不会是戒日王的军队吧？若是靠这阵仗也能打天下，那就太荒唐了。"一位士兵笑道。

"好、好像是军队，但戒日王的军队不是这样的。那是一支训练有素、战斗力极强的军队，有比水牛大几倍的大象，还有战车兵、骑兵和步兵……大家都留点神，拿出武器，做好防范。"王玄策警惕地说道。

待前方的骑兵逼近，只见个个衣冠不整，队伍散乱，其中一个高个大汉远远喊话："乖乖留下你们的财宝，否则让你们人头搬家！"

"大胆！你、你们难道不是中天竺国的军队吗？军人竟敢抢劫财物？"王玄策大声呵斥道。

大汉戏谑似的回复道："我们过去确实是中天竺国的军队，但今天却已是占山为王的大王，留下你们的财物快快回到你们支那国去！别自投罗网去啦！"

玄策不明其意，但不等对方出手，已经下令："大家拿出武器！上！"

使团一共有三十六人，去掉随行的僧人、文官、工匠等后，有战斗力的有二十余名骑兵，相比之下唐朝使团还是训练有素，出手极快。

又快又轻便的唐朝弓箭，已经划破长空，随着"嗖——嗖——"几声呼啸，伴随着惊恐至极的几声惨叫，数名原本坐在马上的骑兵跌落下来。接着，蒋师仁大喝一声，挺起玄龙枪，策马迎了上去，骑兵们紧随其后，一个个手起刀落，如风卷残云……一阵厮杀过后，这些天竺骑兵感觉不是玄策一行人的对手，立刻做鸟兽散逃跑了。

"穷寇莫追，就让他们逃走好了！刚才有人受伤吗？"玄策急切地问道。

"两个弟兄受了轻伤，问题都不大……可是大使，这究竟是怎么回事？不是说在戒日王的治理下，中天竺是个国泰民安的仙乡佛国吗？怎么会有占山为王的逃兵，怎么还有如此猖狂地公然抢劫外交使节的事情发生？"蒋师仁不解地问。

"还称'别自投罗网啦！'此事蹊跷……总之，一切都等见到戒日王本人后再、再说吧。"玄策满脸疑惑地回答。

面对蒋师仁充满疑惑的眼神，王玄策只能无奈地摇了摇头，他心中的那片不祥之云丝毫没有消散的迹象，反而愈发浓厚。

"究竟发生了什么？她还安然无恙吧？"玄策心中充满了困惑与不解，又想起自己前日梦到她被人掳走的情景，内心更加不安起来。

使团一行继续南行，曲女城圆圆的屋顶和高耸的城堡已经遥遥在望了，但此时，炽热的太阳火辣辣地直射下来，湿热如同蒸笼中放出的气一般袭来，急速行进的使团队伍渐渐走不动了。众人刚准备在一处树荫下就地坐着休息，忽然听到一阵隆隆的马蹄声，密集地、快速地接近，听那阵势，似乎人马众多。

"大使，听这阵势，似乎是戒日王的队伍来了。"

"不会又是逃兵吧？"蒋师仁疑惑地向前方张望。

"不，师仁，是来迎接的中天竺兵。"玄策紧锁的眉头微微舒展了一些。

远远看去，虽然对方身份尚未明朗，但已经可以肯定对方是一队大约有一千人的骑兵队伍，虽然在其中没有看到象兵部队，但从士兵那闪着寒光的铠甲装备来看，这显然是一支有秩序且训练有素的正规部队，非流寇可比。

来者在玄策一行面前不远的地方突然停住。为首两人骑马上前，其中一位骑白马者，虎背熊腰，面色赤红，年龄在四十岁左右，头顶层层缠绕的帽子，右侧装饰着孔雀羽毛与宝石，留着引人注目的八字胡，似乎十分威严。另一骑黑马者，头上是同样的帽子，瘦如骨立，鹰眼突兀，面色黝黑，短小的下巴几乎与干瘦的脖颈连在一块，虽然面带笑意，但眼睛里透着寒气。

对方首先开口问话："来者可是大唐使节？"

玄策看着那张红脸，觉得十分眼熟，忽然想起此人乃戒日王手下一位名叫枷楠永生的将军，因他迷信外道①，视牛如神，每日以牛尿为饮料、以牛粪沐浴养生，却也养得红光满面，颇有神力，所以朝中人人识得。王玄策骑马向前，双手合十，深施一礼："正是！原、原来是枷楠将军，玄策这厢有礼了，在下率大唐使团再访天竺，将军难道不认识我了？"

枷楠永生面色严正地看着王玄策，正要答话，骑黑马者上前，打断了枷楠："原来是王大使，我乃将军辛格万岳，我等正是奉命来迎接使团并为你们安全过境护驾的。近来这一带有盗匪出没，你们安然无恙，真是好极了。呵呵！你们来得正是时候！"说罢，辛格突兀的眼中露出诡秘的笑意。

"那就有劳诸位了。"玄策又合掌深施一礼。

辛格万岳也不还礼，只冷冷地说："那请诸位上路吧！"然后掉

---

① 在当时佛教盛行的天竺各国僧侣眼中，所谓外道，指有事自在天（湿婆）的涂灰之侣，还有露行的尼乾，也就是耆那教的天衣派，以及印度教等。

转马头,退到了队伍一边。

谁知这时天竺兵迅速行动,将使团层层围住。王玄策还未及回过神来,一场突如其来的变故就猛然降临。天竺兵毫不留情地向使团举起了锋利的屠刀,伴随着一阵阵凄惨的哀号,走在前面的几位使团成员瞬间倒在了血泊之中,他们所携带的财物与随身物品也被天竺兵一抢而空。

三十六人的队伍怎挡得住这一千人的铁骑,身边的士兵一个个倒下。几名天竺兵迅速甩出绳套,精准无误地套住了王玄策与蒋师仁,猛地将他们从马背上扯下,狠狠地摔落在地。紧接着,更多的天竺兵蜂拥而上,将两人死死按在地上,用粗大的绳索将他们牢牢缚住。

"这、这是怎么回事?枷楠永生,你竟、竟敢杀害我大唐的使者,抢劫我们的财物!"玄策大吼道。

枷楠表情诡异地凝视着这一切,没有搭话。

"抢的就是你们!别再反抗啦!"辛格突兀的眼神透着寒光。

"这下你们也不必再辛苦到东天竺、南天竺,或是西天竺、北天竺去了,你们的财物已全部归我们大王了!哈哈!有丝绸、瓷器、纸张……还有茶叶……"这时,辛格已经下了马,一边翻看着抢到的财物,一边阴阳怪气地说。

"这是、是在公开抢劫!你们竟敢擅自杀害大唐使节,抢夺财物,你们怎么向戒日王交代?"王玄策挣扎着怒吼道。

"我们就是奉了天竺王的命令来的。你要向戒日王交代,就到地府向他交代去吧!"枷楠永生恶狠狠地说。

"什么?这绝不可能,戒日王发生了什么事?"王玄策惊愕地问,试图挣脱押解他的两双大手。

"我们说的天竺王可不是什么戒日王,是我们的阿罗那顺大

137

王。戒日王已经死了，现在的中天竺属于阿罗那顺大王。你的贺罗阇室丽公主也快要做他的王后了。而你们大唐使节，阴谋颠覆中天竺，我们是奉了中天竺王的命令来擒拿你们的。你们别再枉费精力，做无用的挣扎了。"辛格轻蔑地怒吼道。

玄策听得更是如临噩梦一般，心惊肉跳，他发疯似的狂叫道："不可能！短短一两年时间里，中天竺究竟发生了什么？你们竟敢挑战我大唐……"

"杀了他们！"有士兵高喊道。

"慢！"辛格厉声制止道。"王玄策留着还要用呐！将他们押回曲女城，听候大王发落。"

"是！"众天竺兵齐声答道。

十二　豺狼坐上了宝殿

话说王玄策的使团刚进入中天竺，眼看着就要完成使命，并与自己朝思暮想的心上人会面了，却横生变故，被自称由阿罗那顺派来的人抓了起来。

难道阿罗那顺不是戒日王身边的重臣吗？玄策在头脑中极力回忆着对阿罗那顺的印象。尽管上次出使期间，与此人没有过多交往，但从仅有的几次见面中，王玄策曾感到此人善于揣摩他人心思，又会逢迎讨好，深受戒日王信任，所以凡是军国大事，戒日王都要和他商议，让他出谋划策。

中天竺国究竟发生了什么事？贺罗阇室丽还好吗？从来者口中听到的零零星星的几句话，已经让王玄策如临噩梦，惶恐不安。

直到被关进大牢，从一位事先被关押的戒日王侍卫那里，玄策才知道了事情的真相。这位忠诚的卫士，在阴暗的牢房里，将隐藏的秘密徐徐道来，让玄策对整个事件的脉络有了完整的了解。

那天，夜色已深。

戒日王还端坐于王宫寝殿内，专注地批阅着案上的奏章，两旁宫女有的拉摇着窗口精巧的羽扇，有的低垂着手，恭恭敬敬地侍立着。她们的身影映衬在身后的墙壁上,那里悬挂着数幅栩栩如生的人物肖像画,随着烛光逐渐黯淡,画中的人物仿佛也融入了夜色之中,时隐时现,显出几分神秘和诡异。正中央赫然悬挂着一把名为"乌鲁米"的九星至尊鞭状宝剑,透着冷冷的寒光,显得无比威严。

这时,一位服饰艳丽、身材婀娜的妃子带着两个手捧银盘的宫女进殿,一个银盘上面托着一钵热气腾腾的奶粥,另一个银盘上托着一个精致的碧色瓷汤碗。

"大王,夜已深,臣妾为您熬制的奶酪莲子粥好了,您早点吃了安歇吧!"

戒日王并未抬头,轻手示意道:"好,爱妃莫急,待寡人批完这些奏章就吃。"

稍等片刻,妃子拿起汤勺,盛了一碗莲子粥,递到御案前道:"大王,这是臣妾刚刚亲手熬制的奶酪莲子粥,您看看近日来臣妾的手艺可有进步?"

戒日王听闻,缓缓抬起头来,那张深麦色的脸膛,威严而不乏和蔼。他温存地顺手接过,用小勺轻轻搅动,谨慎地小呷了一口,顿觉口鼻生香,随即捻着略带花白的八字须微微点了点头:"嗯……好啊,好啊……你此番熬制的莲子粥快赶上当年王后的手艺了。"

王妃温婉一笑:"大王,臣妾听闻当年王后的厨艺曾有国中第一的美誉,臣妾不才,怎敢与王后相比肩啊!"

戒日王笑而不语,随即再呷一口道:"啊,这鲜美的莲子粥,配上这秘色瓷碗,别有一番韵味。"

说着他低下头注视着手中的瓷汤碗说道:"这是大唐天子馈赠寡人的秘色瓷碗。青绿细腻,如同碧玉一般。制造得如此精美,真不可思议!"

"是啊,大王喜欢就尽快喝了吧!"妃子有点焦急地催促说。

接着戒日王信步踱至一暗阁处,抬头望向王后的画像,久久凝视,眼眸中尽是温柔和思念。只听他对画中人深情呢喃道:"想当年你不幸罹患顽疾,寡人寻遍名医都未能留住你,故痛心疾首,我们的太子地婆西那尚且年幼,嚷嚷着要寻娘亲……不过你也不必再担心孩儿,现如今他已长大。寡人为他聘请了最好的老师进行辅导教育,地婆西那自小聪慧,将来定成大器……这一晃都过去十年了……"

王妃悄悄跟上前,听罢,心怀嫉妒,但很快平静下来,狡黠的眼神中露出轻蔑与不安。见大王欲走出暗阁,连忙上前,脸色谄媚,附和道:"大王所言极是,太子文武,定会觅得乘龙佳婿,若王后九泉之下有知,也定会安心。"

戒日王见她跟来,径直走到御桌前,放下瓷汤碗,合上奏章,转身牵住爱妃的纤纤玉手道:"这两年多亏你在身边尽心侍奉,才让寡人宽慰了许多。"

王妃谄媚一笑,双手顺势从戒日王的手中抽出,端起瓷汤碗送至戒日王唇边细语道:"大王还是趁热吃下,制作这奶酪莲子粥要经过五道工序,每次都要精挑细选上好的莲子、香米、大枣,然后将莲子、大枣去心,香米浸泡,熬制时放入黄石蜜与鲜奶酪,加水慢熬……如此费时的莲子粥自然要趁热吃,大王还是尽快服下,再不能这样废寝忘食了!"

戒日王听后眼含笑意地从爱妃手中接过瓷汤碗,轻呷一口,初始时可尝到淡淡的苦涩,随着羹汤入喉,清香扩散,伴有缕缕甘甜渗透肺腑,一口口呷尽,清透之感刹那间在周身蔓延。

"大王日理万机,呕心沥血,臣妾恳请大王料理完国事便早些歇息，熬坏了身子臣妾是会心疼的，臣妾就先行告退了。"说话间王妃已把银盘和秘色瓷汤碗收起，放在御案一边，随即退下。

戒日王原本还想说些什么，但见王妃已经退下，只好拿起奏章继续批阅。已至殿外的王妃隔窗凝视戒日王片刻，又投去耐人寻味的凝目一瞥，便匆匆忙忙离开了。

此时，月渐西斜，夜色深沉，庭院之中一片寂静。桌上蜡烛摇曳不定，闪烁着微光，昏暗的宫殿中只有戒日王翻阅奏章的声音。

忽然暗阁之中发出砰的一声异响，戒日王循声前去，发现王后的画像竟毫无征兆地掉落在地，戒日王连忙上前用双手把它捧拾起来，用袖口擦去尘灰，心里纳闷，自言自语道："寡人命人重新装裱才半月有余，怎么会如此？"

忽然，一宫女慌慌张张地推门闯了进来，打破了戒日王的思绪。只见宫女语无伦次地喊道："大王，启禀大王，阿罗那顺将军说要觐见大王，奴婢等拦他不住，他——他不听劝阻，闯进宫门了，身带刀剑……"

戒日王听罢，心中猛然一沉，口中喃喃道："阿罗那顺……"

还未等戒日王发话，庭中步履杂沓之声与兵甲窸窣之声随即传来，为首一人大步流星，已到眼前，朗声说道："微臣阿罗那顺参见大王，事出紧急，望陛下恕臣惊驾之罪。"

说话间，一身戎装、手持宝剑的阿罗那顺向大内深处走来，大内门两旁的卫士刚要阻挡，就被阿罗那顺身边的几个手下擒住。阿罗那顺立在门口，见到戒日王，并未上前，也未下拜，只微微一拱手，态度甚是倨傲。

透过朦胧的月光，隐隐可以看见在他身后有一队军兵，排列整齐，气势汹汹。

戒日王见状不由得心中一惊，随即厉声喝道："阿罗那顺，你深夜披甲带兵，擅闯宫禁，意欲何为，难道你要谋反不成？"

阿罗那顺面色冷峻，冷冷答道："大王，确实有人要谋反，企图颠覆中天竺！"

"那是何人？"戒日王厉声问道。

"那人就是您打算招赘的妹夫驸马王玄策！"阿罗那顺上前一步，不徐不疾，口气明显是带着傲慢和揶揄。

"休得胡言！"戒日王猛地放下王后画像，双目直视阿罗那顺，怒火中烧，浑身颤抖。

阿罗那顺看着戒日王，不怵反笑，眯缝着那双游移不定的眼睛，昔日满脸堆笑的脸转而狰狞："大王您有所不知，王玄策图谋不轨，还暗中勾结东部的鸠摩罗，企图颠覆我中天竺，莫不是您早已知晓此事？"

戒日王怒目而视，一拍桌案，大喝道："一派胡言，王玄策是大唐使节，结好两国，有何不可？且今早已回国。鸠摩罗一向谨慎，多年臣服于我，他二人怎么可能联合颠覆我中天竺？"

阿罗那顺优哉上前，立于御座前，脸上露出似笑又似哭的狰狞，拿起来自唐朝的秘色瓷碗盖一边把玩，一边不紧不慢道："大王，您有所不知，他们不但要颠覆中天竺，还企图加害大王您呢！王玄策暗中联络鸠摩罗派来进贡的使者，先刺杀大王，再迎娶公主，便可顺理成章地登上您的宝座，统治整个中天竺呢！王玄策——那可是居心叵测呀！而我则是特意前来保护陛下您的！"

"你给我住口！"此时的戒日王拍案而起，拿起手中的画像卷轴如利剑般直指阿罗那顺，如炬的眼里闪着一股无法遏制的怒火，额角的青筋随着呼呼的粗气一鼓一张。

"阿罗那顺，我看你才是居心叵测的逆贼，当日王玄策还在天竺之时，你就处处进谗中伤，现如今又带甲入宫，狼子野心，昭然若揭……还不速速退下，寡人念你昔日功劳不咎此事，不然定治你个毁谤忠良，入宫谋逆之罪！"

"哈哈哈！"阿罗那顺听闻放声大笑，随即哐啷一声放下碗盖，露出讥讽的神态，"我是逆贼？大王还想治我的罪？""哈哈哈！"其左右随从也跟着露出狡黠且得意的狞笑。

阿罗那顺突然脸色一变，以一副郑重中略带嘲讽和狂妄的口吻说道："大王莫慌，是那个大唐使节王玄策暗中联络鸠摩罗使节指派刺客妄图刺杀大王您，而我，则是捉拿凶手王玄策，平定反叛者鸠摩罗，替您报仇雪恨之人，更是接替您王位的中天竺国的擎天大柱——天竺王阿罗那顺！"

言罢，他瞬间拔出腰间的宝剑，朝着戒日王的方向迈去，不急不缓，却步步紧逼。那明晃晃的剑刃在昏暗的烛光下泛着森森的寒光，犹如一条蓄势待发的毒蛇，寒光中映射出一张贪婪与狰狞的脸。

"你竟敢僭逆？"戒日王一脸威严，双眼如炬，毫不畏惧地直视着阿罗那顺。尽管心中已经清楚，但他还是不敢相信阿罗那顺竟会如此胆大包天。为了维护自己的尊严与权威，戒日王极力掩饰自己的惊惧，面上依旧极力保持着镇定自若。

突然，就在阿罗那顺欲绕过御案快要接近自己的一瞬间，戒日王迅速转身，顺手摘下身后的乌鲁米宝剑，拔剑回身，立刻与阿罗那顺对峙在一起。

阿罗那顺见状一惊，一时慌乱起来。

似乎他一时忘却，眼前这位年近半百的戒日王，昔日曾是勇略过人，只身统率象军六万、马军十万，打败金耳王，为父兄报了仇，雄霸天竺的一代枭雄。

但阿罗那顺很快镇定下来，毕竟他也是久经沙场的武将，而且比戒日王年轻。只见他举剑挥来，剑气袭人，剑剑致命。殿内瞬间充斥了肃杀之气。

双剑相交，寒光闪闪，只听闻当——当——当——的声音，眼见皆为剑光之残影。

四周梁柱之上，多处剑痕深入尺许，几番回合下来，戒日王面色煞白，许是身体消耗过度，体力不支。反观阿罗那顺出剑凌厉，招数繁复，剑气纵横，逼得戒日王节节败退。

按理来说，戒日王早年文武双全，多次领兵征战，这些年虽忙于朝政，但也没有放弃精进武艺，怎会十几个回合便败下阵来？

烛火变得异常幽暗，火苗开始颤颤巍巍地抖动，像是在宣告着什么。

戒日王深知阿罗那顺不敌长剑横削，便以身犯险，巧妙利用乌鲁米卷剑的特点卖了个破绽，卷剑，转身，然后迅速出剑。阿罗那顺果真中计，左腰间露出破绽，戒日王找准机会孤注一掷，拼尽全力奋力一击，却因手臂酸软，力道不足，仅仅把对方划出微弱小口，未能如愿一招制敌。

阿罗那顺一个闪身便拉开数米远，倒是戒日王像是被抽干了生命力一般，一下子瘫倒在御座上，宝剑从手心中脱落，他心中暗叫不妙，却已无退路，挣扎道："阿罗那顺！寡人何曾亏待过你？多年待你情逾兄弟，信任有加，一再赏你高官厚禄，让你执掌国中兵马大权，从未苛责于你，你为何要谋害寡人？"

"尸罗逸多，你个愚蠢的昏君。我本帝那伏帝国的国王，自你早年灭了我的国家起，我便放下前仇，追随于你，上阵杀敌出生入死，待贺罗阇室丽公主至适婚年龄，我就多次求婚，希望你把公主嫁与我，数载之后，待你宫车晏驾了，也好稳妥地接替你。

可你却一而再，再而三地装糊涂，百般推诿。王玄策乃外邦之臣，一介白面书生，谄媚巧语，包藏祸心，你居然想把公主许配给他，未曾顾念我的半分功劳。"

"还有那鸠摩罗于我中天竺而言，如恶虎卧于榻侧，不除终是祸患，我多次上谏要平定鸠摩罗，你不但不察纳忠言，反而申饬我黩武好战，只求军功，不顾民生，日益疏远我，近日还企图削我权柄！你以为我不知道？假以时日你必夺我军权！"

"天下非一人之天下，有德者居之，无德者失之。像你这种不辨忠奸的昏君，就该由我取而代之。我要杀你以安天下！"阿罗那顺接连咆哮道。

"你……你个小人……"此时，戒日王感觉身体愈加虚弱，勉强挺直腰板，指着阿罗那顺的手却不由自主的开始颤抖。

"你个贼子，满口胡言乱语，竟敢污蔑寡人！你本蕞尔小国，昔日叛服无常，后归顺于我，寡人不计前嫌，对你委以重任，后竟然三番五次欲向长公主求婚，暂且不论你相貌是否相般配，我家公主天潢贵胄，身上流淌的是高贵的刹帝利血脉，怎能予你这等首陀罗贱种！① 你崇信外道，千方百计挑起战争，还想趁机借功揽权，夺政于寡人。你巧言令色，勾结朋党，不臣之心早被寡人识破，但念在你往日的功劳，你我君臣一场上，迟迟未下决心。不料你如此沉不住性子，狗急跳墙，竟来逼宫。要知如此，寡人早就杀了你这个逆臣贼子，也不会有今日之祸！"

阿罗那顺恼羞成怒，一下凶相毕露："老不死的，不必啰唆，

---

① 刹帝利和首陀罗都是古印度四种种姓之一。古代印度社会按照人的血缘和职业将人划分为几个等级，分别是婆罗门、刹帝利、吠舍、首陀罗。婆罗门是掌握宗教的祭司阶层，刹帝利为国王、部落首领和武士为主的军事阶层，吠舍主要是从事农牧工商的平民，首陀罗为奴隶。

等明天的太阳升起,我就是梵天庇佑下的新中天竺王。哈——哈——哈!"他诡异而狂放的奸笑声在大殿中回荡着。

戒日王咬牙切齿,双眼迸发出愤怒的火焰:"奸贼,你的阴谋断不会得逞!满朝文武不会答应,还有各地诸侯也会进京讨逆,你……"戒日王惊怒交加,急火攻心,忽然感到胸口一阵剧痛,好似火烧一般,紧接着吐出一口鲜血,瘫软在御座上。

阿罗那顺见状,面目狰狞地狠狠说道:"就算我不动手,你也活不过今晚了!"

戒日王攥紧了拳头,但手却止不住地颤抖,虚汗也不断地顺着两鬓流下:"恶贼!你……你何时竟给寡人下了毒?"

"哈哈!"阿罗那顺一拍手:"有请王妃。"

片刻后,戒日王王妃从门外哆哆嗦嗦地走进,怯生生地瞥了戒日王一眼,谦恭地向阿罗那顺深施一礼:"奴婢拜见大人!"

戒日王不可置信地看着王妃:"你?你这个蛇蝎毒妇,为何这样对待寡人!"

王妃面若冰霜地瞧着戒日王:"大王,难道您忘了我是由谁送入宫中敬献给您的吗?"

戒日王心中一阵急剧抽搐,充满憎恨的眼光移向了阿罗那顺。

"奴婢一家本来就是阿罗那顺大人的奴仆,全家大小性命都在他手里!大人对我一家恩重如山,为大人效命是奴婢的本分,万死不辞!"

戒日王缓缓抬头,凝望着这昔日宠妃,一幕幕的过往,原来早就是一场阴谋。闭眼片刻,绝望至极,五脏六腑一阵疼痛,又吐出一口血来,苦笑道:"好啊!好!的确是寡人大意,误信奸邪宵小,才落得今天的下场!"

阿罗那顺见戒日王命不久矣,转头面向王妃:"你做得很好!

这一年辛苦你与这老东西虚与委蛇，今夜过后，我定会好好封赏你。下去吧！"

王妃双手合十："奴婢谢过大人。"说罢，怯生生地望了戒日王一眼，许是有些愧疚也未可知，随后踉跄起身，全身瑟瑟发抖地退出大殿。

戒日王鄙夷地看着王妃离开，未置一词，努力维护着自己在这个可耻的女人面前最后的一点尊严。

但他心里明白，自己身中剧毒，再无生还的可能了！突然，他拼尽气力把御桌向阿罗那顺掀去，回光返照般狂啸着："你这个口蜜腹剑、翻脸无情的贱种！寡人要杀了你，奸贼！"然后弯腰拾起乌鲁米宝剑，紧紧握住，似要将自己也变为一把利剑一般。

阿罗那顺紧退两步就轻易地躲开了向自己翻来的御桌，当即扬起宝剑一个箭步上前，直直地向戒日王刺去。同一时间，戒日王也挥舞着乌鲁米宝剑，丝毫不躲闪对方的剑锋，眼神坚定，像要燃尽生命之火般义无反顾地向阿罗那顺扑去。

此时的戒日王或许早已料定自己在劫难逃，便打算使尽全力最后一搏，和阿罗那顺同归于尽。

但阿罗那顺毕竟是久经沙场、武功高强的骁将，只因上一次交手被看出了破绽，因此他暂避锋芒，转攻为防，身子往右后方一闪，拉开距离消耗掉戒日王的蓄力，仅仅两招过后，他便瞄准了时机，手腕猛地一抖，只见一道寒光闪过，飞剑已精准无误地刺入了戒日王的胸膛。鲜血瞬间沿着剑身汩汩流下，滴答滴答地溅落在地面上。

见大势已定，阿罗那顺持剑的手稍微松懈了一些，也就在这电光火石之间，戒日王猛然睁眼，拼尽全力挥剑，直指阿罗那顺的咽喉而来。阿罗那顺也仅仅迟疑了一瞬，便推剑、抬左手臂、闪避、滚开,一整套动作行云流水,即便如此,肥胖的身子终也未能完全躲开,乌鲁米宝剑划刺过他的肩头,他的肩膀连同手臂被划开了一个大口子,鲜血从戎装破痕处缓缓流出。

相较而言,飞剑此时已尽数扎进戒日王的心口,贯穿至后背,戒日王口吐鲜血,大喝道:"逆贼……"

话音未落,便沉重地摔倒在地,瞪大的眼睛充满了惊恐、绝望与不甘。

阿罗那顺紧捂着鲜血淋漓的伤口,长长地舒了口气,心中笃定:古往今来,在权力的争斗中哪一个讲过人情和道义?

原本在场的几个宫女早已吓得躲在暗处,浑身发抖瘫软在地,仅有的几个卫士还在反抗,阿罗那顺眼神轻蔑一扫,转头对门口的随从狠狠地说:

"押下去,敢反抗者,全部杀了!"

数声惨叫过后,寝殿已是遍地鲜红,墙柱之上均溅满了鲜血……

这时,后宫中熟睡的贺罗阇室丽公主被屋外的嘈杂声惊醒,婢女玛亚慌慌张张地跑了进来。"公主,大事不好了,有人把寝宫团团包围,外面火把高举,看样子有好些兵丁。"公主心中一惊,暗叫不妙,但面对玛亚她还是强作镇定。

公主沉吟片刻,当即布置道:"玛亚,你先扶我更衣,然后吩咐府中的女眷都不要出房,把所属卫士家丁叫到大厅,随我一同出门,我要亲自看看究竟发生了什么。"

"公主,万万不可。外边情况不明,公主千金之躯,切不可冒此风险,还是由奴婢去看个究竟,再来回禀。"

"我倒要看看,是谁这么大胆,敢夜围本公主寝宫。"她的声音

149

虽然柔弱，但明显带着不容置疑的威严。

"哗啦"一声，公主府朱门大开，贺罗阁室丽公主领着一众手持兵器的卫士和几个贴身婢女来到大门口。

这时，从门外军士火把微弱光线无法触及的阴影之中，不急不慢地走出一位身形消瘦如柴、长着鹰钩鼻、皮肤黝黑的男子，一脸谄媚，表情显得讳莫如深。只见他双手合十，深施一礼："老奴辛格万岳参见长公主，本不想惊扰公主，不想这些该死的手下人弄出那么大动静，搅乱了公主的好梦，但实在是事出紧急，还望公主恕奴才惊驾之罪。"

公主杏眼一瞪，厉声道："混账，发生什么事了，还不快说。"

辛格连忙再施一礼，却有恃无恐地说道："奴才死罪，禀报公主，今夜有人进入王宫行刺，阿罗那顺大人已进宫护驾，特派奴才带兵前来保护公主。"

"有人进宫行刺？"公主听后不由得花容失色，再也压抑不住内心的焦虑，惊叫一声。随公主来的那些卫士婢女也一起惊愕起来，愣在原地，呆若木鸡。

"公主且放心，大将军阿罗那顺已入宫护驾，陛下必定平安无事。还请公主速速回宫，以免节外生枝。"说着，辛格向宫门内示意。

贺罗阁室丽呆呆地立在原地，一时竟一句话也说不出来。许久才喃喃自语道："王兄……"公主刚才的凌厉已一扫而光，惊恐与担忧爬上脸颊，细看脸色竟有些煞白。

"为免蔓生枝节，烦请公主速速回宫，刺客还未伏法，别再伤着公主！"辛格又施一礼，还向公主随行的玛亚使了个眼色。

"公主……"玛亚略显担忧地上前搀住公主。"就依辛格大人所言，我们先回宫等待，大王定会安然无恙的。"

公主被玛亚从旁搀扶住，才勉强从惊恐中缓过神来，尽力镇定后说道："那好，外面有什么情况立即报告给我。"

"奴才领旨。"

沉重的朱红色大门随着沉闷的一声重新被合上，辛格随即隐入黑暗，露出诡秘的笑容。

一种不祥的感觉向贺罗阁室丽袭来，久久不能散去。她总觉得事情不对劲，便派玛亚到前殿打听情况。两个时辰已经过去，还无半点音讯，此时她早已心急如焚，坐立不安，决定亲自去看看。乔装打扮一番后，正欲踏出宫门，只瞧见玛亚慌张地跑了回来："公主，不好了，公主……"

玛亚哭泣着把贺罗阁室丽拉进宫殿，见到她那惊恐的神情，公主更为担忧起来。只见她抽泣着说："公主，大王他……他被刺客杀害了！"

听闻此消息，贺罗阁室丽宛如遭五雷轰顶，踉跄着后退了几步，摇摇头，强装镇定地告诉自己一定是玛亚弄错了："玛亚，你说什么……"公主正说着话，突然感觉眼前一片漆黑，未等反应过来就径直倒下，昏厥过去了……

夜里公主几次在痛苦中苏醒过来，又几次在痛苦中昏厥过去。每次醒来时，她便不顾一切要往外走，嚷嚷着要去见自己的王兄，但每一次都被玛亚拉住。数次之后，公主渐渐镇定下来，但依旧眼神涣散，面容呆滞，嘴里含糊不清地嘟囔着："我要见王兄，你们都是骗子，我要见王兄……"

玛亚见此情况也不敢贸然惊扰公主，便在一旁守护着，寸步不离。待稳定好公主情绪后，便把在前殿打听到的情况告诉公主，并一次次劝说公主道："府外已被重重围守。公主您千万要保重身体，别的事我们慢慢做打算！当下要设法弄清事实真相，还要替大王报仇雪恨啊！"

"对，你说得对，我要查清真相，缉拿凶手，替王兄报仇！"贺罗阁室丽心里暗暗下定决心。

月夜明净，人心暗浊。大殿内外寒气逼人，昔日喧闹的王宫变成了阴森可怕的迷宫——那庄严华丽的外表下不知掩藏了多少惊心动魄的阴谋。

次日，红日高照，上朝时分早过，中天竺国的朝堂上群臣议论纷纷。

"今天是五日一次的大朝会，陛下圣驾怎么还不到？"

"是呀，陛下一向勤政，今天这是怎么了？"

"不好！我听说昨天王宫来了刺客，好像……"

"大殿之上别乱说，不要煽动人心！"

"呜——呜——"殿外传来了号角吹奏的哀乐，拖长的尾音令人心悸。

"无缘无故吹什么号？"

"不对，你听这声音，好像是哀乐，难道……"小声的议论变成了沸腾的嘈杂。

此时，殿外突然响起急促的脚步声，数百名官兵迅速涌入大殿，如铜墙铁壁般将四周围得水泄不通。他们手持锋利的刀剑，眼神中闪烁着可怕的凶光，冷冷地盯着在场的文武群臣。面对这些突如其来、气势汹汹的官兵，文武大臣们不禁面色苍白，惊慌失措，气氛顿时紧张了起来。

正在大家慌乱之际，又有几人进入大殿，为首者身袭一身戎装，满脸骄横，右肩头用白布包扎起来，此人正是阿罗那顺。旁边一人瘦如骨立、鹰眼突兀者，乃阿罗那顺的心腹辛格万岳。只见阿罗那顺走到大殿中央,站在了戒日王的宝座前。众大臣疑惑不安地看着、等着。

"大家少安毋躁,阿罗那顺大将军有要事通报!"辛格高声喊道。

随之,阿罗那顺清了清喉咙,表情沉重地说道:"王宫昨夜遭遇不测,有刺客深夜行刺,陛下已经不幸罹难晏驾了!"语毕还不忘挥袖掩面低声哭泣。

文武百官听此消息,一下子像炸开了锅一样,剧烈地骚乱起来。

阿罗那顺也不着急,任凭大家骚乱了一阵,待骚乱稍稍平息之后,这才提高嗓音继续道:"而我,也在护驾的过程中受了伤。"他顺手指了指自己的肩头。

"据我们追查,是唐朝使节王玄策勾结鸠摩罗,派人前来刺杀大王,企图颠覆我中天竺。"语毕,群臣又是一阵喧哗。

"怎么可能,王玄策已经回国,再说公主与他情投意合,听说戒日王陛下曾挽留他来做驸马,他都不愿,怎么会刺杀大王?"

"是啊,王玄策回去以后还未来到曲女城呢,怎么有机会派人刺杀大王?"大臣们纷纷议论道。

阿罗那顺一使眼色,辛格会意道:"带上来!"两个士兵押上来一个四十来岁被打得遍体鳞伤的犯人。士兵把犯人往地上一推,喝道:"你快老实交代,不然让你再从刑房走上一趟!"那犯人哆哆嗦嗦说道:"是王玄策大使指使我来刺杀大王的,他还让我联络曲女城中鸠摩罗的使者,说是从他们那可以得到帮助。"

"大家都听清楚了吧,是王玄策贼心不死,勾结外邦,图谋乱我中天竺。"阿罗那顺大声宣布,"我必杀了王玄策,抓住鸠摩罗,替戒日王报仇!"

"杀了王玄策，抓住鸠摩罗，替戒日王报仇！"大殿内外士兵的喊声山呼海啸。

　　这时，辛格双手合十，面向阿罗那顺深施一礼，伺机说道："将军，国不可一日无主，替戒日王报仇还得从长计议，当务之急是选立新的君王，稳定朝局啊！"

　　"先王晏驾，太子富于春秋，但不知宗室之中还有哪位能堪当大任呢？"阿罗那顺做出一副征询的样子。

　　"国安任以亲，国危任以贤，现在我中天竺内有伺乱之贼，外有虎狼之邻，非贤君明主不能挽救危急，而那伏帝阿罗那顺将军天纵英才，为先王股肱，非将军不能安天下，卑职斗胆请将军即位，以安天下百姓。"辛格说罢率先跪地叩拜。

　　"这……"阿罗那顺面露为难之色。大殿内外的士兵也齐声高呼："请将军即位，以安天下！"

　　有的大臣刚想说什么，可看到身后一个个手持利刃的士兵，又硬生生把刚到嘴边的话咽了回去。

　　"国有危难，吾身为将，当勇挑重担，义不容辞。既然如此，我便勉力为之，暂摄国政，待国家复兴之日，再还政于王室。"说着，阿罗那顺已经稳稳地坐到了戒日王的宝座上，满脸骄横，凶相十足，那双游移不定的眼神，杀气腾腾地扫视着众大臣。

　　"大王万岁！"辛格率先跪倒在阿罗那顺的脚下。

　　"大王万岁！"大殿之内的士兵，用刀剑胁迫着文武百官相继跪倒在了阿罗那顺的脚下。

十三　公主设计救情郎

上回说到，贺罗阁室丽公主被阿罗那顺以保护之名软禁了起来。尽管那场突如其来的宫变凶手尚未被绳之以法，但阿罗那顺反常的态度，却如同一面镜子，在她心中似已隐隐约约映照出了事实和真相。

连日来，他故作殷勤的举止，早已如那冬日里的寒风，令她心悸，令她不安。频繁的问候与关怀，甚至讨好，都显得那么刻意和别有用心。

公主还敏感地注意到，阿罗那顺的眼神时常躲闪与犹豫。他言语间也不再坦诚，总是含糊其词，似乎在小心翼翼地编织着一个又一个谎言。

直觉告诉她，那场宫变的背后，必定隐藏着更多不为人知的秘密。

这天早膳后，阿罗那顺来到贺罗阁室丽宫中，贺罗阁室丽一见到阿罗那顺，眼中便喷射出愤怒的火焰，恨不能立即拔剑刺穿他的胸膛。然而，经过数日来的挣扎与反思，她已然明白：复仇需要智慧与耐心。她深知自己势单力薄，不可鲁莽行事，与狡猾的敌人周旋，必须学会隐忍，等待最佳的时机，给出那致命的一击。想到此,她只好继续强忍着心中怒火与这头恶魔虚与委蛇。

阿罗那顺假装温存地对公主说:"贺罗阁室丽,今天是扎格纳特乘车节,往年你不是最喜欢出去游玩吗?今天,我就放你出去好好玩玩。"

公主听了,不解地望着阿罗那顺:"你这又是唱的哪出戏,你就不怕我跑了?"

"我想通了,强扭的瓜不甜,只要能让你开心,我做什么都行。况且,我相信你会有回头的那一天。"阿罗那顺伪善地又转身说道:"玛亚,还不帮公主打扮打扮?"说罢,便转身而去。

"玛亚,我先一人出去探个究竟。"

出门时,公主又转身向玛亚交代了一番,命她留意阿罗那顺的一举一动。

"可是,公主……"玛亚心中充满了担心和不舍,却又无奈。

扎格纳特,意为"世界的主宰",即克里希纳神,是印度教大神毗湿奴的化身。节日期间,天竺各地凡有扎格纳特庙宇的地方都要举行沐浴节,之后将扎格纳特神像安放在礼车上,放上供品,送到附近的寺庙中去,信徒们会敲锣打鼓,载歌载舞,热闹非凡。

贺罗阁室丽化装为普通侍女,漫无目的地走在街上,她的心中充满了难以言喻的失落与哀伤。回想起往昔,这条街道同样热闹非凡,而那时的她是何等无忧无虑。然而,如今王兄惨遭毒手,太子生死未卜,家人四散飘零,自己也成了笼中鸟,这一切的变故如同晴天霹雳,让她心痛不已。想到这些,她的眼眶不禁湿润起来,泪水悄然滑落。

这时,一群士兵大喊着"让开",正在为后面的车辆清道。贺罗阁室丽挤进人群,想探个究竟。她放眼望去,看到两辆囚车驶过,囚车上有个熟悉的身影,双手戴着镣铐,唐朝男人特有的长发散乱地垂下,她心中猛然一颤,不由得倒吸一口凉气:"难道是他回来了?"眼看囚车越来越远,来不及细想,贺罗阁室丽奋力在拥挤的人群中追了上去。

当跑到囚车前面时,她简直不敢相信自己的眼睛,"不会的,怎么会这样?不可能,一定是弄错了!他什么时候到这儿的?为什么要抓他呢?"

"站住!站住……"

不等公主到跟前,囚车已经远去了,贺罗阁室丽已无法让自己冷静,她闭了闭眼,深呼吸,对自己说:"我不能乱了阵脚,我一定要冷静,才能救出名远。"

"听说这两个囚犯来自那个遥远的东方国家,叫……"路上的人说道。

"来自摩诃支那吗?"另一人问。

"对,就是来自摩诃支那。听说他们还是使者,戒日王在时,曾经来过我国。唉,可惜呀!怎么又来宫廷行刺呢?不知阿罗那顺会怎么处置他呢!"那人耸了耸肩。

"反正怎样处置都和我们老百姓没关系,走啦走啦!"前一个人催促着说。

贺罗阁室丽仔细地听着,这使她更加相信,囚车里面的那人就是王玄策。

"这又是怎么回事?我一定要救他。"她坚定地告诉自己。抬了抬头,然后步伐快速且义无反顾地朝着那熟悉的王宫走去。

回到王宫,贺罗阁室丽着急地问道:"阿罗那顺在哪?"

"在后花园钓鱼嬉戏呢。"玛亚不解地回答。

贺罗阁室丽立刻健步如飞,急切地朝着花园的方向奔去。

157

"阿罗那顺,我有一事不明白,你为什么要抓王玄策?"贺罗阁室丽冷冰冰地问道。

"我正要告诉你这个好消息呢!杀害先王的凶手抓到了,正是唐朝的使臣王玄策!"

"这怎么可能呢?"

"你王兄在世时和唐朝交好。王玄策狼子野心,竟勾结邻邦谋害了先王,我们正要捉拿他,他如今自己送上门来,岂不正好?杀了他,为你王兄报仇!"阿罗那顺诡秘而狠狠地说道。

"我王兄在世时,与大唐交好。如今你统治未稳就与大唐交恶,你就不怕大唐向你兴师问罪吗?"贺罗阁室丽公主怒道。她坚信王玄策不会是杀害王兄的凶手。

阿罗那顺先是一愣,继而放声大笑道:"哈哈!王玄策不知天高地厚,图谋不轨,借出使之名,行篡逆之事,死有余辜!况且,大唐与我天竺相隔万里,听闻沿途要路过多国,穿越沙漠、冰川、雪山、翻越无人区,山高路险,人烟稀少,大唐皇帝就算怪罪追究,但与我天竺相隔万里,他的军队走不到喜马拉雅山,就葬身沙漠或雪山、冰川,渴死或是冻死、饿死了。鞭长莫及,我怕他什么?"

"况且,即使唐朝的军队打来了,你就那么瞧不起我,认为我一定会输?你不要忘了,现在的王玄策是杀死你王兄的重犯,是我中天竺国和大唐的敌人,你怎能向着自己的仇敌说话呢?"阿罗那顺一口气说完,还一改过去对她轻佻的神情,那双游移不定的眼睛与一脸堆笑的横肉突然变得少有地严肃起来,一副一本正经的样子。

贺罗阁室丽从阿罗那顺的眼睛里看到了火焰、仇恨和恶毒,他激动得脸色有些发白,接着,他极力抑制自己发颤的喉头,用阴恻恻的声音继续说道:"我不惧怕大唐,我有强大的象军,有着战斗力强大的骑兵和步兵,可以击败任何一个对手。你王兄有能力统一天下,我也有!"

"你知道你王兄的最大的缺点是什么吗?"阿罗那顺一脸轻蔑和挑衅地问。

不等公主作答,阿罗那顺便自顾自答道:"是——仁慈,他将自己的一切施舍给那些穷鬼和僧侣、外道,对邻国的援助让他倾其所有。岂不知对敌人的仁慈就是对自己最大的残忍。对我而言,与其相信慈悲,不如相信战争,如今的世界只有铁和血可以信赖。天下从来都是属于强者的!只要是反对我的人,无论是百姓还是贵族,我都要将其一一消灭。你王兄对那个不知来路的大唐使节盲目宠信,我要让你们看看,我根本不把他放在眼里!不仅如此,我还要征服南部的查鲁奇亚王朝,让北方的泥婆罗臣服于我中天竺,让那大唐在我的天威下对我中天竺顶礼膜拜……我一定可以做得比你王兄好。到那时,你就是世界上最为荣耀的阿罗那顺王后!"

贺罗阇室丽对这个无耻小人只是报以冷笑,对阿罗那顺的豪言壮语充耳不闻。她早已厌倦了与这个魔鬼周旋,决定不再拐弯抹角,于是直截了当地质问道:"你究竟要怎样,才肯放过王玄策?"

"这个嘛,我还得好好想想。要是直接把他给杀了,失去证据,唯恐我国人不辨先王蒙难的真相,可能会怪罪于寡人,所以我首先要将他押解游街,以告示天下!再说,立刻杀了他,肯定有人会伤心欲绝,这是我不愿看到的。但是,要是你不肯做我的王后,他就必死无疑!我会用最残酷的刑罚折磨死他!哈哈哈!只要你答应我,我会考虑放了他,反正他现在也成一个废物了!"

"你背信弃义,犯上作乱,杀害了我王兄,今又嫁祸于人,让王玄策做替罪羊。你以为我会嫁给你吗?做梦去吧!"

"不对,是王玄策杀害了你王兄!你敌友不分。殊不知情人与疯子一样,全是头脑发热,是非不分,还想入非非!"

"传令,准备给王玄策动刑!"阿罗那顺接着咆哮道。

贺罗阁室丽公主的眼泪如同断线的珍珠,滚落在衣襟上,经过一段时间的情感宣泄,她的情绪终于渐渐平复,眼神中闪烁着异样的光芒,那是一种决绝与无畏,也是妥协与无奈。她挺直了脊背,用一种高贵而冰冷的语气对阿罗那顺说道:"好,阿罗那顺,我不得不承认,你的手段确实阴狠!我答应你,愿意成为你的王后,但绝非无条件地顺从。"

她的声音虽轻,却字字铿锵有力、掷地有声,充满了不容置疑的威严。

"你必须兑现你的诺言,释放王玄策,并且彻底洗清他的罪名。他的清白不容玷污!"贺罗阁室丽接着又坚定地说,但眼神中还是透露出一丝不易察觉的悲伤与无奈,她尽力掩饰,不让内心的脆弱显露出来。她明知,这人世间最难,也是最为自轻自贱的事——便是向气焰正炽的小人低首求情。但"卑鄙是卑鄙者的通行证,高尚是高尚者的墓志铭!"为了拯救心爱的人她不得不做出最后的妥协与牺牲——这是她现在唯一能够与阿罗那顺交换的条件。

"好!一言为定……我一定封你做我的王后!"

阿罗那顺脸上露出了狡猾和满足的笑容,猥琐地嘻嘻应承着。然而,他却在心中暗自盘算:只要你贺罗阁室丽成了我的王后,那些曾经效忠于你王兄的臣民自然而然就会停止反抗,到那时,我便是名正言顺,又当仁不让的中天竺国王了。

接着,阿罗那顺滴溜着眼珠想了想,又信誓旦旦地说:"你放心,我决不食言!我会放了他,只要他永远离开我天竺就行!至于他是不是杀害你王兄的真凶,如果你不让追究,那我也就悉听尊便了!"

公主揣知其意,于是提出:"你必须答应我亲自放出王玄策,为了稳妥起见,还必须派人把他护送到泥婆罗国境,将泥婆罗勘过的签押与王玄策的亲手画押拿来让我验证!"

阿罗那顺又是略微一愣,随之很爽快地答应道:"当然可以!请你放心!不过为了防止王玄策那小子在半路生事,只能先放走他一二人,其他人暂时留做人质。"

公主虽得到阿罗那顺放走王玄策的旨谕,还是担心其口是心非,会借刀杀人。思忖再三,随即给泥婆罗国王暗暗修书一封,内容曰:

> 尊贵的泥婆罗国王陛下:如果您还记得昔日与戒日王陛下的深厚友谊,如果您痛恨乱臣贼子的倒行逆施,请您保护唐使王玄策安全出境!更希望您能传檄五天竺,尽快揭发阿罗那顺弑君篡位的滔天罪行,带领您那威武之师前来平定叛逆,救我国人民于水火!戒日王妹贺罗阇室丽长公主。

当日,在狱卒的带领下贺罗阇室丽与玛亚踏入了那座阴暗、潮湿的监狱。空气中弥漫着难以忍受的霉味和污浊之气,但贺罗阇室丽对此浑然不觉,因为她的心早已飞向了即将见到的爱人。她走在路上,每一步都显得异常沉重,她的心跳加速,那颗颤抖的心仿佛要从喉咙中跃出。兴奋与难过交织的情感在胸中激荡,让她无法抑制自己的泪水……这份复杂的情感,既是因即将到来的重逢而产生的喜悦,也是因王玄策所受的苦难的痛心。

久别重逢，彼此却都身陷囹圄，同昔日的悲伤相比，与朝思暮想的人共同在险恶的环境下相遇，却又无奈和无助，这才是真正的悲哀与痛苦！但她庆幸毕竟梵天让他们再度相见了。

随着"当啷"一声，牢门被打开。昏暗的光线下，两人很快认出对方，轻唤着彼此的姓名，疾步上前，随即紧紧拥在一起。在场的蒋师仁与狱吏都被这一幕深深地感动，自觉地退到牢狱的另一侧。

公主几度哽咽，玄策用双臂将公主牢牢箍在怀中，整个身体都禁不住微微颤抖，泪水无声流淌。此时再多的语言都显得苍白无力，眼泪就是所有的诉说。

但二人心里都明白，现在还不是他们宣泄的时候，他们的命运还掌握在恶魔的手掌之中，现在要紧的是如何摆脱魔爪，脱离危险。

渐渐稳定了情绪后，贺罗阇室丽强忍住泪水说道："王兄被阿罗那顺杀害了，太子也下落不明，逆贼阿罗那顺虽然答应我放了你，但他是个不守信用的人，我怕他加害于你，所以要尽快接你出狱，你马上离开这里，将此密信设法交到泥婆罗国王的手中。"公主见狱卒不注意，急忙将藏于裙褶中的书信取出交给玄策藏了起来。

说话间，阿罗那顺派来的所谓护送唐使王玄策二人的三名兵卒也已戎装来到大牢门口。

"阿罗那顺是口是心非、出尔反尔之人，你们必须赶快离开。"

"不，我、我们一起走！我们必须一起走。"王玄策以不容置疑的口吻说道。

"不行！名远，我现在走不了。我等着你们去联络泥婆罗国王来铲除奸佞，来营救我！带领大唐的军队来为我王兄报仇！"贺罗阁室丽小声而满怀希望地说道。

"不，我不、不能留下你一人面对这里险恶的一切！"

"快走吧，要不就没时间了。"

蒋师仁见王玄策迟迟不走，也催促道："大使，公主说得对，我们只有出去了，才能想办法救公主逃离虎口。"

尽管王玄策心中有万般的不舍与无奈，但在蒋师仁和贺罗阇室丽的耐心劝说下，他也深知当前的形势已不容许他们有更多的犹豫。于是，三人便迅速离开了大牢。

贺罗阇室丽又送二人及三位兵卒来到城门下，下令守门卫兵当即打开城门。

"名远，快走吧！我在这等你回来，我知道你一定会回来救我的。"不争气的泪水还是顺着她的脸颊流了下来。

几番回头后，玄策还是转身回来，轻轻拭去贺罗阇室丽脸上的泪痕，似欲一同拭去她的痛苦和脆弱一般，但也感觉落在自己肩上的责任有万钧之重。在短时间里历经生死两重天，万千思绪涌上心头，却一时不知如何表达。只好又紧紧地将贺罗阇室丽拥入怀中，用他那温存而坚定的声音说道："贺罗阇室丽，你、你一定要好好保重，等着我！"

冷冷的月光下，玄策的背影渐行渐远，贺罗阇室丽深情地目视远方，暗自垂泪，"遍人间烦恼填胸臆，量这么大城堡如何撑得起？"

在路途中，蒋师仁悄声问道："大使，我们这是回长安吗？"

王玄策摇了摇头，低声道："不，我们不能就这么回去。为了大唐的尊严，为了及时营救弟兄们和贺罗阇室丽公主，我们不能回去！再、再说，朝廷派你我前来求取石蜜制作之法，使命尚未完成，如此回去，如何向朝廷交代？即使朝廷不问我们的失职之罪,你我岂有颜面再见长安父老?"

"是呀,若丢下众兄弟,如此狼狈地回去,我们的脸面何存?再说中天竺国的公主舍己救我们,我们也不能对她的生死不管不顾呀!但仅凭你我之力,如何才能将他们救出?更何况现如今阿罗那顺也不会传授石蜜制造技艺给我们呀!"

"我们必须尽快前往泥婆罗和吐蕃借兵,先用军队攻进曲女城,营救出公主和弟兄们再说。"

"借兵是大事,他们会平白无故地借兵给我们吗?我认为……吐蕃作为咱们大唐的藩属国,也许有点可能。但小国泥婆罗,夹在中天竺与吐蕃两国之间,又远离我大唐,尽管为吐蕃的属国,但素来也不敢与中天竺对抗,咱们此去,未必能搬到救兵吧!"

"大行不顾细、细谨,大礼不辞小让!中天竺局势混乱,想必泥婆罗方面也有所耳闻,借兵之事也未必不可能,况且身为使节,当危难不可屈,临大节志不可夺!能有一分胜算,咱们就要做出十分努力才是!"王玄策十分坚定地说。

看蒋师仁还在犹豫,玄策又道:"别忘了,'使于四方,不辱君命'——这是我们的责任!"

"是啊,见机行事。办法总比困难多。为了大唐的尊严,为了公主和弟兄们,在下愿与大使生死与共!"

"好,不愧是我大唐男儿!事不宜迟,那我们尽快赶路!"

困难压不倒意志,希望永远闪光!一阵微风吹拂而来,带来丝丝清爽与柔和,宛如大自然最温柔的抚慰。然而,此时他们却无暇享受片刻的宁静,在押解兵卒的频频催促下,一行人不得不快马加鞭,匆匆赶路。

此时王宫内,还未等公主返回,阿罗那顺就已接到王玄策一行被放走的消息，随即他屏退左右，转身来到御座后方，轻捷地转动一开关，只听"哐"的一声，地面竟出现一暗道。阿罗那顺左右张望确定无人后，迅速步入其中。

幽暗的烛光下，有一蜷缩在角落的人影显现。原来是一位年轻人，此人见阿罗那顺前来，立马上前抓住其双臂质问道："你抓到刺客了没有，我何时才能出去？"

阿罗那顺不紧不慢地从对方手中抽出双臂，装作爱怜地安抚道："太子莫慌，我原本是来接您出去的，可是……"

烛光下太子单纯清澈的眼中闪过一丝惊喜，未听完便打断道："还等什么，为何还不快让我出去，这地方幽暗狭小，我一刻都待不下去了！"

阿罗那顺却伸手拦住太子，表情凝重地说道："那刺客竟是大唐使节王玄策，此人诡计多端，阴险狡诈，臣原本已将此贼关押于大牢等候发落，怎料在臣赶回王宫接驾之际，他竟勾结东天竺鸠摩罗与泥婆罗那陵提婆，杀害守卫后逃之夭夭。今曲女城到处是鸠摩罗与泥婆罗安插的杀手，此刻出去，臣恐太子凶多吉少呀！"

年轻的太子一听，如同泄了气一般，身形一个踉跄，随后无力地瘫倒在地，脑袋低垂，口中反复吼道："杀了他！杀了他……"

阿罗那顺见此，在满脸横肉间挤出一丝微笑，刹那间便又显出一副忧心忡忡的模样，蹲坐在太子面前，哄骗道："此贼子竟想劫持贺罗阇室丽公主逼您将王位拱手让于他，如今婢女来报，公主私自出府后亦下落不明，肯定是受他蛊惑藏匿起来了，臣请命即刻启程营救公主！至于那贼子，听说已经在前往泥婆罗的路上，若让他进入泥婆罗境内就晚了，现在尽快前去追杀还来得及……"

太子听闻瞳孔放大，咬牙切齿道："他胆敢伤害姑姑，我定要亲手将他碎尸万段！你不必保护我，速去救我姑姑，我定会亲手斩下王玄策的头颅，以告慰父王的在天之灵。"

阿罗那顺听罢，恭敬地搀扶起太子，从怀中掏出驿站图，借着那昏暗摇曳的烛光，陈述他邪恶的计划："此贼尚不知晓您的下落。您只需携两名死士，快马加鞭，七日便能追上此贼，然后在其必经之处设伏，一击必杀……"

时间很快转至第七天，天色已经十分昏暗，片片乌云仿佛要压塌这片土地，四周阴森压抑。空中飘着细细的雨丝，树林中，穿梭着几道残影。

"大使，穿过这片树林就到泥婆罗了。"蒋师仁提醒道。

"是的，进入泥婆罗我们就安全了！"

王玄策一直担忧贺罗阁室丽的安危，此刻心急如焚，手中舞动的马鞭不由得加快，马儿似有感应般地愈跑愈快。

雨滴开始急促而密集地敲击着地面，高大的树木以其繁茂的枝叶遮挡了大部分光线，只有点点斑驳、稀疏的微光穿透层层叠叠的绿叶。一阵阴冷的风穿林而过，树叶沙沙作响，听起来阴森诡异，令人心悸，他们不由自主地放慢了脚步。

"不好！"

"有贼！"

两人几乎同时发出一声惊呼，他们身形一闪，敏捷地躲避开来，只见一柄闪烁着寒光的飞镖从王玄策身旁闪过。未及二人喘息，又有一柄飞镖疾速射向玄策，蒋师仁毫不犹豫地舍弃马匹，挺身跃起，持枪挡在了玄策的前方。飞镖擦过他的右臂，留下一道血痕，瞬间鲜血便浸透了他的衣袖。玄策见状立马拔剑，将师仁拉至树后，背靠树向周围查看，看蒋师仁伤势不重，简单包扎后便提剑高声喝道："来者何人？"

见无人应答，二人便前往路边查看，没走几步，只见一粗实木桩直逼王玄策面门倒了下来，所幸蒋师仁力大，弹跳起来，硬生生将木桩撞离预先轨迹，但自己也重重地摔在地上。

见王玄策二人一连躲过几劫，这时三个蒙面人径直跳将出来，各持长剑短弓，扑向二位。玄策与师仁急忙迎战，一时间与他们混战在了一起。

蒋师仁不顾伤势，继续冲杀，不料对方只是向一侧假意退却。忽然，只听"哎哟"一声，蒋师仁一脚踏进对方布下的陷阱，瞬间被绳索吊起一丈多高，挣扎中，套结越系越紧，很快便动弹不得。

王玄策急忙向师仁靠近，三个蒙面人见只剩王玄策一人，一起向他围扑过来。玄策只好以一敌三，但他未有半分退意，轻喝一声，顿时爆发出惊人的刀剑之气，恍惚间，似有刀光剑影迅速闪动，转眼将为首的蒙面大汉横扫一腿，大汉应声倒地。

与此同时，另外两个蒙面人突袭而来，前后夹击，只见王玄策一个鹞子翻身，跳至后面，令前后蒙面二人错打在一起，玄策得到了绝佳机会，只见他左手撑地，右手挥剑，将面前蒙面大汉一击毙命。顺势又在地面使出一个旋风腿，怎料后面那人竟不堪一击，身体横飞而出，重重地撞在树干上，昏死过去。

王玄策半跪在地面，握剑支撑地面，四下环顾，等待片刻见再无敌袭，便赶忙查看蒋师仁情况。他挥起宝剑，斩断套绳，背起蒋师仁放在一树下安坐，却发觉他浑身滚烫。玄策连叫数声，见蒋师仁并未应答，赶忙查看其伤，那里已经呈紫黑色，一看便知是中毒迹象，断定飞镖上必涂有毒物。他起身用绳子将两位刺客捆绑在一起，质问道："你们是何人？"蒙面人瞪着王玄策并未回答。

"可、可是阿罗那顺派来的?"王玄策耐着性子再次发问。

"想从我口中套出实话,痴心妄想!如今任务失败,我已无颜见大王。"那人随即便大笑起来。

王玄策见此人乖张跋扈,正欲拔剑威胁。另一蒙面人竟苏醒过来,挣扎道:"快放开我!"

"你们是阿罗那顺派来的?"王玄策一边伸手撕下此人面罩,一边发问道。

"你这道貌岸然的伪君子,你把我姑姑贺罗阇室丽囚禁在哪了?"那人气急败坏地问。

"你、你究竟是何人?"

"你杀害我父王,囚禁我姑姑,你会不知道我是谁?"此蒙面人恶狠狠地说道。

"他是我们中天竺前国王戒日王的太子地婆西那殿下!"另一人回答道。

王玄策至此恍然大悟,随即作揖道:"太子莫听阿罗那顺那逆贼胡、胡言乱语,阿罗那顺弑君篡位,囚禁公主,嫁祸于我,我入狱后,正是你姑姑贺罗阇室丽长公主将我救出,命我前往泥婆罗国请求支援。"

"你说你奉我姑姑之命,可有证据?"太子半信半疑。

王玄策从怀中取出书信和项坠,随即给二人松绑,太子确认过证据后,恍然大悟,才知道自己上了当,这都是阿罗那顺那贼子所设的局。

明白过来的太子这时才将身边带的解药交予王玄策,好在师仁只受了皮外伤,毒未入骨,在服下解药,处理完伤口后不久便清醒过来。

确认对方身份后,玄策又将如何在公主的帮助之下逃出曲女城，以及此番正欲去泥婆罗借兵的过程和想法一一说于地婆西那太子。

太子得知贺罗阁室丽长公主还留于王宫内孤立无援，坚持要潜入王宫替父报仇雪恨，解救姑姑。玄策急忙阻拦道："阿罗那顺阴险恶毒，先是怂恿你来杀我，以借刀杀人后好向公主交代，前面他只是想暂时蒙蔽殿下，随后必不放过你，你断不可现在回曲女城。"

"如今我们势单力薄，只有前往邻国搬得救兵，才能剿灭那阿罗那顺贼！"蒋师仁附和道。

在玄策与师仁的劝说下，太子决定自己分头前往东天竺国向鸠摩罗王借兵。随后三人依依道别，各自怀揣胜利的希望和梦想，带着使命和责任，分头而去……

十四　三寸之舌借两国强兵

话说王玄策与蒋师仁，两人侥幸逃出了阿罗那顺的阴谋，躲过了地婆西那太子因受挑拨而发起的暗杀。在一系列曲折与误会之后，终于弄清了真相，明白了背后的诡计与权谋。

在临别的时刻，他们紧紧握住彼此的手，深情地交换了最后的誓言与祝福。彼此深知，此刻的分别，是为了日后能够更好地并肩作战，完成迫切而艰巨的任务。

随后，他们挥泪道别，转身踏上了各自的路程，眼神里都带着坚定的信念和对未来的无限希望。

玄策与师仁找到蜷缩在原地的三位护送兵卒后，继续在他们的所谓护送下，进入泥婆罗国境。之后，三位兵卒秘密将阿罗那顺的亲笔书信交给泥婆罗，又带上王玄策的画押与泥婆罗交接过的勘过文牒，回去交差。

见玄策二人被押解而来，泥婆罗兵卒不明真相亦不知所措。王玄策则尽快找到了几次接待他们的泥婆罗礼官，请求立即去见泥婆罗国王。恰巧这位礼官现已为国王身边大臣，被国王尊为上卿，备受宠信。三年前王玄策作为李义表的副手出使泥婆罗时，就是由这位官员负责接待的。上卿答应立即通报，引王玄策前去拜见国王。

泥婆罗王宫内,国王那陵提婆身着锦袍宝装,衣挂珍珠、珊瑚、璎珞,耳垂金钩玉珰,正端坐在狮子床上。大殿内散花燃香,众大臣衣冠楚楚,剑佩锵锵,分班侍立。

"今日早朝,有重要国事与众大臣商议。"那陵提婆说道。

见大臣们惊异,他接着说:"前日听闻中天竺国阿罗那顺叛乱,弑君篡立,国中大乱,我国避之唯恐不及,谁料如今阿罗那顺竟派兵卒带来密信一封,其一要求本王亲自前去参加他的就职大典,其二要求秘密将唐使王玄策杀害。众位爱卿,面对这棘手的事情,我们该如何是好?"

说话间,国王身边的侍臣将信件呈至大臣中间,大家相互传阅,面面相觑。其中那封要求国王亲自前去朝觐致贺的信也是颠倒是非,不无骄横,其中曰:

先王史罗逸多不幸暴崩,我中天竺王统绝嗣,累圣丕基,几坠于地。寡人阿罗那顺,奉天承运,受众共推,服膺大宝,践宸御极。兹定于下月甲子日举行登基大典,谨牒通告诸国国王元首,届时亲临朝贡奉觐,永敦邻好。中天竺国王阿罗那顺。

上卿看毕,思忖良久后问道:"大王尊意如何?"

"此事左右都是不妥,本王甚是为难啊!"

另一大臣说道:"现如今阿罗那顺篡位登基,坐拥十万之众,他麾下更是有精锐的骑兵、象兵军团,雄踞中天竺,为了转移其国人的视线,混淆视听,树立他的威望,正四处挑衅,寻求出战,我们若是拒之不从恐怕是正中下怀,给了阿罗那顺出兵我国的借口。依臣之见，不如从命，方可保我国之万安。"

一时众文武官员纷纷附和，表示唯有从命可保国家眼前无虞。

那陵提婆沉默不语。上卿见国王面有难色，便上前称有密报。王知其意，乃执上卿之手进入密室，随即问："卿有何要事相报？"

"依臣下看来，方才众人之言，皆是一面之词，深误我王。众人皆可侍奉阿罗那顺，唯大王不可降中天竺。"

"爱卿何出此言？"那陵提婆疑惑不解地问。

"其一，大唐乃东方大国，今与吐蕃通婚，结为舅甥之国，士马强盛，国威远扬。我区区小国，哪敢得罪得起如此二大国？只怕是还没交好中天竺，吐蕃的铁骑就已经打到我加德满都了。其二，如果只是我等臣子去朝觐中天竺，失去的只是自己的名誉和些许待遇，但若是大王您不顾万乘之尊去朝觐，失去的可是国家社稷江山啊！还请大王三思。"

"满朝文武所论，皆为自保，唯卿之言正合本王之意。但如今阿罗那顺胁迫四周小国，近期又于其国中强征军马，恐怕不是我们这等小国能够抗衡的吧！"那陵提婆叹道。

"未必如此，唐使王玄策今日已到，前来求见国王，此人见识过人，大王可向他询问有关中天竺事宜，一问便知虚实！"上卿及时推荐道。

那陵提婆一听，急忙下令召见。上卿领命，速带王玄策上殿。暗暗嘱咐玄策道："今日成与不成，就看王大使能否打动我们大王。见了我们大王，还要小心说话，千万不可莽撞。"

玄策含笑答道："卑职自会随机应变，决不有误。"

上卿便引着王玄策进入朝堂。进了朝堂，但见那泥婆罗众位官员文武二十余人，峨冠博带，整衣端坐。玄策逐一相见，各问姓名。施礼过后归于客位。

众大臣见玄策丰神俊朗，气宇轩昂，但衣冠不整，头发有点散乱，一时还不知其打算。有大臣以揶揄的口吻率先问道："听闻大使作为大唐皇帝器重的臣子，受任为天竺大使，两次出使天竺，那是何等的荣耀，怎么今日落魄到这等地步？"

"玄策的确是大唐的天竺大使，几番途经贵国，阁下应有听闻。今日落魄是因遇事蹊跷！"玄策不慌不忙答道。

又有大臣说道："素闻大唐南征北战，威加四海，前几年又将钟爱的文成公主嫁与吐蕃松赞干布，与吐蕃结为舅甥之国，可谓如虎添翼。阁下不在皇帝身边出谋划策，怎会不远万里，来我们这区区小国，不知阁下此来何意？"

"莫不是真如传闻所说，贵国的使团在中天竺遭到了围攻，来我国避难的吧？"又有人不怀好意地插话问道。

王玄策心下思忖，这几位都是朝廷中地位显赫，替国王出谋划策之人，不先驳倒他们，如何说服国王，更别提借到救兵了，遂答道："今中天竺发、发生叛乱，戒日王遇刺身亡之事想必各位都已经知晓。阿罗那顺亲手弑君，还嫁祸给我大唐使节，命令乱军围攻我使团，杀人越货，罪不可赦。我们的使团遭到围攻抢劫，也仅仅损失了些许财物，伤了几个弟兄，并无太大伤亡。况我大唐如今国泰民安，士马雄强。尽管如今中天竺叛乱，但那阿罗那顺也不敢轻举妄动，更不敢对我大唐再有丝毫损伤。倒是贵国，才真是要提防唇亡齿寒呀！中天竺叛乱，戒日王被逆臣所害，王子流于他乡，长公主被叛贼挟持，没有自由。自那叛贼上台之后，肆意征伐扩张，搞得四境不宁，民不聊生。况且他狼子野心，虎视邻国，在他的威逼利诱之下，贵国的几个邻国中已有归顺的，试问这些归降的国君中可有善终之人？最终都是丢了国家，丧了性命，落得个身死国灭的下场。若贵国也去投靠了阿罗那顺，社稷江山是否能保尚且不说,已经结好的吐蕃可能首先就不答应了!"玄策有条有理地说完,奇怪的是,在他慷慨陈词的时候,竟然没有一次结巴。

群臣中忽有一人问道:"今阿罗那顺受禅登基,拥象军五万,马步军五万,列将千员,对周边国家虎视眈眈,已经通知我等周边国家前去朝贺。大使以为凭我泥婆罗区区之力,就能与之抗衡,不去朝觐吗?"

玄策答道:"阿罗那顺弑君篡立,名不正言不顺,国人不服,今收国中乌合之众,劫持小国蚁聚之兵,虽有十万之众却不足惧。至于急于要求周边小国前去朝贺,那正是他王位来路不正,急需得到各国的承认,以取得正统和平息国人的反对。今若贵国按照阿罗那顺的意志去办,不仅不能为中天竺国人伸张正义,反倒是真正地助纣为虐,与整个中天竺国人为敌呀!"

又有人想要发难,玄策这才拿出戒日王贺罗阇室丽公主的书信,递交给国王那陵提婆。那陵提婆与众大臣传阅后大为震惊,一时不再有人出来问话。玄策见众人已有些心动,便趁势说道:"想必贵国也有归降中天竺之意,阿罗那顺本是弑君篡位之人,毫无信用可言,如今设下圈套只等大家往里钻,诸位难道慑于阿罗那顺的威逼利诱,置国家生死存亡于不顾,而一味奔着其空口许诺而去?"

"大使所言皆是,但常言道'弱国无外交'呀!我泥婆罗本来就是夹在几个大国间求生存的小国,先前已北奉吐蕃为宗主国,向南结好戒日王,今社稷至重,世代传承的江山,岂敢葬送在我辈之手?但那阿罗那顺虎视眈眈,且已有书信至此,若不按时前去朝贺,恐怕我区区泥婆罗将要遭到其惩罚,届时大军压境,我国恐怕不是他的对手!依大使之见,敝国该如何抉择,才不失为万全之策？"那陵提婆说着，将阿罗那顺的要求朝觐的书信也递给王玄策看。

玄策览毕，轻蔑一笑，指着桌上书信说道："大王只知'弱国无外交'的道理，难道就不知有'无义不外交'与'无利不外交'的道理？"

见那陵提婆不解，玄策进而讲道："阿罗那顺的骄横野心已如日昭昭，依在下之见，如今中天竺叛乱，但阿罗那顺篡逆当国，国人十无一服，加之阿罗那顺倒行逆施，威逼各国，若贵国是非不分，此去朝贺声援，周边各国将如何看待贵国？况且今日如果助纣为虐，那来日将如何保证贵国臣民不去效尤？再说，'安民之本，在于择交；择交而得则民安，择交而不得则民终身不安！'眼看着阿罗那顺众叛亲离，身死国灭，此已经为不待龟筮的事实！而我大唐与吐蕃皆为大国，已结为舅甥之国，彼此'辅车相依，唇亡齿寒'，必然鼎力相助，而泥婆罗与吐蕃亦为与国，应休戚与共。当此之时，贵国如能避恶向善，讨伐叛逆，伸张正义，届时不仅报答了昔日戒日王的恩德，还能取信于我大唐与吐蕃，亦能赢得国人的赞誉，使贵国声望大增，如此双赢之事，不做岂、岂不可惜？"

王玄策动之以情，晓之以理，那陵提婆不觉已有所心动。

"尽管大使口吐莲花，但我国毕竟是小国，哪来那么多军队前去作战呀，以我国这么点军队，去攻打那装备精良、兵强马壮、数倍于我们的中天竺叛军，岂不是以卵击石吗？大使今已侥幸逃出，还不如尽快返回大唐，别再节外生枝的好！"大臣中有人质疑并善意奉劝道。

"阁下不、不必过于担心，我们两国都与吐蕃有婚姻结好，吐蕃赞普对我大唐赤胆忠心，玄策即将前去求助，吐蕃赞普定会出兵帮助。况且,在下将很快派人回我大唐报信,过不了多久,我大唐天子就会派大军前来。今贵国若能出兵,加上吐蕃的威武之师,必将大获全胜。我等此去,乃是平定叛乱,为民除害,正义之师岂有不胜之理?古往今来,乱臣贼子偶有篡逆得逞之时,但内不服众,外无奥援,最终无不身死国灭。只要我等齐心协力,待大军一到,乌合之众必将顷刻土崩瓦解,定能将其一举歼灭!"

顿了顿,玄策接着道:"至于我俩的个人安危,我国圣人孔子有言:'志士仁人,有杀身以成仁,无求生以害仁'之理。又有言:'使于四方,不辱君命!'今我二人,赴汤蹈火,在所不辞!"

听至此,那陵提婆态度已变,安慰玄策道:"大使所言极是,本王愿助一臂之力,只是朝中尚有人反对。大使暂且住下,出兵为大事,待本王今与众大臣商议一致,应不辜负大使所愿。"

当日下朝,玄策二人在泥婆罗官员的安排下于客舍住下。由于尚未得知泥婆罗君臣的最终决定,两人忧心忡忡,夜幕降临,却久久难以入眠。时至夜半,玄策忽然察觉到窗外有异样,月光下只见几个黑影悄无声息地从屋顶轻盈跃下,随后蹑手蹑脚地接近了他们的窗前。玄策见此,先是假意鼾声大起。几个黑影听房内二人睡得正酣,于是蹑手蹑脚地前去推门,岂知此时玄策已经唤醒师仁,迅速守在屋门两侧。

就在电光石火之间,王玄策手起剑落,只听"唰"的一声,一人瞬间应声倒地。其余两人见状大惊,急忙想要逃离现场。蒋师仁一声怒喝,犹如惊雷,一个箭步冲出屋外,正好撞见那两人正欲翻墙逃窜。师仁眼疾手快,一把拽住了其中一人的腿,猛地一拉,将他重重地摔在地上。与此同时,他借着这股力量,顺势一推,将另一人也掀翻在地,随后单膝跪地,稳稳地将一人压制住。

玄策上前，也早已压住一个，撕下三人面罩细看，原来正是中天竺指派"护送"二人前来的三个兵卒。三人一路自称无甚功夫，前番太子带人刺杀时，他三人躲藏于一边，坐山观虎斗。在与泥婆罗交接时拿了泥婆罗勘过的签押与玄策的画押，又假意回去向公主复命。岂不知他们并未走远，不仅暗中给泥婆罗国王递上了阿罗那顺的威胁书信，而且当夜便暗暗返回，前来刺杀。如此打算，既拿到了向公主交差的玄策画押，又替阿罗那顺除去了王玄策。

第二天上朝，玄策擒出两个中天竺兵卒，交于泥婆罗国王那陵提婆。国王一看大惊，他竟是阿罗那顺之前派来的人，今在泥婆罗行刺被擒，看来阿罗那顺确实险恶，现在已经别无选择，只能与之决裂。至此方才拿出阿罗那顺写给他的另一封书信。

至此方知，这次阿罗那顺暗地里给那陵提婆王共写了两封信，一封令其君臣前去朝贺，另一封是命令他在其国境秘密杀了王玄策，想借刀杀人。其书信曰：

泥婆罗国王陛下：如果你认为二国友谊坚如磐石，如果你已经获悉我阿罗那顺应天承运，君临中天竺，今已拥有了战无不胜的甲兵，请你立刻将唐使王玄策秘密处死。务必遵命办理！中天竺国王阿罗那顺。

玄策展信去看，心中先是不由得一悸，脉搏瞬间加速，但很快他便恢复了平静。抬头与那陵提婆交换了一个意味深长的微笑，心中暗自思忖：阿罗那顺企图借他人之手实施杀戮的阴谋，不过是徒劳无功，枉费心机罢了。他不会想到自己的借刀杀人之计，反而成了与泥婆罗彻底决裂的催化剂。

玄策的这一笑，既是解脱，也是胜利的预感。他深知，那陵提婆已经看穿了阿罗那顺的计谋，不会成为他人手中的利刃。这一刻，玄策更加坚定了与那陵提婆合作的决心，共同揭露阿罗那顺的真面目，挫败他的险恶用心。

众人至此才完全明白，那阿罗那顺也确实是用心险恶，思维缜密，表面上答应公主放走王玄策二人，暗地里却包藏祸心、重重设局，先是怂恿太子于道途设伏刺杀，后以书信施压泥婆罗国王代为动手，最后派人在泥婆罗境内补刀行刺。三套方案，或借刀杀人，或嫁祸于人，环环相扣，自以为既解除了心头之恨，又迷惑了公主，令其就范，所幸都被玄策二人一一化解。

"来人，传本王旨意，尽快调集我国精兵强将，准备前去中天竺，务必要除去阿罗那顺的叛党，将那乱臣贼子绳之以法，为我国边境安宁扫清障碍！"那陵提婆果决地发出了向中天竺出兵的命令。

命令已经发出，那陵提婆突然又有些迟疑和犹豫，他转身向玄策道："我泥婆罗出兵绝无问题，只是我国家毕竟只是小国，即使集全国之力，兵力也不过两万，匆忙之间只怕是还调集不到一万，凭借这点兵力前去攻打中天竺，肯定如以卵击石！"

玄策行礼道："大王放、放心，我大唐与吐蕃早已为舅甥之国，赞普与公主对朝廷一片赤诚。本使随即便前往吐蕃，再借吐蕃的铁骑前来，一同前去擒拿阿罗那顺！"

那陵提婆略加思索道："大使再去吐蕃搬兵，这是上策，刻不容缓。吐蕃乃高原大国，赞普英明，士马雄强，我泥婆罗多年朝贡，结为与国。而大唐与吐蕃也是舅甥之国，赞普理应会出兵救助。但二位此去山高路远，往返耗时，恐怕会延误时机。今我国家与吐蕃间已有驿骑往来，莫若修书一封，派人带上信物前去甚好。"

二人听了大喜，但修书容易，可是与吐蕃有什么信物可为凭证呢？大家一时为此犯难起来。王玄策思忖良久，方正色道："下官出使之时，朝、朝廷颁赐出使旌节，即是假以节制、处置诸蕃事宜的权力，可依情势先行后奏！如今正可依此向吐蕃征兵。至于信物，前番路过，赞普所赠至纯天珠即可为信。"

师仁听了亦恍然大悟，顿时有了主意，笑道："我朝廷英明！本次出使前朝廷赐予的旌节，就是亮明大使节制诸蕃，征讨不庭的权杖！天珠又为赞普所赠，正巧充作信物，自然最好！"

王玄策说着将天珠手串解下，那陵提婆国王见了大喜，随即与玄策各修书一封，玄策文曰：

> 大唐天竺使王玄策言：臣奉宣圣旨，出使天竺。适逢中天竺逆臣阿罗那顺弑君篡立，又背两国和好之旧约，劫杀使节，抢劫财物。臣与副使蒋师仁幸蒙戒日王妹之救助，今得逃离虎口，抵达泥婆罗国。国王仗义，诚愿出兵襄助，复发驿骑，前来搬兵。伏启赞普与公主发吐蕃威武之师，长大唐志气，铲除邪恶，救使人于囹圄，拯黎元出水火。恐路远无凭，无以为信，谨以赞普前赐天珠为验。臣王玄策、蒋师仁再拜顿首。

书信写好以后，王玄策与那陵提婆国王共同画了押，将书信与王玄策所佩天珠手串一起包裹好，交予最可靠的驿骑速速送往吐蕃。

很快，松赞干布和文成公主接到书信和信物，赞普与公主大惊,立即召集群臣商议。等大臣齐集,赞普说明缘由并怒道:"逆贼阿罗那顺,胆敢劫持大唐使节!我吐蕃受朝廷封赏颁赐,岂能不为朝廷分忧,解救使节于危难!众卿意下如何?"

话音未落,但见一人走上前启奏道:"启禀赞普,王玄策此来借兵,并无朝廷诏书,万不可草率,况且尚不知他借兵到底作何用处,还需细细查明才是。"大家抬头看时,原来是吐蕃老臣琼波·邦色。

"卿言亦有道理,军戎大事,非同儿戏,按道理,若无正式诏书,岂可轻言借兵?"

就在赞普与众大臣犹豫之际,只听见一浑厚有力的声音道:"无须迟疑!"

大家循声望去,乃吐蕃大论禄东赞,但见他趋步上前,向赞普施礼说道:"大唐赏赐吐蕃,令尚公主,封赞普为西海郡王,就是要我们两国和同为一家,荣辱与共。今天子使臣受辱,实乃挑战朝廷的权威,无视我唐蕃结盟,吐蕃应感同身受,同仇敌忾,竭尽全力出兵,为朝廷立功才是。万万不可瞻前顾后,徘徊观望,错失良机。"

"吐蕃出兵义不容辞,但也必须拿出朝廷的借兵凭证才是!"琼波·邦色不无怀疑地说。

"事发突然,天子使臣措手不及,尚来不及向朝廷请命,也就不能立刻请来借兵诏书,这完全是情理之中的事。但朝廷一旦得到消息,怎会咽下这口气,定会派人前来按问。如若不及时营救,不仅会影响我吐蕃与大唐的关系,还将坐观阿罗那顺狼子野心坐大,到时候阿罗那顺必将耀武扬威,威胁泥婆罗,觊觎我吐蕃在泥婆罗的宗主地位。今天子使臣借兵,虽无朝廷诏书,但有天竺大使王玄策与泥婆罗国王书信在此,更有使节随身所佩赞普信物可为凭信。更何况，王玄策拥有朝廷所授旄节，就已经享有了朝廷赋予的征调诸蕃兵马，征讨不庭的特权！"大论东赞说着，从一旁拿起王玄策送来的信物，上呈于赞普等君臣细看。

赞普确认天珠手串为旧物，众人再无人发话。只见赞普从座上立起，神色庄严，厉声道："大论东赞老成谋国，所论甚合吾意。诸爱卿不必再多言，吾决意出兵，讨伐逆贼阿罗那顺！"

吐蕃出兵之事已定，接下来必须尽快落实出兵事宜。赞普随即升帐安排，当几声传呼过后，虎贲仪卫与文武大臣分班立定，松赞干布问道："此次出征中天竺，谁愿统率大军前往？"

"臣愿统兵前往！"又是大论禄东赞主动请缨。

继之，他跪伏上奏："臣以为此事重大，万不可掉以轻心，臣虽老迈，但气力尚强，愿亲自带兵前往，与泥婆罗际会联兵，去缉拿那阿罗那顺。"

赞普大喜道："大论亲征，甚好，此战派遣五千精兵随你前往若何？"

"不可！兵贵神速，此次出兵实乃长途奔袭，出兵太多则粮草很难保障，且拖泥带水，行进缓慢，风声太大，恐怕会走漏了消息，打草惊蛇。只可精选轻骑，迅速前往，才能给对方以措手不及。到那时，中天竺迫于形势，自然会释放唐朝使者。再者，泥婆罗国缺少的仅仅是锋利的武器和铠甲，暂且派那驻守于我吐蕃与泥婆罗边界的千二百骑兵打先锋，另外就地调派千余牦牛，既可驮运粮草武器，又可临时宰杀以充军粮，如此迅速先行即可。"禄东赞坚持道。

"若大论执意如此也罢，就先征调那千余铁骑，另于当地征一千牦牛押运粮草物资火速先行，若有不济，大军随后集结派来！"赞普最后决断道。

不几天，吐蕃大军已在大论禄东赞的率领下，避开大路，取捷径小道，径直向泥婆罗进发了。

吐蕃已经出兵的消息，很快由驿骑传到了泥婆罗，王玄策与蒋师仁悬着的心终于放下。

"明犯强汉者，虽远必诛!"王玄策口中默念着，回首将目光坚定地看向中天竺……

前方，阿罗那顺的丧钟已经敲响。

十五　曲女城布下一个口袋

且说吐蕃大论禄东赞亲自率领一千多人的铁骑兵与牦牛队一路南下，仅仅过了五天，大军便抵达泥婆罗国，与早已在那里等候的王玄策及七千余泥婆罗骑兵会合。此时与吐蕃毗邻的西羌小国章求拔国王罗利多菩伽闻讯，也派了五百精锐骑兵赶来支援，禄东赞与玄策、师仁相见大喜，随即八千余联军浩浩荡荡往中天竺挺进……

大军昼夜行进，不多天突然出现在了恒河北岸，中天竺国边境。只见大军军马整齐，武器、盔甲银光闪闪，各色军旗迎风招展，战马嘶鸣，军号嘹亮，长长的骑兵和牦牛队迤逦而行，声势排山倒海，气壮山河……

恒河水浩浩荡荡，在那一泻千里的壮阔气势中，人们似乎已经听见那平静的水面下翻滚着的惊涛骇浪，一场大战即将开始。

玄策及时命全军士兵抢占有利地形渡过河，然后掘壕堑，树旗帜，安营扎寨，厉兵秣马，准备迎接战斗。

在营地里，士兵们忙碌着检查武器，磨砺刀剑，确保每一件装备在战斗中都能够发挥出最大的力量。整个军营弥漫着一股肃穆而紧张的气氛，每个人都明白，接下来的战斗将是对他们勇气和智慧的考验。

玄策巡视着营地，目光坚定，不时对士兵们进行鼓舞和指导，确保将每一个细节都做到完美，为即将到来的战斗做好万全的准备。而禄东赞抓紧时间训练纪律松散的泥婆罗士兵，东赞虽然不识文字，但纪律严明，节制有方，史书有记称："东赞不知书，而性明毅，用兵有节制。"不几天，泥婆罗士兵也被训练成了一支骁勇善战的精锐之师。

经过事先侦察和充分准备，三人召开阵前会议。看着地形图，玄策开口道："即日将、将与阿罗那顺交战，必先知彼知己，方百战不殆，二位可知我军与敌兵各自的优势和不足在什么地方？我们应该采取什么战术？"

看着玄策征询的眼神，蒋师仁首先发话："前日下官跟大使到了天竺，已经对天竺兵的情况了如指掌，对方军队虽多，但武器落后，铠甲不精，且行动笨重。今又人心不齐，反对者日增，士气萎靡不振。而吐蕃士马雄强，今又装备了大唐传去的强弩利箭，如虎添翼；泥婆罗国战士熟悉环境，行动迅速，这多日已接受了东赞兄的精心训练，今又装备了吐蕃带来的强弩利箭，我们急攻猛打，必将大获全胜！"

禄东赞与蒋师仁在赤岭交过手，心知其颇有些武艺傍身，又懂得些突袭的谋略，听至此处心中已是十分赞许，便接着蒋师仁的话道："养军戍边，贵在严明，我军一路前来，敌军烽候无警，将士懈怠，几乎未遇到其边军一点抵抗便顺利渡过恒河，说明对方军纪松弛，治军不严，正适于突袭强攻！"

认真听取二人意见以后，玄策分析道："二位所论，皆、皆为高见，我军兵强马壮，军纪严明，毋庸置疑。然而，敌军虽似一盘散沙，但毕竟人多势众，又有象军，这是他们的优势。联军远道而来，利在速战，敌军必知我军想采取速战的策略。如若四面强攻，敌军必然据城固守，若他坚壁清野，以逸待劳，必将拖垮我军。到那时，我军粮草断绝，锐气耗尽，前有坚城，后有大军追蹑，必将不利于我。因此，只可智取，不可强攻。只可寻机分、分化瓦解，静观其变，不可四面树敌，促其内外联手才是。"

二人一听，皆拊掌称是，身经百战的禄东赞更是暗自惊叹。他万万没有料到，眼前这位斯文的年轻书生，竟然有着如此深邃的军事谋略与见识。更令人敬佩的是，每次讨论他都能抓住最关键的问题，而且不放过任何一个细节，在耐心听取所有人的意见后，最后又能做出最令人信服或最具启发的决定和建议，这着实让他感到意外与钦佩。

原来，王玄策自幼喜好兵书，在京期间，常与卫国公李靖往来，听其讲论兵法。在任黄水县令时，为镇压反叛武装，又出入军门，早已积累了很高的军事素养和一定的战斗经验。加之，他遇事沉着冷静，思虑又周全细致。这次率领大军前来，一路上，大到战略战术的运筹，小到军队的装备与军事行动的训练，无不精心准备，做到胸有成竹。大军一到恒河岸边，就先进行周密侦察，抢占有利地形，造好过河浮桥，渡过恒河，制造出简易的攻城抛石车和冲城车，并制订了详细的作战计划，如军队投入战斗需要根据具体的情况布置相应的战斗队列或队形，从最起码的一兵一卒、一列开始，一直到立卒伍、定行列、正纵横等，他都做了周密而充分的布置，几乎件件都要做到算无遗策才肯罢休。

"善战者攻心为上，攻城为下，不能打无准备的仗！"玄策一字一句坚定有力地说。

"那怎么攻心呢？请大使把话说明白些！"蒋师仁着急地问道。

"必须及时揭穿并宣传阿罗那顺的篡逆阴谋，让天竺百姓分清是非，区、区别逆顺，避免被逆贼蒙蔽和裹挟，这样亦可先从内部瓦解敌人！"玄策解释道。

玄策说罢，师仁略有所悟，但东赞立刻明白了：是啊，与肉体上的最后一刀相比，事先的口诛笔伐更为关键，那可是另一场看不见烽烟的战争。战争不只是战场上的刀光剑影，更包含了幕后的搏杀。而自古以来最坚固的堡垒往往又是从内部被攻破的。阿罗那顺挑战的不仅仅是大唐，更是天竺各国，他是在挑战正义与和平，必须将天竺各国人民唤醒，联合起来战胜这个魔鬼。

随即玄策派人四处散发战斗檄文，揭露阿罗那顺弑君篡立和劫杀使节的滔天罪行，并积极联络周边各国及中天竺国内的反对势力。由王玄策亲自起草的这份《讨伐阿罗那顺檄文》也是文辞激荡，读来振奋人心，其文曰：

  伪临朝阿罗那顺，狼子野心，素无懿德。昔充先王爪牙，掩饰种姓，冒充贵胄。工心计以惑主，饰巧言以媚众。加以虺蜴为心，豺狼成性。勾结党羽，窥窃神器。弑君篡立，残害忠良。威侮五行，怠弃三正。饕餮放横，伤邻虐众。天竺百姓，惨遭荼毒；先王爱子，落魄流离。豺狼欲亵渎金玉，劫持长公主，威逼欲遂其意。

  犹坐井观天，夜郎自大，无视大唐威德、两国旧好，劫杀我使人，抢夺我财物，肆情拒命，抗衡上国。天竺百僚，五国兆庶，同心愤怨，咸愿讨诛。吐蕃赞普，高原霸主，士马雄强；泥婆罗国王，佛乡圣裔，法轮常驻。咸应天顺人，仗义声讨，发威武之师，风云齐集。诚愿天竺诸国，爰举义旗，四方豪杰，勠力同心，举武扬威，共清妖孽。救天竺累卵之危，解黎庶倒悬之劫。布告天下，咸使知闻。

用汉文与梵文两种文字书写的檄文既已发出,王玄策再次重申军纪:"我等身为正义之师,必须严守军规,不得伤害无辜百姓,不得侵占农宅,不得践踏庄稼,不得奸淫掳掠。违令者,一律军法从事,斩无赦!"玄策的声音铿锵有力,传遍了整个军营。

檄文在天竺各国之间迅速传播,各国士庶、豪强,纷纷开始响应联军的号召,或是提供情报,或是输送物资,或是直接参与战斗,共同对抗敢于挑战正义的人。

待联军战略方针已定,玄策立即命一骑兵将战书送入曲女城交给阿罗那顺,向他发起挑战。

再说中天竺,自阿罗那顺派人打着"护送"的旗号押送王玄策前往泥婆罗以后,自以为心腹之患已除,便逼迫公主兑现她的诺言,开始张罗婚礼。这天,中天竺王宫张灯结彩,热闹非凡。阿罗那顺以为自己梦寐以求的贺罗阇室丽公主很快就要与自己完婚了,所以正得意扬扬,自以为是。

而此时的贺罗阇室丽公主却度日如年,她已心急如焚,望眼欲穿。寥寥数日,公主又憔悴了许多。整日礼佛祈祷,心中流血。眼看着阿罗那顺安排的大婚时间即将到了,王玄策那边却消息全无。

这一天,她几乎已经绝望地朝着远方愣着神,窗外阳光烈烈,照在她的身上,也化不开她那满脸的焦虑和愁绪凝结的眉头。

不知何时,阿罗那顺已站在她身后。贺罗阇室丽见了阿罗那顺,仍旧是一副冷若冰霜的表情,内心更是恨得咬牙切齿。

阿罗那顺尽管心中不悦,但一想到心头之恨已除,公主已被蒙蔽,自己即将美人到手,与之喜结连理,也就放下脸面,前来谄媚讨好，情欲的火舌在他眼神里喷射。

他假意温存地问："贺罗阁室丽，我们的大喜日子快要到了，快穿上丝绸做的婚礼服试试吧，看看是否满意！"

此时，贺罗阁室丽的心已沉到了谷底，那种等待的焦虑与假意的周旋，以及强压的怒火几乎把她逼到了崩溃的边缘，她深谙宁为玉碎，不为瓦全的道理，怎能与和自己有着杀兄之仇的敌人结为伉俪？只是遗憾自己未谐佳偶，芳树先谢。在有生之年可能再也见不到自己的心上人了。想到此处，不禁深深地叹了口气，两眼怅然若失地又看了一眼北方。

贺罗阁室丽赴死之心已定，于是冷冷地回答："好啊！你就等着入洞房吧！"

阿罗那顺还想说点什么，忽有侍卫急忙来报："报告大王，不……不好了，王玄策搬来大军打过来了！"侍卫着急地呈上王玄策下的战书与散发的檄文。阿罗那顺一时惊得瞠目结舌，简直不敢相信自己的耳朵，结结巴巴地说："王玄策？他……竟然还活着？不知他是从……哪里搬来了救兵？"

正在阿罗那顺满脸惊愕之际，贺罗阁室丽公主上前，一把抢过战书与檄文，然后一字一句朗读并翻译给阿罗那顺听。

读过之后，一声银铃般的笑声打破了宫殿中的沉静。贺罗阁室丽轻步上前，鄙夷地看着惊魂未定的阿罗那顺，讥讽道："没想到吧？就凭你那卑劣伎俩，也敢挑战摩诃支那国。万恶到头终有报！你的末日不远了！"

阿罗那顺还是半信半疑地问："怎么？王玄策还……活着？"

"他当然还活着，难道不是你阿罗那顺亲自下令放走了他吗？"

"那——是！是！但——泥婆罗蕞尔小国，难道也胆敢背叛我，发兵前来？"

"是的，是我写信请求泥婆罗国王放走王玄策，并发兵前来讨伐奸佞的。"公主又是一字一句，清清楚楚、坦坦荡荡地答道。

阿罗那顺一听，恼羞成怒，血贯瞳仁，转过身来，恨恨地说："好啊，我就成全你们。"说话间，气急败坏的他突然上前，一把攥住贺罗阁室丽修长纤细的脖颈，贺罗阁室丽双目微瞪，却不做任何挣扎，只是冷漠地望向他处，连一个眼神都不屑分给面前的阿罗那顺，嘴角噙着一抹轻蔑的笑意。

贺罗阁室丽这样的态度狠狠刺痛了阿罗那顺的神经，他慢慢松开手，怒极反笑道："不，我不想杀了你，我就要让你做我的王后，我就不信煮熟的鸭子能飞，戴上笼头的野马不让骑！"

"把她看管起来，等我捉拿了王玄策，再来完婚。"阿罗那顺又狠狠地说罢，气急败坏地离开了公主的寝宫。

随后，阿罗那顺带领众大臣亲自登上城头来看，远远看见蕃泥联军旌旗飘扬，铠甲鲜亮。

"这……这些军队是他们从哪搬来的？难道是天兵从天而降不成？快！快去查查究竟是哪个国家胆敢公然出兵与我阿罗那顺为敌。"阿罗那顺还是不相信在短短的时间里会兵临城下。

阿罗那顺的疑问很快得到了解答，前来的大军打的是大唐、吐蕃、泥婆罗、章求拔等国的旗帜，而走在最前面的骑兵将士许多都佩戴着不同的章饰，这些不同章饰为吐蕃军队将士的标志。

当时吐蕃官之等级章饰，最上为瑟瑟，金次之，金涂银又次之，银更次之，最下至铜止。而那些身穿裤裆大而裤腿小的白色长裤的军队，确为泥婆罗的军队。阿罗那顺似乎终于明白了什么，但还是满脸惊愕。

站在一旁的辛格进言道："大王，我看他们军队人数并不多，不足为虑！"

听了此话，阿罗那顺这才回过神来，仔细去看这些异国的军队，数量不足一万人，平心而论，的确并不为多。渐渐地，阿罗那顺骄傲起来了，他冷眼看着远处的联军，长出了一口气，冷笑道："王玄策，你真是蚂蚁撼大树！我中天竺拥兵十万，看你有何本事……就凭这点不够我试刀的兵马，竟敢口出狂言！"

说着，他吩咐辛格："你与他写回书，就依他所定的时间——初五，准时开战。"

站在一旁的辛格思索片刻后急忙制止："不可，不可。"

阿罗那顺投来疑惑的目光："为何不可？"

"王玄策的军队长途远征，已奔波数日，人马疲惫，若要容他歇过三日，那不是让他养精蓄锐！依臣愚见，给他回书。明日交战，趁他远来疲惫，立足未稳之际杀他个片甲不留。"

阿罗那顺一听此言，冷笑道："难为爱卿如此用心，但我中天竺国雄兵十万，将士骁勇，加之我有象军，王玄策一白面书生，以那区区之兵前来，何必担心？先王对那个遥远的摩诃支那国顶礼膜拜，贺罗阇室丽一心要嫁给那位只会夸夸其谈的外邦书生，他们都是多么愚蠢和荒唐！今天，我要让所有的人都看到，我根本就不把那个什么摩诃支那国放在眼里！王玄策也只不过是一个徒有其表的废物。我要让那敢于帮助王玄策的泥婆罗和吐蕃为他们的无知付出代价……武力和强权从来都是'合法和正统'的代名词！出身卑贱算不了什么，并不妨碍我成为万国朝拜的中天竺国王。在这个世界上从来都是胜者为王，败者为寇，我将是真正的'转轮圣王'！"早已恼羞成怒的阿罗那顺接连咆哮道。

辛格虽不太赞同他的决定，但又不能违逆阿罗那顺之意，无奈之下只好下笔回信。阿罗那顺的心里憋了一口气，他不相信一介书生还会统兵打仗！何况其手中兵力不足一万，拿什么来跟自己较量？既然对方已经杀到了自己的家门口，那就让他输得心服口服，也好让那些公然向他挑战的邻邦知道他的厉害，更要让执迷不悟的贺罗阇室丽最终明白，在这个世界上，谁才是名副其实的中天竺王。

"枷楠永生，本王命你为此次出征大将军，辛格万岳为军师，库奇骑一、撒尔玛步三……切不可让他有一人渡过河跑了……"阿罗那顺自负地安排着，心中充满了不屑。

几人匆忙领命而去。原来自阿罗那顺篡位以来，天竺各地的诸侯蠢蠢欲动，纷纷自立为王，彼此间争斗不休，企图在这乱世中争得一席之地。面对这样的局面，阿罗那顺不得不四处征战，以巩固自己的统治，而在这个过程中，他也确实培养了一批忠诚的军将和爪牙，作为其权力和欲望的倚仗。

王玄策接到回书后，便让战士们加紧休整，做好迎战准备，适应天竺国的炎热天气。吐蕃士兵从高原而来，习惯了高原的寒冷和凉爽，突然来到恒河平原，对天竺的高温天气感到非常不适，许多人出现中暑的症状，呕吐、头晕，苦不堪言。好在王玄策有过出使天竺的经验，他嘱咐士兵们用藿香草煮水喝，情况这才有所好转。

这天下午，暴雨初晴，天气更加闷热难熬，王玄策脱去了厚重的盔甲，只着一件薄衫盘腿坐在大帐中，凝视着面前展开的地形图，陷入了沉思。

这时只见蒋师仁急忙进了帐中报告道："大使，方才探子来报，阿罗那顺正准备象军出战，无数大象高过马头，大象背上还有楼车，楼车上是长矛利剑，黑压压一片，十分了得！"

玄策听了，漫不经心又轻描淡写地说："知道了！"

"知道了？"

蒋师仁登时急了眼道："眼下若阿罗那顺派那象军来挑战我们，该如何应战？"

只见王玄策突然讳莫如深地看着蒋师仁笑起来，胸有成竹地说："我就怕、怕他们不出来呢！"玄策又俯首帖耳，如此这般地给他解释了一番。

恒河两岸，树木茂密，空气潮湿。初五这日，为了诱敌深入，隐蔽设伏，玄策故意让人到处放火，一时间烟雾掺和着水汽，烟焰障天，云雾缭绕，遮天蔽日。借着烟雾的掩护，一大早，玄策将泥婆罗兵分为两路，一路由蒋师仁率领设伏于北岸，一路由自己率领绕过侧后，准备断敌后路。又命禄东赞率领吐蕃骑兵部队以最快的速度直抵曲女城下，令其小战后即佯装退却，不可恋战，设法引诱敌军倾城来追。

吐蕃铁骑十分强悍，人和马都披挂着精良的重型铠甲，只有两只眼睛暴露在外，望之令人胆寒。加之松赞干布治军严厉，在尚武精神的影响下，吐蕃士兵以勇敢无畏、战死沙场为荣，战争中前队已死，后队方上，战死沙场的将士家属无上光荣。战斗英雄凯旋之日，披挂虎皮，跨马游街，无比荣耀。相反，战败的士兵或懦弱的逃兵胸前则被挂上狐狸尾巴，被游街嘲笑。但这一次出战与往常不一样，玄策叮嘱只可败，不可胜，以诱敌深入，这可难住了禄东赞，这样丢人的仗，自己还从来没打过。但军令如山，东赞无奈，只好领旨而去。

当禄东赞率领的骑兵直抵曲女城下时，阿罗那顺的军队尚未集中，城上还不见一点动静。原来，尽管驻扎在曲女城的兵力大约有五万人，但装备落后，纪律松散。加之阿罗那顺自以为拥有象军，天下无敌，因此事先并没有做太多的战争准备。

但见那曲女城，东西绵延二十余里，南北亦有四五里之广。城墙高耸，构筑得极为雄伟坚固，显然绝非是一两万人的军队所能轻易攻克的堡垒。

禄东赞见城防坚固，城门紧闭，一边让士兵向城上叫骂，一边佯装放松警惕，让士兵皆下马解鞍，假意牧马，还散乱无序，装出一副轻敌无备的样子。

阿罗那顺与中天竺将领得到哨兵报告，以为玄策轻敌冒进，不会用兵，且联军无备，于是立即下令军队倾巢而出。阿罗那顺的阵前指挥官枷楠永生命人打开城门，象兵在前，骑兵在后，率军直取禄东赞。

禄东赞见城门打开，立即传令骑兵上马。见到象兵出现，禄东赞的骑兵的确有些胆怯和恐慌，加之已有只可败不可胜的军令在先，于是三三两两远远放了几下冷箭，就按计划且战且退，引诱敌军向伏兵潜伏的河谷深入。

枷楠永生率领大军，见对方骑兵惧怕象军，且未战已溃，心中十分得意，于是下令部队紧追不舍。此时两厢四周布满了陷马坑，伏兵早已做好准备，弓弩持满，羽箭上弦，只等进攻号令的下达，可惜枷楠永生对此一无所知。

吐蕃的弓箭轻巧坚硬，剑杆与箭镞短，但射程远而锋利。这次连泥婆罗的军队也装备了吐蕃的弓箭。等中天竺大军完全进入伏击圈以后，只听一声令下，万箭齐发，紧接着喊杀声、战鼓声，惊天动地。敌军在猝不及防的进攻下，阵脚大乱，顷刻之间已溃不成军。左右两侧的树林里飞出千万支火箭，适逢印度开始进入旱季，干枯的草木遇火即燃，敌军战场变成了一片火海，受惊的大象甩着粗大的鼻子乱踩乱踏，许多敌军不是被射死，就是被大象踩死。

这时刚才假装退却的吐蕃骑兵已经掉转马头，在马上也是箭弩齐发，挡住了敌军前进的道路。拼命逃命的天竺士卒哭喊着后撤，却和后方冲来的骑兵迎头相撞，乱作一团，大部分死于乱箭之中。幸存下来的好不容易拼命杀出重围，但随即被赶来的骑兵追杀。骑兵左冲右突，专砍那大象笨拙的四腿，大象纷纷倒地，后又有铁蹄踩践，象兵主力乱了阵脚，或自相践踏，或四散逃走，狼狈不堪。倒在前面的如肉丘一般，把本已狭窄的道路塞得水泄不通，后面的敌军已经插翅难飞。

此时联军将士喊杀声震天动地，人人以一当十。敌军大乱无序，但联军进退有度，皆听号令。原来，开战前玄策按照唐军的指挥系统，对军队做了传递信息的训练，"使士卒目见旌旗，耳闻鼓角，心存号令"。各军建有赤、白、黑、绿、黄五色旗，依次代表南、西、北、东、中五个方位。士卒依各方举旗行动。旗向前压，相应的方面军需急前进；旗正竖，即停；旗向后卧，即返回。各方又以主将的黄旗为统一行动的号令。

锣鼓也有妙用，"闻鼓声而进，闻金声而退"，旗鼓又彼此配合，将信息传递得分毫无差。

只见王玄策骑马立于黄旗之下，手持宝剑，一脸威严。禄东赞手挺长稍，蒋师仁手持玄龙枪，分列两边，威风凛凛。

玄策一面指挥大军前进，一面拼杀，而蒋师仁身先士卒，冲锋在前，所到之处人仰马翻，所向披靡。

禄东赞更是无所畏惧，时而指挥精锐骑兵前行，时而勇猛地冲入敌阵，与天竺士兵展开激烈的厮杀。他手持长稍在战场上舞动自如，出击时如同黄龙摆尾，迅猛有力，收招时又似黑虎回头，凶猛而敏捷。左刺右挡，所向披靡。

禄东赞杀得眼红，身影如同战神一般，身边已经倒下数十名天竺士兵，但他只顾往前冲杀，突然，身后一天竺兵用长矛刺向了他的肩部。说时迟那时快，王玄策急忙上前来救，但还是迟了一点，那天竺兵的枪头从侧面划破禄东赞的肩。

禄东赞突觉疼痛，回首一看，肩上鲜血直流，他两眼放光，但不等他还手，那小兵也来不及逃跑，早被王玄策刺倒。禄东赞转身，用力使出手中的稍，向另一个刺去，"噗"的一声，一股鲜血溅到他的脸上。

禄东赞全然不顾肩膀疼痛，继续奋战。两个时辰过去，战场上已是尸骸狼藉，战马嘶鸣，喊杀声震天动地，惨叫声接二连三，天竺兵皆无战意，竞相掉头逃命，枷楠永生和辛格万岳想力挽狂澜，已是心有余而力不足，只得撤退，天竺兵大败。

一时间，曲女城危在旦夕，阿罗那顺急忙向各地告急，准备继续调集各地军队前来与联军决战。而联军这边，众将士经过连番激战，体力已大大消耗，疲惫不堪。加之前方地形与敌情不明，担心遭遇埋伏或陷阱，故玄策下令不再追击。

在这次激战中，天竺兵共损失一万余人，而联军伤亡不到百人。此次王玄策采取诱敌深入和集中优势兵力关门打狗的伏击战术，加上先进的信息指挥系统、杀伤力极大的箭弩利器，以及高超的渡河、设伏手段，还有吐蕃骑兵的勇猛剽悍，令联军大获全胜。这一切已经让敌人吓破了胆，联军将士群情激奋，士气高涨。

大战过后，当日傍晚，恒河边尸首遍地，一片狼藉，成群的乌鸦凄惨地聒噪着，连明净的河面也被鲜血染红，远处的山在波光粼粼的河水的淡红色中投射出长长的倒影，在落日余晖中，这一切显得那样悲壮凄凉。

王玄策望着一具具横七竖八躺着的尸体，心中不禁一阵战栗，他似乎对战争有了更多的恐惧和认识：是啊，战争是充满血腥和残酷的。岂不知，千万人在战场上付出鲜血和生命，只是因个别人称孤道寡的野心或肆无忌惮的作威作福！自己被迫与联军众将士为铲除邪恶而冒死来战，但历史上多少战争不是那些利欲熏心的野心家为了个人的私欲和贪婪，打着正义与圣战的旗帜发动的呢？

"呱——呱——"尸骸狼藉的战场又变成了乌鸦与各种禽兽争食人肉的新战场。

十六　战象军团的天敌

恒河河畔一战,阿罗那顺的军队遭受了沉重的打击,不得不败退至曲女城。阿罗那顺面对如此惨状,气急败坏地将这次失利尽归咎于枷楠永生的愚蠢和无能,连连斥责其指挥不力。

在一番情绪宣泄之后,阿罗那顺逐渐恢复了冷静。极富心机的他深知,此时此刻,必须迅速采取行动,另做打算,才能扭转局势。思虑再三,他急忙下令,向四周求援,调集各地军队火速支援。他决定不再轻敌,要不惜一切代价,抵御联军的进攻,稳固自己的地位。

从此次败仗中,阿罗那顺也吸取了教训,这天上朝,一脸骄横和自负的他,愤愤不平地说:"王玄策以诈术诱骗我军中计,利用了吐蕃弓箭与骑兵的优势,那我也要发挥我们象军的优势,出动所有战象军团,杀他个措手不及。"

印度是较早驯化战象的国家,公元前六百年就开始训练象兵。所以战象军团才是中天竺军真正的优势所在。

"大王,何日出战?"辛格急问。

"明日清晨即可出战,来个出其不意、攻其不备。首战之初错给了他们一个休整的机会,这一次要报仇雪恨,以解我心头之恨。"阿罗那顺咬牙切齿地说。

敌军败退后入城据守，王玄策、蒋师仁和禄东赞看着宏伟的城墙，一时不能拿下，便在离曲女城五里处扎营休整，并给禄东赞和众受伤将士疗伤。在炽热的环境下，禄东赞及部分伤员的伤口开始感染，玄策万分着急，于是命人到附近村庄寻找医药。

很快有士兵带来了一位婆罗门神僧，此人名叫那罗迩娑婆寐，自称年逾二百岁，看上去鹤发童颜，颇有些仙风道骨。只见他拿出一把亮锃锃的小刀，将禄东赞等人的伤口感染处刮洗干净，然后敷上一层草药包扎好。禄东赞等人的伤势开始好转，玄策等万分感激。

原来，这位婆罗门神僧不仅传教，还颇晓得一些天竺医术，只是此人为了宣扬其婆罗门教，往往夸大事实，故弄玄虚，玄策无辨，竟将其留在军中奉养，对其医术日渐崇拜，此暂不多说。

联军初战告捷，虽然有些疲倦，但这一仗给了联军将士以极大的鼓舞，队伍士气更为高昂。

是夜月上柳梢，王玄策和蒋师仁在营地周围视察。"这次告捷，幸有大使的'设伏'之计，打乱了敌方阵脚。"蒋师仁开口道。

玄策沉吟道："兵者，诡道也。故能而示之不能，用而示之不用，近而示之远，远而示之近。利而诱之，乱而取之……攻其不备，出其不意……"

"中原兵法博大精深，源远流长，在下深表佩服。"蒋师仁由衷感叹道。

王玄策看着远处的阵营，眼神越发深邃起来，语气却较前日轻松了许多，接师仁的话道："这是我们古人的智慧，历代都有人将这些妙法逐一实践，如，如今的我们，不过是将其融会贯通，因事而用罢了。"蒋师仁若有所思地点了点头。

天色逐渐变得雾霭沉沉，空气中弥漫着一种压抑而燥热的气息，仿佛连呼吸都变得沉重起来。众人心中都明白，一场规模空前的大战正悄无声息地逼近，每个人都在心中默默做好了准备。

次日，黎明时分，阿罗那顺的战象军团已在联军军营一里之外处严阵以待。睡眼惺忪的联军将士被一阵急促的战鼓声惊醒，天气闷热，好不容易清晨时才有了一丝凉爽，但将士们来不及享受这难得的清凉，便在急促的鼓点声中又一次套上了战甲，迅速出营迎战。但见那战象军团黑压压一片，如城墙一般挡在了联军前面。

"哇，太恐怖了吧！看它鼻端的爪，小可拾针，大可拔树；而它那长牙，锋利如刺刀。"

"更恐怖的是它那能吸泥数升又能喷起数丈的长鼻，我们如何敌得过这等庞然大物？"

在队列中，有人低声议论，声音中透露出不安与焦躁。众将士的目光落在那整齐划一、气势磅礴的战象军团上，心中不由自主地生出恐惧和忧虑。面对这样奇葩强悍的武装，即使是身经百战的勇士，也难免感到心虚。

前日王玄策设计伏击对方象军，但对于在平原上以象军布阵的阵势他还没有见过。在这关键时刻，他深知不能自乱阵脚。于是，他深吸一口气，努力平复情绪，让心境恢复。

俗话说兵熊熊一个，将熊熊一窝，王玄策深知，作为指挥官，他的冷静和镇定对于稳定军心至关重要。他必须在战士们面前展现出无惧的姿态，才能鼓舞他们勇敢面对即将到来的大战。很快，他挺直了腰板，目光坚定地望向前方，准备迎接这场前所未有的战斗。

"既然战象如此庞大，行动笨拙迟缓，就可以继续利用战象的这个缺点，专挑狭窄而复杂的地形，引其陷入绝境，然后用骑兵持长刀冲杀，砍斫大象大腿。届时万箭齐发……"玄策与师仁都在心里推演着原定计划。

昨天晚上，玄策他们三人已经反复推演并制订了今天的作战计划：利用机动灵活的铁骑兵，引诱敌军前来追击，先在运动战中寻机消灭敌人，然后避开平原，或在草茂林深的地方设伏，或在道路狭窄的地方布阵，在许多路段还利用伐木设置了障碍，或挖了陷象坑。又将兵力集中在几个点，既有利于防御，还有利于集中优势兵力歼敌。无论敌人从哪个方向发起攻击，都能迅速发起有效的防御与反击，真正达到"处处为首，两头皆散"的奇妙效果。

这次阿罗那顺自称御驾亲征，统兵出战。细看其带领的这个战象军团，有上千头战象，战象背上都驮着一个大战楼——象舆，舆中插有各种兵器，并坐有二战将，前后各配有一驭象手，另有象兵十二人，人人手持梭枪弓弩。而在战象的四条粗腿旁，各有一士兵手持武器保护象腿，看来这次阿罗那顺也是做了精心的准备，充满必胜的信心。

遥遥看去，在那上千头战象军团的正中央，黄盖宝伞之下，阿罗那顺端坐在大象之上，威风八面，神气十足，在众军兵前呼后拥的护卫下，竟也有了昔日戒日王的那般气势。

看着阿罗那顺沐猴而冠的神气样子，王玄策心想：正是窃钩者死，窃国者为诸侯！看来权力即使被一个恶棍或是一个白痴掌握，攮袂一呼，也会同恶相济，生出几分呼风唤雨的功效来。怪不得历史上无道如夏桀、商纣、秦二世，智障如蜀汉的刘禅、西晋的晋惠帝之流，尽管后来都被推翻，但生前照样还是有人授权、有人扶持，甚至有人对之抱残守缺而至死不悟！看来如今的中天竺人很多也已经被阿罗那顺的统治麻痹了。

就在王玄策与联军将士严阵以待时,对面的阿罗那顺自信地对众天竺兵喊道:"勇士们,你们的勇气在哪里,今日的奖赏就在哪里!"

一时间敌军群情激昂,只听见众天竺兵齐声附和道:"你可知道你将与何种男人交战?我们以利剑为餐,喝下的血如火把正在燃烧……我们的枕头是护胸甲与盾牌;而脚边还躺着一些环锁和弓箭。我们的头颅,戴的是弹弓编织的花冠!"

唱罢,战鼓与号角之声骤然响起,交织成一曲激昂的战歌。上千头战象,在驭象手的控御下,如同一座座移动的山岳,带着看似不可阻挡的威势,齐刷刷地向联军阵地压来。那气势之凶猛,仿佛乌云压顶,让人不禁产生"黑云压城城欲摧"的震撼之感。

尽管王玄策和蒋师仁带领众联军向前冲杀,还没来得及掉转马头,以便引诱敌军前来追赶,惨剧就已经出乎意料地发生了,战象们一齐喷出数丈高的水柱,水柱模糊了联军将士的双眼,接着用它们那一丈多长的长鼻将骑兵整个人卷起,然后摔得粉身碎骨,甚至用它们那笨重的四足踩踏倒在地上的联军士兵。

王玄策和众将士一边要努力地砍伤战象,一边还要应对天竺兵。激战半个时辰,前排已有上百名士兵死于战象足下。玄策心想硬拼不是办法,下令按原定计划撤退。联军将士接到王玄策的撤退命令后,便向原定方向散开撤退,迅速向前面的树林和丘陵地带转移,然后持弓以待。

"王玄策,你终究敌不过我的战象军团。"阿罗那顺心里想着,长长地出了一口气。

"大王,我们要乘胜追击彻底歼灭他们吗?"辛格问阿罗那顺。

阿罗那顺看了看地形,疑惑地说道:"虽然初战告捷,但王玄策乃诡计多端的狡猾之人，不知他又会设置何种陷阱，这次可要防其有诈，不宜追击。"于是，阿罗那顺率领天竺兵和上千头战象趾高气扬地收兵回营。

眼看敌军不肯上当，不再前来追击，听闻大象鸣声渐远，众将士和玄策失望地走出树林，回到营帐里。面对上百名阵亡的士兵和几百名受伤士兵，王玄策的心情异常沉重。烈日高悬，无情地炙烤着大地，空气中弥漫着一种烧焦的气味，与战场上的血腥味交织在一起，使得将士们的心情更加烦躁不安和低落。

"这仗怎么打呀？"自己所知的过去战争，竟无一例与战象有关。王玄策忧心忡忡，带了两名卫兵，出了营帐，秘密前往敌军的驻扎营地附近探察敌情。

这次阿罗那顺召集来的军队人数着实不少，东西各扎有五十个营帐，另有战象上千头，粮草仓一列排开，望之令人更加心悸。而营地两侧的山丘虽然不是很险峻，但草木繁茂，极利于隐藏伏兵而后出击。

正当王玄策他们欲返回之际，正在巡逻的两名天竺兵隐约看见人影，便朝玄策他们走来。此时逃跑已经来不及，反而会暴露目标。玄策急中生智，心想，这两个人自己送上门来，正好抓个"活口"！

王玄策与一名卫兵迅速就地隐蔽，同时指令另一名卫兵悄悄移至前方大树之后，故意弄出声响以吸引敌人的注意。不久，两名巡逻兵并肩走近，毫无防备。就在这千钧一发之际，玄策与隐蔽的卫兵如同鬼魅般从树后闪出，动作迅猛，手起刀落，干净利落地解决了一名巡逻兵，同时将另一名巡逻兵牢牢控制，活捉而归。

回到营帐后，王玄策立即亲自审问俘虏，了解敌军情况，然后和禄东赞及蒋师仁商讨破敌营之计。

王玄策心情沉重的向二位征询道:"从俘虏口中得知,敌人整顿以后明天将很快发起新的进攻,我、我们如何应对?"

蒋师仁摇晃着脑袋,学着王玄策前日坚定的口吻首先答道:"先夺其所爱,则听矣!"

"何为敌军之所爱?"王玄策又问道。

"战象。"蒋师仁回说。

"战象又畏惧何物?"

蒋师仁耸耸肩,禄东赞也不禁摇头。

"实在不知,愿听大使之言。"

王玄策端起茶杯,呷了一口茶,口中低吟着,眼前似乎一亮:"先夺其所爱,则听矣。"心中暗自思量,蒋师仁这人虽性情豪爽,但粗中有细,行事有时还颇为细腻,看来这几年在禁军中的历练,他的军事才能的确是长进了不少。

而经与王玄策这么一交流、提醒,蒋师仁忽然想起那日发生在阿里家中大象发狂的一幕。只记得那日天气晴朗,花儿飘香,一群蜜蜂被阿里家院子里的花朵吸引。采蜜罢了它们便飞过象屋,在大象的头顶上时而盘旋、时而停落。突然,大象猛然嘶吼,开始疯狂乱窜,主人阿里拉都拉不住,最后一跃冲进了河里。众人被这一幕吓呆了,后来阿里向众人解释了原因,大象最惧怕蜜蜂,被蜜蜂蜇了眼睛或嘴巴后便会疼痒难忍,发狂而奔。

想到这,蒋师仁肯定地说:"大象怕蜜蜂!此乃破敌之策,甚妙!"他将前日见闻讲给大家听。

听到这里,玄策心中似乎更加豁然开朗,有了主意:"是啊,战象的皮毛虽厚,不利于刺破,但战象的眼睛极为敏感,易被蜜蜂蜇到。而我们营地旁的这片树林中有不少蜜蜂,此乃破战象之利器呀。另外,战象虽然庞大,但却惧怕百兽之王——狮子,我们可以利用狮子来吓唬它。这也是当地人所讲,可以一试。"

"敌人数量是我们的几倍,就算赶跑了战象,我们区区几千人马如何与敌军数万兵力对抗呢?"禄东赞疑惑地问道。

"东赞兄所问正是,敌、敌军不来追击,运动战已经失灵,现在就要设法主动迎上前去,打乱其阵脚,要在乱中取胜。敌方营帐两侧各有一座小山,距离不足二里,树木繁盛,方便我们前去就地藏兵埋伏。等敌人全体出动后,我们的火箭手分为两队,一队放火烧毁敌军粮草,一队直上前去将敌人的旗帜换为联军的旗帜,敌人见营中起火,必然回头来救,见到旗帜被换,将误以为大营已经被我军占领,前进不得,后有大军追蹑,必然溃败。"玄策一边推演合计,一边耐心解释。

蒋师仁听了极为赞同,立刻走出营帐,指挥士兵们准备火箭、狮子头面具以及蜜蜂等物,趁着夜色的掩护,悄无声息地前往埋伏地点。而禄东赞见状,跃跃欲试,想要随军一同出战,却被王玄策劝阻,只吩咐他安心养伤,不必参与此次行动。

次日黎明时分,联军五百人的小分队悄悄来到阿罗那顺营地旁的丛林里埋伏好,伺机行动。吐蕃一千余骑兵各拿着一小罐蜜蜂和布罩在列队前头,泥婆罗骑兵紧随其后,在王玄策的带领下浩浩荡荡地向敌营进发。

阿罗那顺眼见王玄策来袭,再次摆布象阵,倾巢出动迎击。双方战鼓响彻天际,王玄策命联军将士戴上面罩,骑兵将士们戴上狮子面罩的同时亦给战马蒙上了布罩。只听王玄策一声令下,骑兵快速冲入战象群,放出一罐罐蜜蜂,战象一看到狮子面具就开始往回跑,而蜜蜂也不甘落后,蜂拥而出,争先恐后扑向战象和天竺兵。天竺兵看到眼前阵势，一下子反应不过来，被蜜蜂蜇到眼睛的战象更是惨叫乱窜，疯狂乱撞，把象背上的天竺兵摔出战楼，四脚不断踢踏身边的士兵。

紧随其后的联军骑兵持盾者在前，弓箭兵在后，在手持玄龙枪的蒋师仁的率领下，个个手持利剑长矛，怒吼着拍马冲向敌军，专照长长的象鼻狠狠砍去，被砍断鼻子的战象四处乱窜，在天竺兵军阵里到处乱踩，那巨大的象蹄把足下的天竺兵踩成了肉饼。蒋师仁跃马挺枪，左冲右刺，阻挡者纷纷被刺于马下。惨叫声、呐喊声、冲杀声交织在一起，响彻天际。与此同时，两边的两千伏兵火箭齐发，利箭如雨，敌军干燥的粮草迅速燃烧了起来，加之时值天竺旱季，草木干燥，火势迅速蔓延开来，一处连着一处，粮仓、帐篷等熊熊燃烧，浓烟滚滚，火光冲天。

敌军见状，掉转方向来救，但见大营前旗帜早已换为对方的旗帜，醒目的唐朝五色旗与吐蕃红狮子旗、泥婆罗的三角形兽旗都迎风招展，以为大营已被联军占领，愈加惊慌失措，丢盔弃甲，抱头鼠窜。而那些战象看见熊熊燃烧的冲天火光更是狂叫嘶鸣，声音震耳欲聋，乱冲乱撞，踩死了无数本军士兵，大军顷刻在自相践踏中乱成一团，任凭将领怎么歇斯底里喊叫也无济于事。

联军另一部分伏兵见状，迅速离开小山，从敌军后面包抄了敌人的退路，又是喊杀声震天动地。阿罗那顺所乘坐的战象被蜜蜂蜇到眼睛后疯狂乱窜，根本不听指挥，还无情地把他摔在地上，侥幸被紧随其后的步兵救起，样子极为狼狈。眼见战事不能挽回，阿罗那顺就抛弃了众天竺兵，只身逃回曲女城去了。天竺余兵见国王只身逃跑，士气早已溃散，无心再战，只好纷纷弃械投降。

经过数个时辰的激战，阿罗那顺的营地已成为一片焦土。天竺兵的粮草和营帐在火光中化为灰烬，更有万余士兵战死，战场上尸横遍野，一片焦黑。更令人惊叹的是，曾经威风凛凛的上千头战象，如今大部分已经倒在地上，好多大象的鼻子、腿都被砍断，再也无法发起冲锋。

王玄策大破阿罗那顺战象军团的消息，如同插翅一般，迅速传遍了天竺的各个角落。各国君主和将士无一不为这一以少胜多的战果感到震惊，他们纷纷赞叹王玄策的智勇和联军的威猛。这场胜利不仅展示了王玄策的军事才能，也震慑了那些潜在的敌对势力，使得王玄策的名字在天竺各国之间竞相传颂，成为传奇般的存在。

联军将士们在经历了一场酣畅淋漓的胜利后，满怀喜悦之情返回营地休整。禄东赞远远望见他们归来，便迫不及待地迎上前去。蒋师仁一边兴奋地向禄东赞讲述着激烈的战斗过程，一边敬佩地连声夸赞王玄策那出神入化的战术布局。

玄策却似自言自语道："这就是兵法所说的，'能夺敌之所恃，则敌屈矣，能出敌之不意，则敌溃矣。总以所长攻所短，不以所短攻所长，勿舍易而图难，勿知己而忘彼……'"

东赞听了也拊掌大笑道："不出名远兄所料，此计划部署也太巧妙了，想那阿罗那顺还在做他的春秋大梦吧！"

玄策连忙拱手答谢，自谦道："此亦非吾功，还是出自我们古人的智慧，这就叫'以正合，以奇胜'。实出当年韩信破赵军之计啊！"

十七　火牛阵大败叛军

话说上次王玄策凭借智谋，巧妙地突破了敌军的防线，将阿罗那顺自恃强大、引以为傲的大象军团击败，这让阿罗那顺深感羞恼。对于一向争强好胜的阿罗那顺来说，他急需挽回颜面，重振声威。否则，接连被大唐区区一名文官击败的消息传开，他在未来的统治中将如何树立威信，令人信服。经过深思熟虑，阿罗那顺毅然决定，将西部和南部的所有兵力悉数调回。

这时王玄策他们也并没有闲着，三人正讨论着下一步的作战计划。烈日当空，酷热难耐，大家只好褪去上衣，光着膀子寻求一丝丝清凉。

"阿罗那顺的大象军团遭受如此重创，定会向各邻国借兵，重组军队，投入战斗。而东部的鸠摩罗力量最为强大，虽然他们两国一直都在争夺一统天竺各国的权力，但此时此刻，大难当前，鸠摩罗很有可能会放下宿怨，不计前嫌，助他渡过难关。"蒋师仁粗声大气地说着，眼神中充满了担心。

这时，禄东赞起身拿起扇子，款款分析道："师仁兄多虑了。听闻鸠摩罗是一心机颇深之人，一山不容二虎，两国争强已久，此时我们进攻阿罗那顺，他可是实实在在坐收渔翁之利的人，你们中原不是有一句古话说什么……螳螂捕……黄雀……"

"螳螂捕蝉,黄、黄雀在后。"

"对、对,名远兄说的正是。中原人多锦言妙语……我这西戎老叟总记不住。"

"东赞兄言过了,我们唐蕃都是中华儿女,连那圣人大禹、周人先祖、秦皇近属还不都是西羌血脉,如今我大唐华夷混同,朝廷爱之如一,何言外乎?"

禄东赞治军严肃,但与同僚相处时,又显露出一种高原人特有的真诚,待人极为谦虚和温厚。王玄策听他如是说,于是急忙解释。

"千年之狐(胡),姓赵姓张,五百年狐(胡),姓白姓康,自匈奴降服,五胡入华,鲜卑汉化,中原大地有几人不是那东西南北的混血种?"蒋师仁接着玄策的话又道,脸上露出一丝调侃的神情。

王玄策也不辩驳,接话道:"而比起我们中华儿女来,五天竺就、就复杂了许多,什么达罗毗荼人、雅利安人、帕西人……就雅利安人内部也分了那么多等级,什么婆罗门、刹帝利、吠舍、首陀罗,还有被称为'不可接触者'——叫什么达利特人,把人分成了那么多高低贵贱和不同的种姓!"

"宗多心分,国多势分,你看这五天竺,弱肉强食,战乱不休。可害苦了那些弱小国家,今天称臣于秦,明天朝觐于楚,还战乱不休,人民不得安宁。天下还是一家的好啊!"此时禄东赞也颇为感慨地说。

"是呀,还是吐谷浑王阿柴说得好:'单者易折,众则难摧!'"蒋师仁接着说。

"中原亦有:'积力所举无不胜,众智所为无不成'的古话。狼子野心家因一己私利使其分裂，人民大众为了重归安宁，誓死抗争。这也是天下能分久必合的根源所在啊！"玄策看着二位，又意味深长地说。

"嗨，还是说正话吧！"蒋师仁已经有点着急，于是拉回话题道。

王玄策继而道："正、正如东赞兄所言，鸠摩罗王不会伸出援手，对他而言，这是一个自己不费吹灰之力便可削弱阿罗那顺的千载难逢的好机会，他没有必要给自己设置障碍，留此隐患。此外，他与我们大唐并无宿怨，从他对玄奘大师的态度来看他并不想与我们大唐为敌，援助阿罗那顺对他有百弊而无一利。"

"既然如此，阿罗那顺如何搬来救兵？"蒋师仁急切地问道。

"师仁，你忘了阿罗那顺的两、两个弟弟在西部和南部拥有重兵？因此我们必须切断他的后援部队。"王玄策起身朝地图走去。

"你们来、来看，阿罗那顺的后援部队要进入曲女城，必途经荼博和罗城。这两个小城人口稀少，双方若交战，对周边百姓造成的破坏也不大。其后援部队从西部和南部来到荼博和罗城时，士兵们已舟车劳顿，疲倦不已，我们就趁机来个突袭。但两城都位于平原，还是利于他们象战，我们只有继续出其不意，发挥优势，夺其所长，才能制胜！"王玄策沉着地分析道。

禄东赞问："想必名远兄已有良策，请早日吩咐，我们也好早做准备。"

"嗯，东赞兄，我们现在还有多少牦牛？"

"八百。"

"可否用来作战？"

"这个……或许可行！对我们而言，它们有时也可当战马用！"

"甚好。当年田单漫逞烧牛计，打败燕军。师仁，可曾听说过?"玄策转向师仁问。

"自然听说过,但我们该怎么布阵呢?"蒋师仁着急道。

"我们从高原带来的这批健壮的牦牛,因这儿气候炎热,早已狂躁不安了,不、不如也学那田单……"王玄策如此这般解释了一番。

蒋师仁和禄东赞二人听得目瞪口呆:"此计可行吗?"

"还有,开战前在一些牛角上绑上短刀!还要在牛群中撒上盐巴,牦牛遇到盐巴的腥味将会变得更加狂躁!"禄东赞若有所思地补充道。

"哪来那么多短刀?"蒋师仁又问。

"别忘了,我们吐蕃的男人随身都带一把贴身腰刀,我们叫'结刺'!"

"太好了!"

正如王玄策所料,阿罗那顺的幼弟库奇率兵来到茶博后便下令众士兵扎营休息。库奇认为王玄策不会跑来茶博挑战,因此放松了警惕。可此时王玄策、禄东赞已率领五千士兵与一支牦牛队悄无声息地进入茶博附近的树林里埋伏。

次日,天竺兵未醒,禄东赞先率领二千士兵来到茶博城下。

"不好啦!"守城将士慌忙向库奇报告,"库奇亲王,不好了,唐兵已来到城下。"

"什么?!"库奇猛地坐起,"对方有兵力多少?"

"约二千人。"

库奇惊讶道:"你可看清了?"

"回亲王,的确是两千人。"

"哈哈哈,两千人竟敢来挑战我军两万人,岂不找死?!既然如此,送上门来的肥肉必定要吃了它,今天我就替王兄出了这口恶气。传令下去，全军出战！"库奇边穿衣边下令道。

不一会儿，王玄策与众人就听到荼博城内的号角声。一个时辰刚过，库奇头戴金色头盔，身穿铠衣盔甲，意气风发，一副志在必得、胜券在握的得意样子，率领两万士兵出城迎战。

"王玄策，既然你自己活得不耐烦送上门来，今天就要让你死于我刀下！"库奇狠狠地说道。

"勇士们，听好了，这是你们立功封赏的大好机会，给我狠狠地杀！"说罢，战鼓响起，象兵出动。

王玄策听见战鼓响起，眼看着黑压压的象军渐渐逼近了，就命令士兵放出八百头牦牛，牛角上的"结刺"早已绑好，在日光下发出耀眼的寒光，士兵们一起点燃绑在牦牛尾巴上的涂着油脂的芦苇。与此同时，牦牛后面的震天大鼓响起，千人骑兵队身披鲜艳的红色斗篷，如同烈焰般向敌方猛冲而去，他们的身影在战场上画出一道道壮丽的弧线。在冲锋的过程中，骑兵们还不忘将随身携带的盐巴撒向牛群，这进一步激发了牦牛的狂躁与野性，使得它们更加疯狂地向前飞奔。

在战鼓的鼓噪之下，牦牛"战士们"一见红色斗篷便吼叫着疯狂追去。骑兵队在接近库奇军队时，同时将斗篷褪去扔向敌军，并迅速向两边散开。牦牛由于尾巴被烧得疼痛无比，加上对盐巴气味特别敏感，便疯狂向天竺兵冲去。

天竺人将牛奉若神明，尤其将母牛奉为圣兽，虽然也饮用牛乳、食用乳酪，甚至还用来驾车、耕地，但绝对不屠杀牛，也不吃牛肉，再说也万万没有想到牛还可以作战杀敌。突然见到如此疯狂的牦牛向自己冲来，天竺兵皆惊慌失措，拔腿就跑。

牦牛用刀剑一样的角或绑有刀剑的角猛力顶向天竺兵，或将其燃着的尾巴甩去，有的士兵一下子被开膛剖腹，很多士兵的衣

211

服已着火，还有的士兵被乱蹄踩死。天竺兵控御的战象也被撞得乱了阵形，慌乱中或被撞得四脚朝天，或挣脱驭手、四处逃散，一时间相互踩踏，人仰马翻。

联军将士们被牦牛的激情感染，此时已倾巢而出，紧随"牦牛战士"，士气高昂，喊杀声震天动地，忘我地在混乱的战场上冲锋厮杀。此时的战场，浓烟蔽日，惨叫声响彻天际。部分侥幸逃出战场的士兵，好不容易跑到前面的树林边，却被早已等候在树林中的联军围剿，飞矢如雨，哀号不断。

联军势如破竹，不足两个时辰，库奇军队溃败，联军又消灭敌军一万，共缴获兵器一万余件，虏获七千余人，库奇率领一千余残兵败将仓皇逃向罗城。

而此时，蒋师仁已带领三千骑兵等候多时，按玄策之意要他借机突袭罗城剩余敌军。天色渐变，闷雷在云层里翻滚，暴雨突降，如同断线的珠子般砸下，掩盖了人、马的吵闹声，而敌方的守城士兵都去躲藏避雨，城头不见一人。就在惊雷炸响的瞬间，蒋师仁的眼眸中亮光一闪："此乃天意、天意！传令下去，即刻行动。"

酉时前后，在大雨滂沱之中，蒋师仁率领着英勇的将士们毅然来到罗城之下。

该城位于曲女城的东南隅，也为曲女城的一卫城，城隍不甚高峻，但背乾陀卫江而筑，挡东南各道进入曲女城的要冲，地理位置十分重要。自上次被打败以后，阿罗那顺的王后、王子等逃至罗城，后在未及逃回曲女城的残兵的拥护下，打算坚守此城。

看城头无人把守，蒋师仁身先士卒，一马当先，与几位英勇无畏的吐蕃勇士一同，利用钩绳灵活地登上了城头，迅速而果断地将城头的守卫士兵制服，随后打开了西城门。大军如潮水般涌入城内，敌人仓促应战，已无力回天。

在蒋师仁率领的吐蕃铁骑兵的凌厉攻势下，敌军一个个或被斩杀，或被俘虏。阿罗那顺的王后、王子及还在睡梦中的敌军将领，更是毫无防备地被师仁用绳索牢牢绑住，成为这场战斗中的俘虏。部分侥幸从东城门逃出的敌军将士，慌乱中因找不到渡船，纷纷赴水而死。

雨停了，周遭也寂静下来，天竺兵糊里糊涂地成了蒋师仁的俘虏，个个垂头丧气，狼狈不堪。就这样，茶博和罗城两战便切断了阿罗那顺的后援部队。见大势已去，不几天，中天竺大小城邑五百八十所纷纷前来投降，只剩下曲女城一座孤城仍在顽抗。

这日，身在曲女城的阿罗那顺得到前方来报："报告大王，不好啦！王后与库奇亲王在罗城已战败被擒，两万军队也全军覆没。"

"什么……？都是废物！"阿罗那顺听闻消息后全身瘫软。他已经是顾头不顾腚，不知如何是好。

"大王，依臣之计，我们不妨向鸠摩罗寻求帮助，毕竟我们都是天竺人，'兄弟阋于墙，外御其侮'，想必他会放下恩怨，与我们共同退敌。"大臣辛格如此建议。

"辛格，我何尝不希望如你所言，但他是戒日王的兄弟，不是我阿罗那顺的兄弟，恐怕鸠摩罗不会援助我吧？"阿罗那顺反问，群臣无语。

阿罗那顺一阵苦笑，游移不定的眼神此时变得有些呆滞和落寞，自言自语道："我担心鸠摩罗不但不会派兵助我，反而会抓住我军溃败的时机，向王玄策与大唐示好。到那时他便可统一五天竺，岂不乐哉！"

"难道我们只能坐以待毙?"枷楠永生愤愤地说。

尽管阿罗那顺已经感到大势已去,还是向群臣问计道:"值此紧要关头,诸位有何良策?"

"目前最好的办法就是以守为攻,打持久战,以逸待劳,耗尽他们的军粮和耐力。待其粮草耗尽,求战不得,只能退兵。到时大军追蹑,必将大胜。"辛格提议道。

对此,枷楠永生却提出不同意见,他说:"此乃下策,城中储粮不多,日久生变,依臣所见,不如轰轰烈烈与之一战。"

"你说得如此轻松,目前曲女城的守城将士仅有四千人,如何与之对抗?"辛格反问。

"是大人老了,不敢出战吧!"枷楠永生反唇相讥地对辛格说。

"口出狂言,老夫在战场上立功之时,你还在娘胎里呢,小子!"辛格不屑地回击。

"大敌当前,两位爱卿莫要相争,别只顾逞一时的口舌之快了,应尽快想想应对之策!"说罢,阿罗那顺离开了正殿。

时光飞逝,一晃又过了五日,阿罗那顺连日不出兵应战,看来是决计打持久战来消耗和拖垮联军。而玄策早就看透阿罗那顺的心思,已经做好了主动攻城的准备,他等这一刻已经等得太久了!想到众位使团弟兄们与贺罗阁室丽的生命安全,他恨不得立刻插翅飞进城去。

这是一场正义与邪恶的较量,可喜的是反叛阿罗那顺的士卒和中天竺国的百姓越来越多,每天有数以千计的人扶老携幼地逃出阿罗那顺的控制,前来投奔联军,而且邻近的国家也纷纷响应王玄策的檄文,送来了军马和粮食。南天竺王杜鲁婆跋咤派来了一万人马。北天竺毗兰达国乌地多王派来了五千军马,就连东天竺的鸠摩罗也终于派来了一支一万人的军马,一起支持联军彻底消灭阿罗那顺的势力。

尤其令人惊喜的是，鸠摩罗让人带来了一封密信——阿罗那顺向鸠摩罗乞求借兵的密信。玄策决定将计就计。

联军将曲女城团团围定，做出准备攻打的阵势，在玄策的指导下又制造出更多的攻城器具，如抛石车和冲城车，还有那登城用的云梯，一辆辆排在了城墙四周。这雄伟的阵势，更加让城中的人胆战心惊，惶惶不可终日，于是越来越多的人选择在黑夜的掩护下，悄悄爬出城墙，前来投奔联军。

晚上，玄策与师仁、东赞三人连夜召开阵前会议。蒋师仁果断地说："现在形势已经逆转，阿罗那顺已经成了瓮中之鳖，从四面向城中抛石强攻，指日便可拿下！"

"不、不可，困兽犹斗！这样联军的伤亡也会很大，而且会伤及曲女城中无辜的百姓，残杀无辜失去的将是整个天竺的人心，那将得不偿失。"王玄策反驳说。

"名远兄说得对，不能伤及无辜百姓，现在投奔我们的天竺百姓越来越多，赢得人心才是我们取得最后胜利的保障。"禄东赞赞同道。

"东赞兄，请您带领来降的天竺将官迅速组织一支天竺军，以作攻城之用！"玄策吩咐道。

"好的，我明白了！"禄东赞点点头。

第二天，攻城战斗打响了，禄东赞站在高高的望楼上俯视城中，指挥抛石车向城中衙署的方向发射，一时间乱石如雨，巨大的石块让城中的敌人人仰马翻、房屋坍塌，守城士兵一个个抱头鼠窜。为了迷惑敌人，玄策下令将军队主力集中在城墙较为低矮的西门攻打，做出欲从西门攻城的假象，将敌人的注意力吸引到西门，而将一部分精锐部队暗藏在东门两侧。

眼看西门不守，傍晚时候，一队鸠摩罗的人马打着东天竺国的旗号，从东方远远而来，并很快拉开与联军开战的架势，双方假意打斗一番之后，这队人马直奔东门而来，然后向守城军队大呼："快开门！我们是东天竺国的援兵！"

阿罗那顺接到报告，心中暗想，"这应该不会是什么诡计吧？"但眼下火烧眉毛，他顾不得那么多了，经过简单的盘问和辨认，当看到对方持有自己写给鸠摩罗王的书信后，便不再怀疑，急忙下令打开了城门。

城门刚一敞开，王玄策发出一声暗号，早已蓄势待发的联军将士们如同离弦之箭，勇猛地冲进城内，喊杀声震耳欲聋。联军势如破竹，又如潮水般源源不断地涌入曲女城。

有人已经攻入王宫，听到外面的喊杀声，阿罗那顺这才幡然醒悟，知道连中了王玄策的计，急忙大呼："枷楠——枷楠永生，将他们拿下！"阿罗那顺大声叫嚷着，四处乱窜。

"放下武器！别动！别动！"随着一声声大喝，大量联军士兵已经攻入王宫。狼狈不堪的阿罗那顺还在做垂死挣扎。

"不用挣扎了，宫中所有人已被我们控制，你还是投降吧！"蒋师仁大喝道。

阿罗那顺急忙向外看去，外面喊杀声正渐渐平息，大批的联军已经涌入城中，此时他即使有通天的本领也施展不开了。他早已众叛亲离，大势已去。为他出谋划策的辛格万岳被乱军所杀，而他身边负责护卫的大力神将枷楠永生也早已被俘，此时还在为这么多天喝了太多的牛尿却没有发挥应有的威力而怀疑人生呢！

猛然间，一个身影出现，阿罗那顺定睛细看，只见在众多将士的簇拥护卫之下，一人正威风八面、大步流星地走近。那人的面容，竟在阿罗那顺的脑海中瞬间闪过，唤起了他熟悉而又惊恐的记忆。

来人正是自己嫉恨的仇人王玄策!匍匐于地的阿罗那顺突然飞身跃起,迅速地拔出一把短刀准备向玄策刺去。禄东赞见状,赶忙上前,飞起一脚,短刀落地。

"还不拿下!"随着禄东赞一声大喝,早有四五个士兵饿虎扑食般上前,将阿罗那顺绊倒,然后死死按住,随即用绳子结结实实捆绑住。

"尽快前去放出我使团众兄弟!尽快寻找贺罗阁室丽公主!"玄策一边吩咐蒋师仁,一边忙叫人把阿罗那顺带上前来受审!

玄策等这一天等得太久了,"谢天谢地,使团的兄弟们得救了,自己没有辜负朝廷的信任,也没有令贺罗阁室丽失望!马上就能见到心上人了,这次无论如何,再也不能辜负人家了。"玄策这么想着,长长地舒了口气。

但随后传来的消息却是喜忧参半,喜的是早已有人打开牢狱,放出了被关押的唐朝使团二十余人,与他们一道控制了城中局势,忧的是大家找遍了宫中所有角落,就是不见贺罗阁室丽的踪迹。

"贺罗阁室丽在哪?你、你把她藏在哪里了?快说!"王玄策急切地问道。

"我虽然沦为你的俘虏,但我可以拒绝回答你的问题。"阿罗那顺直不起身来,但他还是扭过头,扬起脸,不屑地说。

稍做沉默,看着王玄策万分焦急的样子,阿罗那顺发出一阵狂笑,被按住的腰硬是挺了挺,声嘶力竭地对王玄策吼道:"哈哈——我得不到的,你也休想得到。别以为你赢了!哈哈——"诡异的笑声回荡在整个大殿,显得异常阴森。那飘忽不定的眼神中也露出一种决绝的寒光,又如狼戾的狼眼一般,令人望之生畏。

这时,玛亚踉踉跄跄跑进殿里,向玄策哭着诉说,声音几度哽咽，但她还是坚持说清楚了一个令人震惊的事实："大使，长公主……长公主她已经被阿罗那顺害死了！"说着双眼冒火，瞪向阿罗那顺。

王玄策知道贺罗阇室丽与玛亚的主仆情谊，她肯定不会说假话，但还是不相信自己的耳朵："什么？什么？她、她怎么了？"

玛亚哽咽着回答说："前日他逼公主成亲，公主宁死不从，最后撞向了殿内的柱子……这是公主留给您的！"说着，玛亚将一个精致的漆奁库露真递给了玄策。

王玄策颤抖着手轻轻打开，里面只有一缕略微卷曲的秀发与一把牛角形玉梳。

见到此，王玄策只觉天旋地转，一下子瘫软在地，没想到她身陷险境，没有等到自己前来解救她的时刻，最终竟以性命来捍卫自己的尊严……为什么自己没能早来几天……

玛亚哽咽着向众人讲述了那悲壮的一幕：

就在前日，随着联军节节胜利，阿罗那顺眼看众叛亲离，心知自己的末日就要到了，心犹未甘的他，于是连夜逼迫公主与自己完婚。

"你死了这条心吧！宁为玉碎，不为瓦全，我千金之躯，怎能与你这等奸逆小人结伴？"公主义正词严地呵斥道。

话音未落，只见贺罗阇室丽猛地拔出藏于身上的匕首，朝着阿罗那顺狠狠刺去，眼看着国恨家仇就可报了，但阿罗那顺毕竟是久经沙场的武将，反应极为敏捷，岂是金枝玉叶般的公主这样的柔弱女子能轻易伤到的？说时迟那时快，他身形一侧，轻松躲过了公主的一击。贺罗阇室丽因用力过猛，身体失去平衡，重重地摔倒在地，手中的匕首也飞了出去，被迅速上前的卫兵一把捡起。

就在众人惊魂未定之际,公主挣扎着爬起,一头向宫殿石柱撞去,顷刻间,鲜血飞溅,她也倒卧于地……

"不,你这是何苦?为了王玄策牺牲自己,值得吗?"阿罗那顺伤心地抽泣起来,并大声喊道:"快传御医!"

过了一会儿,贺罗阁室丽睁开眼睛,向着北方用尽所有的力气喊道:"名远,此生遗憾不能再见,祈求来世……"话未说完,已经断了气,大睁着的双眼中满是不甘与不屈。

带着期盼,带着仇恨,带着对人世间的邪恶与罪孽的控诉,贺罗阁室丽公主就这样香消玉殒,人世间少了一对情投意合的眷侣,又多了一曲哀婉动人的离歌。

玛亚讲述完后,在场的众人皆瞠目结舌,心中震撼不已。有人早已无法抑制内心的悲痛,开始低声啜泣起来。王玄策在强忍着心中的悲愤与眼中的泪水听完这番叙述后,往事似乎一幕幕又在眼前出现,公主临终前的决绝与无畏,也仿佛就在眼前。"为什么自己没能早来一步!"想着,想着,只觉眼前一黑,整个人瞬间失去了意识,晕倒在地……

四周一片死一样地沉寂,凌晨遥远的天际出现了一抹鱼肚白,但清冷的月亮仍将一缕淡淡的微光洒向王宫,远处传来如泣如诉的天竺歌声:

  像藤萝环抱大树,
  把大树抱得紧紧;
  要你照样紧抱我,
  要你爱我,永不离分。
  像老鹰向天上飞起,

两翅膀对大地扑腾；
我照样扑住你的心，
要你爱我，永不离分。
像太阳环绕着天和地，
迅速绕着走不停；
我也环绕你的心，
要你爱我，永不离分。

十八　再见喜马拉雅

王玄策以少胜多、以弱胜强,擒获阿罗那顺的消息不胫而走,震撼了五天竺。各国纷纷前来犒师致贺,百姓也是议论纷纷,奔走相告,欢呼雀跃。

但是很快有人开始怀疑王玄策此来的动机,有人传他是奉大唐天子之命来攻打中天竺的,有人传他是为心爱的贺罗阇室丽公主报仇,也有人传他是为了与阿罗那顺争夺王位。在众说纷纭声中,甚至连蒋师仁也向王玄策说:"今中天竺没了国王,我二人不如不要回去的好,您做国王,我做丞相,岂不快活?"

玄策听了,急忙以手掩其口,并呵斥道:"万不可胡言乱语,我等正怕不能自明,岂敢再落人口实!"

见师仁不解,玄策进而解释道:"'兴亡继绝①,义在于我!'不然,不仅有违戒日王之恩与两国旧好,还会引来天竺各国的骂名!届时,虽有万里江山,何足为贵!"

其实,近来王玄策早已万分焦虑,家不可一日无主,国不可一日无君,中天竺国因王位悬虚,举国人心惶惶,眼前最重要的

---

① 兴亡继绝:出自《论语·尧曰》,意思是使灭绝的重新振兴起来,延续下去。

就是让中天竺尽快走上正常轨道,社会重新安定。贺罗阇室丽壮烈而死,王室成员大部分已经被阿罗那顺杀害,幸存者又不知下落,一连数日玄策派人去寻找均无音讯。

但就在此时,局势却意外出现了转机。

这日,有一自称王子的青年男子前来求见王玄策。只见他身穿白色长衫,眉清目秀,举止高雅。不等男子报上姓名,玄策已经认出,眼前这位英俊青年不是别人,正是他们正在寻找的戒日王之子、贺罗阇室丽的侄子——地婆西那太子。上次在泥婆罗边境别过后,王玄策一直不知其下落,此时相见,二人抱头痛哭。

地婆西那啜泣着向大家讲述了那天与王玄策、蒋师仁在泥婆罗边境分别以后,决定分头前去借兵的情景。

原来三人分别以后,地婆西那本欲前往东天竺国借兵,不料随即便遭遇阿罗那顺的追杀。

一天,在东去的途中经过一寺庙,见寺主是一位鹤发童颜的大师,太子上前躬身作揖,请求借宿一晚。

夜深人静之时,熟睡中的太子竟不知什么时候早被三个黑衣人盯上,好在睡觉之前,他预先在所住屋门口做了防备和预警,黑衣人刚接近门口,便触碰了机关,发出"哐啷"一声巨响,惊醒了睡梦中的太子。只见一个黑影,猛然上前,太子见来者不善,迅速翻滚于床榻一侧,拉开距离。其余两个黑衣人立刻上前围堵,在双方招数一来一去之间,太子终寡不敌众,落了下风,转身之间,已被一黑衣人一记上勾拳,狠狠打在下颚上。伴随着一阵眩晕,太子被打倒在地,另外两个黑衣人正准备抽刀去砍。

殊不知打斗声早已惊扰到寺庙住持,大师观此三人装束,均为黑夜行衣,定非良善之辈,想必是权势之人豢养的杀手。这时见黑衣人正准备抽刀去砍太子,大师便迅速出手相救。只见他迎黑衣人而来，脚下仅仅动了两步，就将三个黑衣人的攻击全部躲过，而且姿态潇洒，没有一丝慌张。用手中一拐杖般的短棍，轻松抵挡住了对方暗器，将太子护在身后。

数招过后，那三名黑衣人见迟迟未能取得进展，明显开始慌乱。就在这时，大师瞅准时机，轻挥短棍，以迅雷不及掩耳的手法敲在了三人的穴位之上。这一击看似轻柔无力，实则起到了四两拨千斤的奇效，三名黑衣人顿时晕厥了过去。

事后得知刺客又是阿罗那顺所派，太子方才更加明白阿罗那顺果然不会轻易放过他。经此刺杀之事，太子也认清自己武功不佳，势单力薄，必须处处提防，不可以卵击石，随即拜入大师门下。为了暂时躲避暗杀，避其锋芒，只好隐姓埋名，等待时机。直到前日听得玄策等已经胜利的消息，方才赶来相见。

众人听完太子的讲述，无不被阿罗那顺的险恶用心所震惊，一个个气得咬牙切齿，恨不得立刻将阿罗那顺碎尸万段。

地婆西那满怀感激地说道："从前不理解姑姑为何不顾劝阻执意要嫁给您，如今方理解姑姑对您的信任与嘱托，更为敬佩您和您的将士们对曲女城百姓的爱护，真是中天竺之万幸、百姓之万幸！"

提起贺罗阇室丽公主，玄策又伤感不已，二人久久不能释怀。但庆幸的是，共同的敌人已经被打败，太子前来，国家也有主了，可以告慰九泉之下的公主与戒日王了！现在问题的关键是，如何重建和恢复国家秩序。大战将息，民生凋敝，此时正是百废待兴、重整河山的时候。

二人努力节哀，随之，玄策陪同地婆西那慰问将士，抚恤伤亡，玄策见其所作所为，颇有一番热情与抱负，知道他会像戒日王一般有所作为，也就放心了。

太子突然出现的消息又是不胫而走，中天竺国人一时振奋，前朝旧臣，多不忘戒日王昔日的恩德，竞相前来参见。太子一连数日走出宫门，一一接见。士庶百姓见了，有认得太子者开始欢呼，在场者无不涕泣，感念梵天，感念佛祖护佑中天竺。

黑夜过去，晨曦来临之际，天地之间一派祥和气氛，曲女城吹响了号角，擂起了锣鼓。节日的气氛充盈在城中的大街小巷。人群从四面八方涌向曲女城，庆祝新国王地婆西那登基。

在这美好的时刻，街道被打扫得干干净净，空气中重新散发出无忧树花的芬芳，到处是笑逐颜开的人们。在王玄策与中天竺群臣的拥护下，太子头戴高高的塔式王冠，身穿五色锦袍，登上宝座，群臣上尊号为"日军王"。

随后，日军王带领大臣来到太庙，献上祭祀，在其父及其姑姑贺罗阇室丽灵前合掌祭拜和告慰。

当天下午，日军王乘坐高大的白象，在人群中缓缓游行。数千名勇士手按宝剑，身跨骏马，簇拥在国王前后。曲女城及城外二十里之间，人涌如潮，摩肩接踵，锣鼓喧天，人群高声欢呼，向年轻的国王致敬，妇女们从窗口向新国王抛撒鲜花，整个曲女城重新焕发出往日的生机与活力，变成了欢乐的海洋。

庆典过后，傍晚时分，大街小巷恢复了昔日的繁荣与喧嚣。各行各业重操旧业，商铺重新开业，大小商贩的叫卖声此起彼伏，城中又喧腾起来，青年男女纷纷走出家门，享受多日难得的闲散和美好时光。女子穿着各式各样飘逸、艳丽的纱丽，雅致而又不失奢华，个个明艳动人，风情万种，影影绰绰地展露着天竺女性特有的柔美。

蒋师仁、禄东赞二人悠闲地在曲女城内市场观瞻，夹杂在来来往往的人流中,单单观看这富有异域风情的街市,已是目不暇接、眼花缭乱,真是难得的享受。

"这市场上售卖的商品也实在是太丰富和离奇了,那钻石和珠宝真是精美,这小叶紫檀串珠在长安城很稀有……这么多闻所未闻、见所未见的玩意儿!喂……等等,这个是什么东西?"蒋师仁说着,猛然停下了脚步。

"喂,店家,这个是什么?"指着眼前看上去如同大块结晶盐一样的东西,蒋师仁与店主打着手势交谈。店主将那物品拿起一块放在嘴边,微微一笑,示意蒋师仁这是一种食物,也递给他们每人一块。禄东赞登时睁大了双眼,不可置信道:"什么?这东西竟然可以吃?"

一边说着,禄东赞一边把一小块黄褐色的晶体放入口中,表情在下一个瞬间急剧地变化起来。

"看上去如同盐巴一样,味道却如同蜂蜜一样甜,真是太不可思议了!"禄东赞疑惑不解地说。

"哈哈,这正是石蜜,是天竺有名的特产。这就是天子这次派我们前来引进并学习其制作方法的东西。"

"石蜜?是从石头里得到的吗?"禄东赞皱眉问道。

"不,是从一种叫作'甘蔗'的植物中提取的,石蜜不但可以用来调味,还可以用来酿酒、养生、治病。这就是我大唐天子与百姓期盼已久的东西。有人说它是因为像石头一般坚硬而被称为石蜜,还有人传言因其最早出自西域石国,所以称石蜜。"

"真是太有趣了……喂,店主,你有多少这玩意儿?我们都买了!"禄东赞慷慨地对店主说。

"呀!真是好东西!只可惜我们高原不能种植甘蔗,但中原应该可以吧!"禄东赞一脸向往。

"是啊！应、应该是可以的。我们国家岭南交、广二州也出产，国家正在大力开发岭南交趾①，扬州应该也可以，那些地方的地气湿热，应该都是可以种植甘蔗的，过去只是不知道怎么制造石蜜。"

二人的注意力都被石蜜牢牢吸引，浑然不知何时王玄策已经来到二人的身后。

蒋师仁轻轻地摸着自己满脸的胡茬絮絮叨叨："如果真的能把石蜜引入我们大唐，让天下人人都能吃到这东西就好了……哎呀，我们这次就是奉天子之命来求取制造石蜜之法的……近日竟把正事给忘了！"

"是啊，真是将正事给忘了！"

几个月来，发生了太多的事，仿佛自己的一生都在这几天过完了，如今方才想起自己的使命，王玄策心里也略有自责……

即将踏上归途的前夕，年轻的日军王地婆西那携同群臣，在宏伟的王宫中设晚宴，盛情款待英勇的联军将士们。

"王大使，本王能继位全凭您与众联军将士的帮助，再造之功，天高地厚，真不知道应该如何才能表达本王和天竺人民的感激之情！"

王玄策起身，双手合十向国王致礼，坦然回答道："陛、陛下不必言谢，本使只是捍卫了大唐的尊严，完成了自己的出使使命，所做之事也是贺罗阁室丽要完成之事。不过，若是陛下能成全本使三个请求，本使将感激不尽。"

日军王和群臣略微一怔：此次有幸复国，王玄策可谓劳苦功

---

① 交趾：今越南北部。

高,莫不是此时想要趁火打劫,提出过分的要求?日军王疑惑地问道:"不知大使有哪三个请求?本王将以举国之力,竭力满足!"日军王诚恳地问道,众人则随着日军王的话语,皆把目光聚焦在了这位大唐英雄身上,心中好奇他会提出什么样的要求来。

王玄策开口道:"其一为贵国的制石蜜之法。这次我、我等即是奉敕前来求取制造石蜜之法的,若陛下恩准,大唐百姓就都能如天竺百姓一样有幸吃到石蜜了,我大唐天子必将感激陛下。"

日军王一听,哈哈大笑:"此乃小事,本王派本国最优秀的工匠与您一同前往大唐,去传授石蜜制造之法,顺道再学习一下大唐的造纸和制陶技术。前面先王派人从贵国学来的造纸技术,我国人如今制造的纸,尽管不如贵国的那样平整精致,但书写起来已经十分方便,还经济实用,近年来各大寺院用纸张书写的佛经数量已成倍增加,官府的各级公文与我国人的书信也已经逐渐用纸张书写。昔日因苦于书写材料的昂贵,那些有志于学的贫苦子弟,囿于无书籍可读,以后也会有书可读了!"

听日军王此言,玄策道:"是呀,互通有无,互相学习,可是造福两国的好事。那造纸技艺确实很复杂,据卑职所知,制造加工就有备料、蒸煮、漂洗、切碎、舂捣、打槽、捞纸、压榨、干燥等道工序。因原料不同、工艺不同,我国各地制造的纸张亦不同。品种有短白帘硬黄纸、粉蜡纸、布纸、藤角纸、麻纸、桑皮纸、桑根纸、鸡林纸、苔纸、女儿青纸、卵纸……其中越州剡藤苔笺,蜀川十色笺,扬州六合笺,韶州竹笺,蒲州白薄、重抄,临川之滑薄,另有水纹纸、谢公笺等,皆为名品。"

日军王君臣听得吃惊,继而日军王又若有所思地说道:"至于这制瓷之术,先王在世时曾派人去贵国学习,那技艺就更难掌握,总造不出如贵国的效果,听胡商说,贵国有'越窑似冰,邢窑如雪'之说，不知究竟为何意？"

"瓷器在我国各、各地都有生产，但各具特色，其中越州窑的青瓷明彻如冰、温润如玉。其精品'秘色瓷'尤为特制的皇宫贡品。青瓷除越州窑出产之外，还有鼎州窑、婺州窑、岳州窑、寿州窑、洪州窑，也都很有名。而邢州的白瓷洁白如玉、色泽胜雪，出产最多，有'天下无贵贱皆通之'的美誉。另有三彩瓷，三色似天然形成一般，绚丽斑斓，以洛阳出产者最为有名。所以又有'南青、北白，洛三彩'之、之说。"

"贵国的瓷器种类太丰富，也太精美了！"

日军王连声叫好，但此时他已忍不住想知道王玄策的第二个请求，又急切地问道："暂不说瓷器了，不知大使的第二个请求为何？"

玄策答道："阿罗那顺挑衅我大唐，杀、杀了我使团几名成员，抢劫了我使团财物，如今他已成阶下囚，恳请陛下允许我将阿罗那顺及其叛党押解回长安，听候我大唐天子处置，以便本使对我大唐天子陛下能有所交代。"

日军王心想，反正阿罗那顺及其叛党已被平定，自己亲手杀他或由大唐杀他还不是一样，不如做个顺水人情也好，便爽快答应道："擒拿阿罗那顺是大使及将士们的功劳，如何处置皆听大使裁决。战争中俘获的战利品也一并归大使处置！"

不等日军王问自己的第三个请求，王玄策已经心情沉重地继续说道："其三为贺罗阇室丽公主，生前我已亏欠于她，请求陛下允许我亲手将贺罗阇室丽的骨灰撒在恒河安葬……不知陛下可否同意？"

日军王被王玄策这番情真意切的话深深触动，姑姑为了心中坚守的爱情，宁死不屈，为铲除逆贼更是殚精竭虑，奋不顾身！

逝后将骨灰撒在恒河,也是天竺人最大的心愿。

"若姑姑知道大使对她的这番珍重与深情,一定会欣慰的,本王也感动不已,怎会拒绝这番人世间最动人的情义呢!"

说到此,玄策正欲起身答谢,日军王已经跨步上前,紧紧握住玄策的手,二人都含泪无语……

随后,晚会开始,先是戒日王的喜剧《龙喜记》开始上演。这一次的上演不比往常,念及故去的戒日王,日军王与满朝文武无比哀伤,王玄策的心情尤其沉重和伤感,但在这胜利和欢庆的日子里,虽有万般遗憾和悲痛,他也得笑着、忍着,不让眼泪掉下来。

次日夜幕,一弯残月高悬于天际。王玄策手捧着贺罗阇室丽的骨灰盒,缓缓步行至恒河之畔。这条被印度人视为母亲河的圣水,流淌着无尽的哀思与寄托,将逝者的骨灰撒入圣水,祈求超生天界和灵魂的安息。

微风清冷,流水低咽,烟波浩渺的河面在迷雾中泛着幽光。他缓缓地把骨灰一把把撒入流淌的河水里,月光下,贺罗阇室丽可爱的笑脸不断地闪现,两人幸福的时光一幕幕掠过……

撒毕,王玄策伫立河畔,拿出自己写好的祭文借着幽暗的月光轻声诵读,声泪俱下,草木含悲,山河动容。其文曰:

维大唐贞观二十一年十一月癸卯,大唐天竺使王玄策,谨以鲜花果品、饭食琼浆,乃致祭贺罗阇室丽公主于中天竺恒河之畔。魂魄有感,香魂驻足飨受。聊以达诚申信曰:窃思公主自诞降王宫,迄今芳龄二十有四。其祖开基天竺,服膺称王。父波罗王,兄戒日王,侄当今中天竺日军王,累圣伟绩，显乎史册。

忆公主袭生之昔，禀灵毓秀，才貌无双，具孟姜之书艺，蔡琰之巧思。孝从天性，淑德自养。孰料豺狼垂涎，虺蜴在侧，阿罗那顺包藏祸心，窥窃神器，弑君鸩贤，沐猴冠带。又亵渎金玉，幽公主于别宫，威逼利诱。公主尚冒死救吾，死不适贼，勇烈丹墀，玉碎于庭！

念吾与汝玉得乎衾枕枥沐之间，栖息宴游之昔，亲昵无间，相与共处者，二年有畸。天乎不慭，曾靡降福；神道何昧？忽贻其殃。奈何天不佐我，痛悼缘尽。孤衾梦见，醒而空堂。

聊可告慰者，自与汝别后，吐蕃赞普襄助，泥婆罗国王仗义，吾爰举义旗，亲统三军，攘除奸凶，妖孽荡尽。今汝侄日军王陛下承运继统，登临大宝，朝纲已振。而吾亦将班师凯旋，报命皇唐。念昔日情好，此生难忘！悼以长往，终大无期。乃歌而招之曰：

径万里兮度沙幕，为君使兮奋身毒。
地域穷兮节旄衰，鹫山勒兮名已遂。
佳偶已失，虽欲颉颃兮谁与归？

读毕，遂焚帛奠茗，心中默念着祈祷：愿贺罗阁室丽的灵魂能在天国的光辉中得到超度，寻得永恒的安息。

玄策刚要起身，忽然听见身后一群人远远哀声唱起，原来是日军王率领群臣不知什么时候已经前来，一同为长公主送行，大家齐声哀唱，歌词曰：

我用红垩在岩石上画出你由爱生嗔

又想把我自己画在你脚下匍匐求情
顿时汹涌的泪水模糊了我的眼睛
……
啊，愿你在人世外火的气息里
把一切痛苦沉入这恒河的静谧，投向新的诞生
……

　　玄策含泪听着凄清的挽歌，茫然地望着飘洒在河面上的鲜花，漫无目的，无根无叶，如浮萍般孤独、无助地随波漂荡。啊！那是贺罗阇室丽，可怜她香魂一缕随风散，徒留哀怨在人间……过去的无法挽回，彼此给予的温暖却铭记于心——那是战胜一切黑暗的力量。

　　次日，晨光中，宾主道别。王玄策率领使团和得胜而归的联军向天竺人民告别，曲女城南北主街旁都站满了行人，日军王与群臣来到城门外为王玄策一行送行，东天竺国鸠摩罗王也送来牛马及弓、刀、宝璎珞等，表示愿与大唐永世修好。

　　在前来送行的人群中，还有玄奘法师昔日的好友——中天竺国摩诃菩提寺大德智光、慧天等僧人，恳请玄策带上他们写给玄奘的书信及礼物，玄策一一答应。

　　王玄策、禄东赞和蒋师仁带上日军王致唐太宗的国书、石蜜、珠宝、经书等献物，还有从菩提寺等各处特别调来的十位石蜜制造师，以及禄东赞为吐蕃迎请到的几位天竺高僧，向道路两边送行的人挥手致意。

　　紧随其后的是一千余名吐蕃的铁骑兵，队形整齐、威武雄壮。

　　接下来是泥婆罗、章求拔二国的骑兵、步兵共六千余人，也

是精神抖擞，意气风发。

走在最后的是被押解的包括阿罗那顺及其妻儿在内的叛党男女等一万二千人，有的蓬首垢面，被装在囚车，有的则戴着手铐徒步跟随，踉踉跄跄，后面还跟着被俘获的三四万头牛羊杂畜，迤逦而行。

行至泥婆罗国，六千余泥婆罗兵得胜还朝，玄策将杂畜一万头分送给了泥婆罗和章求拔以示感谢。次日，再次拜谢过泥婆罗国王那陵提婆和众臣僚，便又匆忙上路。

再次来到吉隆山口，抬头看见横亘在眼前的喜马拉雅山脉那巍峨的山脊与光耀千年的积雪，玄策顿时热泪盈眶。几番路过，他仿佛第一次感受到喜马拉雅山以如此伟岸的气势和雄风矗立在他的眼前。

这时他终于明白了，这一次次的际遇不是因为时空的距离与文明的差距，也不是因为自己一时的聪敏、勇武与侥幸，而是他背后有一个如同喜马拉雅般伟岸挺立的大唐！

如果不是凭借大唐的声威，也许自己早就性命不保，哪里还有吐蕃、泥婆罗等国的出兵援助与自己的建功立业！

长长的队伍迤逦而行，当吉曲河谷两岸的青稞在春日曛暖的照耀下开始蓬勃有力地吐穗扬花时节，三人率领着凯旋的将士们，终于抵达吐蕃首府逻些。映入眼帘的是那熟悉而庄严的红宫，松赞干布携手文成公主与赤尊公主，率领全城民众，以隆重的仪式迎接了忠勇的英雄们。

将士们被戴上鲜花，身披虎皮，在人群的欢呼声中跨马游街，无比荣耀。而这份跨越千山万水的生死情谊，如同眼前这座红宫一般，厚重而温暖，即将被历史永远铭记，让在场的每一个人都深感动容。

为了表达心中的感激之情，王玄策又将一万头牲畜与骏马赠予吐蕃，以此表达深沉的谢意与对彼此友谊的珍视。

　　在吐蕃休整数日后，玄策等继续前行，松赞干布亦派禄东赞同行前往大唐献捷。

　　向东望去，故国河山已经遥遥在望，玄策又是几度哽咽。家国，始终是远行的游子心中永恒的牵挂和归宿……

十九　长安城的皇家盛宴

贞观二十二年(648)农历五月十五日。

唐朝京城长安，正当太宗与众臣僚早朝时，驿骑来报："右卫率府长史王玄策一行出使天竺，大败中天竺国，俘获并押解其国国王阿罗那顺及王妃、王子等，男女共一万二千人，牛马一万余匹，现已经返回长安！"

满朝文武一听，无不震惊，几乎无人敢相信自己的耳朵。究竟是怎么一回事？但看太宗，却是一脸的欣慰与自豪，原来他已于前几日得到驿骑传来同样的报告，当时他也是大为震惊，不敢相信，但今日王玄策一行确实归来了。于是，他急忙降旨，凡在京三品以下所有文武官员出城迎接。

消息不胫而走，长安城倾城百姓听闻王玄策带着万余天竺俘虏回唐，也纷纷前来观看，一时间，长安城内万人空巷，如同举办盛大的节日庆典一般。

五月的长安城天气已经炽热，前来迎接的官员与倾城而出的百姓的热情更炽，只见长长的队伍进了明德门，走在队伍最前面者，为身穿锦袍银甲的王玄策、禄东赞与蒋师仁，三人可谓玉树临风、威风凛凛，持节按辔徐徐向前，被俘的阿罗那顺及其家眷等男女，在众吐蕃兵的押解下狼狈跟随，后面又是被俘获的成群牛马与众多珍宝物资，迤逦而行，一眼望不到尾。

"天竺人的穿衣打扮也太奇特了！"

"那些男子的上衣，算是长衫又不长，算是短褂又不短！唏——还有那宽大的裤子真像灯笼！"

"是呀——那些男子都剪去了须发，好生奇怪，一个个脸上光溜溜的，像女子一般呢！"

"那些披着花花绿绿衣服的女子，佩戴着各式首饰，编着发……只是都袒露出肚脐、露出腰，还赤着双脚……"

长安城的百姓指指点点，七嘴八舌地窃窃议论着，对这帮来自异域的人充满了好奇。

而阿罗那顺自踏入长安城起，看到眼前的一切，心中也不禁暗暗惊叹，往日的桀骜不驯早已荡然无存。这里的街道纵横交错又宽阔整齐，呼应对称又庄重典雅。街坊高大，人涌如潮，人们衣着鲜亮，热闹非凡。再看那军马仪卫，雄壮严整，原来这就是戒日王崇拜的大唐！阿罗那顺看着，心里头嘀咕着，不禁腿脚又酸软了许多。

穿越了一道道厚重的城门，绕过一座座巍峨的大殿，只见它们雕梁画栋，斗拱飞檐，每一处辉煌都彰显着不凡的气派，每一份细腻都蕴含着无尽的精致。关起门来称王称霸的他哪里知道，在气象万千的大唐面前，自己竟是那么卑俗与狭隘，这世间确实是强中自有强中手，天外还有天外天呀！

午时三刻，王玄策一行来到太极宫。几声传呼之后，太宗銮舆缓缓驶出，玄策等急忙跪伏于廊下，连声高呼万岁。

"传王玄策、蒋师仁等进殿！"侍卫礼官高声传呼，王玄策方领众人趋步进殿。

进入太极殿，王玄策、蒋师仁先呈上中天竺所贡的几盒精制石蜜，跪拜行礼。

不等玄策开口，太宗早已难掩内心的喜悦，开口道："两位爱卿速速请起！二位不辞劳苦，取得石蜜，携带工匠归来，不负朕望。有司来日速遣工匠至越州、扬州制造，好让我大唐百姓皆能吃到石蜜！"[①]

接着，太宗话锋一转道："更为人称道者，二位排除万难，果断借兵吐蕃、泥婆罗，擒得阿罗那顺，铲除叛逆，捍卫我大唐尊严，续我唐与天竺各国之旧好，'取威定霸'此之谓也！千古之功，将永彪史册！"

王玄策与蒋师仁回话道："臣等惭愧！实赖我大唐威德，能为朝廷效力乃臣等荣幸。"说罢，玄策又呈上日军王给太宗的御书。

太宗看后哈哈笑道："我大唐威德远播，天竺遐荒，今得降服，自古未有！旷古盛事，命有司以告太庙！列祖列宗在天之灵必感欣慰！"

太宗对玄策、师仁又是一番慰勉和嘉赏，群臣也是啧啧称奇。

随即，门下宣旨，加玄策朝散大夫、左监门长史。授蒋师仁为果毅都尉，各赐绢五百匹。要知道，这朝散大夫、左监门长史的品级，乃是从五品的京官，比起他出使前的七品官职来，也算是越级提拔特授，皇恩浩荡了。

接着，太宗又传旨，将阿罗那顺带上殿来。在庄重的朝见礼仪与威严的气氛之下，阿罗那顺身背枷锁，踉踉跄跄前来，随即

[①] 对于唐朝这次派遣王玄策等出使并带来石蜜工匠之事，唐道宣《续高僧传》亦有记："使即西返，又敕王玄策等二十余人，随往……并就菩提寺僧召石蜜匠。乃遣匠二人、僧八人，俱到东夏。寻敕往越州，就甘蔗造之，皆得成就。"越州治在今浙江省绍兴市，扬州治在今江苏省扬州市。

战战兢兢跪伏于地，怯生生地抬头张望，一时心中大惊。

但见太宗轻裘缓带，头戴无忧冠，身着衮袍，身躯壮硕，声音浑厚，两道剑眉下双目炯炯如炬，加上那气定神闲的庄重与神圣不可侵犯的威严，处处折射出睥睨天下、威加四海的轩昂气概。只是，有点蜡黄的脸上，好似略带病容。

此时，太宗亦正以威严的目光俯视着蓬首垢面瑟缩于御阶下的阿罗那顺，看其惊魂稍定，便开口道："阿罗那顺，我大唐使团向你中天竺友好出使，为何不感恩戴德、以礼相待，反倒劫掠杀戮，拒兵以待？"

阿罗那顺先是低头不语。太宗脸色一沉，徐徐斥责道："耳目玩于声色，口鼻耽于臭味，贪婪无道，皆败德之源。你若不劫我使团成员，今岂能被俘虏作阶下囚？"

"如果没有星星的微弱，岂能显出日月的光辉！如果没有燕雀的低飞，岂能仰望鸿鹄的高翔！臣愚昧无知，冒犯了大唐！死罪！死罪！"阿罗那顺苦笑着说道。

太宗见阿罗那顺已经认罪，转而面对群臣感慨道："历史上那中山王因贪宝致祸，蜀侯以金牛遭灭，无不是倒行逆施与贪图声色财物的典型，最终都是身死国灭！正所谓：'国虽大，好战必亡；天下虽安，忘战必危。'阿罗那顺篡逆当国，自以为中天竺为大国，遂夜郎自大！又贪图傲狠，劫持使节，挑衅四邻，不得人心，所以至此！我等君臣，不能不以之为鉴呀！"

众大臣听了，高呼："陛下圣明！"

接着，太宗传吐蕃使臣上殿，禄东赞率使团趋行进殿。待禄东赞呈上松赞干布的献捷文书后，太宗高兴地对禄东赞及众大臣说道："赞普与公主忠诚我朝，两国舅甥义好，休戚与共！这次戮平中天竺，吐蕃当机立断，及时出兵，扬大唐声威！而泥婆罗，与我使节同仇敌忾，赤心向化，友善之情可表，襄助之功永世不忘！命有司厚赏两国。"

太宗随即又下旨，授禄东赞为右卫大将军。禄东赞跪拜称谢。

当太宗赏赐已毕，王玄策引出一人，但见此人庞眉皓首，鹤发童颜，颇有几分道骨仙风。

玄策道："臣请、请来一天竺婆罗门神僧，进荐给陛下，万望能助陛下延年益寿！此人年逾二百，医术高明，且深知长生不老之术，请陛下垂问！"

太宗与群臣一听，十分惊异，急忙问其姓名。神僧只是微微鞠躬，合掌施礼道："老生乃那罗迩娑婆寐是也！"不等太宗再问，那罗迩娑婆寐竟自报道："老生今年逾二百。"

此话经玄策翻译，众人听了大惊，太宗若有所思，又好奇地问道："长老是会什么长生不老的法术才得以如此高寿？"那罗迩娑婆寐点头回道："老生粗通些长生不老之术，炼丹服药，所以长生。"

太宗一听，更感兴趣，因他早已听说过天竺医生用刀锥治病等的神奇。跪伏在一旁的阿罗那顺看到太宗有如此兴趣，一脸郑重地添言道："那罗迩娑婆寐乃我天竺神人，今已二百余岁，他精通长生不老之术！"此时的阿罗那顺已收起了昔日的傲慢口吻，伪装出善意，极力讨好，向太宗推荐道。

"如此神异？"太宗还是十分诧异。

王玄策急忙回太宗话："臣素、素与天竺神僧往来，听他们讲授禅法，沐浴佛恩，心无杂念，自然长生。天竺人高寿者不少，漫步恒河河畔，常遇到当地百姓在恒河里沐浴以求长生，臣亦亲眼见到天竺百岁老人不少。医生在天竺叫作'阿育吠陀'，阿育即生命、长寿之意，吠陀即知识之意，故天竺的医生即探寻长生之学者。那罗迩娑婆寐医术高明，曾在我军营，多有救死扶伤，今倘若能助陛下延年益寿，此乃臣之幸，大唐百姓之福！"

那罗迩娑婆寐也从容说道："食金石散，饮万年汤，然后无劳尔形，无摇尔精，无俾尔思索思虑营营，乃可长生！"

太宗听了更加深信不疑，谈话间对他更加礼敬。

"陛下，如、如何处置阿罗那顺等人？"玄策上前奏请。

太宗正在高兴处，略加思索便降旨道："阿罗那顺，弑君篡立，劫持天使，罪应加诛，但我大唐恩德为先，义不杀降，今网开一面，待以不死。监禁于弘福寺中，女眷充为奴仆。"

阿罗那顺听了，那张苦笑难分的脸上青筋暴露，飘忽不定的眼神中充满无奈，随即被押解着匍匐退下，看来他的后半生只能与青灯梵唱结伴了。

此后，太宗对长生药充满了期待，立即吩咐有司将那罗迩娑婆寐安排于金飙门内御药局，令造延年益寿药，并令兵部尚书崔敦礼专门负责监造。太宗急于求成，每日下朝，总要派人前去探问造药进展。对那罗迩娑婆寐的生活起居更是关怀备至，对他的赏赐也是源源不断，此暂且不再多说。先来说说当夜太宗大宴群臣的场面。

话说因王玄策、蒋师仁这次凯旋，加之有吐蕃使臣禄东赞一道前来献捷，带来了太宗与百姓渴望已久的石蜜制造工匠，尤其为太宗带来了能够造延年益寿之药的胡僧，龙颜大悦，吩咐当夜大宴群臣。

待夜幕低垂，如玉盘一样浑圆、皎洁的月亮从东方缓缓升起时，太极宫灯火通明，宴会开始，太常引十部伎及散乐自东西门入。

接着太常殿仪引使者及群臣百官及后宫、命妇进，《舒和》之乐奏响，待众人至位，音乐止，众皆立定。

随后，金吾传呼，太宗服通天冠、绛纱袍，在众后宫佳丽及太监的簇拥下款款而出，殿仪高声唱："再拜！"

殿仪赞者相接传呼"再拜"。一时"再拜"之声在大殿回荡，群臣跪拜行大礼。

群臣再拜毕，殿上殿仪又唱："就座！"阶下赞者又传呼："就座！"

至此，各国使节、群臣百官、诸夫人才屈身就座。

因太宗召见，尚舍奉御特意为吐蕃使禄东赞铺胡床于御座西南，为不升殿者铺席于西廊下。殿仪引吐蕃禄东赞一人升殿屈身就座于御座右侧，而引吐蕃其余使者坐于西廊下，皆北面而坐。

待众人皆就座，殿内人员送酒至，殿仪又高唱："酒至，兴（开饮）……再拜……就座！"

待觞行三周，殿仪又唱："食至，兴（开吃）！"阶下赞者又传呼，朝臣、使节又起身、俯首、再拜、收起笏板就座。

至此，韶乐奏响，太宗举杯致意，群臣举杯，又是连声山呼万岁。

皇家的金龙大宴格外丰盛，热菜、冷菜、汤菜、小菜、鲜果各品纷纷用金鼎、银櫑盛上，又是瓜果、蜜饯、点心、糕、饼等用金盆、银碟、玉盘呈献。热菜有缕金龙凤蟹、肉松飘飘、火烤鲤鱼、暴花鹿蹄、红羊枝杖、火焰盏口饠、长安鸭炙、光明虾炙、升平炙、玉馔三雅、金粟平饠、葱醋鸡、过门香、缠花云梦肉、遍地锦装鳖……冷菜分五辛盘、玉露团、八仙盘、清凉臛碎、草莓酥山、枣泥圆子、蟹黄毕罗……米面食有单笼金乳酥、曼陀样夹饼、巨胜奴、婆罗门轻高面、御黄王母饭、赐绯含香粽子、八方寒食饼、水晶龙凤糕、生进二十四气馄饨……羹汤有乳和地黄粥、长生粥、人参燕窝汤、象形鱼羹、冷蟾儿羹、卵羹……陆海榛、栗、脯、修、鱼、虾、菱、芡皆有，制作蒸、炸、烤、烹、煮齐上。那正是"鲜鲫银丝脍，香芹碧涧羹。"

正菜之外，尚有各地所贡的山珍与时鲜。皇家的御膳，四时八节来自全国的物产源源不断，青州之文蛤、扬州之糖蟹、湖州之糙秔米、明州之红虾鲊，等等，都在当时的土贡名单之上。还有异域来的珍馐，凉州来的美瓜，高昌来的马奶葡萄，安南来的槟榔和香蕉，等等。至于专为皇家御用的各地的山珍还有无数，如寿州之石斛、潞州之人参、酒泉之肉苁蓉、甘州之枸杞、吐蕃之麝香、新罗之松子、摩揭陀之胡椒，等等，凡所应有，无所不有，一时难以备举。

进膳毕，又献奶茶，接着撤宴桌，设庶羞，又大摆酒膳。

唐朝的名酒种类繁多，郢州之富水，乌程之若下，荥阳之土窟春，富平之石冻春，剑南之烧春，河北之乾和蒲萄，岭南之灵溪、博罗，宜城之九酝，浔阳之湓水，凉州之皇台，敦煌之莫高，京城之西市腔，蝦蟆陵之郎官清、阿婆清，兰陵的郁金香，波斯的三勒浆、龙膏酒……

如此饕餮大餐，已令禄东赞、那罗迩娑婆寐及各国使臣连声惊叹，酣畅朵颐，大开眼界。又令众朝臣欣喜的是，这次宴会上，太宗给每位赴宴者赏赐了几小块由玄策一行带来的石蜜。酒膳过后，他们口里含着蜂蜜一样的甘甜，分享着使团凯旋的喜悦，对那个佛教徒口中的极乐世界既感到神秘，又为它今天的不堪而心生好奇。

一番觥筹交错之后，太常卿跪奏："请进舞！"

歌舞大戏上场。

首先上演的歌舞大戏是太常博士吕才创作并谱曲的文舞《功成

庆善乐》，六十四名童子童声清脆悦耳，憨态可掬。在欢快的乐声中，身形机灵活泼、形象生动，演绎出大唐盛世五谷丰登、国富民强、捷报频传的万千气象，展现出一幅幅生机勃勃、文德昌盛、天下太平的宏伟景象。

第二出戏乃《八佾之舞》，舞者分为两组，皆身着鲜艳的红色礼服，一组为三十二名男子，皆执盾、戚，另一组为三十二名女子，个个手持五彩的雉羽。舞者或威武矫健，或千娇百媚，以礼乐为基，祭祀为蹈，随着编钟之籁和悠扬笛声的协奏，周礼的繁文缛节展现无遗，潜移默化中使儒家的"仁、义、礼、智、信"深入人心。

第三出戏为武舞《秦王破阵乐》，此戏乃太宗为秦王之时民间开始流行，表现的是秦王征伐四方的战争场面，后来太宗登基以后令当时的大音乐家吕才谱曲，大文人李百乐、虞世南、褚遂良、魏徵等作词而编成的大型歌舞。但见五百将士在秦王的率领下披甲执戟，铠甲耀眼，旌旗绚烂，在战鼓与金戈铁马的喧嚣声中，或誓师出征，或奋勇杀敌，气势雄浑，撼人心魄，观者无不为太宗开创基业的艰辛所感动，也无不为大唐雄师之威武所鼓舞。

隋唐乃中国古代乐舞艺术的鼎盛时期，隋开皇之初太常牛弘、国子祭酒辛彦之、博士何妥等奉召议定雅乐，郑译因龟兹人苏祇婆善琵琶，得其妙法，推演古乐为十二均、八十四调，七音之外更立应声，做成黄钟调。乐工万宝常做乐器，妙达钟律，由他增减损益之后的乐器更加精妙。及隋平陈之后，又获宋、齐旧乐器，并得江左乐工，进而隋文帝命许善心、虞世基等调五音为五夏、二舞、登歌、房内等十四调，定制雅乐。雅乐之外又有燕乐。

唐初突厥、高昌降服以后，西域高昌乐、龟兹乐、焉耆乐等，以及东方的高丽乐先后传入，在隋代制定的宫廷乐"九部乐"的基础上，另加"高昌乐"，合成十部乐。分别是：一、燕乐，二、龟兹乐，三、康国乐，四、疏勒乐，五、安国乐，六、天竺乐，七、高丽乐，八、清商乐，九、西凉乐，十、高昌乐。

在宫廷筵宴上，乐舞的呈现格外隆重。首先是太常雅乐坐部、立部，接着是鼓吹、胡乐、教坊、府县散乐和杂戏的热闹表演。此外，还有山车、陆船载乐往来，以及美姬舞《霓裳羽衣》、百匹舞马的壮观场面。犀象也时常被引入场中，有的拜礼，有的起舞……

不同的场合有不同的舞乐，宴会有景云乐之舞、庆善乐之舞、破阵乐之舞、承天乐之舞；大祭祀、大朝会有豫和之乐、太和之乐、肃和之乐、雍和之乐、寿和之乐、舒和之乐、永和之乐、丰和之乐、宣和之乐、昭和之乐。文舞用九功之舞，武舞用七德之舞。若祠祀，武舞用凯安之舞；太庙祭祀，献祖室用光大之舞、懿祖室用长发之舞、太祖室用大政之舞、代祖室用大成之舞、高祖室用大明之舞、后太宗室用崇德之舞、后高宗室用钧天之舞……凡祭昊天上帝及五方帝、大明、夜明之乐皆六成，祭皇天地祇、神州、社稷之乐皆八成，享宗庙之乐九成。其余祭祀三成。调又分黄钟宫调、大簇宫调、姑洗宫调、蕤宾宫调、夷则宫调等。

隋唐承北朝遗序，荟东西之文明，皇家的太常乐舞又分健舞、软舞、字舞、花舞、马舞之别，其中的柘枝、剑器、胡旋、多为胡舞。

歌舞之外，又有百戏，有鱼龙曼延、俳优、侏儒、山车、巨象、拔井、种瓜、杀马、剥驴、高絙紫鹿、跂行鳖食、齐王卷衣、筝鼠、巨象行乳、神龟抃戏、背负灵岳、桂树白雪、画地成川、辟邪、鹿马仙车、吞刀、吐火……

夜已很深，晚宴在荡气回肠的歌舞中渐渐拉上了帷幕，群臣及各国使节早已被晚宴上的美酒佳肴与歌舞所倾倒……

是时天下太平，万国来朝，太宗龙颜大悦，随即赋诗一首曰：

> 条风开献节，灰律动初阳。
> 百蛮奉遐赆，万国朝未央。
> 虽无舜禹迹，幸欣天地康。
> 车轨同八表，书文混四方。
> 赫奕俨冠盖，纷纶盛服章。
> 羽旄飞驰道，钟鼓震岩廊。
> 组练辉霞色，霜戟耀朝光。
> 晨宵怀至理，终愧抚遐荒。

一夜的饕餮大餐，一夜的歌舞喧哗，让禄东赞率领的吐蕃使臣一个个惊叹不已，深感荣幸和感激，直至深夜，方才被安排在四方馆住下。

次日，禄东赞随玄策来到国学院吐蕃学馆，看望在那学习的吐蕃子弟。

唐朝接待留学生的机构是鸿胪寺，学生分别在国学"六馆"，即国子学馆、太学馆、四门馆、书学馆、律馆和算学馆，同唐朝高官贵族子弟一道学习，由国子监负责管理。留学生来自高丽、百济、新罗、倭奴、吐蕃等国，自贞观二年太宗下令扩大国学，特别准许蕃国子弟入学以来，各国国王酋长竞相遣送子弟，请入国学，国学之内一时增至八千余人，国学之盛，亘古未有。

而吐蕃自文成公主出嫁以后，便向唐朝派来了留学生数百名，其中就有禄东赞的两个儿子，次子钦陵与三子赞婆。父子久别重逢，尤其在唐朝京城长安相见，自然十分欣喜。

在长安学习的吐蕃子弟，已经会说流利的汉语，能熟练应用唐文书写，对唐文化也有了较全面的掌握。在这期间他们也学习了《九部续》《三部释解》等算学经典，还学会了中原的五行计算法、十二生肖纪年法、甲子纪年法、八卦九宫、二十四节气等。

此外，这些留学生还深入学习了中原的文学经典、医学智慧以及建筑艺术等广泛领域的知识。课余时间，他们各有所好，有的沉醉于大唐音乐的悠扬旋律之中，无法自拔；有的则对书法艺术抱有浓厚的兴趣，挥毫泼墨；有的对绘画艺术情有独钟，痴迷不已。学馆内，随处可见他们精心创作的书法作品与绘画佳作，洋溢着浓浓的艺术氛围。禄东赞目睹这些孩子们学有所成，心中涌动着无比喜悦与欣慰。

当晚，玄策宴请禄东赞父子，见禄东赞的两个儿子聪明英武，大为赞赏。随之，王玄策关切地问起禄东赞的伤口："东赞兄，伤口痊愈了吗？"说话间，从内室中拿出一瓶金疮药递给禄东赞说："这是当今长、长安城名医孙思邈特创的'金疮药'，对伤口愈合有神奇的功效。"

禄东赞深受感动，忙答谢道："天竺一伤承蒙名远兄找神僧救助，在下方能快速康复，救命之恩无以报答，今又受名远兄之金疮药，实在感激。"

王玄策笑道："昔、昔日你我生死相助、患难与共，今唐蕃和通为一家，区区一瓶金疮药，东赞兄莫拒。"

是夜，王玄策的府邸二人促膝夜谈，叹爱恨无边，人生之无常……

二十　玄策与玄奘的会面

上回说到，唐朝西域大使王玄策二次出使天竺，打败中天竺叛臣，俘虏阿罗那顺及其妻子归朝复命，还带来了天竺僧人给玄奘的书信和礼物，但玄策到达长安的时候，玄奘法师去了洛阳，二人又失之交臂。直到贞观二十二年（648）十二月，皇家大寺院慈恩寺建成，在举行隆重的迎佛开光大典时，王玄策方见到玄奘法师。

前回还述及，玄奘出访天竺，带回了无数的佛教经卷、舍利、佛像等，受到唐太宗的隆重礼遇，他最初驻锡在弘福寺。因他博闻强记、见多识广、佛法高深，颇受太宗青睐，得以经常留在宫中顾问侍驾。贞观二十二年十二月大慈恩寺建成以后，又受时为太子李治的举荐，被天子任命为该寺上座住持而改居此寺，此后他主持慈恩寺，领管佛经译场，传扬佛法。

提及大慈恩寺，那可算是长安城内最著名、最宏丽的佛寺。它是皇室敕令修建，为唐代长安的四大译经场之一，也是玄奘创立的中国佛教法相唯识宗的祖庭，但该寺最初却是为了纪念高宗生母长孙皇后而营建的。

高宗生母文德顺圣皇后，即太宗原配长孙皇后，一生贤德，辅佐太宗，诞育诸子，不幸芳龄不寿，早在贞观十年(636)已经崩逝。此后，太宗与诸子哀念不已。

太宗曾于禁苑中修筑层观"望妻台"，常常登台遥望埋葬长孙皇后的昭陵。一日太宗引大臣魏徵一同登临，对魏徵说："朕哀念心切，每每登此台遥望，聊以排遣心中的思念！"

不料魏徵虚意张望一番后说道："臣老眼昏花，怎么不能看见！"

太宗正要伸手指示给他看时，魏徵又故作惊讶地说道："哎呀，臣以为陛下在看先帝的献陵呢！至于昭陵，臣早就看到了！"

太宗听了魏徵此言，顿感内心羞愧，心知魏徵在讥讽自己只知夫妻情深，却不记先人功德，还大有提醒他别无视社稷江山而耽溺后宫的意思。随后太宗只好悻悻下令，命人将所谓的"望妻台"拆除了。这虽是一则插话，但由此可见，太宗对长孙皇后确实是一往情深。

提起慈恩寺的修建，还要从贞观十九年说起。当年六月二十一日，长孙皇后的忌日快要到了。每年的那一天，皇家都要到寺院举行隆重的国忌行香仪式，天下各州中，八十一个上州的刺史也都要依例到寺庙或道观进香，以表达祭祀哀念。如今太子渐已成人，他对母亲的英年早逝愈感悲痛，追念也愈发强烈。想起隋炀帝为报答父母深恩而建有大禅定寺，贞观八年太宗为母太穆皇后追福而建弘福寺，太子想依此惯例为母建造一所寺院以追冥福，只是父皇一向以勤政节俭教导他，因此他不敢贸然提出。直至近一二年来，随着父皇身体每况愈下，对他这个儿子的孝心似乎也愈发看得重了，他感觉是时候提出来了。

一日上朝，太子递上为母建寺的奏请，太宗果然慨然应许。后经精心选址，最终确定于皇城南晋昌里的故净觉寺旧址扩建新寺。其址位于长安城朱雀街以东第三街的晋昌坊，距长安城郭城南面偏东的启夏门不远。其地南临曲江池水，东连乐游原，西邻杏园，瞻星揆地，佳木葱茏，环境优美，正合太宗心意。

最初，太子不敢逾制，本打算将旧寺稍事修葺就行，直到有一天，太宗突然问及新寺改建的情况，当听到太子并未大肆挥霍的计划以后，便含笑道："太子果然不负朕所望。不仅孝顺，还体恤国情和民力！"

随后太宗交代少府监官员从户部调集钱物，以太子的名义对旧寺进行全新改造与隆重扩建，而且要建成如中天竺的名寺——那烂陀寺一般的规模和样式。为此，从设计到施工，太子多次向从印度回来的玄奘请教，向王玄策征寻意见。

在扩建工程即将完工之际，太子令迎请玄奘为慈恩寺上座，并奉敕旨增度僧①三百人，请京城五十位高僧大德住进慈恩寺，同奉神居，以为玄奘助理。其中著名者如道因、道宣、玄应、玄模、辩机、慧立等，都是当时的京城名僧。

贞观二十二年十月，寺院住持与众僧已经选好，迎佛开光大典的时间也已选定，只等十二月戊辰吉日良辰举行，只是新寺寺名还未确定。

一天退朝，太子见太宗心情大好，于是乘机带玄策上殿，恭请太宗为新寺赐名，并请御笔为新寺题写匾额。

太宗略加思索，心中已有，却反问道："寺既为太子所建，寺名便由太子选取，不知太子以为当取何名？"

"寺为儿臣追报母亲生养大恩与生前功德而建，儿臣以为取名'报恩寺'，不知恰当否？"

---

① 度僧：度者，出世俗、离生死。即政府举行仪式，允许一定数量的俗人出家为僧。

太宗听了，颔首笑道："嗯，正合朕意，正合朕意！"

正当太宗父子得意之际，忽然意识到站在一旁的王玄策没有言语，他似乎还有什么异议似的摸着脑袋愣神。于是太宗问询道："爱卿以为'报恩'二字不妥？"玄策见问，不假思索，郑重答道："恕臣直言，'报恩'二字，好是好，但还是直、直白了些！似乎'慈恩'二字更好！"

太宗听了，先是心中一悸，随之拍着御案直呼："妙，妙，这一字改得妙呀！"

太宗转身去看太子，太子迟疑片刻，随即亦附和道："'慈恩'二字确实更妙！"

说话间，太宗缓缓走到御案前，在八尺白绵纸上题写了"大慈恩寺"四个大字，写罢审视多遍，才默默点头，在后面落下题款。

"治儿，你过来。"

太子急忙快步上前，绕过御案，来到太宗一侧。顺着太宗的目光所向，"大慈恩寺"四个大字赫然在前，再仔细打量，四字实笔处苍劲有力，飞白处如云霓飘逸，整体既苍劲舒展，又不失稳健大气。

太宗转头又看向太子："你可知这'慈恩'二字为何意？"

太子虽明其义，正欲开口，突然悟到，父皇是想要趁此机会对自己进行教导。念及此，便连忙改口回道："儿臣愚钝，只略知一二，还请父皇明示。"

太宗放下手中的笔，往后退了两步道："慈恩者，慈母之恩也。铭记慈恩即是报答呀！为君者，必率先垂范，以孝治天下，才是最好的报答。"

太子连声称："是，是，孩儿谨记！"说话间已转回案前跪倒。

得到太宗赐名题字，太子与玄策大喜。当天出宫后，太子又给玄策细细交代一番，令他尽快将题字送至新寺制匾悬挂。玄策不敢怠慢，骑上黄骠马，向新建成的慈恩寺绝尘而去。

玄策来到新寺，将御赐制匾的事交代了，放眼望去，皇家寺院的确气概不凡，但见重楼复殿，云阁洞房，颇具规模。走进寺院，院中轴线之主体建筑依次是大雄宝殿、法堂、玄奘三藏院，四周环绕着僧房禅院，竹木葱郁，鲜花点缀，使得整个寺院在庄重肃穆之余，又显出几分清幽雅致。山门之内，钟楼与鼓楼遥相呼应，矗立两侧。整个寺院错落有致，既宏伟庄重，令人心生敬畏，又宁静祥和，倍感温馨。

寺内雕梁画栋，极尽壮丽，壁檐橡柱，无处不画。作为皇家供奉的京城名寺，且不说慈恩寺建筑规模之轩昂，仅其壁画装饰，也是空前绝后，富丽堂皇，集一时丹青之盛。前壁所绘文殊、普贤，及西壁庑下所绘降魔、盘龙，皆出自"画圣"吴道子之手；四壁功德画皆出自宫廷画师阎立本之手；凸凹画面、千手千眼大悲菩萨降魔像为西域画师尉迟乙僧所画……所有壁画皆出自京城画苑大师之手。至后世东院又加王维与毕庶子、郑广文三人各画一壁，时人号为"三绝"；另有杨庭光画经变，李果奴画行僧，张孝师画地狱变，韦銮画松树，尹琳画诸神，等等。

玄策细细观瞻一番，由衷赞叹皇家寺院的气派，只是众法师尚未移居新寺，要见玄奘法师还需等到开光大典之后。

十二月己巳，慈恩寺迎佛开光大典的日子终于到了。

这日清晨，东方初露曙光，天边泛起淡淡的鱼肚白，街道上尚留着几分清晨的凉意与宁静。依照太宗皇帝的敕令，负责迎佛的人员早已整装待发。由太常卿江夏王李道宗亲自率领的皇家九部乐队，以及万年令宋行质、长安令裴方彦所带领的京城歌舞名伶,均早早地汇聚于安福门街,一切准备就绪,只待那庄严神圣的时刻到来。

整个送迎由敕命御史大夫李乾祐为大使负责,由皇太子派遣御林军将尉迟绍宗与王文训率领东宫一千余兵充力役,大家都匆匆忙忙从四面八方赶到。一时间杂沓声、点卯声、整饬队形声、应和声等各种喧嚣声,打破了长安城的宁静。

待到辰时,太阳升起时,远远看去,弘福寺门前阳光普照,一派祥和,两扇红门缓缓打开,梵音响起,两列威武的军人迈开整齐雄壮的步伐,缓缓从弘福寺抬出新绣画佛像二百余躯、金银像两躯、金缕绫罗幡五百口,五彩斑斓,彼此辉映。随后抬出玄奘法师从西天取来的经卷、佛像、舍利等,逐一抬上车,安置于帐座及各宝车之上。

载运佛像与佛经的近千辆宝车之后,又为五十辆装饰华美的宝车,乘坐着玄奘为首的五十位高僧大德。

待众大德上车坐好,诵经声随即响起,一千余乘装饰锦彩华丽的轩车缓缓驶出。之后又是京城众僧手持香花,口诵佛经,众僧之后是文武百官及警卫徒步扈从,两侧是太常九部乐队及京城歌舞名旦,长长的队伍逶迤而行,煞是壮观。

大街上,钟鼓法器之声与庄严的诵经之声此起彼伏,车上佛像庄严,幡旗招展,道旁观瞻的善男信女熙熙攘攘,不绝于途,或随车队竞相簇拥前行,或侍立道旁奉香散花。一路上,鲜花水果、香案供品罗列道旁。

太宗皇帝带着太子及后宫佳丽在安福门楼上亦摆设香炉,目送观瞻,大街上人流如潮,仿佛每个人都沉浸在一场盛大的节日之中,脸上洋溢着欢乐与喜悦。

日中时分,经像及五十名高僧被迎至慈恩寺门口。气势恢宏的山门上，由太宗御笔题写的"大慈恩寺"四个金色大字，在阳光的照耀下金光闪闪、熠熠生辉。山门两侧一对石狮子威武霸气，更显庄严。

寺内梵音袅袅，幢幡飘飘，众人扶下经像及众高僧，又由太宗敕令赵国公长孙无忌、英国公李勣、中书令褚遂良等躬身手持香炉为前导鱼贯引入，将佛像与经书、舍利安置于殿内。

随之，法器声响起，玄奘法师率领大慈恩寺众高僧移步大雄宝殿。大殿内早已设置了伞盖、幢幡、香花、水果、明灯等，焚香在佛像前缭绕，又在大殿中弥漫。见玄奘等大德进来，众僧俗合掌作礼，开光仪式开始。

在庄严的诵经声中，玄奘法师缓步上前，恭敬地揭开盖在佛祖金身铜像上面的金丝黄纱。佛像显现，光彩夺目，佛祖高坐于莲台之上，面容丰腴，大耳垂肩，螺纹发髻，褒衣博带，神情庄重而又不失慈祥。一时僧俗口念真诀，匍匐跪拜。

整个仪式，包括开光、诵经、洒净、拈香说法等一系列佛事活动，梵音嘹亮，肃穆庄严。

法事结束后，寺院设的无碍茶饭开始，十方僧俗来客可免费尽情享用。

夜幕降临，寺院的戏园开始热闹起来。盛大的歌舞上场。太常卿江夏王道宗命乐队依次奏九部乐，演《功成庆善乐》和《秦王破阵乐》等各戏，各大名旦歌手纷纷登台献艺，僧俗观者无不欢天喜地，直至深夜而罢。

次日，按照事先安排，慈恩寺大德要举行度僧仪式。

清晨，僧人的早课刚过，庭院已洒扫干净，忽然传令皇太子亲自率领羽卫前来，玄奘急忙组织众僧于寺门两旁罗列恭迎。待仪仗分列，太子下了乘骑，步入寺院，百僚扈从而入。在众僧导引下直上大雄宝殿，先参拜礼佛，然后升殿东阁就座，与五十大德逐一相见，嘘寒问暖，垂问寺院事宜。

提及造寺本意，太子因母亲长孙皇后英年早逝而哀思落泪，众人亦为之惋惜唏嘘。

对于太子来说，这是一个具有特殊意义的地方，而今又是一个难以忘怀的日子，太子命太子詹事张行成宣令大赦京城在押囚徒，剃度众僧，然后宣读向寺院的布施，凡事太子都事必躬亲，唯恐做得不够，因为他深知，这一切都是在为他在天国的母亲祈求冥福，无论他做得再多，也都不为过。

下午，太子又携王妃及萧妃一起下阁礼佛，在院内驻足观瞻廊宇，久久不忍离去，仿佛在他的心灵深处找到了一个与母亲的会面之所。直至临行前，太子又亲作五言诗相赠，其诗曰：

停轩观福殿，游目眺皇畿。
法轮含日转，华盖接云飞。
翠烟香绮阁，丹霞光宝衣。
幡虹遥合彩，空外回分晖。
萧然登十地，自得会三归。

题诗后，玄奘令人将太子亲笔所书悬挂于方丈室内。僧俗欢庆，玄奘深感荣幸，太子方才依依道别。

话说前日玄策受太子委派，前来送太宗赐字而未能见到玄奘。此次慈恩寺迎佛开光仪式举办之时，玄策有幸前来，也为转达玄奘法师昔日好友托赠的书信与礼物，所以求见。但直到次日下午，皇太子与众高官走后，玄奘法师室内才略微清静些，玄策方才见到玄奘。

玄奘法师早已风闻王玄策自天竺凯旋的英勇事迹，对他奉旨出使、力挫阿罗那顺、为戒日王雪耻的壮举深感钦佩，早就期盼与玄策见面，顺便了解天竺事宜与诸师友的消息。此番听闻玄策前来拜访，急忙亲到庭院迎接。

二人进入室内，彼此表达仰慕之意后，玄策拿出书信及礼物奉上。玄奘打开一看，原来是中天竺国摩诃菩提寺智光、慧天等高僧给他的信件与所赠白氎衣两件。其中智光法师乃印度摩揭陀国那烂陀寺住持戒贤法师的高徒，精研大小乘与《五明论》，对于外教婆罗门教的《四韦陀》等经书也是无不洞达。而慧天法师精研小乘十八部。玄奘法师游学天竺期间，与二人多有切磋论学，慧天法师因偏执小乘，曾与玄奘激烈辩论，在曲女城辩论法会上败于玄奘，从此更加敬重玄奘。二人多年来一直怀念玄奘，故王玄策返回时特意给玄奘写信并送礼物问候。

玄奘接过礼物，读过来信，十分感念，对戒日王与贺罗阇室丽公主的不幸遭遇也深感痛心。

随后接连数日，玄奘都邀请玄策来寺中喝茶叙旧，二人志趣相投，彼此敬重，常常为相似的经历、共同的回忆促膝长谈，此暂不多说。

谈到慈恩寺，人们总会不由自主地想到大雁塔。这大雁塔与玄奘法师也是颇有渊源，在此略加赘述。永徽三年（652），玄奘法师因担心佛经的保存与安全，于是奏请已经登基的高宗，在慈恩寺端门之南修建石塔一座，以安置从印度带回的经像及舍利，以防经本散失和火灾。高宗闻奏后很快降旨，命有司下拨专款，又敕令掖庭局将大内、东宫、掖庭等七宫亡人衣物变卖助造。

佛塔起源于印度，被称率都婆，又作卒都婆、窣堵波，为佛教圣地之标志及庄严伽蓝之建筑，是用于珍藏佛家的舍利子和供奉佛像、佛经的，地面上有砖石结构的塔身，塔下又有地宫，塔内和地宫均可储藏物品，防水防火。建造之始，在玄奘给高宗的奏表中，建议建成一座足以彰显大国声望的圣迹，所谓"拟显大国之崇基，为释迦之故迹"。

不久，佛塔在寺院西院很快被建成，也很快成了京城名迹——大雁塔。该塔仿效西域形制，通体用砖石建造，高五层，密檐式，由塔基、塔身、塔刹组成。塔基各面长一百四十尺。后来，长安元年（701），已是女皇的武则天下令将其增建为七层四方形楼阁式塔。整个建筑气魄宏大，造型简洁稳重，比例协调适度，格调庄严古朴。加之四周环境优雅，青松翠柏，流觞曲水，相映成趣。

大雁塔是中印文化交流的历史见证和文化标志，也是昔日大唐长安城倾城士庶百姓虔诚礼佛的历史记忆。玄奘法师从印度带回的佛像及舍利就保存在这里。大雁塔竣工之后，迅速成为长安城内一道引人注目的亮丽景观。而其中最令人津津乐道者，莫过于士子们科举高中后的雁塔题名之举，这一习俗逐渐蔚然成风，成为当时社会的一种风尚与荣耀。

当时，正值科举考试兴盛之际，科考分常举和制举两种。常举主要有秀才、明经、进士、明法、明书、明算、道举、童子等八科，其中以明经、进士二科最重要。进士科重辞章，明经科重经义，明经录取率为十分之一二，进士的录取率为百分之一二，故时有"三十老明经，五十少进士"之说。

自大雁塔建成以后，凡新科及第者，先要在曲江一起参加由皇帝做东的杏园国宴，宴罢又参加曲江流饮。结束以后，考取的士子又一起前去拜谒慈恩寺，登临大雁塔，于塔壁题名留念。后来二十七岁的白居易成为进士后，写下了"慈恩塔下题名处，十七人中最少年"的诗句；刘沧更豪迈地题道："及第新春选胜游，杏园初宴曲江头。紫毫粉壁题仙籍，柳色箫声拂御楼。"

在人生最为得意之际，士子们在"慈恩"二字的感召下，在此驻足回眸，感念父母双亲的养育。加之，大雁塔不仅见证了取经之路的艰辛与执着，更象征着历经重重磨难后终达人生巅峰的励志精神。士子们更加坚定：在追寻梦想的道路上，可能会遇到各种磨难或迷茫，但只要我们胸怀虔诚，意志坚定，总会走出困境，找到希望的曙光。因此，那些科举高中、功成名就的士子们选择在此处题名留念，实在是再合适不过。这些深谙唐代文化底蕴的士子们，深知雁塔题名背后所蕴含的深远意义。

二十一　一个时代的落幕

上回说到，太宗将王玄策带来的天竺婆罗门那罗迩娑婆寐安置于金飚门内，令其造长生不老之药，并令兵部尚书崔敦礼监主此事。自此，那罗迩娑婆寐得到皇家的供奉与赏赐源源不断，他的丹药炼制也是夜以继日、穷尽心思。

最初他知道帝王贵族的病因大都在哪里，所以专寻那些滋阴壮阳之药，到后来太宗身体每况愈下，他渐渐束手无策，无计可施，只好挖空心思，专找那难得之药，如李子皮十斤、桃毛十斤、公鸡蛋十斤、龟毛十斤、兔角十斤……并一再奏请天子，责令内侍(太监)各处寻觅。

太宗求长生心切，一切必遵那罗迩娑婆寐吩咐的办，为此不少内侍和地方官员吃尽了苦头。

内侍和地方官辛苦也就罢了，关键是一些配方还有剧毒——那可不仅不能延寿，还会要命。

经过数月的炼制，在太宗派人一再催逼之下，丹药终于制成。但那罗迩娑婆寐将丹药奉呈给太宗时，却特别嘱咐道：三日一粒，且服此药者勿近女色，不食荤腥，不得参加婚丧之事，不得有盛怒哀乐。

太宗最初服用后，的确感觉有元气恢复、精神陡长之效，连声夸奖王玄策："劳烦爱卿如此用心，苍天不负，朕今已精神渐佳，那罗迩娑婆寐之药果然为神药！"

玄策听了，不免谦让一番，但内心却不无骄傲。

但不久之后，太宗的状况陡转直下。细究起来，且不说那罗迩娑婆寐的药效如何，仅就服药期间的禁忌，仅仅不近女色一事，对于过惯了骄奢淫逸生活的太宗来说，太难了。过去他是朝饮醇酒，暮拥娇娃，日日沉醉在温柔乡里。三五日不近女色尚可，若一连数月节制自己，他委实做不到。

此话还需从太宗的另一嗜好说起。一生英明的太宗，因出自世家大族，早年贵族纨绔子弟的恶习他也沾染了不少，一生多内宠，好色风流，也是不争的事实。

唐代皇帝的后宫妻妾等级繁多，按照制度，不同等级的妻妾都有不同的内官封号，除皇后外，下分四妃：贵妃、淑妃、德妃、贤妃；九嫔：昭仪、昭容、昭媛、修仪、修容、修媛、充仪、充容、充媛；另有九婕妤、九美人、九才人、二十七宝林、二十七御女、二十七采女。

太宗一生多内宠，除结发正妻长孙皇后外，另有称号的就有韦贵妃、杨贵妃、燕德妃、郑贤妃、徐贤妃、杨淑妃、阴妃、韦昭容、段昭仪、杨婕妤、周美人、萧美人、崔才人、萧才人、武才人等十八九个；另带有后宫、典灯、刀人等名分的次一级妻室又有一二十个；至于有实无名或偶尔临幸的宫女更是不计其数。这些女子自然都是美貌与才艺兼具的佳丽，无一不是千挑万选出来的人间仙姝。其中杨淑妃乃隋炀帝的女儿，早年本是其胞弟齐王李元吉的正妃，齐王被杀后太宗将其收继为妃。

多内宠好色，乃帝王多短命的根由，颇为英明的唐太宗为此也是耗尽了一生大半的精力。

不幸的是，就在太宗服食那罗迩娑婆寐制造的丹药的那段日子，除了好色风流而大伤元气之外，另外于此前后发生的两起皇室丑闻，也是违反了那罗迩娑婆寐所说的禁忌，加速了太宗生命的终结。

原来，太宗本人英明雄武，但却是虎父犬子，子女们远逊乃父。在他那十四个儿子和二十一个公主中，有才能且善终者不多。有几人的所作所为，甚至让太宗晚年颇为失望和伤心。

其一便是不久之前震惊朝野的太子李承乾被废事件。

那李承乾，为太宗与长孙皇后所生的嫡长子，因出生于长安太极宫承乾殿而得名。少时便聪明伶俐，太宗对他寄予了很高的期望，很早就延请了陆德明、孔颖达等儒学大家教导他儒学经典。武德九年（626）"玄武门之变"后，太宗即位，同年十月，年仅八岁的李承乾被正式册立为皇太子。册命诏书中也夸赞他"早闻睿哲，幼观《诗》《礼》……"

遗憾的是，太子表面循规蹈矩，好学上进，背地里却是声色畋猎，亵狎群小，不是斗鸡走狗，就是追新猎奇。

宫中有一位太常乐户小儿，年方十余岁，姿容俊美，歌唱舞蹈无不精妙。承乾特加宠爱，与之一同卧起，呼其曰"称心"，宫中盛传二人有断袖①之嫌。

贞观初年，降服突厥以后，太宗将突厥贵族安置于长安，长安城一度胡风盛行。皮衣毡帽，长发腰刀，一时成为长安少年竞

---

① 断袖："断袖之癖"的典故出自西汉末年的汉哀帝刘欣和他的宠臣董贤，后代指同性之间的恋爱。《汉书·董贤传》记，因汉哀帝与自己的宠臣董贤恋爱，经常一起同卧起。一次董贤在睡梦中不慎压住了哀帝的衣袖，当哀帝醒来准备起身时，发现衣袖被董贤压住了，为了避免惊醒董贤，他竟用刀割断了自己的衣袖。

相追逐的时尚。年轻的太子经不住诱惑，不安心学习和留心政务，竟然带头痴迷胡风，穿皮衣，居穹庐，以烹羊宰牛、割耳劙面为乐。

太子荒诞，他人不敢揭发，但他的那些兄弟们却不会放过这个扳倒他的机会。他的同胞弟弟魏王李泰，见太子荒诞，乘间将太子种种劣迹一一禀报于太宗。

太宗闻言，勃然大怒，就在穷究期间，太子一党狗急跳墙，竟起叛逆之心，暗地里召集死党企图谋反。幸好太宗及时觉察，将其同党侯君集等迅速擒拿，或废除贬谪，或处斩流放，及时镇压了叛乱。再三权衡以后，方重新册立了第九子李治为太子。

尽管最终尘埃落定，但遭此变故，太宗已经伤透了心，不幸的是李承乾被废后不久又抑郁而终。接连的打击，将深埋在太宗心里的"玄武门事变"的阴影重新勾起，被杀的弟兄、遭牵连的军将、新逝的儿子，一个个阴魂不散，昼夜萦绕在他的眼前，令他寝食难安、心力交瘁。

至此，这位一生勤政的贞观大帝彻底明白了，他早年不仅仅杀害了自己的一个皇兄，也不仅仅是剥夺了原太子——李建成个人皇位的继承权，而是挑战了整个帝国的秩序与权威，对祖制与祖规，乃至千百年以来形成的规矩、公平与公正进行了践踏，其后世几乎所有的弑父杀兄与朝堂暗算，乃至社会的动乱和秩序颠倒，都将与他有关！他的子孙所有的作孽背后，都将会有他的影子！这是因为，那种示范效应的恶劣影响太大、太持久了，它会给王朝所有破坏规矩者以正当的理由与征引的借口。即使他一生靠勤政赎罪，也很难将之抵消。

儿子们如此不堪，女儿们也不是省油的灯，另一桩事关皇家公主的京城大案亦给了太宗沉重一击。

原来，在京城御史们审理一桩盗物案件时，竟发现一金宝神枕，镶金饰银，艳丽夺目，一看便知为皇家用物。但怎么会出现在一普通小贼手中？是不是还有入宫盗窃的行径？细究起来如若此事为真，不仅盗窃者要被处死，失职的宿值禁卫也要被处死。

经过御史对案件抽丝剥茧的严密调查，关联人的面纱被逐渐揭开——竟牵涉慈恩寺高僧辩机与天子的掌上明珠高阳公主。审问之初，辩机仍坚称此玉枕与己无关，而经过御史巧妙设问后，辩机不打自招，说出此乃高阳公主所赠定情之物。

一段孽缘就这样被公之于世。

前文提到，辩机风神俊朗，文采斐然。玄奘自天竺归来后找人翻译经书，在同乡好友王玄策的推荐下，辩机成为九位译经僧人之一。他奉命笔录玄奘的《大唐西域记》并协助玄奘译经。自此经常跟随玄奘出入皇宫，为后宫说法，为皇子、公主授菩萨戒。

这期间，一贯骄恣放浪的高阳公主，对于聪明英俊的辩机渐生爱慕，只可恨佛门悬隔不能得嫁。而辩机也在多次入宫说法之际为公主的容貌所倾倒，年轻不知轻重的他，最终破防乱戒，懵懵懂懂地坠入爱河，与公主私通起来。

御史听闻辩机的口供后大为震惊，急忙上报此案于太宗，面对满朝文武，太宗满面羞惭，无地自容。高阳是他最宠爱的十七公主，嫁与他最宠信的大臣宰相房玄龄做儿媳。如今竟出了这桩"皇室丑闻"，既败坏了皇家声誉，也使房玄龄父子抬不起头来。

为掩人耳目，替皇家遮丑，御史最后将辩机与小偷一并按盗窃御物的罪名论处。按照《唐律》："诸盗御宝者，绞。"辩机被处以腰斩之刑，高阳公主身边的十余个奴婢也被处以斩刑，高阳公主则被贬为庶人，敕令永远不得进宫。

这场大案不仅结束了辩机年轻的生命，还影响了当时佛教在人们心中的神圣地位，更直接影响了他的师父玄奘和推荐他的同窗王玄策。玄奘先是退至慈恩寺，后更是远避至玉华寺，潜心译经工作，王玄策则备受朝廷文武官员的讥讽和指责。

两桩"皇室丑闻"的接连打击，对太宗的身体而言无疑雪上加霜，加速了太宗皇帝的驾崩。

前面说到，太宗自从服用那罗迩娑婆寐精心炼制的丹药以后，也曾精神倍增，喜好内宠的他仿佛迎来了二次青春，后宫生活越发荒淫无度。岂不知，这种壮阳药物是不能常年过量服用的，久而服之，不但无益，反而伤身。而且金石丹药有毒，毒性一发太宗越发狂躁，一到夏天便寻觅京城近郊幽静清凉的行宫前去避暑。

最初，太宗是到位处长安西北郊的麟游县避暑，那里杜水之北有九成宫，地势高亢，山环水绕，气候清凉宜人，乃关中消暑的绝佳之地。但九成宫曾是隋文帝夫妇为颐养天年所建的仁寿宫，晚年的太宗每每到此，总会想起隋文帝夫妇先后到此不返，心中忌惮。加之后来嫡妻长孙皇后也在此处驾鹤西去，不免又睹物伤情，所以后来太宗便不到九成宫去了，而是命人在坊州宜君县凤凰谷修建了玉华宫，又在秦岭北麓翠微山上修建了翠微宫。两处行宫皆是林木葱郁、流水蜿蜒的避暑胜地。

但行宫的幽静宜人和清凉舒适，并不能根治太宗身体遭受的毒蚀和心中接连的伤痛，不能挽回太宗如大厦将倾般的生命。

贞观二十三年（649）四月，年仅五十一岁的太宗抱病来到翠微宫，为了延续自己的生命，他曾向佛门寻求佑助，甚至不计前嫌，两次下敕追玄奘法师赴宫。

第二次是在翠微宫召见，二人相见甚欢，略微寒暄后，太宗便将话题引至佛法的八正、五乘①,本来他是想得到法师的指点,通过佛法的修行使自己恢复健康,得延圣寿。但听了玄奘的讲述,太宗深感件件繁杂冗长,很难坚持和实践。可是太宗还是求生心切,于是又问:"欲树功德,不知何法最好?"

法师回问:"弘法由人,即度僧为最。"

太宗道:"度僧之事,并非难事,有司拟旨,克日奉行即是。"

稍作停顿,太宗继续问道:"佛法讲轮回与因果报应,不知可有应验?"

玄奘清了清嗓子,略加镇定,然后出人意料的是他并没有直接回答太宗的问题,而是向太宗反问道:"请问陛下,您现在是否能看到明天的太阳和明晚的星辰?"

太宗很诚恳地说:"看不到!"

玄奘继续问:"那您相信明天白天会有太阳升起,夜晚会有星辰可见吗?"

太宗听了,似有所悟,表情凝重地点了点头,他的心情似乎变得更加沉重起来。

见太宗如此,玄奘进而讲论道:"六道轮回,如日月东升西落,如草木春华秋实,万物皆然,概莫能外!如若不能修行解脱,自会六道轮回,生死相继,苦难永无止息。至于因果报应,有道是:'若知前世因,今生受者是;若知来世果,今生做者是。'善恶之报,如影随形,件件分明。历史上汉魏与晋相替,先后优礼前代宗室,之后子孙亦受尊奉;北朝以来,尔朱荣、高欢、宇文泰

---

① 佛教所谓八正,又称八正道,是指通向解脱、涅槃的八种正确方法或途径。《大品经》云:"八正道,正见、正思惟、正语、正业、正命、正精进、正念、正定。"五乘,指运载众生到善处的五种法门。《盂兰盆经疏》卷上载:"五乘者,乘以运载为名,五谓人、天、声闻、缘觉、菩萨。此五力有大小,载有远近。"

相继大杀前朝宗室，结果都身死国灭，还身后子孙惨遭荼毒。隋文帝篡立之际，也是大杀北周王室，宇文亲属，无一子遗。岂料隋朝末年，群雄竞起，隋朝宗室或自相残杀，或被乱军所杀，最后侥幸只存留下一个遗腹子。可见善有善报，恶有恶报，不是不报，时辰未到。俚语言种瓜得瓜，种豆得豆。莫道因果无人见，远在子孙近在身……"

玄奘又是一番不厌其烦、滔滔不绝地引经据典，不等他讲罢，太宗早已听得头晕目眩，周身不由自主地直冒冷汗。

原来，太宗这次专程请玄奘前来，一是幻想借重他与佛法的护持和修行重获健康；二是面对日益临近的生死大限，他对所谓六道轮回与因果报应的畏惧与日俱增，早年的作孽与一生的杀戮，日日困扰着他，他多么希望得到佛法的指引和救赎。没承想玄奘不明太宗初衷，自以为获得太宗的再次恩宠，不仅将这次觐见视作及时为佛门争取利益的好机会，也视为向世俗王权弘道宣法的好机会，于是大喜过望，大谈佛法轮回和因果报应的真实可信。

俗话说，伴君如伴虎，因世间万物中人性最为复杂难测，心曲幽微，很难猜度。本来玄奘是一位精通世故，一生处心积虑显扬佛法的和尚，他始终相信"不依国主，则法事不立"，为此他一生精明练达，在帝王贵族面前没少说违心的话，但这一次他失算了，失算得很彻底。精通世事人情的玄奘，竟然没有理解太宗的本意，也没有觉察出太宗已是病入膏肓、日薄西山，所以他与太宗之间的对话，尽管尽显佛家的智慧，但全部都与太宗的期望相反，句句都说到了太宗的担心处，句句都成了太宗耳中的诛心话，简直是在太宗的伤口上撒盐——让他疼上加疼。所以，不等玄奘讲完，太宗就借故龙体不淑，心灰意冷地谢客，起驾返回含风殿就寝。

不久，太宗自知时日不多，便向太子交代后事："朕本想借丹药或佛法之力，康健万年，如今看来都是不能了！"

太子李治急忙宽慰道："父皇龙体稍稍违和，但服药数剂，便可康复，何必如此担忧？"

但太宗继续说道："朕自弱冠典兵，历经数百战，出生入死，才有如今这番基业。目今四海承平，群夷皆服，朕的心愿已了，死亦无恨。朕一生，黩武征战，杀伤过重，只为国家的统一大业。朕死以后，你要对华夷爱之如一，体恤黎元，确保天下一家！"

太子啜泣称是，铭记于心。

想到满朝文武百官，太宗又担忧道："朕一生选贤任能，只可惜多已凋零，现在就剩下李勣还堪当大任。我不得不为你担忧呀！"

太子却道："李勣贤能有余，可惜年纪渐大。"

太宗慢慢起身，又说道："李勣虽老，尚称强健，此人才智与众不同，我向来另眼相待，当不负我。但你与他无恩，恐怕不能为你所用！"

太宗见太子不知所措，于是向他低声耳语，如此这般……

很快，圣谕传出，太子詹事李勣出调为叠州都督。众皆愕然，不知李勣因何缘由，受到贬黜！那叠州①是什么地方？大家都知道，那是与西戎杂处的一边州，到那儿去任职，官员们都视之为畏途。

可李勣为何人，他老谋练达，跟随太宗多年，最是善于揣测圣意。所以一经受诏，便即拜辞，也不及回家，早早就带着行囊，出京城赴任去了。

---

① 叠州：叠州治叠川县，在今甘肃陇南迭部县境内。

李勣一走，太宗又向太子交代："朕今外黜李勣，就是为你打算。他若徘徊犹豫，朕当责他违诏，置他死刑，除去后患。而今他受诏即行，忠诚可嘉。朕死后，你可随即重用他为仆射①，他必定会对你心怀感激，也才能为你所用！"

　　五月二十六日，丹药金石带来的剧毒发作，太宗痢疾不止，太子昼夜不离左右，不思茶饭，须发变白，形象颇为憔悴。太宗心痛之余又倍感欣慰道："汝能如此孝顺，我死而无憾！"

　　这日，太宗病情加剧，自知弥留不久，便叫褚遂良撰写遗诏令太子即位，一面传长孙无忌及太子、太子妃王氏，同至榻前。褚遂良草就遗诏，呈太宗过目。太宗略瞧一眼，颤抖着手交给无忌，并一手握太子手，一手指太子妃，向无忌、遂良道："朕的好儿子与好儿媳，今都托付于诸位爱卿……"

　　再欲叙说，已是痰喘交加，不复成语，只是大睁着双眼，望着殿顶……他还有太多的话要说，有太多不放心的事要交付，对于这个统治了二十三年的大唐，他有太多的眷恋，对这个年轻的儿子，他有太多的担忧……只是，他已经没有时间了！片刻之后，太宗的眼前开始变得模糊，身形飘飘然脱离了尘世，魂魄悠悠地飘向了另一个世界。他的生命之火，就这样悄然熄灭，只留下未竟的事业与无尽的哀思。

　　太宗驾崩，太子号恸欲绝，众大臣劝阻不止，无忌只好厉声劝道："主上以宗庙社稷付殿下，岂能效凡夫俗子只知啼哭！"

　　又经众大臣几番劝谏，太子方才起身准备举哀发丧。但长孙无忌摇手道："且慢且慢。"

---

① 唐初因李世民曾任尚书令，所以以后尚书省虽置令但常虚其位，由其副仆射总领省事，与中书令、侍中同掌相权，而左仆射为首相。左仆射下管吏部、户部、礼部，右仆射下管兵部、刑部、工部。

太子问为何，无忌道："此乃行宫所在，不可发丧。请殿下立即还朝，召集百官奉迎先帝，先确保京城无虞，方可发丧。"

褚遂良亦赞成道："是啊，为确保京城无虞，殿下必须先返回长安，等控制了京城局势，再为大行皇帝举哀发丧不迟！"

随后，太子依二臣之意，出了翠微宫，带上王玄策等几位原东宫僚属及一队羽林飞骑速速返回长安。而长孙无忌、褚遂良则护拥大行皇帝马舆，侍卫如平日一般，在太子之后起驾返京。

等太子回到京城，颁令京城戒严，羽林军在京城各处严密把守以后，始宣布太宗驾崩，举国发丧。

太子率百官跪拜哭迎大行皇帝马舆进入明德门，穿过官民跪拜的朱雀大街，至太极殿殡宫，将太宗以礼大殓，饭唅珠玉，身穿金缕玉柙。殿内悬挂黄龙锦帐，外披白绫围幔，梓宫停放在大殿当中。

入殓后，太子即位于灵柩之前，率百官皆白衣素巾，哭临殿下。

随即，新皇帝颁诏，罢辽东军备与土木诸役，四夷外宾，来京朝贡诸使，一任前来吊唁。又命百官及皇亲、后宫每日于柩前祭拜。

……

太宗驾崩，高宗与诸大臣伤悼不已，痛定思痛，大家开始把太宗的驾崩归咎于那谎称已二百余岁的那罗迩娑婆寐。但若要大动干戈，将罪魁祸首那罗迩娑婆寐治罪，无疑就把先帝生前迷信方士，自取其辱的愚蠢之举暴露在光天化日之下，势必又成大唐王朝的一桩丑闻，岂不令周边诸国耻笑？权衡利弊之后，高宗与大臣们只得忍气吞声，打碎牙往肚子里咽，将满腔的怒火与不甘深埋心底。最后只是将那罗迩娑婆寐悄悄逐出了宫廷。

至于王玄策，接连的荐人失察，让新登基的高宗大为失望，但也不好大张旗鼓将其治罪，念及他已两次出使天竺，颇建奇功，再考虑到他乃昔日东宫僚属，于是将其略加贬黜，暗暗调离朝堂——贬为和籴副使、左监门长史，前往扬州去经办国家军粮事务去了。

二十二　昭陵前的吐蕃赞普像

话说太宗于贞观二十三年(649)五月驾崩，一代明君的离去，宣告了一个时代的落幕。太宗驾崩以后，太子在长孙无忌等大臣的辅佐下，于太宗灵座前即位。按照外交礼仪，新皇帝须向全国及四夷诸蕃遣使告哀，其中被派往吐蕃的是右武侯将军鲜于臣济。

原来，在大唐威服四夷之际，唐蕃双方时时保持着密切的联系，四时遣使传递政令或问候。若一方遇有国丧，必派告哀使向另一方报丧，而对方接到消息后，须派专门的吊祭使前去祭拜吊唁。即便是在双方交战正酣的紧张时刻，这种吊祭的传统亦不会中断。按照"礼不伐丧"的古训，交战双方会主动暂停战事，以示对逝者的尊重与哀悼。

鲜于臣济赍带诏书，一路驿骑发遣。当时唐蕃之间的道路，均设有驿骑，唐都长安至吐蕃首府逻些有五千余里，紧急事务均由驿骑发遣，最快一日五百里。但受高原反应与天气影响，人马不时休整，结果太宗驾崩的消息整整耗时近一月才到达。

赞普及公主闻讯，早已派人在边境迎接，鲜于臣济进入赞普衙帐，见香案已经备好，随即宣读高宗诏书：

> 贞观二十三年五月己巳，大行皇帝奄弃普天，痛贯心灵，若置汤火。思遵大孝，不敢灭身，永慕长号，将何逮及。朕以不德，篡承天序，敬顺群臣之请，乃于六月甲戌朔即皇帝位于大行皇帝灵座之前，托于万国兆人之上，已命有司遣使昭告于天下。敬顺惟新，仰昭先德，宜布皇泽，被乎亿兆。可大赦天下，赍赏公卿百僚及诸藩王。
>
> 吐蕃赞普松赞干布，皇家懿亲，宗室快婿，勋绩凤著，忠诚可嘉，宜加荣宠，续封西海郡王、驸马都尉，赐物二千段，余如故。可传之子孙，永为唐辅。尔其勉兹，体恤黎元，无弃朕命，可不慎欤！

这份报丧诏书，内容包括先帝驾崩与新皇帝即位的时间，新皇帝大赦天下的昭告，以及继续封松赞干布为驸马都尉、西海郡王，另赐物二千段的诏命。

松赞干布与文成公主跪拜接诏，听到太宗驾崩，一时声泪俱下，万分悲痛。随即在吐蕃境内举行了隆重的举哀悼念仪式，下令吐蕃百官挂孝，前往使馆吊祭，并遥望长安设祭吊唁。

逻些城连日哀乐低徊，经幡徐徐飘动，空气中弥漫着凝重与伤感，悲风袅袅、凉雨潇潇，红宫前点起很多盏酥油灯，为油灯添油的吐蕃民众络绎不绝，酥油灯的火苗在微风中跳动摇曳，像是在诉说着什么，又像是预示着什么。

在吐蕃，每一盏酥油灯都象征着对逝者的纪念，致祭期间酥油灯长明不灭。文成公主向东跪拜，含泪将温醇的青稞酒洒在向东的土地上，并亲自撰写祭文悼念表达哀思。

同时，在松赞干布与文成公主的安排之下，吐蕃当即派出了以禄东赞为吊祭使的使团，偕同唐使前往长安。

这次，吐蕃的吊祭使团一行三十余人，用鞍马驮了祭献的金银、珠宝和特产山珍，又是驿骑发遣，赶往长安。

尽管禄东赞一行昼夜兼行，但毕竟人多，又带了不少吊祭物品，还是多走了几天。是年八月初五，终于抵达长安。进入长安城后，使团在鸿胪寺丞的带领下来到太极殿太宗灵柩前致祭。

禄东赞含泪献上十五种金银珠宝与特产山珍，那吐蕃黄金器物和珍宝精美绝伦，尽显其虔诚之意。他跪在柩前边诉边哭，想起太宗对吐蕃的恩宠和对自己的赏识，当日的赐婚与几番加官拜爵，一幕幕都浮现在眼前，士为知己者死，禄东赞岂能不悲伤？

次日上朝，禄东赞见长孙无忌等朝廷主要大臣均已到齐，于是向高宗皇帝高声转达松赞干布拥护新皇帝即位的上书，其中称："新天子初即位，若臣下有不忠之心者，我吐蕃当勒兵以赴国除讨！"

高宗心中暗暗高兴，连声致谢。要知道，此正是所谓"践修旧好，要结外援，好事邻国，以卫社稷"①的道理，即结好邻国的一重要目的，就是为了寻找外援，护卫自己的政权。高宗深谙其中的道理。赞普此举，与新立之际的高宗，正是里应外合的一唱一和，极具声援和震慑的效果。因新君即位，若乱臣贼子有觊觎之心，听到吐蕃此言后自然要收敛许多。这正是古代帝王利用内臣和外援相互制衡以控驭天下的高超手段，亦所谓"国有外援，不可渎也"。

随后的出殡之日，禄东赞素衣白袍，手扶太宗棺椁，随灵车送至昭陵，又是极尽哀痛。

京城至陵山一百四十余里间，营幕军兵陈列道旁，军兵于大路两边对立，禁止一切人员车马从中穿行，但见大备法器卤簿，

---

① 此句出自《左传·文公元年》。

驾金根容车，由公卿子弟三百人为挽郎排成六列用三十丈白布牵引灵车，校尉三百人为六列持幢幡，新皇帝率百官缟衣素车从送，数百里间旌幡飘扬，倾城军民士庶素衣排列，一路两侧男女老幼齐跪伏哭送，备极哀荣。

那昭陵陵置，是太宗早年自选，在中国历代帝陵中设计得最为雄伟。它坐落在礼泉县城东北四十五里的九嵕山上，因山为陵，山势巍峨，卧龙盘踞，气势磅礴。自贞观十年落葬长孙皇后时开始营建，至太宗葬下为止，历时十三年。它选取凿山建陵的法子，修筑在主峰之下。

昭陵南面与终南山诸峰、太白山诸峰隔着关中平原遥相对峙，渭水如玉带环绕于陵山之前，泾水萦绕于陵山之后，陵前地势开阔，陵山直插云霄。

陵园以垣墙围绕，周回一百二十里，占地两万公顷，园内广植苍松翠柏和长杨巨槐，林木参天，称作"柏城"。玄宫在半山腰南麓因山凿石而成，前后置石门五座。依山势傍靠石崖架梁修栈道，悬绝百仞。盘山二百余步，始可抵达玄宫正门。

山下正南面是朱雀门，进入门阙，通过长长的甬道，便到了庄严肃穆的南大殿——献殿。献殿建在陵前，供上陵谒拜或举行祭献典礼之用。

甬道旁矗立着瑞麟神兽及诸蕃酋长石雕，工艺鬼斧神工，十分精绝。其中祭殿两侧庑廊的石刻昭陵六骏最为著名。这六骏乃太宗生前平定天下之际，先后骑乘，并皆为国牺牲的六匹宝马。它们是"天驷横行"的拳毛䯄，"朱汗骋足"的什伐赤，"追风骏足"的白蹄乌，"应策腾空"的特勤骠，"紫燕超跃"的飒露紫，"策兹飞练"的青骓，一个个形神兼备，活灵活现……

待丧事完毕之后，高宗召禄东赞至殿上，面对四夷诸蕃众使节下诏："晋封吐蕃松赞干布为賨王，赐杂彩三千段，乃刻其形象列于昭陵玄阙之下。"

禄东赞跪拜接诏，心中大喜，各国使节听了无不艳羡，随后高宗又派专使随禄东赞前去吐蕃正式颁赐册封，这是后话。

这里先来说一说那賨王封号。唐初，整个太宗之世，都是将松赞干布分封为"吐蕃赞普、西海郡王"的。高宗登基之初，派人出使吐蕃告哀时也是将松赞干布"拜为驸马都尉，封西海郡王"。而这次高宗刚上台，旋即又将吐蕃松赞干布晋封为"賨王"，已经是高于"郡王"级别的"诸侯王"。前者是"列侯"，后者是"诸侯"。按照传统，自汉高祖与大臣"白马之盟"以后，只有亲王才可受封为诸侯王，一般来说异姓是没有此等殊荣的。这次将吐蕃松赞干布晋封为诸侯王，其实就暗含了高宗对他的感谢，已是对他恩宠至极，将他与李唐皇室子弟一般看待了。这种恩宠不仅超过了前代，就是在同一个时期与其他民族首领所获恩宠相比较，也是绝无仅有的。连最早得尚大唐公主的吐谷浑可汗诺曷钵，在太宗朝也只是"拜驸马都尉，河源郡王"，仅仅是个列侯。

至于刻赞普形象列于昭陵玄阙，是因太宗葬后，高宗"欲阐扬先帝徽烈，乃令匠人琢石写诸蕃君长贞观中擒服归化者形状，而刻其官名"。这便是昭陵北司马门的十四尊诸蕃君王像，其中西侧一躯，底座上就刻着"吐蕃赞府弃宗弄赞（松赞干布）"；其中东侧一躯，底座上又刻着"婆罗门帝那伏帝国王阿罗那顺"。

太宗在世时，尽力团结有功之臣，誓与他们长保富贵荣华，以传于后世子孙。其中在他生前，就给跟随自己一生的文武大臣及他们的亲属，均在昭陵赐予坟地，允许他们死后陪葬，以示荣宠。

前已提及，在太宗被安葬后不久，高宗下令，将一生追随或归顺降服太宗的十四国酋长刻石像立于昭陵北司马门内，以阐扬太宗武功徽烈，旌表蕃酋长佐命功勋。在诸蕃酋长看来，割耳髡面、杀身殉葬或刻石立像，不仅是一种种族风俗，更是无上荣耀。

那些昔日追随太宗的各蕃首领，如阿史那社尔、契苾何力等还请杀身殉葬，高宗遣人谕以先旨不许，方才罢休。另有一些国王或蕃酋，因死后不便陪葬，如吐蕃松赞干布、吐谷浑可汗诺曷钵、突厥可汗李思摩等，于是他们竞相奏请高宗，请立他们自己的仿真石像于昭陵，以表达他们终生追随太宗，千秋之后陪侍其于昭陵的愿望。另有一些，又是太宗朝被降服的邦国元首，是为了显扬太宗的武功伟烈。

这十四国酋长分别是：吐蕃赞府（普）松赞干布、新罗乐浪郡王金真德（女）、突厥颉利可汗阿史那咄苾、突厥突利可汗阿史那什钵苾、突厥答布可汗阿史那社尔、突厥乙弥泥孰俟利苾可汗阿史那（李）思摩、薛延陀珍珠毗伽可汗、吐谷浑王乌地也拔勒豆可汗慕容诺曷钵、龟兹王珂黎布失毕、焉耆王龙突骑支、高昌王左武卫大将军麴智盛、林邑王范头利、婆罗门国王阿罗那顺、于阗王伏阇信。这其中的婆罗门国王阿罗那顺，即由王玄策擒拿而来，是被视为太宗朝武力降服的邦国元首之列的。

这十四尊身躯魁梧、气势恢宏的蕃酋石像，被匠人雕琢得栩栩如生、形神兼备，它们庄严肃穆地侍立于太宗皇帝陵寝的玄阙之下，宛如历史的守护者，静静地诉说着那段波澜壮阔又可歌可泣的辉煌历史。

遗憾的是，太宗驾崩后仅仅过了一年，被高宗封为賨王的吐蕃赞普松赞干布，竟也溘然长逝。中华大地上又陨落了一颗璀璨的明星。开启唐蕃舅甥二国友谊大门的两颗巨星几乎同时陨落,给本就波谲云诡的历史画卷,又增添了一分神秘而哀伤的色彩。

永徽元年五月,大唐的国丧事宜方才告终。新登基的高宗皇帝,忙着操持先帝陵寝的修饰工作,同时安抚朝堂内外,好不容易才让动荡的朝局逐渐安稳下来。

岂料,此时吐蕃首府逻些城的上空却是乌云密布,一场巨大的宫廷政变正在发生。

那天,吐蕃大论禄东赞正准备从长安城出发,返回吐蕃。突然,一匹快马疾驰而来,唐朝松州方向的驿骑日夜兼程,给他送来了一封加急密信。禄东赞不识文字,打开包装严实的皮囊,只见一方小巧的羊皮上写着一行汉字。情况紧急,他赶忙向鸿胪寺官员求助。官员接过羊皮一看,脸色骤变,上面赫然写着:

大论亲启:接信速归!逆党琼波·邦色等谋乱,赞普与泥妃暴薨,进逼汉妃殉葬。

禄东赞与在场人员一时大惊,尽管他浑身颤抖,惊愕得说不出话来,心想吐蕃的天都塌了,但容不得他有半点迟疑,于是强作镇定以后,立即上奏了高宗。

高宗闻报,也是十分震怒,他当即召集众大臣,与禄东赞一同商议对策。随即决定,立即派大军开赴松州①、洮州两个方向。一方面立即护送禄东赞返回,另一方面及时前去声援文成公主,并随时准备迎接公主返唐。

禄东赞一路由驿骑发遣,先到松州,然后秘密进入康巴。在

---

① 松州:治所在今四川松潘。

那里机智过人的他,很快联系到正在那里远征的自己亲信。然后一起率领吐蕃大军,昼夜兼程,不一月已经赶回至逻些。

大军一到逻些,禄东赞很快便控制了局势,随即召叛党前来按问,经过严厉拷问,在铁的事实面前,谋逆真相随之被揭穿,叛党只好一一认罪伏法。

随后,禄东赞一边向唐朝派出吊祭使,前往长安报丧,一边急忙率领群臣前去探视文成公主。

原来,吐蕃在佛教传入之前,民众多信仰原始苯教。但苯教巫师不仅教义混乱,还霸占了农牧民的大部分财富,尤其广泛插足和干涉王政。自松赞干布与唐朝、泥婆罗联姻之后,佛教开始在吐蕃传播。在二妃的影响下,赞普认识到佛教不仅对国家和百姓有益,其教义也缜密完备,令人信服。于是,兴建寺庙,迎请高僧,大力支持佛法在吐蕃的传播。

加之两年前,大论禄东赞曾亲率吐蕃将士奔赴中天竺,协助王玄策擒拿阿罗那顺。在天竺期间,他和将士们深受王玄策以及天竺人民的影响,对佛法的信仰愈发虔诚。凯旋之时,他又特意迎请了一些佛教僧侣,并带回大量珍贵的佛经。

赞普与大论的大力支持佛法,自然触动了苯教僧侣与部分贵族大臣的利益,他们对佛教的抵制与日俱增,对二人及赞普二妃更是充满了仇恨,但苦于赞普和大论威望很高,又防卫严密,反对者无机可乘。

前几次谋害,都被禄东赞识破而未能得逞,这次自禄东赞前往唐朝吊唁太宗之后,苯教徒认为机会来了,于是勾结了反佛大臣琼波·邦色一党,经过精心策划,一场阴险的宫变计划随即展开。

该年五月,大臣琼波·邦色探得消息,赞普不久后又要带领后宫诸妃前往彭域之色莫岗打猎。多年来赞普打猎时，君臣常常都带些自己喜欢的鹰犬随行，赞普尤其喜欢带那些凶猛的高原狮子獒。

琼波·邦色心怀不轨，一年来暗暗训练了两只狮子獒。进入猎场后，这两只狮子獒格外引人注目。一只浑身金黄，毛发微微卷曲，在阳光下闪烁着光泽；另一只则一身雪白长毛，柔顺飘逸。它们体型壮硕高大，宽阔的头部彰显着力量，深邃的眼睛透着神秘，憨态可掬的神气尽显娇贵，见之者无不喜欢。

尤其特别的是，两只獒似乎与赞普十分熟络一般，一看见赞普服饰出现，便特别的兴奋。竟然绕过人群，径直跑到赞普面前。又是欢快地摇着尾巴，又是亲昵地蹭着赞普的腿，模样十分可爱。赞普见了，满心欢喜，不仅频繁投喂食物，还多次弯腰轻轻抚摸它们的毛发。之后，赞普带着它们来到赤尊公主面前，让公主也一同抚摸喂食，与两只獒戏耍了许久。

然而，不幸的是，赞普二人还没来得及返回王宫，就突然感到头晕目眩，紧接着呕吐不止。随行的大臣们见状，惊慌失措，急忙将他们送回王宫。可一切都为时已晚，二人早已没了气息，薨逝了。

赞普以三十四岁英年早逝，留下年仅二十六岁的文成公主孤守空堂。侥幸的是，本来这次文成公主也是做好准备要随驾前往的，但就在出发前，她突然感到身体不适，只好留在了宫中，结果躲过了一劫。

御医看过，显然二位同为中毒身亡。但不等查明真相，亲苯大臣已控制了朝政。因赞普太子早逝，便拥立年幼的赞普孙——芒松芒赞即位。为了封锁消息，急忙将赞普遗骸运至琼瓦灵堂，并匿丧不报。同时向文成公主处谎称二人为染瘟疫而薨，而且随即便控制了公主,并以陪葬为名,欲置她于死地。

逆党已经向公主发了通牒,危急时刻,公主身边的乳母——公主从汉地带来的贴身侍从之一,私下买通每日来宫送鲜牛奶的女仆,令其速送口信至大论府求助。

当时禄东赞出使唐朝未归,但碰巧其次子论钦陵已经学成后自长安返回至逻些。他得到消息后,立即派遣最可靠的家奴,化妆为牧羊人,带着他的亲笔密信,以最快的速度送至唐蕃边界松州,及时交给了唐朝驿站小吏,命他立即送往长安。

当及时赶回逻些的禄东赞控制了局势,事实和真相才得以查明。原来那次赞普君臣出外打猎,出发前琼波·邦色偷偷指使其女婿在那两只獒的毛发上涂抹了剧毒。

在控制局势、查明真相的同时,禄东赞赶忙率领众大臣进入王宫,文成公主已经做好了陪葬的准备,此时她正面向觉沃佛像——那是一尊她从长安迎请来的佛祖十二岁等身像,在静静地诵经祈祷。

"赞蒙,对不起,让您受惊了!臣来晚了!"

受到惊扰的公主,微微侧过身,当看到已经跪伏于地而老泪纵横的禄东赞和众大臣时,她的心也碎了,多日来的惊恐与愤怒,已令她感到绝望和麻木……

"大唐前来迎请的大军也已经到达边境,但我们舍不得您回去……"禄东赞哽咽着说道,声音中满是无奈与不舍。

只见公主缓缓起身,一边擦拭着已经流出来的眼泪,一边慢步走至宫门外边。向前望去,熟悉的红宫广场依然热闹,大小昭寺门前依然站满了虔诚的农牧民,大家见公主走出宫门,纷纷向她热情挥手,弯腰致礼!

看着眼前的一切,公主的眼睛再次湿润!这多日来,她对自己这九年来的过往在心底里无数次地拷问,自己究竟做了些什么,自己究竟是否对得起吐蕃人民?

这些年来,在自己对汉地耕作技术的推广下,高原的青稞产量开始翻倍;在自己医药知识的传授下,冻馁中生病的农牧民开始学会用草药治病……当初带来的那一部部的诗文、经史、农事、医药、天文、历法等的书籍被大规模翻译和推广学习,各种谷物、芫菁等蔬菜、果木的种子被大面积种植,医生、厨师,以及各种技术工匠、乐队,纷纷出现……吐蕃的景象正在日新月异。

而这九年来,吐蕃人民对自己的敬重,赞普对自己的关爱,一张张真诚、善良的笑脸,一幕幕亲切动人的往事,无不让她想起,也无不令她暖心、留恋和难以割舍。

"不,我不能回去,这里的人们需要我!佛法的推广也需要我!"

想至此,公主再一次以深情的目光,向东方看了一眼,随即果断转过身去,向红宫深处坚定地走去……

二十三　进献袈裟的最佳人选
　　——三使天竺

　　上回说到，王玄策因接连荐人失当，太宗驾崩后被新上台的高宗贬官为和籴副使、左监门长史，远赴扬州任职。岂料，他却因祸得福，不久便在扬州重获爱情的眷顾，娶妻生子，过了几年平静而幸福的生活。

　　但扬州虽好，岂是蛟龙久藏之处？天竺的人事，佛教的因缘，以及昔日那叱咤风云的壮举，一幕幕如影随形，不时浮现在他的眼前，回荡在他的耳畔。

　　终于，中国历史上那位传奇女性的出现，让王玄策再次走进了大唐与天竺文化交流浪潮的中心。

　　没错，这位传奇女性，就是中国历史上唯一的女皇帝武则天。

　　对于武则天的出场，我们还必须从她推崇佛教说起。

　　唐朝统治者攀附为道祖老聃——李耳的后代，借以抬高李氏皇家的族望，所以将道教列为各教之首。但从高祖李渊到太宗李世民，都默认了佛教自南北朝以来势力日渐壮大的事实，采取了包容、默认，甚至利用的态度。

高宗更是佛道并举，加上高宗的皇后武则天的推波助澜，高宗后期，佛教势力远远盖过了道教。至高宗驾崩以后，武则天本人专权，更是堂而皇之将佛教置于道教之上。

再说武则天的一生，似乎确实与佛教有着诸多不解之缘。其母亲杨氏就是一位虔诚的佛教徒，所以她从小随母礼佛，耳濡目染，熏陶不少。后来随着她身份的一次次转变，她与佛教的关系更是日渐密切。

贞观十一年(637)，年仅十四岁的武则天以五品才人的身份被选入太宗的后宫，从而踏上了她那充满传奇色彩的人生旅程。在宫中做才人的十余年间，她因聪慧机敏，将儒家经典与前朝史书熟记于心，逐渐展露出非凡的学习能力。然而，她对佛经的潜心研读与虔诚修行，却是始于后来入寺为尼的那段时光。

贞观二十三年五月，唐太宗李世民病逝于终南山翠微宫，同年六月，高宗李治在长安即位。太宗驾崩后，按照惯例，后宫无后者，要么出宫守陵，要么出家为尼、为道，武则天未曾为太宗生育过子女，于是入感业寺做了尼姑。

至于武则天为何偏偏要选择感业寺作为出家的地点，这还得从她与昔日太子李治那段隐秘而复杂的地下恋情说起。而提及高宗李治与武则天的这段地下情史，无疑又是李唐皇室的一段令人咋舌的丑闻。

话说太宗晚年患"气疾"，时不时血压升高，胸闷气短，作为太子的李治常常入侍左右。聪明的武媚娘见老皇上已经日薄西山，自己凄凉的下半生已经一眼望到头了，心思缜密的她，便心存侥幸，趁间向年轻的太子献上柔情蜜意，眉目传情，寻求幸运之神的眷顾。

年轻的太子经不住诱惑，早在太宗病榻之下，便与武氏两情相悦,已有瓜田李下的传言。但在那标榜以忠孝治天下的唐朝,与父亲姬妾调情乱伦,无异于离经叛道和大逆不赦,若暴露,必将遭到整个社会的唾弃和谴责。因此在他登基之初,其羽翼尚未丰满,说什么也不敢冒天下之大不韪,将武媚娘公然娶纳于后宫。

于是,太宗驾崩后,武氏只好出家为尼,被安置在感业寺。之所以将她安置在感业寺,应该也是煞费苦心,颇为讲究。之前朝廷已有统计,京城长安外郭城僧寺有六十四所,尼寺二十七所,共九十一所佛寺。在这众多的佛寺中,感业寺距离唐朝宫城西内太极宫很近。因高宗登基之初,朝会或重要的上朝听政事宜都还在太极宫。从太极宫出去是禁苑,出了禁苑就是感业寺。

二人初次分手以后,高宗碍于礼制,一度收敛,加之刚刚登基忙于政务,不久便把武媚娘忘于脑后。这段时间,武媚娘日日以诵经念佛、写诗弄文来消解自己青春之美不得绽放的痛苦与对李治的思念。其中最令高宗感动的一首诗——《如意娘》,就是写于此时。其诗曰:

> 看朱成碧思纷纷,憔悴支离为忆君。
> 不信比来长下泪,开箱验取石榴裙。

这首诗以"朱""碧"两种反差极大的颜色,映照出花开花落、冬去春来的漫长画面与强烈的感情对照,也映照出她的触目伤怀与无尽的煎熬和等待。而"憔悴支离为忆君"一句又直抒胸臆,尽言她当年因思念和悲伤已经心力交瘁。最后两句"不信比来长下泪,开箱验取石榴裙",更是经典,如果你不相信我对你日日思念流泪的事实,就请你看看我那件泪迹斑斑的石榴裙吧!

那些日子,脱离红尘、放下执念,清静无欲的佛家教理,犹如沙漠中的一泓清泉，给了她许多心灵的慰藉，在抑制那如火如荼的内心情欲时发挥了不小的作用。

一直到次年五月二十六日，这一天是太宗驾崩的忌日，乃唐朝国忌行香的日子。幸运的是高宗将自己进香的地点偏偏又选定在感业寺。

聪慧过人的武媚娘，怎能放过这个千载难逢的机会？自然是抓住机会，在高宗面前哭得梨花带雨，高宗大受感动，之后又在她千般风情、万般娇嗔的攻势之下，再次破防。

二人旧情复燃，随即在感业寺青灯梵唱伴鸳鸯，芙蓉帐暖度春宵。

自此二人又开始秘密往来，至永徽三年（652）秋，在感业寺诞下他们的第一个爱情结晶，这个孩子就是后来的太子李弘。眼看木已成舟，加之当时王皇后与萧淑妃正在争宠，为了转移高宗视线，永徽四年，二十五岁的高宗在王皇后的亲自斡旋之下，将二十九岁的武氏迎回了皇宫。回宫后的她，凭借着靓丽的外表、出众的才智及阴狠的手腕，从昭仪之位步步高升，最终成功蛊惑高宗废黜了王皇后，完成了从尼姑到后宫之主的华丽蜕变。

贵为皇后的武媚娘，似乎没有忘却感业寺的这段际遇，甚至认为自己这一切的改变皆因佛缘，所以对佛门礼遇有加，颇为虔诚。

多年来，前往天竺取经、礼佛的高僧前赴后继，对于天竺佛迹的灵异之处时有传闻，武后的内心也颇为所动，为报答佛恩，她一度很想派人去往天竺替自己礼佛，并替她到拘尸那迦国大涅槃堂——释迦牟尼涅槃之处，向佛祖进献袈裟。

显庆三年（658），一个机会终于来了。

原来，永徽二年（651）西突厥阿史那贺鲁叛唐，至显庆二年，战争已经持续了整整七年时间。叛军利用远在西域，唐朝很难组织大军远征的有利条件，多年采用敌来我退、敌去我追的战术，令唐王朝几次出兵都无功而返。

此外，就在唐朝镇压西突厥阿史那贺鲁战争的紧要关头，大食对西域的东扩也悄然加快，局势变得更加紧张和复杂。如此一来，西域道路不通，夹在中间的吐火罗诸国和粟特①诸国与唐朝失去了联系。若能联系这些小国，从西面支持他们抵抗大食东扩，东面配合唐军夹击阿史那贺鲁叛军，必将釜底抽薪，加速其灭亡。

关键时刻，朝廷紧急召开政事堂会议，会议决定在当年年底至来年春初发动第三次征伐阿史那贺鲁的军事行动，给叛军以最后一击，为此事先派人设法前往西域，以联系诸国一起行动，并为军事行动搜集情报，侦察敌情。

但战争期间，西域诸国受叛军监视，胡商尚且难以通行，唐朝的使臣又怎能堂而皇之避开叛军的盘查呢？加之当时并无合适的人选可以担当此重任，因此，关于派遣使臣的议题在会议上迟迟难以达成最终决定。

武后见高宗与众宰相犯难，突然想起玄奘多年来心心念念牵挂着的一件事来。

西域有个迦毕试国，玄奘法师在往返天竺之际曾两次经过该国。该国有佛祖顶骨舍利一枚，被奉为国宝，于佛顶骨城古王寺供养。

当年玄奘法师与迦毕试国国王相见以后，国王陪同玄奘瞻礼了佛骨。玄奘见到佛骨后深感荣幸，朝拜礼敬后，祈盼来日能将

---

① 粟特：生活在中亚阿姆河、锡尔河之间地区的古代民族，在中国史籍中被称为昭武九姓、九姓胡、粟特胡等。

佛顶骨迎请至东方大唐供养，国王为之大为感动。近年来玄奘听闻大食东扩，时有毁坏佛迹或迫使佛教徒改宗信仰的事件发生，他早已心急如焚，担心佛祖顶骨舍利遭到亵渎，多次在高宗与武后面前提及此事。

于是武后提议，以派人前往天竺向佛祖进献袈裟为由至天竺，然后前往西域迎请佛顶骨舍利，再以完成自己和玄奘的这两个心愿为借口和掩护，绕道西域吐火罗、粟特诸国后，去完成联络西域各国的任务。

这将是一次风险巨大的旅程，几项出使任务或明或暗，但最终的目的和关键的任务是要绕道西域，前去联络西域各国。任务紧急而艰巨，且险象环生，犹如在刀尖上起舞，需要出使者具有非凡的勇气和智慧。

因为所经道路西有大食随时盘查，东有西突厥阿史那贺鲁的叛军，处处都有危险。出使人选不仅要文武兼备，应对敏捷，而且要精通梵语，熟悉沿途道路，最重要的是还得具有牺牲和冒险精神。历数朝野官员，大家最终为找不出合适的人选而犯难。

看高宗与武后着急，玄奘法师犹豫再三，最终合掌上前建言："皇后娘娘，贫僧想到一人，只是此人因触犯天颜，已遭贬黜，不知当不当讲？"

"法师但说无妨。"武后于一旁开口道。

"此人便是已被皇上调离朝堂，目前担任和籴副使、左监门长史的王玄策。他已有两次出使经历，熟悉天竺及沿途事务，且文武兼修，通晓天竺梵文。若遣此人出使，一定不会辜负皇上和皇后娘娘的嘱托，将袈裟安全送抵天竺，然后去完成迎佛及联络西域各国的任务。"

武后一听，心有所动，但此人毕竟曾经被高宗贬黜，所以她

285

侧身看向高宗。而高宗似乎也是爱恨皆有，犹豫再三，不肯发话。

此时又有人附和道："王玄策虽有过错，但毕竟只是荐人失察，应用人所长，以此令他立功赎罪，岂不更好？"

"陛下，臣妾亦以为王玄策是出使天竺的最佳人选！"武则天听又有人进言，于是不再犹豫，向高宗举荐道。

高宗沉吟再三，才徐徐说道："想当初，王玄策二次出使天竺，在中天竺遭到逆贼阿罗那顺的攻击，他不畏强敌，果断去吐蕃、泥婆罗借兵，一举剿灭那僭逆的阿罗那顺，维护我大唐尊严，扬我大国威风。随后还引进制造石蜜之法，近年来我大唐已经熟练掌握，天下百姓渐渐都能吃到石蜜了，近来宫中御厨以扬州所煎蔗汁自制的石蜜，色味竟然超过天竺所出。算起来，这些都是王玄策的功劳！"

高宗犹豫片刻，接着道："只可恨他荐人失察，带来胡僧，致使先帝误食丹药驾崩，朕当时恨不得砍了他的脑袋。就是因为顾念他昔日出使的功劳，朕才只是将他略加贬黜。"

武后见高宗态度已有转变，于是进而谏言道："既然众位爱卿推荐，那陛下就再施洪恩，下旨召他回来，令其戴罪立功，出使天竺。"

高宗听后，又颇为感慨地说："如此也罢！太宗常言：'用人如器，用人所长。'诚言不虚！今玄奘法师和皇后力荐，正是其义。那就即刻颁诏，召王玄策进京，担任此次出使西域的大使，委以重任，去完成各项出使任务。"

随即，召玄策进京和令其第三次出使西域的皇皇诏书颁下。

这里可见，唐初军国大事的决定与诏书的颁发，名义上都由皇帝裁决，实则凡是军国大事都必须经皇帝与所有宰相及有宰相身份者参加的政事堂会议议定。政事堂号令四方，其所下书曰"堂帖",堂帖下了,又有中书省拟稿"熟拟",亦称"熟状拟定",即详拟定稿的意思。中书省熟拟后再送呈皇帝,皇帝亲览并在纸尾批示后,盖上玺印,此谓"印画"。经此手续,方可降出奉行。由此可见唐朝初期政治的开明、有秩序,以及高效的行政运转机制。也可见,整个高宗朝,武后始终只是站在幕后,高宗也并没有大权旁落。

话说王玄策在和籴副使任上干得有声有色,加之妻子陈氏温柔贤淑,一双儿女聪敏活泼,一家人恩恩爱爱,小日子有滋有味,不知不觉近十年倏忽而过。

接到圣旨,王玄策感慨万千,唏嘘良久。经历过风云诡谲、出生入死的他,早已把亲情和家庭的温暖看得很重。但随即他又敏感地觉察到事关重大,自己得罪"二圣",已遭贬黜,若非紧要之事,必不会起用自己奉敕出使。多年来,自己也始终坚守着"孤臣可弃,节不可折"①的信念,自己出仕做官,身心早已交付于国家,只有先国后家,才是为臣之道,必须尽快前去听命朝廷的安排。

几日后,王玄策带着儿子王令敏与侄子王令智匆匆踏上了返京的道路。当下佛教盛行,唐朝与天竺间交往日渐频繁,朝廷与寺院均急需众多的翻译人才。于是玄策夫妇决定乘此机会送儿子王令敏与侄子王令智结伴去天竺学习梵文,兼修天竺文化。

踏入长安,京城依旧热闹繁华,宫殿依旧富丽堂皇。然而,反观自身,却已显露老态,那张曾经温暖如初阳的脸上,如今已满是花白的胡须与被岁月的风霜雕刻出的道道沟壑。年轻时口吃的毛病也不知跑到哪去了,已经荡然无存。但未曾改变的,仍是

---

① "孤臣可弃,节不可折":此典故出自《汉书·苏武传》,是指苏武被滞留匈奴十九年,曾被汉朝几乎忘记,但他还是持节不屈,始终怀揣对汉朝的忠诚。

那颗始终为国为家的忠心，以及那份面对困难一往无前的勇气与决心。

次日上朝，玄策拜见过"二圣"，武后少不了又是一番关心和抚慰，最后才提出派他出使天竺之事，讲明出使的任务，为其加官"朝散大夫、行左骁卫长史、出使天竺大使"。

唐代官职有重五品之说，他二次出使回来，因功被授予朝散大夫——从五品下的京官。此官阶在唐朝散官中为一分水岭，其上者称"大夫"，以下者为"郎"。尽管这次王玄策官阶复旧，但"行左骁卫长史"这一头衔却另有含义。

因左骁卫长史只是从六品上的武官，比朝散大夫低了三级。在这两个等级的职任中间加上一个"守"字，就表明了二者的关系。所谓"以职事高者为守，职事卑者为行"，王玄策以从五品下的官阶代行从六品下的实职，自然称"行"。即是说，朝廷只是恢复了他原来的品级待遇，官服为绯，以提高他作为出使大使的身份，给他的实际职务要低一级，就是给他一个立功的机会。

唐朝官服以颜色分等级：三品以上服紫，四品、五品以上服绯(红色)，六品、七品服绿，八品、九品服青。

进入三月，春回大地，长安已是桃红柳绿，谷雨绵绵，出使天竺之事已经刻不容缓。在此之前，众宰相又与王玄策进行了多次秘密商议，高宗与武后也对他反复叮咛。临行前，王玄策还特意前往慈恩寺探望了玄奘法师，并带上了法师致天竺师友的信件与礼物，随即便率领使团踏上了前往天竺的征途。

这次的出使人员，除玄策与自己的子侄三人外，还包括记录人刘嘉宾、刘仁凯，傔人①乞扶定亨、贺守一等十三人。临行之

---

① 傔人：指古代随从佐吏或随身的差役。

前，又招来大兴善寺的玄会法师与僧人僧伽跋摩，后者原为康国胡人，自小跟随商队来到长安，后在大兴善寺出家做了和尚，因他熟悉西域道路，所以被玄奘特别推荐。

出使之路，道阻且长，王玄策深知前方是无数的艰难与险阻，这次出使将会经历前所未有的生死挑战，但他觉得具有挑战的人生才是有意义、有价值的人生。

出了开远门，抬头看向远方，他深吸一口气，握紧了手中的符节。这是使命，是担当和责任！边关的烽烟，国家的召唤，百姓的期盼，他不能退缩。

远方，始终是英勇的远行者追寻梦想与实现抱负的舞台。

二十四　大使的气节

话说王玄策被召入京，对外宣称受高宗与武后委派到拘尸那国大涅槃堂向佛祖进献袈裟，之后前往迦毕试国奉迎佛祖顶骨舍利，实则主要是为了绕至西域叛军背后，秘密前去联络吐火罗与粟特诸国，以便从东西两面夹击西突厥阿史那贺鲁叛军。使命紧急而机密，人数不宜太多，所以这次使团一行仅十三人，很快离开京城上路了。

山长水阔，天高路远，这已是王玄策第三次出使天竺，沿途景致，无不勾起他的回忆。时光飞逝，人生如白驹过隙，蓦然回首，数十年转瞬即逝，突然发现芸芸众生不过是苍茫宇宙间的匆匆过客。在历史的长河中，人人皆是太仓之一粟，能在有限的生命里，发出所有的光和热，也算是不虚此生。

使团一路风餐露宿，日夜兼程，这日傍晚到达洮州南境的吐蕃驿馆。天色已晚，一行人进入驿馆休息，待明日再上路。孰料，进了驿馆，既无人前来迎接，吐蕃驿馆人员的态度也是大变，十分冷漠，安排的住所更是寒碜。玄策一行大为震惊，不明白究竟发生了什么。

又经过一个月的跋涉，终于到了吐蕃首府逻些。王玄策等准备先去拜见公主，顺便弄清个中原委。但在半路上又被人借故阻拦，让他们暂回驿馆，等待消息。

此后，王玄策等人一连几日都被困在驿馆，无所事事，又不能前去拜见公主，要求去见大论禄东赞亦遭拒绝，居住的客栈一连几天门可罗雀。想起昔日唐蕃结为舅甥之国，数十年来两国关系亲密，如同一家，近年来，尽管松赞干布薨逝，两国间还是继续频频互通使者，每年的冬至、元正等重要节日，新赞普与大论都会派使臣带着贺礼，向大唐朝贡，而朝廷也会颁赐吐蕃丰厚的回赠。自己前面数次往来途经吐蕃，赞普和公主对他关怀备至，今昔竟有如此差别，想到此不禁感慨万分。

再说那禄东赞，无论是当年护送文成公主时的长途跋涉，还是在十年前两人并肩作战、共同攻打中天竺、擒获叛臣阿罗那顺的峥嵘岁月中，共同经历了无数的风风雨雨，他永远记得，那个曾与他纵马论政的挚友，情逾兄弟的经历。那究竟是何原因……玄策想着，总弄不明白其中的缘由。

这日众人正纳闷间，刘仁凯疑惑地问："大使，是不是那禄东赞素日与您相争，今借故翻脸刁难于我也未可知。翻手为云，覆手为雨，才是官场上常有的事。"

"对啊，想当初您与禄东赞数次击球、比剑，他技艺不精，输于大使，很可能怀恨在心，今日掌权，必定想翻脸报复，才会至此。"有人附和道。

"此事没有那么简单，以我对禄东赞的了解，他虽然有时多疑，但也是雄才大略之人，必不会为睚眦之事借故刁难。先赞普薨逝，新主年幼，禄东赞应该是乾纲独运，此时公然为难于我，其中必有蹊跷。我等先设法见到公主再说。"王玄策捻着胡须分析道。

随后设法从文成公主乳母处了解到，松赞干布薨逝后，新即位的赞普为松赞干布的孙子芒松芒赞，新赞普年幼，自镇压了反佛大臣琼波·邦色一党的谋逆以来，禄东赞与娘·赤桑扬顿作为大小论辅政，一直掌握着朝政。近来，大论禄东赞将兵在外，小论娘氏主政在内，使唐蕃关系发生了微妙的变化。

昔日吐谷浑内奸素和贵因与吐谷浑诺葛钵可汗不和而投降了吐蕃，唐蕃和亲以后素和贵一度受到冷落而被迫出走，当松赞干布薨逝以后，他又扶持吐谷浑小王前来投靠吐蕃，今已效命在娘氏帐下，极力撺掇吐蕃出兵吐谷浑。

但吐谷浑与吐蕃一样，皆为唐朝属国，而且同样得尚唐朝公主，与唐朝也是舅甥之国。在素和贵的撺掇之下，吐蕃正打算趁着唐朝在西域用兵之际，一举兼并吐谷浑，听闻唐使前来，大为震恐。于是一边下令党羽慢待唐使，阻止他们与赞蒙文成公主相见，一边派人暗暗盯梢，以探明唐使来意。

当摸清王玄策等此来是前往天竺，顺道来探视文成公主，并非干涉吐蕃对吐谷浑出兵之事，更不是干涉吐蕃内政后，娘氏这才放下心来。

转念一想，吐蕃正暗暗出兵吐谷浑，所幸唐朝廷至今没有反对，尚不知究竟是何态度，何不趁机给唐使一些下马威，从他们口中得些实情？想到此，娘氏这才传令唐使来见，并决计这次要在唐使面前树起自己的威望来。

王玄策等受传呼来到小论府，但与往日不同的是，不见过去盛情的迎接，他们只好随卫士进入府内正厅，只见小论娘·赤桑扬顿于正堂之上正襟危坐，双目微闭，态度颇为倨傲。

玄策一见，便镇定从容地昂首站立于一边，只等娘氏发话，但眼眸里透露出一股凛然不可侵犯的威严。

两旁侍卫见玄策不向娘氏施礼，于是狐假虎威地呼道："见小论为何不跪拜？"

玄策持节按剑，目光坚定，冷冷地说道："我乃朝廷专使，天子近臣，岂有向藩臣舞蹈跪拜之理？"

"小论为我吐蕃宰相，亦为百官之首，为何不拜？"又有人傲慢地质问道。

"先赞普得尚公主，受大唐册封藩王之号，唐蕃为舅甥之国，天日昭昭！先赞普在世，尚且不令天子近臣行舞蹈大礼，何况赞普之臣，何敢居大！"玄策挺直了腰，继续款款作答，并尽量克制自己愤懑的情绪。

他知道，在任何外交场合，从容不迫的举止，比起咄咄逼人的态度，更令人心折。

这时又有人对王玄策低声威吓道："你可知惹恼小论的后果吗？"

"不知，我愿洗耳恭听。"玄策说着，含笑的眼神闪着凛然不可侵犯的光芒。

"大者将你碎尸万段，血流阶庭，小者鞭笞加身，贬为奴婢，使你去不得天竺，回不了大唐！"

玄策听了又是冷冷一笑，凛然说道："你们仅知蕃王近臣之怒，尚不知天子使臣之怒！"

素和贵在一旁傲慢地说："有何本领，也说来听听。"

玄策突然上前，按剑持节，冷笑道："天子敕使，大者专征诸侯，调兵杀伐；小者处置藩臣不轨，先斩后奏！玄策今近汝等三尺，施令就在眼前！"

小论娘·赤桑扬顿见状，满脸惊愕，急忙转而和颜悦色还礼道："大使且慢，方才只为戏言！"

转而呵斥其身边近臣道:"还不退下!我与大使戏言,你等放什么厥词?"近臣见状,纷纷闭口退下。

王玄策见状,亦退后一步道:"本使愚钝,竟不知小论戏言,误认为小论为背唐蕃舅甥义好,自我做大的小人。"

娘氏听了,神情更加慌乱。二人一番虚意礼让后,各自落座。

"王大使,好久不见,别来无恙啊。"小论娘·赤桑扬顿抬起他那张表情虚假的脸说道。

"有劳小论挂念,在下虽已老迈,但还可为朝廷效劳,受皇上、皇后之命,去往天竺为佛祖进献袈裟,顺道来探望公主,一并前去凭吊先赞普,但不知小论为何要将本使等拦截,不许探望公主,又不许前去吊祭先赞普?"王玄策问道。

"今我新赞普富于春秋,尚未理庶务,赞蒙圣体违和,大论东赞将兵在外,小论我日理万机,多有怠慢!大使暂时休养几日,有事由我代为奏明。"娘氏解释着,脸色不免又有几分慌乱。

随后,王玄策闭口不语,专等娘氏说出真正的原因。

"王大使,如今正是我吐蕃国力强盛之时,虽然先赞普薨逝,但新赞普睿哲圣明,我吐蕃国势依旧蒸蒸日上。昔日我吐蕃得尚大唐公主,受封蕃王封号。与我吐蕃相邻的吐谷浑、党项、白兰各邦,本该向我吐蕃称臣纳贡,但近年来吐谷浑一直寇扰我吐蕃边疆,侵占牧场,我吐蕃早就打算兴师问罪于他。近闻吐谷浑内讧,部帐叛离,急需大军震慑平定,为此,我吐蕃前已上表请示朝廷,但奏折一去便没了消息,不知国家是何旨意?今日既然大使到此,还请大使说个究竟,也好让我等对新主有个交代才是。"

"吐蕃与吐谷浑同为我大唐属国,太宗文皇帝在世时嫁文成公主于吐蕃,将弘化公主嫁于吐谷浑王诺曷钵,二国同为大唐藩属,理当一视同仁。再说,古人云:'亲仁善邻,国之宝也。'二国既是近邻，又皆为皇家懿亲，沾亲带故，天日昭昭，当和睦相处，与朝廷休戚与共，兵戈不起才是。但今闻吐蕃派兵前往青海，可有朝廷旨意？"玄策义正词严地反问道。

娘氏本想先发制人，为难住玄策，没想到玄策的反问，一针见血，直指吐蕃要害，只好答道："出兵青海，是应吐谷浑小王之请，为平定其内讧，也是为朝廷分忧，况且不日即将班师。"

见小论娘氏还在遮遮掩掩，玄策进而道："至于吐谷浑内讧，若已经上奏，必由我朝廷定夺，何劳吐蕃出兵？对于吐谷浑与吐蕃的牧场纠纷，两国各申曲直，互不相让，朝廷为此必然十分为难，小论应该心领神会，与吐谷浑彼此礼让，化干戈为玉帛才是，何劳朝廷明示？"

"况且，本使如今是奉皇后之命去往天竺为佛祖进献袈裟的专使，受朝廷委托顺道来探望公主，又昔日受先赞普厚爱，一心想前去凭吊先赞普，至于军国大事，实在不是本使的职责所在，分外之事，未曾过问，岂敢置喙？"王玄策又巧妙地说。

娘氏见难不倒王玄策，从他口中也得不到什么朝廷消息，便不再追问，只好暂且顾左右而言他，说了些嘘寒问暖的话，假意客套一番后起身送客，让王玄策等先回驿馆安歇。

随后，公主得报王玄策一行已到吐蕃，急忙下令召见。见到公主，方才得知公主近来偶感风寒，好在并无大碍。事情也正如玄策已经了解到的，如今新赞普年幼即位，吐蕃正忙于兼并吐谷浑，大论禄东赞将兵在外，娘氏主内政，内政外交唯恐唐朝干涉。后为试探唐朝廷的态度，又对玄策一行借故刁难。不料，并没从玄策那里得到朝廷对吐蕃内政外交的态度，加之公主威望尚在，娘氏自知无趣，也就不得不让步放行。

在了解了吐蕃的局势后，王玄策敏锐地察觉到唐蕃关系已发生了微妙的变化，意识到自己不宜久留。加之他身负重要使命，急需赶路，于是果断更换过所（通关文牒），辞别公主，顺道前往山南祭拜先赞普。

先赞普松赞干布的陵墓，又称穆日穆波，位于逻些城东南，建于山南雅砻河谷穷波达（亦称琼结或琼瓦）的丕惹山上。远远看去，陵寝依山而建，背靠丕惹山，前临雅砻河，巍然矗立在河谷岸上。

河谷地带土地平展，灌溉便利，为传说中吐蕃政权的发祥之地，雅砻部落最早的臣民就生活在这里。

走至近前，可见陵园方圆数里。高大的陵墓用土石夯筑，选取的土质很黏稠，风干后如同山丘一般。陵墓形状为上小、底大的覆斗式建筑，封土边长足有三十余丈，高出地面约十丈。

原来，在中原文化的影响下，"背山面水""藏风纳气"等风水理念已经深入吐蕃风俗。陵墓群山环抱，威严雄壮。陵墓前端地势宽阔，面临的雅砻河源自四季不化的雅拉香波雪山，由南向北环陵而过，最后汇入雅鲁藏布江。

陵墓前有司马门，门内有祭拜殿，殿内有专人常年负责护陵、洒扫、祭奠事宜。据护陵人介绍，先赞普陵墓内尚包括看不见的地下宫殿群，内有宽大的五座神殿。墓室的装饰绚丽无比，当年为装饰陵墓，唐朝高宗皇帝还派来了包括许多画工在内的诸多能工巧匠……

穿过司马门，进入祭拜殿，里面一派肃穆庄严，供案上成列地摆着二十一个闪闪发亮的盛圣水的铜碗，以及古老的墨玉油灯和水晶油灯。长明的酥油灯发出温暖的光晕。正殿上方供置着赞普遗像，但见赞普塑像红巾裹额，上顶一尊无量寿佛像，身披半月形彩缎披风，脚蹬翘尖花靴，双目慈爱地注视着前来拜祭的人们。

看着赞普遗像，恍惚又回到贞观二十二年，赞普率领臣民亲迎玄策等凯旋的场面。那时先赞普亲手斟满青稞酒，一碗碗递到将士们面前，青铜酒壶与瓷碗相碰的脆响，仿佛还萦绕在耳畔。昔日热衷推动唐蕃友谊的音容宛在，对玄策历次出使的悉心关照之情犹在，但其真身如今何在？想到此，王玄策已经控制不住自己的感情，早已啜泣起来，在场的人们见到他如此悲伤，也都不由得被深深感染，堕泪不已。玄策一边流泪，一边拿出前已写好的悼念赞普的祭文，诵读道：

> 维大唐显庆三年五月丙申，大唐西域使王玄策，谨以饭食酒浆、鲜花果品致祭于先赞普陵侧。魂魄有知，灵驾驻足飨受……
>
> 伟哉赞普，念君一世英名，文治武功，光照千秋！奈何生死不测，修短有命，志向未展，圣躯已陨，遗恨何极！哀哉赞普，修短故天，人岂不伤？我心实痛，酹酒一觞，赞普有灵，享我烝尝！赞普弘才，文武筹略，雄姿英发，哭君早逝，俯地流血。赞普竭诚毕恭，忠于大唐，封为名王。汉蕃和亲，友谊绵长，边境安宁，万载称扬。忠义之心，英灵之气，日月同光；命终三纪，名垂百世。哀君情切，愁肠千结；唯我肝胆，悲欲断绝！

读到伤心处，玄策再次伏地哭泣起来。

吊祭完毕，王玄策依依不舍地走出祭拜殿，独自站在那辽阔的高原上，雪山苍茫，西风残照，陵阙萧然，雅砻河无语东流。

有感于文成公主与松赞干布和亲，玄策又赋诗曰：

烽烟不举数十年，汉家公主静西天。
京城武库弓弦断，逻些四望畜满山。
洛阳白练过于阗，天竺石蜜到长安。
他日图形凌烟阁，画在功臣靖勣间。①

---

① 凌烟阁是唐朝为表彰功臣而建筑的绘有功臣图像的高阁，是位于唐朝皇宫内三清殿旁的一个不起眼的小楼，后因"凌烟阁二十四功臣"而闻名于世，唐贞观十七年，唐太宗李世民为表彰当初一同打天下的众位功臣，命阎立本在凌烟阁内描绘了二十四位功臣的图像，皆真人大小，褚遂良题字。后又有四位皇帝在凌烟阁图像功臣。最后一句"画在功臣靖勣间"中的靖勣，分别指唐朝开国功臣李靖和李勣。

二十五　历险中刻下《大唐天竺使之铭》

话说王玄策一行离开逻些，顺道至山南先赞普陵凭吊过，一路向西，沿雅鲁藏布江行进。至茶巴拉进入小羊同，继续向西，又途经小羊同、拉孜、昂仁、萨嘎，从萨嘎折返而南行至芒域（吉隆）。

这一线曾为羊同国的南境。羊同，又称羌同，亦即象雄。这个曾经号称兼并了高原十八万户落而创造了神秘的象雄文字，诞生了高原本土宗教——雍仲苯教与其辛饶弥沃如来佛祖，还修建了高大巍峨的宫殿与城堡的古老王国，在一二十年前被吐蕃松赞干布兼并。沿途荒废的行宫，颓废的苯寺残垣，无一不昭示着这个政权曾经的辉煌。

这一路，又是荆棘丛生，山路崎岖，加上严重的高原反应，一千多里的路程，使团一行走了近一月时间。而且，自从进入小羊同，麻烦事就接踵而至。

前几次往返，使团人数较多，很少遇到猛兽的袭击，这次人数较少，不久便遭到了狼群的尾随和威胁。

辽阔的青藏高原上有棕熊、狼群、雪豹、猞猁等很多猛兽。猛兽都很势利，见来者人多势众便逃之夭夭，见其人少力单便伺机袭击。

那天离开小羊同西行,眼看太阳快要落山了,还见不到人烟。众人已疲惫不堪,玄策只好吩咐使团就地安营扎寨。两个孩子前去拾柴做饭,还没走出几步,王令敏突然惊慌失措地跑了回来,对着玄策低声道:

"父亲,狼!"

顺着孩子手指的方向一看,离他们不远的地方,站着五只半人高的灰狼,正死死地盯着使团一行。

玄策和几个士卒赶紧拿起武器,向前走去,走在前面的兵卒随即拉开弓,瞄准了狼。本来一路走来,已经遇见了无数只狼,狼见使团人多,往往都避开人逃走了。而使团也不敢轻易招惹它们,因一旦招惹了,狼会越聚越多,向人发起攻击,还穷追不舍。今在此荒山野岭遇到的这五匹狼,可能是饥饿已久,盯上了使团。

与狼对峙了一会儿,看它们没有走开的意思,一名士卒道:"杀了它们,不然天黑了就麻烦了。"

不等王玄策开口,另一名士卒喝道:"射!"

刹那间,随着几声尖锐的"嗖——嗖——嗖——"声划破空气,几匹狼几乎在同一时间被利箭击中,它们猛地一跳,口中发出凄厉至极的哀号,随后便一个接一个地颓然倒下。然而,在这危急关头,竟有一匹身负重伤的狼,不顾一切地拼尽全力朝着孩子所在的方向猛扑过来!

玄策见状,赶忙一手拉过孩子,另一只手挥剑,手起剑落,立刻使之毙命在地,那匹狼哀号一声,一动不动了。

"阿弥陀佛!"随行的玄会法师与僧伽跋摩皆合掌念了一声。

本来一路上玄策是禁止杀死狼或其他各种野兽的,如今为了救孩子,也无奈地亲手杀了一只狼。

虽然四只狼被击毙，但仍有一匹受了轻伤的狼侥幸逃脱。只见它仰天长啸，发出几声哀怨而凄厉的叫声，随后迅速掉转身子，向着茫茫荒原深处狂奔而去！

狼是记仇的动物，也是有组织的，众人意识到此地不宜久留，连忙动手拆卸帐篷，收拾行囊，准备继续赶路。此时，天色逐渐暗淡，周围的一切都被夜色笼罩，一种隐隐约约的不安之感在每个人心中蔓延。果然，前行不久，前方便传来了阵阵如同擂鼓般的声音，那声音越来越近，也愈发密集，预示着危险正悄然逼近。

"是狼群！"有人一声惊叫。

众人定睛一看，的确是狼群，气势汹汹，黑压压的一片。

狼怕火，为了震慑狼群，玄策让大家都点起了火把，并燃起驱狼烟。只要点燃火，它们就不敢靠前了。点起"驱狼烟"那是沿途的吐蕃牧民教会他们的野外行路技巧。驱狼烟是用牛粪加上羊毛、芒硝等做成，被点燃后散发出的刺鼻气味可以令狼眼花目眩。

驱狼烟本来可以驱赶狼群，但这个时节高原正盛行西南风，狼烟成了直溜溜一道飘向东北方向，狡黠的狼群避开烟行，尾随在行人的两翼，驱狼烟就发挥不了作用了。

狼群继续逼近，月光下，已经看到了它们黑黝黝的影子。两个孩子吓得瑟瑟发抖，使团的马匹也惊慌起来，不时焦躁嘶鸣。最初狼群还远远跟在后面，大家走得越快，狼也跟得越紧。渐渐地前前后后都有了狼，并有组织地将使团围了起来。不能走了，大家被迫停下来。四周的狼群都蹲坐在了地上，静静地望着大家，一副志在必得的样子。

"它们在等待我们手中的火把熄灭后再攻击我们！大家下马，就地拾柴点火！"玄策对着大家大声说。

大家纷纷下了马，拿起弓箭，每个人都手持火把，防卫的防卫，拾柴的拾柴。不幸的是所处荒原，周围植被太差，就地取材很不容易。大家费了好大的劲，才聚起一堆柴草与牛粪来。

在一处山崖下，勉强点起一堆火。熊熊火苗燃起，照得四周一片彤红。隔着火堆，可以看到排成半圆形的狼蹲坐在地上，在火堆的映照下，上百只眼睛射出瘆人的蓝幽幽的光，都恶狠狠地看着这边。

突然，一只胆大的狼从火堆旁冲了过来，顷刻被一名士卒射杀。另一只又跳将过来，被另一人一棒敲在腿上，它一转身正好扑在火堆上，被烫得"嗷嗷"惨叫，狼狈地跑回狼群中。空气中散发出一股焦毛味与狼身上的腥臭气。自此，众狼再不敢轻易发起进攻，但继续蹲坐在火堆前，以更加警惕并狠戾的眼神看着，等待时机。

王玄策坚决制止了继续射杀狼群的行为。他深知，一旦双方陷入厮杀，群狼将会蜂拥而至，人员必将面临伤亡，届时孰胜孰负尚且难料。因此，众人只能搭起弓箭，围坐在火堆旁，轮流偶尔打个盹，以这样的方式硬是与狼群对峙了一整夜。

狼一般只会在晚上活动，等太阳出来就会四散逃走。但那天似乎天亮得特别慢，大家搜集的柴火已渐渐燃尽，在周围已经找不到一点柴草或牛粪了。大家只好把马鞭、扁担等物往火中扔，把能烧的都烧了，最后甚至开始脱下上衣，陆续扔进火中，维持火的燃烧，也准备与死神进行最后的决战。

不知何时，东方的天际渐渐泛起了鱼肚白，预示着太阳即将升起。见此情景，那些狼群也仿佛感知到了什么，一个个悄无声息地向四周散去。等到天光大亮之时，它们已然跑得无影无踪，仿佛从未出现过一般。

在经历了这一夜有惊无险的遭遇战后,大家草草吃过早饭,便继续匆匆上路。

又行走了几天,使团已经来到小羊同西境的芒域,巍峨的喜马拉雅山就在眼前。

"喜马拉雅",吐蕃语意为"雪的故乡",此时尽管已经进入夏季,但山上依然覆盖着茫茫积雪,雄浑磅礴,直插云霄。

在穿越喜马拉雅山,将要抵达芒域之吉隆藏布河谷时,天空突然乌云密布。这里位处喜马拉雅山南口,地势北高南低,落差很大,夏季降水很多,暴雨说来就来,而且持续时间长,会平地起水,瞬间成河。

说话间大雨已倾盆而下,可这里前不着村后不着店的,到哪里找个避雨的地方呢?大家只得在大雨中踩着泥泞一步步向前艰难行进。王玄策指挥大家往高处走,但脚下的路越来越黏滑,马蹄也不断打滑,大家只好下马步行。鞋底沾上厚厚的一层泥,又滑又沉,走三步退两步,大家一个拉着一个,王玄策背着儿子,牵着侄子,走在最后,指挥着使团成员艰难行进。

山洪说来就来。随着一声轰隆,顷刻间吉隆藏布河水暴涨,洪水夹着巨石滚滚而来。大家相互呼喊着,一起往上转移,但陡峭的山坡实在太滑,几匹胆小的马儿赘着屁股,就是不肯上前。正在众人慌乱的时候,只顾招呼大家的玄策一不留神一个趔趄绊倒,父子俩顷刻间顺着斜坡滚了下去。幸运的是,刚跌落一人多深,孩子就被一丛灌木挡住了,而玄策则滑滑停停,一直滑落了数丈,快到悬崖边上时,才终于抓住了一个树枝,但整个身体几乎悬挂在了悬崖上!

三十多米高的绝壁悬崖,如同被斧劈刀削般陡峭险峻,而悬崖之下则是汹涌奔腾的山洪。一旦继续往下滑落,必将坠下悬崖,瞬间被湍急的洪水吞噬，消失得无影无踪。

众人见状，大呼救人，却不知道如何下手，慌作一团。玄策抓住树枝停下来以后，低头看脚下，见深渊之中怒涛阵阵，如地狱恶鬼齐声嘶吼。玄策纵是胆大，此刻也不由得倒抽一口凉气，灵魂就像飞离了躯壳一样。他突然听到孩子的呼救声，循声看去，见孩子被一丛灌木挡住了，这时他已经用双手全力抓紧了灌木，慢慢镇定下来。

"先救孩子！"

"先救孩子！"

众人焦急地互相呼喊着，迅速找来了随身携带的绳索，争分夺秒地朝着孩子所在的位置放下。同时，他们大声地喊着："令敏，快抓住绳索！紧紧抓住它！我们马上拉你上来！"

可是，由于孩子高度紧张，攥着小树的双手难以伸开，似乎已冻僵了。孩子试了几下，松开右手，左手抓的树枝就断了，原来那灌木枝太细太嫩，他只好又用双手紧紧攥住灌木枝。

大家看情况危急，只好将绳索缠绕在一兵卒身上，将他一点一点吊下去，慢慢移动到孩子跟前，由他把另一条绳子的绳头绑在孩子的腰间，然后分别将二人一点一点拉上去。

孩子得救了，大家又急忙去营救玄策。这时的玄策看到孩子被救，悬着的心放了下来，也没有先前那么紧张了，他很快抓住了垂下来的绳子。

但就在他猛然抓住绳子的那一刻，只听见"轰"的一声，站在最前面的士兵脚下蹬的崖面塌了一处，尽管依靠手中的绳索与后面人的及时拉扯，他及时缩回了身子，但瞬间石沙俱下，其中一块较大的石块落下去后正击中玄策的脑袋。玄策脑子"嗡"的一声，便失去了知觉，身子也随即悬吊在了崖面上。

令人费解的是，即便已经陷入昏迷，王玄策的双手却依旧紧紧地抓着那根绳索，就好像那绳索已经与他融为一体，成为他身体的一部分。人们不禁疑惑，为何一个人在昏死过去之后，还能如此顽强地抓住绳索不放，并且这种力量竟能持续如此之久？

恍惚中，玄策听到众人在上面大声呼唤。渐渐清醒后，他发现自己仍紧紧地抓着绳索，身子还在空中慢慢晃悠，双手与额头流着血，钻心般地疼。

"抓紧它，抓紧它，我们拉你上来！"众人见他有了反应。

"啊，绳子，救命的绳子！抓紧它我便得救了！"玄策一边在给自己鼓劲，一边开始慢慢调整身子，脚蹬崖面，上面的人又开始把他往上拉。

双手抓着绳子，他一会儿脚蹬崖面，一会儿又双肘贴胸、控制姿势，就这样，大家在一个几乎垂直的崖面上，艰难地拉着玄策，向上，向上，碎石与泥沙不时扑面打来，他强忍疼痛，闭目横心，就是不松手！

不知经历了多长时间，终于把玄策拉上了斜坡，众人喜极而泣，孩子扑倒在玄策身上，都失声痛哭起来。

哭了一会儿，玄策转而苦笑道："不经磨难，如何能到达成功的彼岸！佛祖在考验我们的定力，小小磨难有何惧怕？"众人方破涕为笑，缓过神来。大家的双手血肉模糊，玄策的额头还渗着血，众人又急忙找医药包扎。

眼前的栈道被洪水冲断，前面已无路可走，而后面的路亦有多处被洪水冲断。夜幕已经降临，大雨还在继续，大家的衣服都被雨水淋得湿透了，在寒风中冻得瑟瑟发抖，只能尽快寻找驻足歇息的地方。

四顾荒野，借着模糊的视线，大家看见河谷旁边的半山腰处，一处巨大的石崖如屋檐一般凸出，下面形成了一个天然的凹形石房。

"仁楷，你带个弟兄尽快上去看看，那里是否可以安全避雨！"玄策吩咐道。

刘仁楷与一位兵士抓着灌木，不一会儿便爬了上去，很快向下面等待的众人喊话："上来吧，这里安全！"

玄策与众人听到喊话，精神都振作了起来，于是相互搀扶着，牵着两个孩子一步一步攀爬了上去。

夜已深，四周一片漆黑，地上的草木多已被雨淋湿，大家好不容易才在山崖、石隙间搜集了一些干草枯木，燃起篝火，取暖做饭，晾烤被雨淋湿的衣服。众人早已筋疲力尽，在篝火余温的烘烤下，一个个很快昏睡过去。

一觉醒来，玄策才有精神揣度他们所处的位置。这个地方，大约在小羊同国西南、呾仓法关以北，正是吐蕃国南界被称为芒域的地方。这一段又是此行道路险绝处之一，在此向南或度过呾仓法关，或在其东少南度过末上加三鼻关，继续东南入谷，途中要经过十三飞梯，十九栈道，又东南或西南，缘葛攀藤，方可至北天竺泥婆罗国。

令人沮丧的是，一连数日，阴雨连绵，山洪咆哮，使团一行进退无路，只好继续露宿在石崖之下，等那雨过天晴，洪水退去。

被困山崖之下几天，想想这一路的艰辛与使命的艰巨，玄策不无感慨：佛门讲求轮回，受尽痛苦与磨难，方能洗涤累世的罪孽与污垢，灵魂才能超脱，或许沿途的厄难都是自己必须经受的考验。

但转念又想，自己这已是第三次出使天竺，历经无数艰难险阻，出生入死，矢志不渝，行程远迈古人，这才是大丈夫的人生！何不效法先贤勒石记功，永垂后世？

随之，玄策口述，记录人刘嘉宾撰文，傔人乞扶定亨泼墨挥毫，草成序铭，傔人贺守一将篆刻所需工具随时携带，不一日便在那高岩坚石之上凿出一块平面，上刻成一方额篆阳文、铭刻阴文的序铭来。其文曰：

大唐天竺使之铭

记录人刘嘉宾撰，记录人刘仁楷并傔人乞扶定亨书，贺守一书篆。

维显庆三年六月，大唐驭天下之人，抚有万邦，继圣袭轨，累世重光。玄化浃于无穷，隆泽洽乎黎众。德同方局，道格圆穹。乾三五以垂祉，坤四时而奉祠。反踵、贯胸之国，觇风雨而来宾；离身、鬌首之君，逾山海而输贶。[①] 憬彼身毒，近隔悬度，远来献琛。

小臣綦序：皇上纳隍轸念，濡足来苏，乃命臣朝散大夫、行左骁卫长史王玄策，宣德郎刘嘉宾及刘仁楷，选郡国良家之子六人，识洞韬略，胸蕴治乱之方，腹藏安边之术，于是出使于天竺之国。越层岩，超雪岭，指鹫山以回鹫，抵鹿苑

---

① "反踵"，谓脚跟反向的人。"贯胸"，乃袒露胸襟之意，或谓"穿胸民"，又叫"穿胸人"，亦称"贯匈"、"穿胸"或"贯匈氏"。《山海经·海外南经》曰："贯匈国在其东，其为人匈有窍。""离身"，身首分离的人，传说中之国名，此即半体之人，《尔雅》曰："北方有比肩人焉，迭食而迭望。""鬌首"，乃以麻束发的人。《淮南子·齐俗训》曰："三苗鬌首，羌人括领，中国冠笄，越人劗发，其于服一也。"以上以传说中的这四类人借指奇形怪状的外国人，比喻在大唐威德远披之下，四夷皆服，各国使者纷纷远道而来大唐朝贡。

而安驱。显庆三年夏五月,届于小杨童之西,南呾仓法关之东北。时水潦方壮,栈蹬斯绝,乃权税驾乎蘅皋,踟蹰于山隅。晴则雪献祯休,攀白云以呈瑞;阴则愁云低回,拥黑雾而蔽日。西瞰连峰,揽百川之波澜;南临箭水,总万壑之源流。实天竺之要隘,真西域之天险也。但燕然既邈,犹刊石以为铭;交趾非近,亦马援柱铜而已①。勋况功百王,子路力可擒虎。臣等念金阙之洪猷,默皇华之盛烈,人所同心,敢勒贞珉。呜呼!小人为其铭曰:

懿皇华兮奉天则,骋辎轩兮扬盛德。使身毒兮穷地域,勒贞石兮灵山侧。

使人息王令敏、使侄士令智同勒石。②

碑文大意为:显庆三年五月,唐朝天竺使节王玄策一行奉命出使天竺,历经艰难险阻,方抵达吐蕃境内小杨童(小羊同)的西境。因遇到山洪暴发,前路受阻,被迫于此滞留多日。想到唐朝的武功伟烈,四夷来朝,今又派人出使天竺,使团一行不畏艰险至此,王玄策等人心潮澎湃,于是效仿前人,于此勒石纪念。

碑文篆刻完成的这天,恰巧天色渐渐放晴,众人看着已经完成的石刻序铭,心中振奋。王令敏更是满怀激情地高声朗读起来,稚嫩又铿锵的声音在山谷回荡……

天色放晴,但山洪依然未退,眼看着从逻些带来的干粮渐渐

---

① "燕然既邈,犹刊石以为铭",指东汉窦宪打败匈奴,于燕然山勒石记功的典故;"交趾非近,亦马援柱铜而已",指马援征服交趾后立铜柱以为汉界的典故。均为古代立功绝域的事迹。
② 录文参阅李宗俊、宋孟林待刊论文《〈大唐天竺使之铭〉文字再校理》。

耗尽。无粮可吃，大家只好出去挖野菜，偶尔打只野兔充饥。南下的栈道早已断绝，需要雨过天晴修理后才能再走。四顾茫茫，荒山野岭，不见人烟，大家日渐焦躁不安起来。

正当大家发愁的时候，这天下午，对面山坡顶上突然传来隐约的叫喊声："你们是什么人，快朝这边来，道路在这边！那边危险……"

这喊声就像黑暗中突然闪现的曙光，让大家在绝望中看到了希望。喜出望外之余，大声回话，寻求帮助。

很快，那人又招呼来几人，冒着大雨将他们带到山后面的一个村落前。这个村子离王玄策他们避难的地方只有几里路。回头看去，果然他们原来待的那个地方山石突兀，似乎要坠落一般。但旁边他们勒石刻铭的地方，崖面倒还平整，相对安全。

来者是一位憨厚朴实的小伙子，名叫顿珠，据他介绍，此地被称为芒域，亦名吉隆，而他们的村庄名为吉甫村。他们本来是小羊同国人，世居此地，过着半农半牧的生活，后来吐蕃灭了小羊同以后，他们才归属吐蕃，现在都自称为"博巴人"了。

村口立着一块被五彩风马旗裹绕的巨石，说是当年松赞干布迎娶泥婆罗赤尊公主时，于此石前定情结缘，故名"缘定石"。村西南不远处还有赤尊公主与送亲家人分别的吉布园（吐蕃语意为"离别洞"或"分别洞"），位于曲姆古日雪山下，山崖下建有一寺庙，称为赤尊公主停留时所建。

进得村来，雨还是淅淅沥沥下个不停。这个位于蕃泥边境的小村子，背倚雪山，面朝峡谷，竹木掩映，溪水环绕。河岸边依形就势分散着几十户人家，俨然仙境一般。

此地不仅盛产竹子，还盛产长叶松、喜马拉雅红杉等珍稀林木，以及野生花椒和天麻，就连村里人也长得比别处秀美许多。

全村仅靠一条六七十米长的铁索桥与外界相连,村人与外界联系很少,仿佛世外桃源。

一行人被顿珠带到自己家里。一进门,顿珠连忙给大家让座,并唤他的哥哥和他们共同的妻子出来与大家相见。

这时从正室走出来一位长发细辫、容颜秀美的新娘,后面另有一位憨厚壮实的汉子。顿珠连忙介绍:"这是我们的妻子卓玛。这位是我的哥哥才让。"

原来,当时吐蕃境内一些地方还保留着一妻多夫制的传统。一些贫苦人家,甚至一些富有之家,为了防止兄弟分家,于是几个弟兄遵奉父母之命,共娶一妻。妻子的卧室是家中正室,兄弟中一人进入妻子的正室时,将自己的衣服挂在门口以为标志,所生的小孩都属长兄,长大后把父亲的弟弟称叔叔。

卓玛并不善言辞,她有着如朝霞般彤红的脸庞,眼睛清澈如水,闪烁着温柔的光芒。她那双细长的手指,轻巧地为每个人递上一条带有纹路的毛巾,让他们擦拭脸庞和湿漉漉的头发。

才让在屋子中生起了牛粪火炉,卓玛端出一碗碗热腾腾的酥油茶和一大盘糌粑,分别给客人递上,大家连忙表示感谢。

王玄策等人被顿珠一家的热情与慷慨深深打动。围坐在用牛粪燃烧的火炉旁,品味着温热而香甜的酥油茶,细细咀嚼着美味的糌粑,身体很快便感受到了温暖,心中无限感激。

听说他们来自遥远的大唐,邻居们都纷纷围拢了过来。

乡亲们充满热情,他们对王玄策等人所穿衣物以及他们在岩石上刻写的大唐文字充满了好奇。

原来,当地居民穿的衣服都是皮裘或毡衫,但听说他们那位来自大唐的赞蒙身上穿的漂亮衣服竟然是用一种叫蚕的虫子吐的丝做的,吐蕃人民感到不可思议。

见主人家如此厚道且热情好客，王玄策耐心地一一回答了乡亲们的提问，特别是对于他们在岩石上刻写的文字，也做了详尽的说明。自此以后，当地的百姓便将这块记载着唐蕃友谊以及中印文化交流的石刻视为圣迹，精心保护，代代相传，永志不忘，这是后话。

当时松赞干布派的大臣吞米·桑布扎，在学习印度文字后新发明的吐蕃文字刚刚传至小羊同，当地居民在学习他们的字母文字时对唐朝的文字也十分好奇和崇拜。

晚上，好客的吐蕃乡亲们给客人们唱着山歌，跳起了锅庄舞，姑娘们为客人敬上一杯杯甘美的青稞酒……

天气渐渐放晴，王玄策一行人在当地居民的细心照料下，体力逐渐得到恢复。为了报答顿珠一家及乡亲们的恩情，见他们耕种技术比较粗放，土地不加平整，不打畦，没有阡陌，水土容易流失，于是玄策给他们讲明这样耕作的弊端，同时教授他们中原地区精耕细作的各种方法。另外，玄策一行还教会了他们中原的酿酒、制陶、碾磨、冶金等生产技术，乡亲们十分感激，在他们要离开时，都依依不舍……

二十六　沿途国的圣迹

话说王玄策一行在吉隆山口遇洪受阻，被困期间刻碑记功，之后有幸得到吐蕃乡民的救助。随着困境的解除，使团重整行装，带着对未知的憧憬和对使命的担当，继续踏上了南下的征途。喜马拉雅山千年不化的雪峰，再一次见证了他们的坚韧与勇气。

没有比脚长的路，没有比人高的山。一路走来，信念和毅力是他们战胜一切的力量源泉。最终该年六月上旬，使团抵达了泥婆罗国的首府加德满都。这座古老而神秘的城市，再一次以其独特的文化和魅力，迎接了这批东方来的客人。

这里依然木郁花香，湖水荡漾，村落鸡犬相闻，炊烟相望。日出之时，能看见北面雄伟连绵的雪山如一条银色玉带横挂在空中，尽显壮阔；而南面高峡与河湖交错，掩映在郁郁葱葱的植被中，旖旎氤氲。傍晚时候，徐徐回家的亚洲象群悠闲自得，拉普蒂河和费瓦湖波光粼粼，金色波光中倒映着千变万化的云彩，恍若仙境。

使团一行刚抵达首府加德满都，早有泥婆罗国王那陵提婆率众前来迎接。只见他骑乘装饰奢华的大象，双手合掌，虔诚说道："纳马斯卡（意为敬礼）。"

王玄策急忙回礼，在国王的邀请下坐上另一头用玉珠金鞍和彩绸丝带装扮的大象，其余随行也都骑马乘车，由国王和众官员簇拥着，在百姓的夹道欢迎中，徐徐向前。

一行人多是首次出访，异域的风情令他们心生好奇。泥婆罗国男子人人剪发，发与眉齐，头戴小白帽，身穿白色马裤；女子身穿纱丽，戴着鼻环，胸前佩戴着各式珠宝首饰。而且男女都佩戴着耳环，环上揎以竹筒、牛角等饰物，往往下垂至肩。

来到泥婆罗王宫，宫殿宏伟庄严，高耸入云的七层高楼最为醒目，楼上覆以铜瓦，栏杆楹栱，都以珠宝镶嵌，楼的四角各悬铜槽，下有金龙，龙口四时喷水，注于槽中。那龙口喷水，似激流飞湍在咆哮，又似碎琼乱玉在飞溅，十分壮观。

迎进大殿，王玄策呈上国书及唐朝赠礼。

因王玄策上次从泥婆罗国借兵大败阿罗那顺，返回时又得到泥婆罗赠送的菠菜种子，这次唐朝廷给泥婆罗赠送的礼物颇为丰厚，包括丝绸、绢帛、纸张与精美的瓷器及玉佩等物。宾主重逢，无不欢喜。之后在国王的陪同下，漫步在加德满都的杜巴广场观瞻，古老的宫殿、神像和寺院，令人流连忘返。

这是一个美丽的国家，也是一个大多数民众都信仰佛法的国家，到处是红墙碧瓦的神庙与错落有致的寺院，宏伟的寺庙仿佛是大自然精心雕琢的杰作，又如同遗落人间的仙境，参观拜谒，令人陶醉。

相传，佛陀俗家姓名为乔达摩·悉达多，是释迦族的王子，父亲净饭王，母亲摩耶夫人。净饭王与王后深受臣民爱戴，只可惜一直没有生下儿子。突然有一天，摩耶王后梦见一头六牙白象进入腹中，随之怀孕。按照当地风俗她要回娘家分娩，被其父天臂城善觉长老接回。在蓝毗尼花园，王后于一株无忧树下产下悉达多太子。遗憾的是，摩耶夫人在生下悉达多七天后就不幸去世，太子有幸在姨妈大爱道的悉心呵护下长大成人。

蓝毗尼花园里有摩耶夫人祠，供奉着释迦牟尼母亲的白色寺庙——摩诃摩耶夫人庙。只见她右手攀扶着娑罗双树的枝干，新生的婴儿悉达多正端立在近旁的莲台上；夫人眼神安详，王子稚嫩可爱，眨巴的眼睛闪烁着聪慧的光芒。环顾四周，巨大的菩提树茂盛生长，宛如守护神般矗立环护，僧侣们或于树下盘膝而坐，默默诵经，声音低沉却抑扬顿挫，韵味无穷；或围绕寺庙，以顺时针方向虔诚诵经，无不透露出对信仰的敬畏。长长的五色经幡在微风中轻轻摇曳，经文随着风的吹拂轻轻翻动，好像在向四面八方传递。

摩耶夫人祠门旁边立着一根巨大的黄褐色阿育王石柱，祠堂外面是一汪水池，池水碧绿。据说悉达多太子降生后，地面现出两眼泉水，一眼为冷，一眼为热，空中又有九条龙吐水为太子洗浴……水池对面就是那株无忧树。传说当时摩耶夫人在那棵无忧树下动了胎气。太子从摩耶夫人右肋产出，脚踩七朵莲花，向东西南北各行七步，一手指天，一手指地，说："天上地下，唯我独尊。"

五步一庙、十步一庵，这里所有的文物都在无声地讲述着佛陀的传奇故事。

爱是生命的源泉，善是通向世界的桥梁！这里所有的人脸上无时无刻不带着微笑，传递着善良与友谊，人们每天的生活都是从朝拜开始，在晨光中燃香祈祷，在木鱼声响处拜佛念经……在嗡嗡不绝的诵经声中，悉心倾听佛陀遥远的声音，感受那跨越千年的智慧和温暖。

继续南下，越往南走，气温越高，炎热与潮湿如蒸笼一般袭来。然而，沿途映入眼帘的却是生机勃勃的田园风光与广袤无垠的茂密森林，郁郁葱葱，生机盎然。或许正是得益于这种湿热的气候条件与平坦的地形优势，大自然慷慨地馈赠给了天竺各地丰富的水果与稻禾，滋养着这片土地上的人们。也因此，天竺人得以将更多的精力投入对人生的深刻思考和对神灵的虔诚侍奉，从而孕育了多姿多彩的宗教文化，让这片土地成为多种宗教的摇篮。

出于宗教的原因，天竺人很少杀生，所到之处大家看到的都是：成群的白鸽，栖息的鹦鹉，翱翔的雄鹰，慵懒的水牛，上蹿下跳的猴子、松鼠……万物生灵共同生活在同一片天空下，自由自在，又各得其所。

这天，使团来到舍卫城，舍卫城位于阿栖罗瓦底河上，是公元前六世纪印度最强盛的憍萨罗国首都所在地。舍卫城祇园精舍，为佛陀在世时规模最大的精舍。佛陀在这里至少度过了二十四个雨季，教化度众无数，此地也因佛陀斗法与降服外道的故事而闻名遐迩。

相传佛陀一生中，也是遭遇过无数外道与小人的诽谤、攻讦与陷害，其中两次戏剧般的遭遇便发生在这里。

眼见佛陀的信徒和僧团势力增大，外道难以抑制心中嫉妒的火焰。一次，他们用金钱收买了一位名叫战遮的少女。让她穿着妖娆的衣服去迷惑佛陀，见他不为所动，于是以各种借口出入佛陀居住的祇园精舍，找机会引诱佛陀，并寻机栽赃陷害。

七八个月以后，战遮预先在自己腹部内衣中挂了一个木盆，打扮成妊妇的模样，正当佛陀在法座上说法之时，她突然从人群中站立起来，责问佛陀道："你说法的辩才倒是精妙。但现在我要问你，你既然和我发生了夫妻关系，为何又弃我于不顾，到现在还不替我建造产室？你的慈悲何在？真是一个无情无义的人！"

战遮的捏造振振有词，在场的人一时大惊失色。但佛陀却岿然不动，闭目坐在法座之上。

就在这时候，挂在战遮身上的木盆忽然扑通一声掉落在地上。恶毒的计谋就此败露，战遮羞愧得抱头鼠窜，佛陀却像无事发生过，继续说法。

又有一次，外道收买了一个名叫孙陀利的少女，唆使她多次在祇园精舍向佛陀大献殷勤。然后在一个漆黑的夜晚，外道残忍地将女孩杀害，将死尸就埋葬在佛陀居住的祇园精舍附近。次日便向官府告状，请求搜寻。搜索的结果，自然是在祇园的附近发现了孙陀利的尸体。于是，外道立刻借机大肆宣扬，再次对佛陀进行污蔑和栽赃陷害。

面对栽赃陷害，尽管信徒们对佛陀的人格深信不疑，但如何才能洗清这不白之冤？信徒们想尽办法，却依旧无计可施。反观佛陀，他仍旧不为所动，只是告诉民众："杀人是凶恶的行为，是不可宽恕的罪孽。既杀了人，又诬赖他人，这是犯了杀人与妄语两大罪。造如此恶业，迟早会有恶报。"

正当大家为此困惑时，杀人凶手出现了，并自供了内幕。

原来，那些受外道雇用而杀人的凶徒，因为分赃不均发生了内讧，随即被官府擒拿，在审讯中他们供出了受外道雇用杀人并栽赃佛陀的真相。

事实昭示于天下，没有黑暗就显不出光明，没有罪恶人间就不知善与美。真正的智慧只能是心怀善念，中伤与迫害无损佛陀的光辉，佛陀的人格与声望更显高大，人们愈发争先恐后地来皈依佛陀。

继续南行，这日来到吠舍厘国①的都城吠舍厘城，佛陀曾于此城说维摩经、药师经等。佛陀入灭百年后，七百贤圣曾于此第二次结集，佛陀的许多重要教义都是在此地宣示的。加之，该国有著名的维摩诘居士的净名宅，故此城也是印度佛界的八大圣地之一。

《维摩诘经》上说，维摩诘居士"虽处居家，不著三界；示有妻子，常修梵行"，是一个拥有妻子亲眷，并经常往来于酒肆，富有却一尘不染，还引领全家皈依佛门的大菩萨。

净名故宅，即菩萨维摩诘居士与家人居住过的石室，后改为净名寺，也是天竺一大佛教胜迹。因多有灵异，人们在那里沐浴斋戒，虔诚至极。

步入石室，阳光如细丝般穿透门缝，轻轻洒落在素朴的石壁上，为其披上一层柔和而温暖的金色纱幔。室内陈设简约而不失精致，每一件家具都透露着古朴与淡雅的气息，与这里清净而庄严的氛围相得益彰。其中，菩萨维摩诘居士住过的卧室，虽仅仅一丈见方，但据佛经上说，能容纳二千狮子之座，有不可思议之妙。

玄策好奇，于是拿出随身带来的笏板，弯下身来，纵横量之，量得石室长一丈，高一丈，周回为一方，皆长十笏，这就是"方丈之室"的由来②。中原汉地佛寺此后将住持的居处雅称为"方丈"，亦曰"堂头"或"正堂"，或以佛寺住持居住的方丈之室代指寺院住持，正源于此。

---

① 吠舍厘国：故址约在今印度比哈尔邦瓦伊沙利县。
② 对此，《佛祖统纪》亦有记："王玄策使西域，游历百余国，至毗耶离东北维摩居室，玄策以笏量之，纵横得十笏，因号方丈。"

这日终于来到拘尸那迦国①。国王闻报，率领其臣民以隆重的礼仪接待唐使。

这里也是佛教八大圣地之一，传为释迦牟尼最后的涅槃处。相传，佛祖释迦牟尼在八十岁时自知身患重病，不久于人世，便同弟子从毗舍离城向西北走，想回到自己家乡。② 但走到拘尸那迦城，病情加重，只好驻足。在即将脱离尘世涅槃的那天，他在河里洗浴净身后，在一个长满娑罗双树的小树林里安了绳床，然后枕着右手侧身而卧，头朝北，脚朝南，背朝东，面朝西，以庄严的姿态进入涅槃。

拘尸那迦城中建有宏伟的大涅槃堂，里面供奉着释迦牟尼涅槃像，佛像侧身安卧于石榻之上，面容慈善恬静，神态自然安详；佛像与榻由一块整石刻成，并刻有阿难等弟子像和铭文，每一处细节都彰显着对佛陀的无限敬仰与缅怀。此外，大涅槃堂内还建有巍峨的大涅槃塔与庄严的安加罗塔，一并成为信徒们向往的圣地。

这里的建筑多为石材建筑，高大稳健，质朴厚重。在炎热的环境中，既显得庄严肃穆，又令人感到凉爽、素雅而清新。

王玄策一行先是郑重地奉上来自大唐皇后敬献的黄色锦绣袈裟，在拘尸那迦国国王及其僧俗众人的协助下，将袈裟披于世尊法像之上，然后虔诚祭拜。

礼拜已毕，进入精舍瞻仰，在信徒膜拜的佛足石前驻足。石刻的佛足长一尺八寸，阔六寸，活灵活现。相传为佛在世时的踩石，在佛涅槃之后，佛迹显现而成。众香客焚香膜拜，称见佛之

---

① 拘尸那迦国：国都约位于今天印度北方邦哥达拉克浦县凯西以北约 2.5 公里的摩达孔瓦尔镇。
② 佛祖的故乡传说在今尼泊尔的蓝毗尼。

足跣而恭敬礼拜者，如同礼拜生身佛，可灭无量罪障。

佛祖在这里涅槃，但他的精神是永恒的，人们至此追寻他最后的足迹，感受他一生普度众生、救苦救难的人格魅力，与引领众生寻找脱离烦恼和痛苦的超凡智慧——这才是佛足石的真正意义。

想至此，玄策拿出纸张虔诚拓绘后带在身上，回国后在各大寺院传绘或仿雕①，这也是后话。

在拘尸那迦国向佛祖敬献了袈裟，完成了一项重大的使命，与其说是替皇后了却了心愿，还不如说是自己又完成了一次修炼，在修行的路途上又前进了一步，王玄策感到的不仅是轻松和愉悦，更是一种功德和成就。

这一路南下，沿途各国纷纷恭迎，加之当时唐朝与天竺之间的交往日多，唐朝无数有志于学的高僧不远万里来到天竺各国，听闻唐使王玄策一行的到来，都纷纷求见，玄策只好一一热诚相见，不知觉又耽误了数十天。

这一路所见的唐朝僧人就有数十个，著名者如玄照、佛陀达摩、僧哲、慧轮、道琳、智弘、无行、会宁、运期、木叉提婆等，还遇到众多从吐蕃来的信徒与哲僧，其中就有文成公主保姆的两个出家为僧的儿子。

---

① 王玄策带回的佛足石石拓，后命画工传绘后四处雕刻，这便是后来风靡于西域、中原及日本等的佛足石之由来。如日本现存最古的佛足石收藏在奈良药师寺，据其铭文，其原型即王玄策请回长安之佛足图，其中记："大唐使人王玄策，向中天竺鹿野苑中，转法轮处，因见迹，拓是第一本。日本使人黄文本实，向大唐国，于普光寺，得转写，拓是第二本……"

二十七　迎请佛顶骨舍利

上回说到，第三次奉敕出使天竺的王玄策一行，从泥婆罗一路南下，又先后经吠舍厘国、拘尸那迦国等，为掩人耳目，一路拜谒佛迹，又一路接见了众多唐朝僧人。这日终于来到自己熟悉的中天竺国。宾主久别重逢，自然喜不自胜。

这一路走来，天竺各国都竞相礼接。在泥婆罗国，国王亲自陪侍玄策一行观瞻礼佛；到婆栗阇国，国王为唐使专设精彩的"五女戏"；至中天竺，日军王更是邀请他们泡温泉、观杂技。各国都极尽虔诚和热情，但玄策另有重要使命在身，无心留恋，随即将两个孩子托付给日军王，很快便又率众出发了。

这次启程，不是原路返回，而是径直向西北前往北天竺另一个佛教圣国——迦毕试国，这是早已拟定的计划，他要去那里完成另外两项重要的任务。

此时，已经渐入深秋，按照以往，使团要在天竺停留小半年，一直待到来年四月初夏再出发，那时喜马拉雅山的雪崩已经大为减少，而且高原不再那么酷寒，一路上已经皈依佛教的青藏高原上善良的牧民又可给他们提供新鲜的奶茶和肉食，年底前便能顺利返回长安。

但这一回他们另有使命在身,时间上不允许等到来年,返回的路线也不能走来时的"唐蕃道"了,而是要沿着玄奘法师往返所取的西域道尽快前往西域。

前文说了,玄策一行这次出使,还肩负着一个重大而机密的外交任务。即借迎请佛祖顶骨舍利的机会,绕道西域吐火罗与粟特诸国,暗暗联合他们东西夹击西突厥阿史那贺鲁叛军,同时伺机侦察大食东扩的情报并声援西域各小国,帮助他们继续抵抗大食。这种身肩数命的身份,往往是唐代外交使臣不为外界所知的军政机密。

从曲女城出发,先是向西北行,涉过印度河,沿经犍陀罗、乌仗那,登上葱岭①,然后才能到达迦毕试国与吐火罗诸国。若顺利迎请到佛骨,方可向东,取西域北道或南道返回。

迦毕试国,旧称罽宾,位于葱岭西端,三面环山,北面为高大绵长的兴都库什山,山顶积雪皑皑,终年不化。西域丝绸之路南北两道在此交会,过往僧侣、商客络绎不绝。汉代的张骞、南朝的法显均曾步履其地,玄奘法师更是往返二次经过。

该国对唐人来说是一个非常熟悉但又充满神秘色彩的国度。多年来佛法盛行,自隋炀帝大业年间通使以来,多次遣使朝觐中原。武德二年(619),曾遣使向唐王朝朝贡,献宝带、金锁、水精、枣等物。贞观年间,其王曷撷支遣使朝贡,贡西域名马,太宗顾谓群臣:"朕即位之初,有人建议朕耀武观兵,以威服四夷,唯有魏徵劝我偃武修文,以德招抚华夏,华夏安定,四夷自然宾服。如今天下大定,四夷君长皆来朝贡,这是魏徵的功劳啊!"

随后,太宗派遣果毅都尉何处罗拔等持节回访,厚赐其国。

---

① 葱岭:即今帕米尔高原一带。

何处罗拔等到其国，迦毕试国国王曷撷支接受赏赐后，曾朝着大唐所在的东方向太宗遥拜，之后再三厚宴唐使，并派人将唐使护送回国。

贞观十六年（642），迦毕试国再次遣使者向唐朝贡，献上褥特鼠，据说这种鼠尖嘴赤尾，能降服和吞食蟒蛇，其尿能治疗蜜蜂蜇伤。

最为自豪的是，该国有佛祖舍利，为一枚佛祖顶骨，多年来被奉为国宝，于佛顶骨城古王寺供养。玄奘当年记载："到佛顶骨城。城有重阁，第二阁中有七宝小塔，如来顶骨在中。骨周一尺二寸，发孔分明，其色黄白，盛以宝函……法师皆得礼拜，尽其哀敬，因施金钱五十，银钱一千，绮幰四口，锦两端，法服二具，散众杂花，辞拜而出。"

前回提到，当年玄奘法师与迦毕试国国王曷撷支会面以后，彼此皆叹相见恨晚，随即在国王陪同下瞻礼，玄奘礼拜极尽虔诚，布施更是几乎倾其所有。随后又虔诚祈祷，希望有朝一日能将佛骨迎请至东方大唐供养。国王听了深受感动，曾慷慨应许，若有机缘，一定不负玄奘所请。后来，当玄奘听闻大食东扩，时有毁坏佛寺或迫使佛门弟子改宗信仰的事件发生时，他心急如焚，担心佛骨遭到亵渎，于是唐朝廷也就以迎请佛舍利为对外公开的由头，派王玄策前往西域。

自辞别中天竺后，王玄策一行先是头顶炎炎烈日，后是脚踩皑皑白雪，又是夜以继日，历经千辛万苦。

一路上他在心里无数次推演：如何取得其国人的信任迎请到佛祖舍利？如何联络到吐火罗诸国？又如何走更有利于避开盘查，同时还能侦察到大食与西突厥的敌情？推演之间，责任的重量在不知不觉间又加重了几分！

最终，又历时两月，方到达迦毕试国。国王闻报，急忙出宫迎接。

迦毕试国王曷撷支见到这位来自遥远的大唐国的使者时格外惊奇，对他昔日借兵擒拿中天竺阿罗那顺的事迹甚为敬佩，不料英雄不期而至，遂以最隆重的礼仪来迎接这位尊贵的客人。

宾主施礼坐定，王玄策拿出玄奘的亲笔书信，国王读过，连声感谢玄奘的问候，提及佛祖顶骨，国王不禁潸然泪下。

"自贞观十六年（642），大食灭了波斯，近年来频频越过乌浒水（今阿姆河）东侵，几次打到我国境内，还几度威逼我都城！大食兵所到之处，逼迫他们眼里的异教徒改宗其教，烧杀掳掠，破坏寺院神庙……"

"我国本为一仙乡佛国，不承想如今却面临亡国灭种与改宗信仰的境地……我等沦亡不足惜，但若是使佛祖舍利遭殃受污，我等罪责百死莫赎！今大国奉迎，保佛骨于无虞，将是本王及我国人最大的心愿和无上的功德！"

听了曷撷支国王的一席话，王玄策这才拿出奉敕来迎佛骨的唐朝国书与赠礼，并将唐朝谋划东西夹击阿史那贺鲁，并令他联络周边小国西抗大食的计划秘密告知。曷撷支听了备受鼓舞，期盼唐朝早日出兵，在平定西突厥叛乱之后，趁势西进，以帮助他们抵抗大食。

次日天气晴朗，供奉佛顶骨的古王寺香烟缭绕，一片祥和，王玄策一行在国王的陪同下前来瞻仰。

相传，佛陀因前世累积修行之功德，致使昔日出生成就之时，具备了三十二大丈夫相与八十种随形好。当释迦牟尼佛祖涅槃以后，弟子们在他火化后的灰烬中找出的舍利中，有一块头顶骨、两块肩胛骨、四颗牙齿、一节中指指骨舍利和八万四千颗珠状真身舍利子。这些舍利子颗颗斑斓炫目，神异非常，信众无不视为圣物。

之后，为分得佛祖舍利，诸国竞相争夺，先是有八个国王争分，每人各得一份，他们将舍利带回自己的国家，兴建宝塔，精心供奉和保护。只是佛入灭百余年后，中印度摩揭陀国孔雀王朝第三世王阿育王统一了印度，因他早年穷兵黩武，杀伤太多，晚年想放下屠刀，立地成佛，于是再次将佛祖舍利分送往世界各国，并在各国建造了八万四千座佛塔，用来供养佛祖真身舍利，而迦毕试城古王寺供养的这块头顶骨，便是其中最为尊贵的一块。

按照当时通行的做法，迦毕试国古王寺将佛骨舍利盛放在精心打造的金棺银椁与玻璃瓶中供养，严加保护，僧俗轻易不能得见。王玄策一行见佛骨舍利被谨慎盛放，佛光庄严，先是虔诚跪拜，后细细观瞻，难掩心中的激动和虔诚。

不几日，玄策一行将佛顶骨舍利及金棺银椁一起小心背在身上，然后向迦毕试国僧俗辞行。信众虽然万般不舍，但为了佛骨的安全，无奈只能依依不舍地送行，唯愿佛骨抵达安全之地，得到应有的供养和保护。

从该国出发，向东通往长安的道路，无论是取西域南道还是北道，都要翻越山势峥嵘不测、积雪冰川相逼的葱岭，还要经大头痛、小头痛之山，因那里严重缺氧，行人经过时会头痛呕吐，加上酷寒冻馁，往往九死一生。

然而，使团成员在王玄策的感召下，个个都不畏艰险，目光坚定，每一步都坚实有力，每一步都彰显着他们对国家的忠诚和对佛法的虔诚与敬仰。崎岖的山路与沙漠中的酷烈与干涸，无不令人想起张骞凿空的艰辛；而裸露的白骨与如哀鸣般的寒风，也让人时时想起孤身远迈的法显和玄奘。磨难压不垮志向，信念和意志是征服烈日与寒风的力量，玄策的内心愈加坚强。

一路向东，长空万里，荒野茫茫，经过数个西域小国，倒也相安无事，快要抵达铁门关①时，抬头望去，两侧矗立着被风蚀得泛红的山峦，因风力的侵蚀、切割、雕塑而变成一座座土丘或城堡的模样，或残破凄凉，或怪异狰狞，加之山谷狭窄曲折，行走其中，风吹冽冽，鬼声森森，大家顿时感到毛骨悚然。这里是西域有名的魔幻城。②

突然，玄策竖起耳朵，警惕地四处张望，低声道："你们有没有察觉到什么异常？我似乎有种不祥的预感。"

他旁边的刘仁楷不以为然地答道："这荒山野岭、鸟不生蛋的地方，哪会有人呢？"

话音未落，一阵马蹄声响，一支骑兵直逼他们而来，使团成员一路见惯了这样的突袭，都眼疾手快，拿出武器准备迎战。王玄策也不知那些是什么人，连忙大喝一声："上！"已经飞马向前，一瞬间剑刃相磕，白光闪烁，尘土飞扬，一阵激战。毕竟使团人少，寡不敌众，又因长途奔波，体力不支，一会儿便败下阵来，被骑兵包围。

来者中，其中为首一员虬髯大汉问道："你们是什么人？想经过此地，留下你们的财物！"

玄策见寡不敌众，只好示意大家下马，拱手答道："我等受大唐寺院委派，前来迎接佛骨东巡至此！没有什么财物！"

"你们难道没听说这里有贼吗？"

---

① 铁门关：此处所说的铁门关位于今中亚乌兹别克斯坦最南端苏尔汉河州巴松镇西面的吉萨儿山布兹尕拉隘口，为古代从粟特诸国南下进入吐火罗国的隘口。
② 魔幻城：这里的魔幻城即今雅丹地貌。

"贼者，人也，今有佛祖真身舍利在此，虽洪水猛兽，我等不惧，何况仗义疏财的英雄好汉，还都是人呢!"玄策不卑不亢地回答道。

说话间，玄策使个眼色，令随行的僧伽跋摩法师等和尚脱去外衣与帽子现出其法服，又将包裹严实的舍利玻璃瓶取出，让贼众看个仔细。

打开的瞬间，一道强光闪过，加之时值傍晚，尚未落山的太阳光直射过来，正好照在盛放佛骨舍利的玻璃瓶与周围赤红色的岩石之上，玻璃与红岩的反射光相互辉映，顿时佛光闪耀，瓶内的佛骨舍利折射出万道绚烂的光芒，庄严而又神秘，构成一幅摄人心魄的景象。

突然莫名出现如此神异景象，贼徒见了，一个个脸色大变。

僧伽跋摩法师见状，进而道："此乃佛祖顶骨舍利，所行之处，布施供养，能护佑众生，呈祥施瑞。神圣超过我等生命，如若施暴，你们难道不怕佛祖怪罪吗?"

正在惊恐中的众贼听了，纷纷下马，放下武器，向佛骨舍利合掌跪拜，连声称："冒犯! 冒犯!"

原来，这些贼匪乃是已经开始皈依佛门的突厥人，他们在占领该地区之初，有人还保留着杀人越货的勾当，但在当地人的影响下已经逐渐皈依佛门。加之，王玄策早先因担心盛放佛祖舍利的金棺银椁会引起路贼的觊觎，在出发前已将盛放佛祖舍利的金棺银椁与玻璃瓶分开，由自己和僧伽跋摩分别背在贴身处。结果不仅令贼徒惊惧，还瞒天过海，保住了圣物。不过这突然出现的神奇一幕，也令玄策一行大为疑惑。

王玄策见此，果断举起马鞭，示意众人上马。大家带着惊险之后的余悸，毅然踏上继续东归的路途。

二十八　碎叶城的可汗帐

前回说到，从迦毕试国通向唐朝西域安西都护府有南北二道，其中南道自迦毕试国东行，沿乌浒河上游，即喷赤河谷东行，经胡密国所在的播密川，逾越帕米尔高原进入当时唐军控制的葱岭镇①，从而进入唐境，这是当时比较近捷的一道，北魏宋云、惠生西行取经，玄奘东归，以及很多僧侣、使节往返于中原与天竺之间，都曾取道于此。

走北道先要横跨中亚两河乌浒水与药杀水，从草原东进，经怛罗斯城、碎叶城②而至龟兹。而当时的西突厥腹地就在怛罗斯城、碎叶城所在的草原地带。

应该说，经西域南道不仅近捷，而且离西突厥腹地较远，相对比较安全。岂料，这次王玄策一行到达迦毕试国的时候，西突厥阿史那贺鲁为了彻底隔绝整个西域与唐朝之间的往来，更是为了西面取得大食的支援，东南争取与吐蕃联盟，已经派人牢牢控

---

① 葱岭镇：唐朝在葱岭（今帕米尔高原一带山脉）通往疏勒（今喀什）的道上，于喝盘陀设置有葱岭镇，位置在今塔什库尔干地区。
② 怛罗斯城在今哈萨克斯坦塔拉兹市西；碎叶城，又称素叶城、素叶水城，故址在吉尔吉斯斯坦的托克马克城西南。唐朝在碎叶一度设镇，代焉耆为安西四镇之一。

制了南道上的播密川。

播密川东西长约六百里，南北最窄处仅三十里，取道该道已经非常危险。权衡利弊以后，王玄策等决定放弃南道，取北道返回。

西域北道，要向西北渡过乌浒水，折而向东北过铁门关，渡过药杀水，进入大食与西突厥控制的康、安、史、米等粟特诸国和怛罗斯城、碎叶城，然后才能进入安西四镇，到达唐朝安西四镇首府龟兹。

沿途多为连绵的绿洲与广袤的草原，地形开阔，可为旅行者提供灵活迂回的行进路线，便于规避潜在的风险。然而，在这片草原的腹地，人迹罕至，居民稀少，寻求食宿困难，增添了旅途的风险。

此后，一路经吐火罗境及其属国缚喝国，又经史国、东西两安国、石国、康国等，这些粟特国家多信仰火祆教，但都与唐朝关系密切，在抵抗大食东侵的过程中，他们都渴盼唐朝的援助已久，因此凡是使团一行经过处，都受到热诚接待，一路顺利，渐渐抵近西突厥腹地。

在石国境内，使团已经得到石国国王的密报，原来在阿史那贺鲁的侵逼下，唐朝的第三次进剿战役提前打响，阿史那贺鲁的军队望风溃逃，近来又将仅剩的军队分为两部，大部分发往牙帐以东的庭州方向誓死抵抗，可汗自己则带着少量的一部及家眷准备在碎叶城过冬和观望。

得知驻守西突厥腹地与可汗牙帐的兵士不多后，王玄策一行人原本悬着的心稍稍放下。然而，好景不长，他们最担心的事情还是发生了。

当使团一行经过数十天的昼伏夜行，暗暗绕过了西突厥兵防守的恭御城、白水城等数城,快要抵近怛罗斯城时,所带干粮食物已消耗殆尽。

时值隆冬,草原上苍茫干枯,一连七八天吃草根、掘鼠粮后,最终还是食物难以为继。只好派僧伽跋摩进城化斋觅食,不料随即便引起守城兵卒的注意。

此时夕阳将落,余晖中一群西突厥骑兵如同疾风骤雨般突然出现在广袤的草原上,他们的身影在落日下被拉长,马蹄声如雷,震得地面微微颤动。这些骑兵身着饰有狼毛的盔甲,手持长矛与圆盾,迅速而有序地将唐朝使团重重包围。使团成员本已饿得虚弱至极,面对这突如其来的袭击,更是无力抵抗。

王玄策虽显惊慌,却仍努力保持镇定。他示意大家莫要轻举妄动,先假意顺从,静观其变。

西突厥骑兵随之将他们带进了怛罗斯城。第二天,又将他们押往阿史那贺鲁可汗的牙帐所在地碎叶城。此时正值唐朝与西突厥战争激烈之际,使团一行胆战心惊,心想此行必死无疑。

来到碎叶城,他们被带至大清池可汗处。原来阿史那贺鲁平日居住在碎叶城,偶尔出来打猎时又会居住在附近大清池旁的大拂庐。

大清池为西域一大温泉湖,湖水周回一千四五百里,东西长,南北狭,四季温泉奔流,烟波浩渺。

这里冬暖夏凉,加之水草丰美,羊肥马壮,实为西域难得的一块宝地。

可汗牙帐大拂庐,为一金色大毡帐,设在温泉西岸,面湖向东。大帐金华绚烂,仪卫庄严。但不管是碎叶城还是城外的可汗牙帐,兵卒确实不多,防卫颇为松懈。

使团被带进帐内后,但见阿史那贺鲁身着绿绫袍,金帛裹额,长发后垂,坐于金狮子床上。文武达官皆锦袍辫发,侍立两旁。

阿史那贺鲁开口阴冷地问道:"你们从哪里来?要到哪儿去?"

"我等受中原寺院委派,前往天竺迎请佛骨舍利返回至此!"王玄策上前从容施礼答道。

"不会是大唐派来的细作吧?"

一听此言,王玄策等人的脸上遽然变色,大家嘴角都嗫嚅了两下,但谁也没有说话,一时间心中几乎惊慌到窒息。

这时玄会法师又合掌上前,打破了死一般的沉默,说道:"我等是长安大兴善寺的和尚与寺院的奴仆,今自迦毕试国迎请得佛祖顶骨舍利到此,因化斋乞食被捉,望可汗看在佛祖面上给我等方便。"

阿史那贺鲁听后半信半疑地扫视着使团一行,大家的心早已经提到了嗓子眼,脊背直冒冷汗。

出人意料的是,这时僧伽跋摩又合掌上前道:"贫僧乃僧伽跋摩,早年与可汗在大兴善寺曾有缘相见,不知可汗是否还记得?"

阿史那贺鲁可汗一听,抬眼看向僧伽跋摩,似乎很快想起二人在长安的往来。

"是吗?原来是故人,法师为何也在此行?"阿史那贺鲁见是故人,语气稍微缓和了一些。

"为佛骨舍利免遭大食人的亵渎,我等受大兴善寺委派,至西域寻访并迎请佛骨舍利。今已从迦毕试国迎请到佛祖顶骨舍利,所行之处,布施供养,能令羊马滋多,干戈平息,风调雨顺,国泰民安。"僧伽跋摩进而认真说道。

阿史那贺鲁听了更为所动,便起身前来观看僧伽跋摩手中的佛骨舍利瓶。神奇的是,佛顶骨舍利在打开的一瞬间,一道灵光闪耀,璀璨炫目,在玄会法师与王玄策等人的虔诚礼拜之下,恍惚中又似有佛身闪动，莲座显现……四周的空气仿佛凝固，时间也似乎变得缓慢、静谧，又带着几分不可言喻的神秘与威严。可汗及其众达官见状，十分惊愕，纷纷跪拜施礼，连呼"阿弥陀佛"。

西突厥本来信仰拜火教，但自控制西域吐火罗等国以后，因受当地各国影响，加上政治上的需要，西突厥显贵中越来越多的人开始笃信佛法。尤其阿史那贺鲁，早年因归顺唐朝，曾亲赴唐都长安朝觐太宗，多受太宗的关照。其间时常观瞻长安各大佛寺，听众高僧说法，潜移默化中，早有礼佛向佛之心。

更为巧合的是，在长安期间，阿史那贺鲁在大兴善寺与僧伽跋摩相遇，二人因皆来自西域，彼此感到亲切，此后又有较多往来。当时僧伽跋摩以雕刻佛像与观自在菩萨像闻名于长安，阿史那贺鲁即曾获其赠。加之，当日正值玄奘西行取经归来，阿史那贺鲁对玄奘尤为敬佩。他自己还曾亲至大兴善寺和慈恩寺佛像前许愿，如若能重返草原，必皈依佛门，一心供养。后来顺利返回并成为可汗后，居然果真在可汗城修建了一座寺院，从龟兹等地迎请了高僧，四时八节烧香祈祷，听经诵佛。今得见佛祖真身舍利，又佛光忽现，自然更加虔诚又畏惧，不敢妄加冒犯。

可汗与众达官跪拜观瞻毕，僧伽跋摩将佛骨重新庄严地包裹后背在身上。可汗深知不敢得罪佛祖，加之与僧伽跋摩为故人，便不再怀疑，于是命陈饭设食招待过后，匆匆放行。

出了可汗牙帐，王玄策一行急忙上路，心知虽已虎口脱险，一时侥幸，但若可汗反悔，指不定还会派人来追，于是避开大路，依旧昼伏夜行，取小路直奔龟兹安西都护府。

这一天，王玄策一行终于到达了唐朝安西大都护府所在的龟兹。一进城门，王玄策便急忙要求觐见大都护。时任安西大都护高贤闻报，连忙派人迎接。进入都护府中，玄策与行军大总管苏定方、安西大都护高贤等人施礼见过，玄策称有机密相告，高贤屏退左右，三人进入内室，高贤问："大使有何要事相告？"

玄策道："我等前日路过，被西突厥人捉拿至阿史那贺鲁牙帐，幸亏众人随机应变，侥幸脱险！听闻贺鲁今将主要兵力调往北庭，去抵抗我漠北大军，可汗自己带领家眷和千余卫兵，正躲在碎叶城温泉逍遥过冬。我等亲至其府侦得，其牙帐兵卒不多，防卫松懈。擒贼先擒王，今何不乘其不备，率轻骑直捣其府，先擒拿阿史那贺鲁，然后大军继进，扫荡余孽，必将大获全胜！"

说着王玄策将虎口脱险前后的经过又细细述说了一番。高贤听后思忖良久，不敢决定。苏定方心急，几番力主出兵擒拿，见高贤迟疑，于是按剑立起，大声道："机不可失，时不再来，万不可错失良机！都护若是迟疑，苏某愿与大使带兵前往！"

高贤见状，只好应诺："那就请将军与大使率领精骑一万先行，高某率大军随后继进，如何？"

"兵贵神速，旨在出其不意，以力则一万不足用，以谋则太多，目标太大。以我之见，五千足矣！"玄策进而说道。

当即谋划已定，苏定方与王玄策披挂上马，来不及做半天休整，就带领五千精锐骑兵，自备二十日干粮，即日勒兵夜发。

时值天降大雪，平地二尺，朔风凛凛，雾霭漫漫，将士顶风冒雪，昼夜兼行。

大军行至千泉，雪寒风似刀，行进愈加艰难，众人请求等天晴再走，苏定方却道："虏依恃雪深，以为我军不能至此，必在休息士马，放松戒备。若逗留迟缓，走漏了风声，必遁逃远去，追之不及。斩敌立功，就在今日！"

于是，大军继续踏雪昼夜兼行，所过之处遇西突厥部族牧民千余帐,担心走漏风声,只好将他们全部俘虏押解随军前往。

傍晚时候,大军渐渐抵近碎叶城,玄策自带二百骑为先锋,趁大雾先行。距离可汗城二里时,突厥兵才发觉,阿史那贺鲁闻报大惊,急忙从大拂庐撤回到可汗城。但他不信唐军如此神速,于是另遣巡逻骑兵来探问:"唐兵如何胆敢至此?"

王玄策持刀以逼押解的突厥人回话:"唐朝使节,有朝廷诏书赐可汗!"

西突厥巡逻骑兵听说是唐朝来使,又见仅有二百余骑人马,不足为惧,便返身回奏可汗。阿史那贺鲁听说仅二百人马,且为唐朝使臣,便放松了警惕,心想,莫非是唐朝廷久攻不下,便派使者前来和谈,想招安自己,那等接到诏书再说。

玄策见突厥兵失去警觉,便故意解鞍秣马,做出休整的样子。其实借以继续迷惑对方,并紧紧盯梢阿史那贺鲁的动向,等待苏定方的大军。

在驻扎地,玄策等已经将碎叶城看得很清楚,其城墙虽不甚高峻,但城头之上却飘扬着五彩斑斓的幡旗,显得分外醒目。数百名身披铠甲的士兵守卫在城墙上,秩序井然。城下,百余名骑兵往来驰骋,练习骑射与战阵。城门敞开着,百余名步兵如鱼鳞般紧密排列成两列,站立在城门两侧。

霎时间,苏定方的大军已到,二人略微计议,苏定方号令五千将士道:"听军鼓响起,全体逼近城下,四面围城,各有所守,穿掘壕堑,严把城门,盾牌队在前,戟弩队随后,仰射城楼上人。"

号令一下,鼓声震天动地,喊杀声四起,顷刻之间把碎叶城围了个严严实实。

当夜阿史那贺鲁带数百骑,几番欲杀出城去,均被四面弓弩射回，又几番披甲登上城楼，与可敦、夫人数十人及随从，持弓外射，外面随即又朝他们对射，又几番被逼下楼去。

次日平明，四面熊熊火起，将士大呼，喊杀声、军鼓声更为猛烈地震天动地而起，很快唐兵如海啸一般汹涌过来，或四面凿蹬而上，或持盾从缺口突入城中。

情急之下，可汗率男女百余人走入大内，见大势已去，便偷偷与贴身士卒更换了装束，在其子咥运、女婿阁啜等人的护卫下，杀出北门，向石国方向逃去。其余西突厥兵卒见可汗逃走，纷纷放弃抵抗，举手投降。

这次战斗，唐军死伤百人，共斩杀贺鲁可敦、太子、名王以下八百余级；生擒五百八十人，接受投降近千人。

见阿史那贺鲁逃走，苏定方当即命副将萧嗣业将兵直追，因王玄策认得阿史那贺鲁，于是又请他一同前往。

逃出碎叶城的贺鲁马不停蹄，等逃至石国西北的苏咄城时，已经是人困马乏不能再走，只好派人带上珍宝入城购马。城主伊沮达官很快认出贺鲁，随即假装惊喜，备足酒菜亲身出迎可汗。阿史那贺鲁一见，便放松戒备入城，结果刚进城门，便被关门擒拿。随后城主将阿史那贺鲁送至石国国王处，萧嗣业的追兵也已到来，于是石国国王将贺鲁交予唐军，双方大喜。

不几日，高贤大军也已到来。随即二人发露布、遣驿骑向朝廷飞书告捷。

但此时，大食已经收到阿史那贺鲁请求出兵的书信，派出支援西突厥的援军也已经抵近河中粟特诸国边境。粟特诸国于是纷纷向唐求援，所遣使节轮番前来。再者，尽管阿史那贺鲁被奇袭擒获，但其残余主力尚在北庭抵抗，一旦得到后方遭袭的消息，必然回军来救，所以唐军必须尽快做出应对。

经过一番商议，由苏定方率一部继续西进，向河中粟特诸国与吐火罗诸国进发，去迎击大食；高贤则率领另一部东进，扫荡西突厥残余，并一路护送萧嗣业、王玄策押解阿史那贺鲁东归献捷。

随即，苏定方率领大军进驻河中、河南粟特、吐火罗诸国。诸国见到唐军来救，纷纷以牛羊犒师，派军队助战。

苏定方又敕纵阿史那贺鲁的侍从前去向大食通报消息，大食军得知阿史那贺鲁被擒，唐军又已经前来迎战，十分震惊，见一时还不是唐军的对手，只好休兵罢甲，暂时退出了河中。而高贤率领的大军也是一路告捷，如秋风扫落叶一般，将西突厥残部扫荡改编，各部纷纷归附，西域悉平。

之后，唐军安抚降部，开通道路，修筑馆驿，埋瘗骸骨，所到之处吊死问疾，恢复生产，遭贺鲁掳掠者，悉还所失，西突厥人民弹冠相庆，西域诸国感戴大唐，竞相献款，各地相继并入大唐封疆。

二十九　长安城恭迎佛骨

话说王玄策使团一行，于碎叶城与苏定方辞别以后，带着迎请到的佛祖顶骨，与萧嗣业押解着擒获的西突厥伪可汗阿史那贺鲁，在高贤大军的护送下东归，这一日终于平安返回至西州交河城。

西州是高昌旧地，其西境的交河城为唐朝攻灭高昌以后最早设置安西都护府的治城，贞观二十二年（648）唐朝灭龟兹以后，安西都护府又迁往龟兹，但在阿史那贺鲁反叛期间，安西都护府一度又退守至交河城。

该城位于火焰山口、二河交汇处，是西域天山南北二道必经之处。这是一座汉魏以来将军事防御与城市建筑结合得最为完美的古老城市。作为一座位处河心洲的城市，奔腾的交河水及河水冲刷而成的悬崖峭壁成为这座城市天然的屏障，令其易守难攻，固若金汤。

可能正是因为城市坚固无虞，即使在阿史那贺鲁叛乱而烽火连绵的时期，城市内还是人声喧闹，市容繁华，坐落于城北的大寺更是铁马时鸣、梵歌时闻，十余只鸽子在人来人往的院内觅食，见人不惊，一派安静祥和的景象。

在高贤的一再挽留之下，王玄策一行在交河城休整了两日。辞别之日，高贤作《送王大使还京》一首作别，其诗曰：

迎得圣驾西域来，又喜妙算擒虏归。
孟春送君交河北，雪里题诗马上催。

王玄策以《交河城留别高大夫》作答：

绝壁千仞十里长，坚城形势控西疆。
汉魏交河人犹识，今有将军守大唐。

自此王玄策一行一路受萧嗣业率领的唐军驿骑护送，晓行夜宿，不足两月已经到达长安。

三月的三秦大地，早已是草长莺飞、鸟语花香，一派暖意融融的景象。突然，驿骑飞马来报：王玄策一行人迎请到佛真身舍利的队伍即将抵达，更令人振奋的是，他们还成功擒获了反叛的西突厥首领阿史那贺鲁。这一消息瞬间在朝野之间引起巨大的轰动。

高宗闻报，即刻派遣文武大臣前往郊外迎接，准备以最隆重的礼仪迎接王玄策等人的归来。朝廷上下，无不翘首以盼，期待着这一场盛大的迎接仪式。

且看那迎佛场面何等壮观：远处羽林飞骑恭候侍立，近处上至天子、皇后、太子、公主及文武大臣，下至京城士庶百姓，佛界高僧、沙弥，已经早早夹道恭候在开远门外。

长安城各大街小巷中也早早布置了护驾和维持治安的军队，

大街两侧悬挂了彩旗，备置了宝塔、幡花、香辇、幡帐、幢盖、宝案、宝舆，上面都装饰着金玉、锦绣、珠翠，梵乐奏响，焚香缭绕，以迎接佛骨舍利。一时间又是僧俗盛装齐集，万人空巷，沿途的旌旗、幢幡、宝盖源源不断。

进入开远门，前面金吾开道，后面几百护法金刚打扮的武士，手持法器，步伐整齐，神情庄严地将鲜花簇拥的佛骨金色銮舆迎入，黄盖宝伞，法器卤簿，逶迤前行。迎佛队伍之后，王玄策、萧嗣业身着锦袍银甲，骑着高头大马，在他们的身后，是一支长长的骑兵队伍，威武庄严，押解着装载阿史那贺鲁的囚车，迤逦行进。

待佛骨銮舆到前，皇帝、皇后、百官纷纷顶礼膜拜，数万长安士庶个个手持焚香，口诵真诀，匍匐于地，顶礼膜拜，诵经声夹杂着信徒激动的哭泣声响彻云霄，那场面真是"万乘焚香，千官拜庆"。

佛骨舍利被缓缓迎进了后宫。原来，唐朝廷这次为迎请佛骨舍利，早已在宫中专门修建了供养宫殿。

王玄策在众高僧大德的簇拥下下了马，看着满城的父老乡亲等候恭迎，整整一年来的艰辛与酸涩，皆在踏上故土这一刻烟消云散。

领头迎面前来者，是神情庄严但早就激动不已的玄奘，二人四目对视片刻，脸上难掩的喜悦已经胜过千言万语。

法器声响起，在玄奘与众高僧的护持下，佛骨舍利被迎进皇宫宝殿九品莲台庄严安置。舍利棺椁被改奉进一个斗大的八重镏金宝函。宝函上面放置的是一大一小两颗水晶珠，镏金函里有个雅致的檀香木函，檀香木函里又加了一个晶莹剔透的水晶椁子，水晶椁子里还有一个鹅黄色晶莹温润的玉棺。

将玉棺棺盖轻轻打开，里面放置着佛骨舍利。但见佛骨为佛真身顶骨一片，广二寸余，色黄白，发孔分明。玉棺四周金玉辉映，灵光闪烁，佛音缭绕，散花飘香……众皆肃然，这一刻，所有的喧嚣与杂念仿佛都被神秘的力量所净化。

同年五月，高宗与皇后武氏车驾至东都洛阳后，又将佛顶骨舍利迎请到洛阳皇宫，与上年（即显庆五年）三月从法门寺迎请至洛阳的佛指骨舍利一度一并在宫内供养，在将佛顶骨安放于瑰琳宫时，又做了隆重的法会。其间为佛骨打造了新的金棺银椁，皇后武则天还将自己所穿戴过的衣物及千匹丝绢施舍进献，其他王子、公主及王公贵族、士庶百姓也是纷纷施舍进献。

数月时间里，瑰琳宫内布满了布施，无数金碧辉煌的金银器与珍宝、钱币、丝绸、衣物等，罗列山积。放置正中的是皇上、皇后敬献的一把鎏金迎真身银金花四轮十二环锡杖，长五尺八寸，上垂十二个铮铮作响的金环，顶端镶嵌着一颗硕大的智慧宝珠。此外还有法器、熏香器、茶具、钱币无数。其中有人还施舍粳米百石，粟米二十石，后宫施的丝绸衣物更是不可胜数。①

唐代丝织业发达，这些丝绸衣物中有绫、罗、锦、绮、绢、纱、縑、帛、氎、褐等几十个品种，其中仅刺绣一项，就有蹙金绣、织金锦、平绣、贴金绣、绣加绘等多种工艺。另有印花、贴金、描金、缠金、织金、蹙金等用丝芯缠金线等工艺制作的衣物，也都是流光溢彩、灿烂夺目。

众后宫敬献的十三件皇家御制宫廷秘色瓷，同样十分醒目。秘色瓷乃仅供皇家使用之物，文献中有记："秘色瓷器……越州烧进，为供奉之物，臣庶不得用之，故云秘色。"

---

① 当年武则天等向佛舍利敬献的衣物及金银器皿已于1987年从法门寺地宫出土。

对于其典雅之美，文人雅士多有吟诵，如有诗道："巧剜明月染春水，轻旋薄冰盛绿云。"又有诗曰："九秋风露越窑开，夺得千峰翠色来。"以明月春水、千峰翠色来形容其青绿与晶莹润澈。

暂不说长安与洛阳迎佛、拜佛的盛况，再说那阿史那贺鲁被萧嗣业、王玄策一行押解至长安，关入大牢。次日上朝，众大臣分班立定，金吾宣出使西域大使王玄策上殿。王玄策趋步上前，行跪拜大礼，高呼万岁。

高宗开口道："爱卿此行历经艰辛，迎请得佛骨舍利，护佑大唐，功已不小。而爱卿又能垂饵虎口，亲冒矢石，擒获叛逆，智勇可嘉，功绩尤大！"

玄策急忙连声拜谢。

接着高宗又问起西域事务，玄策一一回答过，高宗意犹未尽，说道："爱卿游历西域诸国，熟悉西域风土名物，若能写成游记，供朕与皇后娘娘御览，也为朝廷经略西域做参考，岂不两全其美？"

玄策听后急忙应诺，连声拜谢。

随即，拜王玄策为殿中侍御史兼修国史。

殿中侍御史为唐朝廷中央最高监察机构御史台的官员，也是皇帝身边近臣，亲信贵宠，专掌殿庭供奉仪式，凡冬至、元正大朝会，必盛装升殿。皇帝出行则具服从行，于旌门往来检查，纠察礼仪典章，虽然品级不高，但可纠察官员礼仪，亦可协助御史纠举百僚，推鞫狱讼。在当时士大夫重朝官、轻外职的风气之下，御史一职秩卑望重，可以弹劾百官，审理狱案，真是朝野敬畏、炙手可热。

至于那兼修国史一职，更是皇帝宠信、高才硕学者才能兼任的清望官，而协助时任宰相许敬宗兼修国史，更能得到勋臣举荐的绝佳机会，众大臣无不为之艳羡。

随之，金吾又宣萧嗣业带阿史那贺鲁上殿。只见在二武士的押解下，贺鲁身戴枷锁，被带至殿上，早已双膝跪下。高宗开口便责问道："阿史那贺鲁，先帝与朕皆待你不薄，为何反叛我大唐？你可知罪？"

"臣罪该万死！"阿史那贺鲁跪伏道。

高宗缓缓起身，对贺鲁继续斥责道："自古戎狄降服，服膺中华，无不视胡汉为一家！自匈奴降汉、鲜卑汉化、突厥归我大唐，最终皆合流于中华。贺鲁倔强，不惜牺牲部族千万人的生命，倒行逆施，割据反叛，实在是罪不容赦！"

贺鲁早已涕泗俱下，连连叩首高呼："臣知罪孽深重，今唯求速斩臣于先帝昭陵之侧，以报先帝之德！"

高宗听了，似有所动，喝令为之松绑。

众武士为贺鲁解了枷锁，引至殿前。

贺鲁再次匍匐于地道："我今为一败亡降奴，无颜觐见陛下圣容！先帝待臣不薄，而臣一时糊涂，听信小人谗言，遂至背叛，今日之败，天怒人怨，死有余辜，请杀无赦！旧闻汉法，杀人皆于都市，今请斩臣于先帝昭陵，使臣得以谢罪于先帝！"

"朕信你所说为肺腑之言，你已愧疚于心，杀之无益！不如留你不死，以警示四夷，宣示天下，令你等毋忘忠贞之心，常思朝廷恩德！然而，七年战争劳人伤财，生灵涂炭，幸赖天地之德，祖宗威灵，将士勠力，方擒拿首恶，肃清叛逆！今必献俘太庙，以告慰先帝之灵、祖宗之德！"高宗言毕，命将贺鲁押下，贺鲁连呼万岁。

随之，朝廷命萧嗣业、王玄策等押解阿史那贺鲁先于昭陵进献，又备置仪仗，布勒军容，奏凯歌，于太庙献祭，祷告于唐朝皇家先祖的灵座前。

是夜，高宗于大明宫丹凤门临轩，大宴文武百僚、夷狄君长，其间观京城屯营新教之舞——《一戎大定乐》，以庆贺西域得以平定。只见一百四十名身穿五彩铠甲、手持丈八长槊的武士上场，在两旁声音震天的大鼓与龟兹乐的伴奏下起舞，个个雄壮威武，声震百里，动荡山谷……

三十　著述流芳

上回说到，王玄策在完成了出使西域的使命后，因其行经万里，熟悉西域风物，加之贡献尤大，被高宗拜为殿中侍御史兼史馆修撰，及时撰写他在天竺与西域的行程见闻。

这并非一般意义上的游记，在唐朝着力经营西域之际，他的任务是将天竺各国及其他西域各国的所见所闻，详细记录下来，编纂成一部行记。这部行记不仅要有对地理、风俗、物产的描述，还要包含各国的政治、经济、文化等方面的信息，以便于高宗、武后和国家相关部门全面了解和掌握西域的各个方面。

中国自古重修史，孔夫子编订《尚书》《春秋》，司马迁撰《史记》，班固修《汉书》，皆名垂青史，后世宗仰。之后，历代修史者前赴后继，相沿不绝。但唐以前史书皆由私家修撰，正式以国家的名义开馆修史则是从唐朝开始的。

唐朝史馆的设置与人员的配备最初十分明确。太宗贞观三年，正式于禁中设置史馆负责修史。长官由宰相兼任，称监修国史。正常情况下，其下设修撰四人，直史馆四人，楷书手二十五人，典书二人，亭长二人，掌固六人，装潢直一人，熟纸匠六人。

王玄策来到史馆报到，先要拜见史馆监修国史。当时任史馆监修国史者恰为武后私党——时任中书令的许敬宗。

之后又逐级拜见各位修撰、直史馆、楷书手、典书等。

初次见面,许敬宗与史馆各同僚还算热情,嘘寒问暖,对他表示欢迎,但接下来的会食一幕就让他十分费解。

会食乃朝廷在早朝之后于朝堂外廊为官员安排的聚餐。因会食是在朝堂外的廊庑之下进行的,所以又称"廊下食"。

按照惯例,会食时朝廷各司坐在一处,但座次是按照品级高低排列的。那天会食,许敬宗莫名其妙地将玄策的座次安排在末座。这让他很难理解,毕竟官场等级分明,自己官拜五品修撰,官阶远在两个直史馆之上,至于抄写文书的楷书手及管理书库的典书都只是勤杂人员,岂能居于品官之上,次序不应有乱。

更令人费解的是,在众人一同用餐时,许敬宗只是一边与身旁的人谈笑风生,一边做了个让他落座的手势,偶尔还带着不屑的眼神看他一眼,再没与他多说一句。

随后,酒宴正式开始,美酒、菜肴不断被送上桌来。席间除了王玄策起身向各位敬酒外,其他时间里,在场者或是与许敬宗谈笑风生,杯盏相碰;或是相互之间举杯对饮,气氛热烈。然而,却没有人主动向王玄策敬酒,也很少有人与他交谈,仿佛在他们的视线中,王玄策成了一个可有可无的存在,他的身影在热闹的酒宴中显得分外孤独。

一场尴尬而又漫长的会食过后,尽管玄策强装糊涂,尽力保持着镇定与从容,但回家时不知是酒的威力所致,还是胸口郁闷得太久,他已经醉得稀里糊涂了,多亏妻子陈氏悉心照料,方才无碍。

很显然,这是许敬宗给他的下马威,其他同僚为讨好许敬宗,唯其马首是瞻。

有了会食的铺垫，玄策已经洞悉史馆的环境与氛围。尽管对许敬宗之流的行为嗤之以鼻，但为了生存也只能周旋。多年的磨炼，使他早已熟悉职场的生存之道。任何为讨好主子而无所不做的人，总要通过拿捏手下人来找回尊严并安慰自己。为此，他处处小心，事前必请示，事后必汇报。大到查阅的图书，小到书写用的一页纸张、一方砚台，甚至一支笔、一盒墨，都一一审批，登记在册，使用后又逐一汇报。

史馆本来定员只有五十人上下，却足足达到了二百人的规模。以他官兼任监修史的有三五个，修撰竟有十八人，本来规定只有"卑品有才者"担任的直史馆又是二十多个，至于楷书手、典书、亭长、掌固、装潢直、熟纸匠等又分别有几十个。这些人大大小小都有背景，不是快要致仕的前任宰辅，就是皇上的国舅，现任宰相的连襟，最差也是各司侍郎或郎中的子侄。

许敬宗就曾公开说："做得好不如说得好，说得好不如拍得好，拍得好不如关系好——关系比什么都重要！"

尽管史馆人事复杂，关系微妙，但工作还必须尽快完成，因玄策接受的是圣上的旨意，是全史馆的头等任务。他凭着自己博闻强记和下笔成章的才思，起早贪黑，奋笔疾书。

终于在龙朔元年（661）六月初完稿。杀青时玄策初拟书名为《王玄策行记》，但交由许敬宗向朝廷进上时，却被他改为《中天竺国行记》，刻意隐去了封面上的王玄策之名，还硬生生加上了"国史馆许敬宗领衔"的字样。

这天在洛阳宫上朝，许敬宗手捧书稿，趋步上前，高声奏道："禀报陛下！受陛下与皇后娘娘重托，卑职领衔，国史馆撰修的《中天竺国行记》今已完工，臣谨修表奉上！请陛下和皇后娘娘过目!"

"嗯,传上来看看!"高宗说着让身边宦官将书稿递上。

"陛下,本书内容包括文字十卷,图三卷,总计十三卷。"许敬宗进而又道。

接过书稿,高宗将之铺展在御案,翻阅了几页,随手就递给武后,并说道:"好!这应该又是朕与皇后娘娘了解西域诸国风俗与人情风貌的一部好书。"

"是的,此也是朝廷当前和今后了解西域和管辖西域的专书!"许敬宗补充说。

"太好了,此书记事丰富,许多奇闻趣事闻所未闻,与玄奘法师的《大唐西域记》堪称'双璧'!"武后一边翻阅,一边赞叹道。

旁边的大臣闻之也纷纷附和。

"撰修此书,许公等下了大功夫!应该重赏国史馆!"坐在御座旁垂帘内的武后说道。

"谢陛下与皇后娘娘隆恩!撰修此书,首先是陛下与皇后娘娘的圣意,英明之举必将永载史册!当日懿旨一下,臣等深感责任重大,使命光荣,几经运筹,方才动笔。后经史馆全体人员上下一心,几番修改,最终得以及时完成!"许敬宗及时答谢并解释道。

"传旨户部,赏国史馆钱十万贯,绢五百匹。"高宗下旨道。

"谢陛下与皇后娘娘的隆恩!"

没等高宗再开口,许敬宗又拿出早已拟好的又一计划,上奏道:"《中天竺国行记》承蒙陛下与皇后娘娘的谬赞,臣实在惶恐不安!但臣以为,本书的撰写,因任务紧急,时间仓促,挂一漏万之处多有。"

"许公过谦了!"武后低头细细翻阅着说道。

"臣非自谦,此书美中不足处,记述了天竺诸国的见闻,但对西域各国沿革涉猎不多。其实，自张骞凿空，汉武经略西域以来，有关西域诸国的地理沿革、方位里距、王统世系、文化交流等的信息与资料已经不少，加之我国家近年来开边拓域，现掌握的整个西域诸国的资料日益增多。经略西域乃我国家当前和今后的军国大事，后世不能没有更为系统、详细的图书以供参考。况且，盛世修史，这是古今以来的传统，臣以为当今陛下与皇后功盖古今，德配天地，正可纂修国史《西国志》。"

"是啊，当年隋炀帝为了经略西域，派吏部侍郎裴矩亲至张掖。但凡有商胡至，裴矩诱访诸国山川、风俗，王及庶人仪形、服饰等信息详加记注，撰成《西域图记》三卷，合四十四国，为随后炀帝经略高昌、伊吾发挥了大作用，但今已残损太多。且时移世易，西域局势大变，需要及时更新再修才是。"站在一旁的吏部尚书李义府附和道。

"纂修更为详备的国史《西国志》自然是好事，但花费巨大，耗时又多，朕以为还是后面再行考虑为好！"高宗犹豫再三，然后起身下了御座，一边说着，一边走向武后的帷幔，准备退朝。

"编修国史，光前裕后，时不我待！臣等肝脑涂地，在所不辞，请陛下和皇后娘娘恩准！"许敬宗见高宗迟疑，一边急忙信誓旦旦地保证，一边着急地望向皇后的帷幔。

武后见许敬宗着急，于是上前对着高宗耳语道："许公忠心耿耿，多年来鞠躬尽瘁，如今也快要致仕养老了，不如就借这个名头，让户部多拨些钱物，也好让他得偿所愿！"

"好吧！吩咐户部，多预支些钱物，就让许公领衔，命史馆尽快撰修国史《西国志》。"高宗话音刚落，不等许敬宗拜谢就连呼退朝。

原来，一进入炎热的六月天，高宗旧疾就会加重，时时头晕目眩，还不到退朝的时刻，他便头痛难耐，急急忙忙退朝休养去了。

下了朝，许敬宗回到史馆，先召见玄策，拿五十贯钱对他做了奖励，称"二圣"对他十分器重，表示自己以后定将对他鼎力提携。后又拿出一百贯钱奖励史馆人员。接着推出朝廷新的任务，动员全体史馆人员，将今后的工作重心放在国史《西国志》的编修上来，言辞慷慨而振振有词。

至于高宗当日赏赐的大部分钱物，许敬宗早有安排，有一部分是用来给皇后娘娘进贡的。多年为官，四时八节许敬宗总能想出进贡皇后的名目来，每逢冬至、元旦、端午和皇后的生日进献，那叫"四节贡"；遇到喜事进献叫"贺贡"；在皇上和皇后要赏赐臣民时借故进献叫"助贡"；此外，还有"月进""日进"等等。至于再剩下的大部分钱物则被他巧立名目私吞了。

国史《西国志》开始撰修了，王玄策等又是起早贪黑，抓紧编纂。除依据《汉书》《晋书》《隋书》等史书的《西域传》与《四夷传》及隋《西域图志》，添加了各国古今地理沿革与各国方位、道里等内容外，还结合当时各国朝贡使与使节的见闻，以及诸司报送的新闻，国家的起居注、时政记，以及史官自行采集和馆外人员主动提供的时政等，整理成各国传。但这中间主要参考的还是玄奘法师的《大唐西域记》与王玄策自己的《中天竺国行记》。

本来修史乃严肃之事，所谓"一字之褒，荣于华；一字之贬，严于斧钺"，但许敬宗或将之视为迎合上意的跳板，或视为胁迫、勒索别人的牟利工具。早年他因"博闻强记，文采绚丽"，被任命主持撰修国史，主持修订了高祖、太宗两朝实录，后又主持撰修了《晋书》《姓氏录》《文馆词林》等，但其趋利避害、贪财纳贿，记事往往趋炎附势，歪曲事实真相，曾秉承太宗之意，对所修实录太宗忌讳之处，曲意粉饰，妄加删改，前后所得赏赐不可胜计，也因此受到朝臣的诟病。

这次撰修国史《西国志》，许敬宗不仅将王玄策的《中天竺国行记》改头换面纳入其中，还巧设名目，向四夷诸蕃伸手勒索，凡是向他进贡者，便粉饰美化，极尽美言；凡是不领其情，不行贿赂者，往往被他丑化贬低，恶语描画。玄策为之常感到为难并多方诘责力争。

身为宰相，在修《姓氏录》时大讲门阀等级，提倡婚姻门当户对。但许敬宗也清楚，层级的划分往往都是拿捏弱者的御人之术，因划分层极的背后，不是为了独霸特权，就是为了让弱者驯服。为了钱财他照样将自己的大女儿嫁与曾为皇家奴仆的左监门大将军钱九陇之子，还帮其曲改门阀等级，粉饰其一生功绩。时人讥称："敬宗贪财与婚，乃为九陇曲叙门阀，妄加功绩。"后又将自己的小女儿远嫁给当初被他嗤为南蛮的岭南僚洞首领冯盎之子。

平心而论，唐朝廷对于官员管理严格，官员的任期与公务有系统的审计和考绩，官员的升迁与交际又有御史台监督，加之科考铨选严格，要经身、言、书、判的层层把关，看重的就是能力、清流与名望。士子做官，看重的也是建功立业与后世留名，儒家的经典《论语》早就将修身、齐家、治国、平天下的大道理深刻在他们的骨髓里。即使不能为青史留名，也要为父母、家族争光，为子女后辈做表率。一生的功名与成败，国史家牒和死后的墓志，都记载得清清楚楚。

王玄策心知自己为人的准则与为官的底线，对西域诸国不偏不倚，秉笔直书，为此多次受到许敬宗的干涉。一天，许敬宗数次逼责，令他按其指示行事。玄策奋起怒斥道："公位居宰辅，领衔撰修国史，任重道远，而不能惩恶扬善，宣扬天子的圣德，反而徇私曲笔，以己之利肆意褒贬，全然不顾圣上与国家的重托！不虚美，不隐恶，立公允之论，才是一个修史者应有的史德，我王玄策决不做'记言之奸贼，载笔之凶人！'"

说罢，拂袖而去。尽管许敬宗怒不可遏，但也不敢把事情闹大，只好眼睁睁地看着他扬长而去……

经此一事，虽不能改善史馆修史之恶习，但也令玄策更加体悟到在权力斗争激烈的官场生存，需要的是精深的谋略和顽强的内心，自己的率性而为与疏于算计，甚至有点孤傲的做派，显然不合时宜。随即王玄策奏请朝廷，改任道王友，离开了国史馆。

而由许敬宗领衔编纂的国史《西国志》历时四年多，直到乾封元年（666），才终于完成，其包括文字六十卷，图画四十卷，合成一百卷。《西国志》修成以后，自然又是由许敬宗大张旗鼓地进献给高宗和武后，"二圣"阅后十分满意，又是对他大加奖赏，许敬宗大发其财，朝野震动。大家还纷纷称赞该书既有行记的亲身见闻，又有古今所记的《四夷志》，加之撰修者皆为当时的鸿儒巨笔，几番润色修改，既博大详赡，又包罗宏富。[①]

[①] 唐朝官修的《西国志》与王玄策的著述久已失传，但经过后世历史学者的钩沉辑考，发现在中唐时期杜佑编撰的《通典》"边防典·西戎门"的重要内容就是取材于唐朝官修的《西国志》，保存了佚失千载的《西国志》的内容，其中就包括了《王玄策行记》的许多内容。而且在保存至今的史书典籍如《太平寰宇记》《册府元龟》，以及两唐书《西域传》等关于唐代西域部分的记事内容多与《通典·边防典·西戎门》同，只是个别文字互有详略，说明这些史书的史料来源也是与唐官修《西国志》与《王玄策行记》有着不可分割的联系；另外学术界又从佛教典籍如《法苑珠林》《诸经要集》中检出《王玄策行记》的内容数十条，还考证出敦煌壁画中的许多题材也是取材于王玄策著作的描述。

三十一　不识时再遭贬官

龙朔二年(662)五月十五日,长安城的上空乌云密布,临近午时,随着一声闷雷,天空下起了暴雨。似天漏一般的雨,倾盆而下,皇城的屋瓦被打得叮咚作响,街道两旁的数木在暴风雨中东倒西歪地颤抖,槐花连着树叶被纷纷打落,地面上一会儿便积起了厚厚一层雨水。

这时,唐朝廷中台(尚书省)都堂前的广场上、台阶上、走廊里,却站满了心事重重的人,其中很多为长安各大寺院的僧尼。见突然下起了雨,有人打起了伞,有人披上了蓑衣,但大部分没带任何雨具,而全然不顾打在脸上的雨水和已经湿透的衣物,有人还在交头耳语,有人在焦急的四处张望,大多数的人却在眼巴巴紧盯着都堂的大门愣着神。

原来,唐朝廷正在组织一场有关佛教僧尼的大辩论,参会者包括了九品以上在京文武官员及部分地方州县官,共一千余人。而会场外是一大早便闻讯赶来的各大寺院的三百多沙门和近千名信众。会场内,辩论从早晨辰时一直持续到了午时,辩论的双方已经拔剑弩张,互不相让。

室外狂风骤雨,室内唇枪舌剑,一片混乱。就在辩论进入僵持的时候，只见一身穿绯色官服的人挤出人群，漫步走向讲台。

"大家安静，我们是来分清真理，辩明利弊的，不是来吵架的！既然是公开的辩论，就应该尊重彼此的意见，给每个人充分陈述自己意见的机会和权利，而不是互相指责或无礼打断！"

此言一出，大家一下子安静了下来，目光都齐聚到这位发言者身上。只见他脸容瘦削，一缕飘逸的长髯与双鬓间醒目的花白色，显示年龄已经在五十岁上下，但神采奕奕，双目炯炯有神。

这位上台发言者不是别人，正是出自佛教世家，又曾作为天竺、西域大使，数度往返于西域与大唐之间，时任道王友的王玄策。

大家见他目光坚定安详，神态娴雅而庄重，开场白又很有道理，加之想起他有出使天竺佛乡的经历，正好借机听听天竺佛国的做法，于是会场一下子安静了下来。

见大家都已经安静下来，王玄策继续以平缓的语调，彬彬有礼地开始正式发言。

那么，他发言的内容是什么呢？对此还是先将这场辩论的原起从头说起。

话说汉魏以来，忠孝君亲的儒家伦理早已在神州大地深入人心。而来自天竺的佛法，推崇出家修行，其教理规定，除了拜佛陀之外，僧侣不拜俗人。这就与强调天地君亲与等级秩序的儒家伦理产生了极大的冲突，因此早在东晋时期世俗王权与佛法何者为尊，以及僧人沙门是否应该敬拜亲生父母和君王的问题，就已经在僧俗之间被争论得沸沸扬扬。

东晋时僧人慧远，就曾撰写《沙门不敬王者论》等五篇文章，对于世俗王权要求沙门须向君王致礼敬拜的主张，予以坚决抨击。

到了唐代，僧尼势力日渐扩大，天下寺院数量至高宗、武则天时期已经发展到四千多所，僧尼人口更是多达二三十万之巨。这一庞大的群体，随着其势力的不断壮大，与世俗王权之间的利益纷争也愈发凸显。若不及时抑制，必将日益膨胀，有朝一日可能会凌驾于王权之上。

为此，在拜不拜君亲的问题上，世俗皇权同沙门僧团之间相继发生了多次相持与争论。唐朝廷也曾多次颁发命令道士、僧尼致拜父母与君王的诏令。诏令将道士、女冠与僧尼相提并论，强令二教僧人、道士必须礼拜父母与君王。对此道士逐渐妥协接受，但佛教教团人多势众，多次掀起反对致拜君亲的请愿运动，并一次次成功迫使朝廷妥协，收回成命，放弃了强令僧尼拜君亲的诏令。

正因此，唐太宗在世时已经耿耿于怀，贞观五年（631）太宗曾愤愤不平地对侍臣说："佛道设教，原本为修德行善，岂能一旦成僧尼道士，便妄自尊大，坐受亲生父母之拜，损害风俗，悖乱礼经，理应早日禁断，勒令僧道敬拜父母。"

太宗不是要求道士与僧尼敬拜自己，而是让僧尼道士敬拜他们的父母。当时的实际情况是，僧尼道士不仅不拜君王，不拜父母，反而受自己父母之拜。

即使如此，在太宗下发诏书以后，诏书的内容还是引起了沙门的强烈反对，最终迫使朝廷在两年后草草收回成命，将诏书撤回。

太宗驾崩后，高宗因对来自天竺的婆罗门那罗迩娑婆寐的妄言邪说十分恼恨，也曾迁怒于佛界僧侣，以后虽在武后及玄奘等人的影响下态度渐变，但对于僧尼不拜君亲一事还是不能释怀。

显庆二年（657）二月，高宗再次颁发《僧尼不得受父母拜诏》，勒令僧尼不得受父母及尊长的礼拜。诏书只是禁止僧尼受父母之拜,并没有提及僧尼必须致拜父母,实际是对僧尼做了一次妥协与让步,所以没有引起僧尼的太大反对。

五年后,即龙朔二年(662),随着佛教势力渐大,一些僧人因骄横引发的不法事件屡有发生,唐廷再次颁发《命有司议沙门等致拜君亲敕》,下令有司商讨关于沙门是否应该致拜君王与双亲。这一次,世俗王权态度强硬,不仅要求沙门僧尼致拜双亲和君王,还要求他们致拜皇后和皇太子。

此次旧话重提,其实不仅是高宗本人的意愿,也是皇后武氏的意思。这位曾经出家做过僧尼的皇后娘娘,已经开始干预高宗朝政,为了突显自己的地位和权威,不仅频频改元,还将朝廷三省六部及其官职名称频频改换。

对于佛门,她本来是极其礼敬的,但此时揽权欲望正炽的她是想通过僧尼的朝拜来试探天下僧侣的政治倾向,并启发和引导他们为己所用。但诏令一下,旋即引起沙门僧尼及朝中信教权贵的激烈反对,还引发了一场关于政教之别、儒释之别的大讨论。

这次,沙门僧侣的反响极为激烈,他们或上书直陈己见,或交结权贵以张声势,以表达他们的强烈反对。

眼看着事态一时不能平息,唐朝廷决定,再次举行一次大辩论,并公开表决。

于是该年五月十五日,唐朝廷大集九品以上在京文武官僚及部分地方州县官共一千余人,在中台(尚书省)都堂,一大早便展开了辩论,这才出现了开头的一幕。

京畿地区沙门不甘示弱,他们在西明寺沙门道宣、大庄严寺沙门威秀、大慈恩寺沙门灵会、弘福寺会隐等的召集下,把各大寺院沙门共三百多人,信徒近千人,一起召集起来,并及时赶到辩论会场外边，联名将有关经文及以前陈述理由的文状，呈递到中台都堂，表示强烈抗议。

王玄策开始发言，尽管语调平缓，态度诚恳，但外柔内刚，自始至终对于支持沙门不拜君亲的态度坚决，立场鲜明，毫无畏惧，几次被支持者的掌声打断。发言结束时，会场内外一下子又沸腾起来，支持僧尼一方势力大增。

唐朝廷见势不妙，唯恐僧侣煽动各地信徒将事态闹大，只好派司礼太常伯、陇西郡王李博义出面劝说僧侣代表和场外的信众暂时告退。

见支持僧侣一方一时不肯罢休，为了暂时平息朝臣双方的争执，主持讨论的李博义又提出，由司礼大夫（礼部郎中）孔志约执笔，先拟出一个反对者的意见，赞同者在其上签名，意见不同者可以不签。

见朝廷要用白纸黑字留下证据，朝臣们大都见风使舵，又纷纷改变了风向，但王玄策依然坚定地站在沙门一边，并毫不犹豫的率先签了字。

此时，王玄策已任职于道王府。原来个性耿直的王玄策，不堪忍受修史馆许敬宗的霸凌，在即将完成国修《西国志》的编修前，便奏请换任了道王友。道王李元庆，乃高祖李渊之子。所谓"道王友"，史书有记："唐诸王府置友一人，从五品下，掌陪侍规讽。"名义上诸王友是天子为诸王配备的陪侍人员，专门负责规谏诸王上遵王法，下不逾矩，其实还肩负着替天子监视诸王的任务，所以所派人员多是皇帝的身边近臣。

令人不解的是，作为天子身边近臣，本来应该通过察言观色，早已洞悉皇上与皇后的旨意；本来已是两朝老臣，在宦海沉浮多年，应该趋避有方，逢迎有道，此时纵不能三缄其口，也不该公然挑头与天子唱反调。

然而实际情况是,自高宗皇帝挑起关于沙门是否应礼拜君亲的争论以来,王玄策便毫不犹豫地站在了佛教徒的一边,公开声援他们并为他们站台。为此他竟洋洋洒洒,引经据典地撰写了《议沙门不应拜俗状》一文,不仅在中台都堂公开演说,随后又四处张贴,还上呈给高宗和武后,与二圣对簿朝堂。其文曰:

> 自佛教之兴始于天竺,臣经三使,颇有见闻,臣闻输头檀王是佛之父,摩诃摩耶是佛之母,僧优波离者,本王家仆隶,王亲遍礼,敬同于佛。臣又见彼国僧尼,法不拜诸天神祠,亦不拜君王父母,君王父母皆礼僧尼及诸道众。臣经难彼僧曰:"此之仆隶,始落发披缁,殊无所识,即令君父致敬,大不近人情!"僧对曰:"虽初剃发,形已同佛。复能震动魔宫,虽曰无知,岂不如泥木,泥木一立为主像,纵博通贵胜,得不致敬?僧不拜俗,亦已明矣。"臣又亲难彼僧曰:"《维摩经》比邱亦礼维摩诘足,《法华经》僧行普敬,此二经文,拜俗明矣!何因比邱得不拜尊者?"僧曰:"佛制律经,乃是僧尼常轨,其《维摩经》,比邱荷法,暂行曲礼;《法华经》大士一时别行。何得以权时别行,乱兹恒典。臣深然之。"臣闻:妻死鼓盆,环尸而歌,此亦一时别行,岂得预于丧服之制。臣于天竺,经礼天象,彼王乃笑而问曰:"使等并是优婆塞,何因礼天?"臣问所由,答曰:"此优婆塞,法不礼天。昔迦腻色迦王受佛五戒,亦礼天象,像皆倒地。后至日天祠,事天者恐王至礼,天象倒,遂将佛像密置天顶,王三礼不倒,王怪令检,于天冠内得一佛像,王甚大喜,叹佛神德,嘉其智慧,大赏封邑,至今见在。"又云:"有外道受佛五戒,但供

养天祠而不顶礼。王责不礼之罪。"白王曰:"小子岂敢辞礼?礼恐损天。"王曰:"天损不管你事!"彼即礼拜,天象遂碎。五戒优婆塞,尚不得礼天,况具戒僧尼而令拜俗?臣玄策言:"臣闻百王布轨,但礼制于寰中;大觉垂教,乃津梁于域外。"莫不资真人以易俗,赖高僧以移风,遂得谧四海之波涛,脱三界之尘俗。故汉帝不屈于河上,轮王遍礼于沙弥,此则道俗殊途,岂得内外同贯。教许黄冠之辈,游一道于寰中,缁衣之徒,驾五乘于方外。因循即久,助化益深,草偃风行,其来尚矣!臣闻圣人无常师,以主善者为师;圣人无常心,以百姓心为心。兆庶曩昔敬信归依,今议令拜君父,实乖主善百姓之心。况袈裟异华俗之服,髡削非章甫之仪。崇之则福生,卑之则罪积。其知拜君无益于国,拜父不利于亲。臣如寝默不言,岂得为忠为孝。臣望随旧轨,请不改张,同太宗文皇帝故事,依前不拜。谨议。

此奏状一经他的演说,随后又上呈于朝堂,双方一时愕然,许多朝臣都在心里头骂他真是吃了熊心豹子胆了!可谓在大庭广众之下张沙门的志气,灭皇家的威风。

首先他不仅以佛教兴于天竺与自己三使天竺的见闻为权威,还以佛经典籍和流传已久的神异故事为权威,更以援引历朝历代的做法与太宗朝的惯例为权威,来抵制朝廷要求僧尼拜俗的新诏书。

其次,他认为佛法的威力大于王法,王法征服的仅仅是一国,而佛法超越了国界,其倡导的善良、宽容和智慧征服的是世界和所有人的人心——这便是佛法的力量!但佛法只有依靠那些有德行的"真人"和"高僧",才能发挥移风易俗、教化众生的作用。

再者，他认为一旦成为僧侣，其身份就变了，如同寺庙中的塑像一样，一旦进入庙堂就尊贵了，正所谓："泥木一立为主像，纵博通贵胜，得不致敬？"而且在他看来，佛法乃天竺馈赠于我大唐，乃至东方各国的精神瑰宝。自佛法产生以来，不知制止了多少不义的杀戮与暴行，救赎了多少苦难中的人，引导了多少邪恶的人放下恶念，一生向善。所以说，天下只有沙门僧侣才是最尊贵，也是最干净的人！各行各业的人都在竞相寻求"利己"，只有沙门终生都在寻求"事天"和"利他"。

王玄策的演讲不仅环环相扣，极尽辩护之能事，而且在结尾部分还大有恐吓和胁迫的味道。既抬出太宗的权威来压制朝廷，又以佛教提倡的祸福报应来威吓皇家，所谓"崇之则福生，卑之则罪积"。

如果说其演讲和状文还有点克制的话，那么其随后的公开言论则已经是放肆和危言耸听，说什么"圣人设教，旨在教化。如果没了教化的驯服、人文的加持和文明的洗礼，人将是世界上最凶猛、最狡黠，也是最自私和无情的禽兽。这种'禽兽'，独处时可能会是智慧无穷的蛟龙，群居时就会变成一个个心怀叵测、弱肉强食的饿狼，时而以头狼是瞻，群起而攻；时而各自为战，相互撕咬，最终必会自相残杀而集体灭亡"。

见有人如此公开带头强烈反对，一时支持僧尼不拜君亲的朝臣大增，统计结果显示：朝廷中反对僧尼拜君亲者竟达到一千五百三十九人之多，而请求僧尼拜君亲者仅有三百五十四人。这样一来，反对者占了绝对的优势。

六月八日，高宗与武后面对如此强烈的反对声浪，只好发出《停沙门拜君诏》，下令僧尼："今于君处，无须致拜，其父母之所，慈育弥深，祗伏斯旷，更将安设，自今以后，即宜跪拜，主者施行。"

武后本来是打着"君亲"的旗号,要求受僧尼朝拜,借以抬高自己,没想到竟遭遇了如此硬扛。只好以放弃要求僧尼拜"君"做出退让,以要求他们拜"亲",来挽回点面子。但众僧还是频频上表,依旧请求不拜父母双亲,只是此时的声势已不如前,致拜父母的争论也就不了了之。

高宗与武后迫于压力,不得不做出妥协让步,但对那几个带头支持僧尼与持强烈反对意见的朝官怀恨在心,对带头反对的朝散大夫王玄策更是失望至极。

在高宗和武后眼里,王玄策所有的地位和荣耀皆是皇恩所赐,出使天竺也是朝廷给他的无上荣光,可他不但没有站在皇上和皇后一边,反而助长僧侣的气焰,那篇措辞激烈的演讲状文和随后的言论实在可恶,也实在是迂腐至极。加之,一想到当年王玄策推荐胡僧那罗迩娑婆寐制造长生不老之药,断送了太宗的性命,高宗就怒火中烧,早就想再找个借口把他远远地赶出朝堂。

明眼人见微知著,一再的固执、愚顽,要是别人,连肠子都悔青了。眼看着雷霆之钧即将劈头而下,但王玄策却仍浑然不觉,似乎他还不知道他反对的是什么人,依旧凭着一腔热血我行我素,不以为意。

高宗和武后已经忍无可忍,恰好那不识时、不知趣的王玄策,这一天再次入宫向高宗推荐那位早已被赶出京城,自称道术已精的天竺术士——那罗迩娑婆寐,来宫中为高宗治病,并为之祈寿延年。

高宗听王玄策又提及此人,当即愤而拒绝道:"自古安有神仙!秦始皇、汉武帝求之,疲敝生民,卒无所成。果有不死之人,今皆安在!"

　　侍立一旁的大臣李勣随之附和道:"诚如圣言,臣见那婆罗门今此再来,鬓发皆白,容貌较前已大为衰老,他如何能够长生!其实,上次陛下将其叱逐,朝廷内外无不欢喜叫好!"

　　原来,那段时间,高宗因患"风疾",时常遭受剧烈的头痛侵袭,不时感到天旋地转,眼前眩晕模糊。

　　大臣们看得心急,纷纷推荐良医或名方,于是王玄策再次推荐自称长生不老之术已精的那罗迩娑婆寐给高宗,结果被高宗当即拒绝——秦始皇、汉武帝不恤民力寻找神仙,如果真有神仙,那今天他们都到哪去了?

　　高宗此话,已经明确表示——此人他不再相信。但王玄策一心忧心圣体,还是一再坚持道:"那罗迩娑婆寐擅长以刀锥治病,近日又来长安,医术精于往年,前日臣转述陛下'风疾'症状,他亲为臣言:'头扎两针,可愈。'"

　　早就想大权独揽的武后听到此,大怒道:"天子头岂能扎!这不是谋害陛下吗?"

　　高宗还未开口,武后又转身向高宗低声说道:"他竟敢又向陛下推荐那婆罗门,难道他忘了先帝是如何驾崩的吗?"

　　王玄策听武后颇有微词,于是连忙解释道:"臣在天竺多见医生用刀、锥治病,那罗迩娑婆寐医术高超,曾在军营救治无数将士,近来他医术精进,又来长安为人疗病,臣亲见多有治愈者。臣今只为陛下圣寿延年,所以昧死推荐!"

　　此时高宗病候发作,已经没有耐心细听,武后更是一脸的不屑,急忙扶侍高宗退朝,朝堂上只留下悻悻而退的王玄策与周围嘲笑的眼光。更为不巧的是,没过几天,太监来报,那婆罗门胡僧自己已先暴毙身亡了。朝堂又是哗然,大家更加对胡僧那套连自己都不能救治的医术怀疑起来。再想起王玄策多日前参与反对沙门拜俗一事，高宗和武后大怒，随即降旨：

  殿中侍御史兼道王友王玄策，忝列崇班，合尊儒术，溺于邪说，是煽妖风。妄言丹药，辄引胡僧。眩惑之端，已损先帝之明。朕顾念旧功，一再姑息，促其内省。孰其沉沦迷聋，无视君亲，乃集妖妄，转惑愚人。不宜位列朝堂，混淆视听，速贬为陇州南由令，左官自愧。即日交割，驰驿发遣！

  厄运如五雷轰顶，王玄策被以沉溺胡僧邪说与妖言惑众的借口而贬谪，仕途受挫，被迫离开京城，去陇州①南由县任县令去了。正道是：

  一封朝奏动九天，夕贬陇州路多艰。
  欲为圣明益延寿，肯将衰朽犯龙颜。

---

① 陇州：今陕西陇县一带。

三十二　西域烽烟再起
——四使天竺

前回说到，自唐朝西域大使王玄策一行献计都护府，唐军直捣碎叶城并擒拿阿史那贺鲁以后，由萧嗣业、王玄策押解阿史那贺鲁返回长安献捷，苏定方率一部继续西进，向河中粟特诸国及吐火罗诸国进发，去迎击大食；而高贤则率领另一部东进，迎击北庭方向的西突厥残余。大食及西突厥各部得知贺鲁已经被擒，个个闻风丧胆，双方联盟很快瓦解，西突厥余部望风归顺，大食知难而退兵，唐朝西域平定。

但仅仅过了一年多，到龙朔三年（663），中亚粟特诸国与吐火罗诸国便再次发生叛乱，位处西域南道的护密国公然控制了西域要塞——播密川①，切断了唐朝与波斯及吐火罗诸国的联系。

一时边疆告急，唐朝廷为此又一次紧急召开御前会议。

原来，就在唐朝平定了西突厥阿史那贺鲁的叛乱以后，由于路途遥远，西域各国迟迟等不到唐朝册封，群龙无首，而驻扎于

---

① 播密川：今阿富汗境内帕米尔高原南端和兴都库什山脉北部东段，今属瓦罕走廊西端的山谷。

各国的唐军又十分有限。那些受命西征的唐朝将士，在府兵制下，平日里兵农合一，有事打仗，由大将统领出征，战事结束，将归于朝，兵归于府，兵卒大部分解甲归田，返回了原籍。

没有了军队的镇抚，过去受西突厥蛊惑的西域旧势力，又开始蠢蠢欲动，事态愈演愈烈，最终演变为以护密国为首的公开叛唐事件。

西域小国一时的叛乱尚不足为惧，关键是域外大国的干涉迫在眉睫。

前面说了，面对唐朝前番出兵，大食暂时退兵，但其觊觎东扩的野心从未停止，很快重新组织兵力，发起了反攻，大军威逼河中布哈拉和撒马尔汗等城；而高原的吐蕃，也加快了对吐谷浑的兼并，如若再插手西域，局势将更为棘手。

西域形势危急，就在唐高宗及其执政大臣着急的时候，他们再次想起了王玄策，想起了他昔日主张及时在西域西突厥管辖旧地设置行政州府县的合理进谏。但半年前，王玄策因再次推荐那罗迩娑婆寐给高宗医病，惹恼了武后与高宗，随之被贬为陇州南由县令，赶出了朝堂。

此时，西域局势骤然紧张，但若要即刻召回王玄策，高宗与武后又深感为难。然而，形势逼人急，已无暇他顾，二人只得再次颁布诏令，急召王玄策火速返京。

王玄策接到圣旨，知情况紧急，将政务急忙交割了，昼夜兼程，赶回长安来朝觐见。

来到京城，朝廷急忙召开御前会议，高宗让执政大臣将西域局势讲给王玄策听后，与他商议对策。

玄策听后心中早已明白，稍作思考，便分析道："太宗之时，对西域多次用兵，苦心经营，方降服龟兹、于阗、疏勒、焉耆等绿洲诸国，西突厥归款，我大唐在西域设置西、伊、庭三州，于四镇设安西都护府，已做有效管辖。陛下宽厚施仁，登基之初，便一改太宗原定方略，将原西域各国国王及王子、王公放了回去，一度还撤出中原守军，将西域各地交由他们代为管辖。不料，阿史那贺鲁豺狼本性，自以为放虎归山，因一时侥幸，便铤而走险，背叛了朝廷。七年时间里，国家三次出征，劳师动众，幸好将士宣力，社稷有灵，贺鲁被擒，西域平定，四镇再回大唐。"

见高宗与众宰相并无异议，玄策进而又说道："西突厥平定之际，西域吐火罗诸国翘首期盼，思慕归款，东望大唐册封，早入国家提封。微臣不才，前番已有奏请，但朝廷一时拖延，延误了时机。致使护密小丑，勾结大食，心存侥幸，再图反叛，西域人心动摇，此所谓'天与弗取，反受其咎'！"

听玄策分析至此，有人突然插话道："'卧榻之侧，岂容他人鼾睡！'自古兵来将挡，水来土掩，即刻出兵，看那小小护密，有何本事？"

大家循声望去，原来是英国公李勣，近来他坚持出兵，这次更是毫不犹豫。

"但兵行诡道！若我朝大张声势，调集大军前去征讨护密，路途近两万里之遥，不仅长途奔袭，一时难以成行，还会惊动西域各国，若反被护密蛊惑裹挟，局势将更为复杂！况且播密川，自古乃一夫当关，万夫莫开之地，凶险异常，若强攻硬取，必将损兵折将，陷入旷日持久的战争泥潭而耗费巨大。"玄策进而从容分析道。

但他话音未落，又有人趋步上前，大声道："休得大言，护密为乱，西域诸国必将风从，出兵之事不可拖延！"

这次打断王玄策的又是许敬宗。

原来，玄策只顾讲明事实，但却在无意中已经牵扯到当时的执政宰相的前番失职，因尽管他早已有设置州县的奏请，但各执政宰相竟然一时大意和拖延，以至于耽误了时机。所以李勣与许敬宗担心高宗怪罪，所以先后插话打断他，并借以及时转移话题。

"'兵犹火也，不戢将自焚。'又有言：'兵者，不祥之器，不得已而用之。'臣以为，出兵之事，必须慎之又慎。护密为乱，但吐火罗诸国一心向唐，一时不会盲从。如若举大军前往，诸国惊惧，必被裹挟而合为一块来抵抗朝廷。莫若作速派遣使臣，绕道天竺，直趋吐火罗，然后册封诸国，统一号令，然后夹攻护密。护密小国，腹背受敌，必将自乱，到时候，大食与吐蕃见护密被擒，诸国受封，必不敢轻举妄动。"王玄策又是语重心长、有理有据地谋划道。

至此，许敬宗一时无语，众大臣个个点头称是，高宗亦心悦诚服，当即决计再次派人立即出使天竺。

王玄策见事关重大，朝廷重视，便主动请缨道："臣前番出使，熟悉西域道路，愿再次奉敕前往，替朝廷分忧！"

高宗听后自然欣慰，但他还是不无担心地说道："爱卿前往西域，若绕道吐蕃、天竺，只怕吐蕃争夺吐谷浑之心不死，尽管明面上对朝廷愈加恭顺，暗地里还不知道会怎样，若走漏了风声，知我大唐为西域犯难，料不定也会插足西域，甚至阻挠爱卿前往天竺。"

王玄策思虑再三，又有了主意，上奏道："臣忽然想起一人，臣自上次出使归来后多次向二圣提及，那人便是游学天竺多年的得道高僧——玄照法师。此人留学多年，道高术深，必能弘扬佛法，佐国护民！臣携带诏书前往，以追回此人为由，吐蕃必无猜疑！"

高宗听了这才放心，说道："此计甚好。但爱卿一路小心才是！"

王玄策所提之人，法号玄照，太州人氏，梵名般迦舍末底。贞观年间出家，感于玄奘事迹，曾于大兴善寺高僧玄证法师处初学梵语。粗通梵语后，便杖锡西行。途经吐蕃国，蒙文成公主派人护送，得达北天竺。自此遍游五天竺，学经律，习梵文，历谒名贤，叩询高僧，曾于那烂陀寺留住三年。后住信者寺，又历三年。十数载学习修行，早已经、律、论皆通，声震五天竺，名传长安城。

王玄策前番出使，与玄照在天竺数次相见，回国后在高宗、武后处曾盛赞此人，高宗、武后听后早已对此人心怀敬慕。这次当玄策提议以追回玄照回京为由时，高宗大喜。于是立即颁诏，命王玄策火速动身，前往天竺追回圣僧玄照来京见驾。诏书曰：

> 沙门玄照，励志释典，访学天竺，十数年如一日，道高术深，经律休明，扬名天竺，声播华夏。朕感其所学，爱慕敬仰，欲召其回国，为我大唐宣扬佛法，护国利人。敕授陇州南由县令王玄策为出使天竺大使，召玄照法师火速来京，与朕相见。

王玄策在朝堂接过此诏，私下里又接到另一道诏书，即命其为"大唐西域置立州县大使"，秘密前往西域，前去册立和安抚西域诸国。

接过明暗两道诏书，出发之日，又接过皇帝亲手颁赐的旌节，叩谢过皇恩，在诸大臣的送别下，王玄策带着使团又踏上了出使的路程。

又是一次风险巨大的旅程，对于玄策而言，这已是第四次出使天竺了，没有兴奋，也少了物是人非之感慨，但他更加理解使命的意义——是责任和担当，也是风险与机遇。不过他也多了一分从容与淡定，多年的外交经历和磨难，已经让他的性格变得更加冷峻和刚强。

家国的重担，信任是力量！又是一路日晒风吹与风霜雨雪的煎熬，又是一路饥寒冻馁与风险危难的磨砺，龙朔三年（663）七月，使团终于抵达了吐蕃首府逻些。鉴于大唐与吐蕃近期关系的微妙波动，以及吐蕃小论娘氏上次的蓄意刁难，众人原本以为此次又会遭遇重重阻碍。然而出乎意料的是，此次禄东赞在府，听闻王玄策路过，急忙召见，盛情款待以后，立即下令为他们更换过所（通关文牒）并予以放行，临行前又与文成公主一再宴请送别。

使团一行告辞前行，继续向天竺进发。

不料，他们担心的事还是发生了。离开逻些不久，是夜，使团行进至一处荒郊，见天色已晚，便就地扎营露宿。夜半时分，守护在帐篷外面的士兵突然大叫："有贼！"

众人顿时从睡梦中惊醒，急忙拿起随身武器冲了出去，只见来者有百十人，个个杀气腾腾，直奔帐篷而来。为首一员声称："我等受大论东赞之命，来取你等首级！"

大家一时惊起，拼命搏杀。尽管王玄策的随行个个都武艺高强，拼杀中几乎招招制敌、刀刀毙命，但毕竟仓促应战，其中数人不及提防，便已毙命。

正在千钧一发之时，王玄策见那为首一人骑于马上，挥舞战刀，正在砍杀，便拿出弓箭，快速拉弓搭箭，扬手射去，那人一声惨叫，应弦而倒，跌于马下。

继之，将士皆拉弓搭箭，又是数人惨叫落马，贼兵大乱。玄策与众将士见状,一起奋力向前砍杀,突出了重围,奇怪的是那些人也不再追赶,反而拨转马头回去了。三十八人的使团转眼三人被杀,其他人个个狼狈不堪,所幸的是,出发时所带的颁赐诏书、旌节、赏赐物品都无遗失。

禄东赞为何出尔反尔,玄策内心存疑,见其中一贼仍未断气,便走过去以剑抵喉,怒问道:"你等为何前来刺杀?"那人着实不想丧命,便求饶道:"大人饶命,我们的头儿收了赞普大臣娘氏的钱,命我们前来追杀。其他的小人一概不知,求大人饶命。"玄策听后,方觉察到吐蕃内部此时也是纷争不休。

原来,尽管吐蕃与唐朝在吐谷浑问题上存有争端,为了避免唐朝的干涉,禄东赞时有叫板,但还是不敢贸然与唐朝公开为敌,加之他对大唐太宗父子的感念,以及与玄策等昔日交情甚笃,并无激化矛盾的想法。但吐蕃内部娘氏与禄东赞争权多年,始终处于下风,怀恨在心的娘氏,这次听闻王玄策等人路过吐蕃,于是想出嫁祸于禄东赞,借机挑拨离间禄东赞与唐朝关系,然后借唐人之手铲除禄东赞的毒计,所幸并未成功。

三十三　大军突降护密城

话说王玄策一行在历经艰险之后，侥幸逃脱了吐蕃娘氏所派刺客的追杀。但是，使团在这场突如其来的袭击中三人被杀，幸存的三十五人在王玄策的带领下，历经磨难，终于来到了北天竺。

在北天竺，玄策很快找到玄照法师，并向他传达了高宗与武后的旨意。尽管他内心深处十分挂念远在中天竺的儿子王令敏与侄子王令智，但玄策深知自己肩负的使命重大而艰巨，因此毅然决定此行不再南下中天竺，而是带领众人径直踏上前往北天竺吐火罗等国的征途。

又经过数十天的艰难跋涉，这一天，王玄策一行首先来到迦毕试国。前文说了，此前迦毕试国与唐朝多有往来。王玄策第三次出使就是从该国迎请到了佛骨舍利。西突厥阿史那贺鲁的叛乱被平定以后，其国王曷撷支首先遣使前往唐朝，要求册封，归属大唐，所以玄策一行这次首先来到其国实施册封。

听到唐使王玄策一行持节到来，曷撷支兴奋不已，当即派人于界首远迎。到了王城，宾主见过，备置香案。王玄策以敕封大唐置立州县大使的身份拿出唐朝颁赐的诏书，拜曷撷支为迦毕试国国王兼大唐修鲜等十一州诸军事、修鲜都督，划分其国为十一个羁縻州①，悉归曷撷支节制。

曷撷支跪拜受诏，举国欢庆，自此改奉大唐正朔。

次日，王玄策一行马不停蹄，赶往吐火罗国。

吐火罗国，为汉代大夏地境，西与大食相接，北与粟特诸国相连，为葱岭以西、乌浒河以南的一个地区中心大国。西汉时以出产宝马汗血马而闻名于世。唐武德、贞观年间频频遣使唐朝，永徽元年（650），又遣使朝贡，首次献来一只黑色鸵鸟，唐朝文武百官曾为之十分惊奇，竞相观看。但自阿史那贺鲁反叛以后，西突厥曾长期派军控制该国。

直至唐朝平定阿史那贺鲁的叛乱以后，吐火罗国王统世袭又得到恢复，但随着苏定方率领的唐朝大军撤回到碎叶城后，大食又开始乘机暗暗遣使者策反，威逼利诱，欲插手吐火罗。

当王玄策持节到吐火罗蓝石城以后，吐火罗国王那史乌泾波起初还竭诚欢迎，恭敬有加，但奇怪的是不久便态度大变，接待明显怠慢起来。

经过一番秘密调查，王玄策很快了解到，两天前大食派来了一支一百多人的庞大使团，又带来了丰厚的大礼，并对吐火罗做出了种种许诺，拉拢和诱骗吐火罗向大食投靠。一时间，吐火罗国王那史乌泾波不知所从，犹豫之际，已对唐使怠慢了许多。

了解到此，玄策设法摸清了大食使者居住的客栈，并秘密侦查了周围环境，决定铤而走险，斩断吐火罗对大食的念想。当天晚上，玄策将自己所带三十五人召集起来，摆酒宴聚。

---

① 羁縻是笼络牵制的意思。羁縻府州为汉唐时期管辖边疆民族的一种地方行政建置，相对于内地的正州来说具有很大的自主权，既保留着边疆民族传统的行政管理制度，又将民族地区纳入国家统一的行政设置之中，羁縻州的都督、刺史等官为唐朝所授，但允许他们在本民族或部落中保留原来的世袭职务。

酒酣以后，玄策突然长叹一声，感慨道："诸位与我受朝廷委派来此绝域，今大食亦派使者带重礼前来，刚到两天，吐火罗国王那史乌泾波就对我等态度大变。我看吐火罗与大食即将勾结，收拾我等如拾草芥！我等将从此葬身异域无疑矣！我死不足惜，遗憾的是辱没了朝廷的这番信任！"

众人听了顿时大惊失色，急忙询问玄策应对之策。有人建议尽快设法逃走，"逃走是不可能的，方圆百里都是吐火罗国境，我们人少马乏，已经是插翅难飞！"玄策指着地图说。

众人一听，更加心急如焚，见众人不知所措，玄策这才坚定地说道："不入虎穴，焉得虎子！当今之计，唯有趁夜袭击，杀了大食使团，斩断吐火罗的依靠和幻想，吐火罗必将破胆，我等方能转危为安，又能立功报国！"

大家听罢，有人应和，有人惊愕，玄策见大家不知所措，便按剑坚定地说道："擒贼先擒王！吉凶决于今日，犹豫不决，必将死无葬身之地！"

众人一时再无计可施，又见玄策的决定不容置疑，只好一齐跪伏于地，齐声道："一切听大使号令！"

随即，玄策与众人又经周密谋划后，决计当夜立即行动，擒拿大食使者。

当夜大风，凛冽的寒风裹挟着砂砾在高原肆虐狂吼，大食使团很早就进入了梦乡，两个门吏毫无防备，当即便被轻松擒拿制服。然后，玄策命十人带上战鼓藏于客栈背后，号令曰："见火起，皆擂鼓大呼！其余人均手持大刀、弓弩，夹门埋伏。"

将一切部署妥当后，玄策果断下令顺风点火。霎时间，烈焰熊熊，鼓声轰鸣，震耳欲聋，众人又齐声呐喊。大食使团在睡梦中被惊醒，惊慌失措地四处逃窜。一个个尚未清醒过来，便糊里糊涂地送了性命。

天色渐明,但那日清晨高原的风雪似乎异常猛烈,风雪肆虐中,似乎听见远处有无数大军远远而来。玄策派人召吐火罗国王那史乌泾波前来,将大食使团尸首一一指示于他看,那史乌泾波早已被吓得魂飞魄散,跪伏于地。

玄策继而召集吐火罗臣民,当众宣布道:"那史乌泾波不记大唐恩德,反而亲近大食,引狼入室,欲背叛大唐!今顾念旧功,免你不死!自今以后,再敢首鼠两端,我唐军即可前来拿你问罪!"吐火罗举国震怖。

那史乌泾波瑟瑟发抖,连声高呼:"大使饶命!我本无背唐之心,迫于大食压力,一时糊涂,犹豫两顾,自今以后,我将举国赤心事唐,绝无二心!"

玄策见其再不敢有二心,脸上露出一丝满意的笑意,这才拿出颁册诏书宣布册命,以蓝石城(后改名阿缓城)为唐月氏都督府,分其国境为二十四州,授那史乌泾波为都督。随后,那史乌泾波派遣其长子作为质子入唐至京城宿卫。

自此以后,吐火罗的确忠心事唐,第二年那史乌泾波再次派遣其次子来唐朝贡,向高宗献上一棵高约三尺的玛瑙镫树。后来至唐中宗神龙元年(705),其新王那都泥利立,又派遣其弟仆罗入朝,作为质子宿卫京师。尤其在唐玄宗开元、天宝年间,吐火罗频频遣使来唐朝贡,先后所献有汗血马、独峰驼、蓝宝石、红碧玻璃等,这些都是后话。

两国已经听命,拿下护密已有成算,玄策当即征调迦毕试国与吐火罗国兵卒一万,由自己与二国王子率领,向东北护密国进发。

从地理位置上来看，护密国实际上是与大唐接壤最为紧密的一个国家。其国内地形崎岖险要，恰好坐落于两座山脉之间，这条通道便是著名的播密川，其战略地位极为关键。

播密川是乌浒河流域与塔里木河流域间的主要通道之一，是穿越葱岭，即帕米尔高原之西域南道上的重要一段。由此向西可经吐火罗而至波斯，向南则经迦湿弥罗国而至印度。向东则沿乌浒河上流之播密川，即喷赤河东行逾帕米尔高原进入唐朝葱岭镇，再往东便是安西四镇之一的疏勒镇。自南北朝以来，西行印度的高僧多取道于此，玄奘东归就曾经过该地。而且该地又是后来吐蕃经小勃律而进入唐安西四镇的天然通道，可谓唐王朝的西大门。整个唐朝前期，各政权对这条通道控制权的争夺非常激烈。

自阿史那贺鲁反唐以来，西突厥为控制经播密川的国际通道，派重兵防守于护密国，并劫持大臣，将其亲唐国王沙钵罗颉利发废除，另立了一位亲突厥的傀儡国王。

贺鲁败亡以后，西突厥撤兵，新立国王见唐朝并未追究他的过往，也并未见唐朝有新的册封，于是野心逐渐膨胀，企图扼守播密川，劫掠过境商旅，切断吐火罗各国与唐朝的联系，然后挟持诸国去投靠大食。

这一天，在风雪交加声中，护密国突然听闻唐使率领大军犹如天降神兵一般到来，新立国王顿时惊慌失措，不知该如何是好。出于侥幸心理，他立刻下令紧闭城门，准备负隅顽抗。

玄策一看，知护密方面已经惊惧。护密四面环山，只有东西通道，如再强攻，致使其无路可走，必顽抗到底，届时定有大的伤亡。

为引蛇出洞，玄策先派人前去城下通报，称朝廷有颁授诏书，若改过自新，则既往不咎。

新立国王心动，唯恐唐使者前来另有废立，只好赶忙派人前来探听虚实。玄策心知其意，先将早已拟好的诏书及准备颁赐的金币、玉带、丝绸等物一一出示，且申明迦毕试国与吐火罗国均已归附，若负隅顽抗，西有二国之兵，东有唐朝大军，护密很快将有灭顶之灾。

新国王得报，随即仅仅带了随行数十人骑马前来谢罪，但身后的城门仍然紧闭。

玄策知其慑于恩威而来，当即喝令拿下，然后将之带至城下。城上守兵都搭箭在弦，但一个个都是一脸的焦虑和不安，有人还恶狠狠地紧盯着楼下。

面对城上守兵与百姓，玄策先是历数新国王勾结大食，私行篡逆之罪。而且一再申明："只拿首恶，其余胁从，一概不问！"

见城上士兵还在抵抗，不肯打开城门，玄策决定先把他们的意志给打消掉，于是断然下令将新立国王斩首。

壮士手起剑落，立斩其王首级在手，城上的守军及百姓几乎同时发出了一声惊叫，脚步往后退去，但拉满的弓箭始终无人敢射出，一个个只是大睁着惊恐的眼睛，望着城下。

玄策进而持国王血淋淋的头颅，只身走近楼前，告谕城上军民道："逆臣投敌卖国，勾结大食，劫杀商旅，大唐天子派我等来取其首级，解救沙钵罗颉利发国王。今二国之兵已到，大唐大军不日亦到，敢违抗者，下场跟此人一样！"

面对玄策利剑一样锋利的眼神，城上的军民先是被突如其来的结果所震慑，随后是一片喧哗，接着开始陆续放下武器，下了楼，最后一个个不再犹豫，竞相打开城门，迎接玄策及大军。

随后，护密国人奔走相告，打开大牢，迎原国王沙钵罗颉利发复位，随后沙钵罗颉利发与玄策带领大军继续征讨，不几日一国皆听命于玄策。

得以复位的沙钵罗颉利发对玄策感激涕零，再三恳请归附大唐，得到唐朝的保护，至此，玄策才拿出颁赐诏书，以其国为大唐鸟飞州，册沙钵罗颉利发为护密王、大唐鸟飞州刺史。沙钵罗颉利发跪拜受诏，设宴厚待唐使，举国欢庆。

玄策等在护密完成了册立，见其局势已定，将二国兵交付二国王子带回，自己与随行辞别沙钵罗颉利发及其臣民，在其派兵护送下，转而向西，继续顶风冒雪，往波斯进发。

三十四　吐火罗的唐碑

话说大唐置立州县大使王玄策，在完成了对护密国的册立后，随即在其国王沙钵罗颉利发派兵护送下，继续前往波斯。

波斯，即汉代的安息，当时的波斯为萨珊王朝时期。

波斯萨珊王朝曾是一个辉煌的大帝国，孕育了长达三四百年的波斯文明。在其全盛时期，王朝的疆域横跨亚非两大洲，甚至一度将西方长期以来的老对手——拜占庭帝国（亦即东罗马帝国）打得毫无还手之力。

唐初，萨珊波斯东与吐火罗、康国相连，北邻突厥可萨部，西南与大食接壤。但因长期与东罗马帝国和西突厥交战，多年的战争耗费，加之自大食兴起后，又受其蚕食鲸吞，不久便国力衰微。面对大食来攻，萨珊波斯曾于贞观十三年（639）、贞观二十一年、贞观二十二年连续三次遣使入唐朝贡，每次的朝贡都非常用心和谨慎，以乞求援助，但因路途遥远，加之唐朝不愿过多介入西域冲突，所以，唐太宗迟迟未予答应。

为求得唐朝援助，波斯依然多次朝贡，可谓用尽了心思。

其中如贞观十三年，波斯所遣名叫没似半的使者前来朝贡，献活褥蛇。据说这种蛇形状像鼠，青色，长九寸，能进洞捕鼠，颇为奇异。

高宗永徽二年(651)，大食再次策动波斯内乱，继而出兵很快占领了波斯大部，波斯国王伊嗣俟三世被迫出走，投奔吐火罗，途中在木鹿①被大食擒杀。太子卑路斯侥幸躲过大食追杀，又投奔吐火罗避难，并再次向唐朝求救。

碰巧的是，同年西突厥阿史那贺鲁叛唐，唐朝为了平定其乱，再无力出兵葱岭以西，又一次婉言谢绝了波斯王子请唐朝直接出兵的请求，但暗地里还是给予了支持，通过吐火罗等国，号召各国声援波斯。

在唐朝的声援与吐火罗等国的帮助下，后来波斯王子卑路斯积极组织力量抵抗大食，大食也一度停止了进攻，卑路斯收复了其东部的疾陵城②，并以此为根据地，继续招抚流亡，准备光复整个波斯旧疆。

显庆三年(658)，唐王朝重新平定西突厥，威震西域，大食见东进无望，只好回头扩大和巩固对波斯的占领。

见唐军平定了西突厥，大食加快了对波斯的占领，卑路斯王子再次遣使唐朝，请兵救援。这一次，卑路斯王子不惜以将其国列入唐朝版图为条件，希望借此得到唐王朝的出兵和永久保护。但随后却迟迟等不到唐朝出兵的消息，卑路斯几乎已经丧失了希望。

卑路斯没想到，这一天突然得报大唐置立州县大使王玄策一行前来，惊喜至极，急忙出宫远迎。

王玄策等进入王宫，见卑路斯君臣礼仪隆盛，慰勉一番后，当即命其设置香案，宣读诏书：以疾陵城为波斯都督府，拜卑路

---

① 木鹿：今土库曼斯坦马里。
② 疾陵城：今伊朗东北部。

斯为波斯国王,兼唐朝波斯都督府都督。

波斯君臣、百姓无不欢欣鼓舞,心想有了大唐的支持,下一步抵抗大食,收复失地的斗争必将更有希望。

自此波斯得到唐朝的册封,成为唐朝一羁縻大州,波斯一度也成为唐朝与西域各国联合抵抗大食的前哨。

这里曾是产生了居鲁士、冈比西斯、大流士等,一个个令世界闻之战栗的帝王,境内汇聚了印度文明、西亚文明、埃及文明和希腊文明,还吸收了东方文明,地跨欧亚非,先后创造了近千年持久的波斯文明的大帝国,突然在东方大国的面前俯首称臣,让王玄策一时感到震惊和难以置信。

随后在玄策东归之际,卑路斯派其酋长阿罗憾随行前往长安朝贡,以表达对大唐的忠诚和感激。

阿罗憾至长安后又受到高宗册封,授其为羽林军将军、北门右领使。后来又受高宗指派,为拂林国①诸蕃招慰大使,到拂林国招抚流亡、慰勉将士,号召诸国继续抵抗大食,并于拂林西界立碑②,此为后话。

至于当日波斯军民渴望得到唐朝支援,誓死抵抗大食的盛况,收录在波斯诗人菲尔多西《列王纪》的一首极具感染力的史诗可为

---

① 拂林国:拂林国又称拜占庭帝国或即东罗马帝国。
② 此碑至唐中后期尚在。阿罗憾受高宗指派出使拂林国归来后官至右屯卫将军上柱国金城郡开国公。波斯国王卑路斯因感激唐朝的帮助,相继于乾封二年(667)和咸亨二年(671),派使者入贡于唐。但到高宗上元二年(674),大食再次发起进攻,卑路斯被阿拉伯人逐出疾陵城,被迫来到长安政治避难,受到高宗赏赐,被封为右武卫将军,后来病死在长安。其子泥涅师为质子继续留在唐朝,调露元年(679),高宗再次派遣裴行俭将兵护送泥涅师还国继位。送至碎叶城,裴行俭告辞返回,泥涅师抵达吐火罗后,还是因为其国家被大食占领,无法归国复位,后来在吐火罗客居了二十年。中宗景龙初年(707),泥涅师再次入唐,被授予为左威卫将军。但波斯境内坚持抵抗大食的政权直至唐玄宗开元、天宝年间仍在继续,曾遣使者先后十辈来唐向唐玄宗朝贡,献玛瑙床、火毛绣舞筵等,唐王朝亦继续给予了支持和声援。

见证：

> 我们与伊朗休戚相关，
> 愿为伊朗而决一死战。
> 为保卫国王和子子孙孙，
> 保卫妻子儿女骨肉至亲，
> 人人甘愿献出生命，
> 决不把祖国拱手让人。
> 勇士呵，你若光荣献出生命，
> 强似忍辱苟活屈身事人。

> 我只能为伊朗人而空自流泪，
> 见萨珊王朝的境遇如煎五内。
> 多么可惜，辉煌的王冠和王位，
> 多么可惜，往日的尊荣与高贵。
> 今后我们将败在阿拉伯人手中，
> 日月流逝给我们带来的只有哭痛。

> 理智是君王的王冠，
> 理智增加人的尊严。
> 理智是永燃不灭之火，
> 是新生活不竭的源泉。
> 我用诗歌构筑起巍峨的殿堂，
> 任凭风吹雨打也不会倒塌毁伤；
> 这部书定将世世代代地流传，
> 凡有理性的人都会吟诵和瞻仰。

> 我三十年辛劳不辍，
> 用波斯语拯救了祖国。
> 谁若有理智、见识和信念，
> 我死后定会把我热情颂赞。
> 不，我是不死的，我将永生！
> 因为我把语言在大地播种。

话说王玄策一行于波斯完成册立任务后，自此西域各国争相迎接，沿路百姓望尘遮道而拜，玄策一行一一前去，不知不觉数月已经过去，他也终于辗转完成了对西域南道吐火罗地区其余十二国，如乌苌国、骨咄国、俱位国、箇失密国、谢㕔国等的册封。

这次受唐朝册封和置立州县的国家和地区，有关唐朝的正史都记载凿凿："自于阗以西、波斯以东有十六国，分置都督府及州八十、县一百一十，军府一百二十六，一并隶属安西都护府。"自此以吐火罗为中心的西域诸国一度尽入大唐提封。

完成对西域南道十六国的册封及置立州县的任务后，玄策一行又回到了吐火罗的蓝石城，准备返京复命。

蓝石城①又称缚底耶或缚喝城，张骞昔日所到的大夏即是其国，其位处大雪山以北，为一佛教中心，故有"小王舍城"之称。其东北有著名的巴米扬三大佛像，晋代高僧法显和唐代玄奘都曾在此瞻仰，在各自的著作《佛国记》和《大唐西域记》中均做了生动的描述。

---

① 蓝石城：今阿富汗北部的巴尔赫。

当时的蓝石城，在唐人眼里，也是一个神秘的国度。那里有驰誉世界的佛教造像群，有最为雄伟和精美的大佛雕像。王玄策此行，受武则天皇后的嘱托，返回时还专程前去祭拜了大佛。

这里是佛教对外传播最先到达的地方，又是马其顿远征的最东一站，境内遍布六千余座大小不一的石窟，集希腊、印度和东方的智慧于一炉，构成了一处宏伟壮观的石窟群。在这片石窟之中，有六尊依山而雕的佛像最引人注目。两尊巍峨的立佛和一尊安详的卧佛尤为壮观。西面的一尊立佛，其石像竟是在整个砂岩山崖上精心雕琢而出，高达一百四五十尺之巨。身披红色袈裟，金色光芒闪烁，宝饰璀璨夺目，当地人尊称其为"塞尔萨尔"，乃五世纪时的杰作。

位于东侧的是一尊雄伟的黄铜立佛，高达百余尺，佛身披着一件庄严的蓝色袈裟，当地居民亲切地称之为"沙玛玛"。这尊佛像的历史可追溯至公元一世纪，承载着该地千年前的艺术魅力与佛法盛况。

位于城东二三里的伽蓝中，还有一尊卧佛，卧佛长千余尺，雍容安详，装饰美轮美奂。

其中一尊佛像为世上最大的雕刻佛像，是希腊式佛教艺术的经典之作，也是千百年来的西域文化地标。

王玄策一行连日祭拜观瞻，洞窟皆鬼斧神工，精美异常，他们不禁被前代艺术的辉煌成就所折服，被当地千百年来源源不断的信众与他们的虔诚所感动，久久不忍离去……

返回之际，那史乌泾波在昔日的王宫举办了隆重的宴会，宴请玄策一行与各新立都督和刺史。

宴会上玄策于上席高坐，待诸都督刺史分班列位后，玄策举杯致辞，重申都督、刺史之使命，一个个恭恭敬敬，匍匐听命，均表示赤心向唐，永保大唐西疆安宁。

酒至半酣，西域胡旋舞上场。

舞女们个个施以脂粉，艳而不俗。袖子上均绣着花边，下着绿裤和红皮靴，舞动时刻，纱巾和佩带随之飘扬起来，身上的玉饰和佩环也随着身体的摇摆而撞击，发出清脆的响声。

胡旋舞、胡腾舞源于康国①，千百年来逐渐流行于整个西域。在唐代为颇有特色的健舞，节拍鲜明、奔腾欢快，多旋转和蹬踏动作。仅那伴奏的乐器就有笛鼓二、正鼓一、小鼓一、和鼓一、铜钹二，另外还有鼓、笛、钹等数十种。后有诗人元稹赞道：

> 蓬断霜根羊角疾，竿戴朱盘火轮炫。
> 骊珠迸珥逐飞星，虹晕轻巾掣流电。
> 潜鲸暗吸笡波海，回风乱舞当空霰。
> 万过其谁辨终始，四座安能分背面。

白居易诗又赞道：

> 胡旋女，胡旋女。
> 心应弦，手应鼓。
> 弦鼓一声双袖举，回雪飘摇转蓬舞。
> 左旋右转不知疲，千匝万周无已时。
> ……
> 胡旋女，出康居，徒劳东来万里余。

---

① 康国：今乌兹别克斯坦共和国撒马尔罕一带。

中原自有胡旋者，斗妙争能尔不如。

看那胡旋女在鼓乐声中急速起舞旋转，像雪花在空中飘摇，又似蓬草迎风飞舞，连急速的旋风仿佛也逊色半分。而小伙子们跳的胡腾舞，时而轻捷腾起，时而低身盘旋，似猛虎捕食，又似飞鹰护雏，轻捷、劲健、流畅而又有节奏，在欢快而荡气回肠的节拍中，众人心旌摇荡，无不陶醉其中。

"人生行乐耳，须富贵何时！"

醉意朦胧中，玄策应邀来到舞者中间，想想自己数十年来的人生，犹如一场跌宕起伏的旅程，一路风霜雪月，一路饥寒酷暑，一路满怀希望，但又是一路漫漫无际，似乎永远看不到尽头……

想到此，玄策又于席上作《西域大使席上醉后作》诗一首，仰天长歌曰：

金樽琵琶曲相和，汉使胡姬齐唱歌。
大夏烹羊贡白驼，波斯致酒献巨罗。
月氏归款纳新州，罽宾稽颡筑旧郭。
三军无动西域定，千载比功何人多。

这首诗因为醉后所作，自然有些疏狂。"三军无动西域定，千载比功何人多"，似是自夸，实则也蕴含着玄策的悲悯：多一些琴瑟相合，少一些血腥杀戮，那才是苍生之福，也才是千载奇功。

千百年来，这里就是东西方交往的桥梁和十字路口，东西文明的精神与物质财富，就是经过这里源源不断的东来西往，还经开伯尔山口与印度平原南北传递。

佛教、景教、祆教、伊斯兰教从这里出发，传播到了东方。

印度的佛陀、东方的老子、孔子，叙利亚聂斯脱里，希腊无数哲学家等的宗教和哲学思想，曾经向这里汇聚，又从这里出发，走向世界。中国的丝绸、瓷器、茶叶等，西域的苜蓿、胡麻、蚕豆、石榴、黄瓜、核桃、葡萄、番茄、胡萝卜，当地的天青石、拂菻的绣氍毹，波斯的越诺布、鍮石（黄铜），天竺的郁金香、生石蜜，等等，都是经由此地源源不断的向东西方传播。

然而，千百年来这里也是争战不断的战场，铁蹄践踏下悲情的土地。西迁的大月氏、匈奴、西突厥，东进南下的雅利安、马其顿、波斯、阿拉伯，贵霜王国、大夏政权，无不在这片曾经遍布着荒芜沙漠和众多山脉的土地上纷争、驻足或建国，或纵横捭阖，或折戟沉沙，又都或多或少的留下自己的文化遗迹后归于沉寂。

罡风裹着冰晶打在脸上，睫毛凝着霜花，望着脚下如浪翻涌的雪丘，王玄策在张骞立碑记功处久久徘徊。面对这片充满历史沉淀和多灾多难的土地，他的心灵仿佛能够穿越时空的界限与张骞共鸣，彼此间那份同样澎湃的激情，在这一刻仿佛实现了跨越千年的共振。

想想自己此行，又是大唐国威远扬，旷古盛事，岂能不勒金石铭记，于是欣然命笔，草拟成章，那史乌泾波随即命人刻石立于国门，其文曰：

> 大唐显庆三年，王师出征，西域平定。贺鲁稽首，西国归诚。诸国遣使奉表，诚心归化，请颁册命，求入提封。皇帝悯诸国忠款，遐轸圣虑。乃命臣前陇州南由县令王玄策为吐火罗道置州县使，充使西域，分置州县。至龙朔三年腊月廿日，自于阗以西、波斯以东十六国，分置都督府及州八十、

县一百一十,军府一百二十六,西域尽入大唐封疆。皇帝威德远被,泽及荒服。此旷世之圣事,不朽之神功,乃勒石于吐火罗国,寄铭赞以叙恩,勒琬璧以纪德,俾夫圣德永存,武功垂于不朽。其铭曰:

大唐抚运,膺国寿昌,化行六合,威棱八方。贺鲁稽首,大食来王。爰发钦使,颁册西疆。波斯之东,于阗以西,并国十六,册郡八十,县逾百一,军府百二。开疆西土,万里归一,日月所照,莫不宾服。奋扬武德,圣功焉如。

碑文大意是,自显庆三年(658),唐王朝平定西突厥阿史那贺鲁的叛乱以后,原西突厥所属的乌浒水与药杀水(锡尔河)之间的河间地区及其以南、葱岭以外的西域诸国,纷纷归附唐王朝。应西域各国之请,龙朔三年(663)唐朝派王玄策为西域置立州县使,出使西域。经过颁授册立,在波斯以东、于阗以西的十六个国家分置都督府(较大的州设都督府)及州共八十个,县一百一十个,军府一百二十六个。

这些由唐朝政府正式册立和颁授的府州县,与中原内地的正州县略有不同,是一种羁縻性质的行政建置,其都督或刺史在唐朝受中央管辖,为唐朝地方的都督或刺史,但在本国或本部落,依然可以保留原来的国王或酋长称号,拥有很大的自主权。他们受册封以后,统一归唐朝安西都护府直接管辖[1]。

如此一来,唐朝前期在西部控制的地区或军事势力范围一度

---

[1] 史书所记的唐朝于中亚册立的以上各州县,包括吐火罗及其周围诸国家(今整个阿富汗及中亚各个国家),最西到达波斯东部的疾陵城(今伊朗东北部,又有人认为应是位于今天阿富汗尼姆鲁兹省的首府扎兰季,但西境到今天伊朗的呼罗珊省)。

远迈葱岭而西跨吐火罗诸国与粟特诸国①，甚至向西达到波斯的东部。

龙朔三年(663)腊月的最后一天，西域的风沙裹挟着驼铃声穿透云霄，王玄策在舆图上标注着新册立的羁縻州府的名字与它们的治所，口中一一默念着：

月氏都督府：于吐火罗国所治遏换城置，以其王叶护领之，于其部内分置二十四州都督统之。

太(大)汗都督府：于嚈哒部落所治活路城置，以其王太汗领之。仍分其部置十五州，太汗领之。

条支都督府，于诃达罗支国所治伏宝瑟颖城置，以其王领之。仍于其部分置八州。

大马都督府：于解苏国所治数瞒城置，以其王领之。仍分其部置三州。

高附都督府：于骨咄施国所治妖沙城置，以其王领之。仍分其部置三州。

修鲜都督府：于罽宾国所治遏纥城置，以其王领之。仍分其部置十二州。

写凤都督府：于失苑延国所治伏戾城置，以其王领之。仍分其部置四州。

悦般都督府：于石汗那国所治艳城置，以其王领之。仍分其部置双縻州。

---

① 吐火罗诸国皆在今阿富汗、巴基斯坦境；粟特诸国在今阿姆河与锡尔河为中心的中亚地区。

奇沙州：于护特健国所治遏密城置，仍分其部置沛薄、大秦二州。

和默州：于怛没国所治怛城置，仍分置栗弋州。

依傲州：于乌拉喝国所治摩竭城置。

昆墟州：于护密多国所治抵宾那城置。

至拔州：于俱密国所治措瑟城置。

鸟飞州：于护密多国所治摸廷城置。

王庭州：于久越得犍国所治步师城置。

波斯都督府：于波斯国所治陵城置。①

---

① 这些羁縻州府，史书典籍《通典》《两唐书》《册府元龟》等均有记载。

三十五　消失在茫茫人海中的身影

上回说到，龙朔三年(663)，王玄策以唐朝西域置立州县大使的身份四度出使西域，其间册立于阗以西、波斯以东十六国，分置都督府及州八十、县一百一十，军府一百二十六，一并隶属安西都护府。返回之际又与西域都护一道，开通道路，设置馆驿，加强了对西域的管辖。

此后数十年，作为殿中侍御史的王玄策，又多次受高宗武后派遣，出使陇右、河西等地。尽管老骥伏枥，壮心未已，但世异时移，唐朝廷太多的腐败与官场的倾轧，已经很难再有他施展才华和叱咤风云的舞台，这还要从武则天当政前后说起。

话说自从弘道元年(683)唐高宗驾崩，武则天便加快了篡立的步伐。

武则天一生玩弄权术，步步惊心动魄。她的各种手段虽说高明，却都不外乎"天命"的把戏。不是以"君权神授"的名义，就是打着"崇佛"的幌子,处处夹杂着谶纬迷信①和宗教的影子。但最早将她与谶纬迷信联系起来的其实是太宗,那一次她却是受害者,还险些丢了性命。

那是太宗驾崩前的头一年,太白金星多次于白昼出现,时人认为这将是国运大乱的征兆,大不吉利。后经过朝廷负责观天象、占云气的太史占卜算卦,认为是"女主昌"的征兆,即国家将由一位女皇帝来主宰。当时民间又盛传一种被称为《秘记》的谶纬图书,其中记载:"唐三世之后,女主武王代有天下。"太史将此密奏以后,太宗大为忧惧。

恰巧一次朝廷聚会宴乐,太宗君臣行酒令娱乐,受罚之人不但要喝酒,还要自报乳名,以为嬉戏。左武卫将军武连县公武安李君羡,受罚后自报乳名为"五娘"。当时太宗还风趣地以他的乳名取笑说:"哪儿来的小女子,竟然如此勇武矫健!"

但随即有人就提醒太宗,李君羡官称、封爵皆带"武"字,小名"五娘"不仅有"武"的谐音,而且是一女儿的名字,不正应了谶纬《秘记》的"女主武王"之说吗?太宗恍然大悟,于是先借故将其贬官到华州任刺史,后来还是不放心,又借故将他杀了,并籍没其家,以防患于未然。

后来太宗还是不放心,就密问当时的太史令——著名的风水大师李淳风道:"《秘记》所云,究竟是否可信?"

李淳风答:"臣仰观天象,俯察历数,此人已在陛下宫中,为陛下亲属,自今不过三十年,必当主宰天下,杀大唐皇室子孙

---

① 谶纬迷信:是一种迷信的预言或隐语,所谓"谶",既有文字,又有图,所以又叫"图谶";所谓"纬",是对儒家经典的神学化的解释。"图谶"本是西汉末年以来巫师们牵强附会阴阳家的学说编造出的谎言,但又托名是周公、孔子所造,在社会上十分流行,具有极大的欺骗性。

略尽。"

太宗一听，不由得倒吸了一口冷气，震怒道："疑似的人全部杀了，若何？"

李淳风却道："天命难违，王者不死，徒然枉杀无辜。况且再过三十年，此人已老，也许人老心慈，祸害不多。若今杀了，以天之意，使其再生，逞其怨毒，陛下子孙可能就被其杀绝殆尽。"

太宗听了只好作罢，但多位被太宗视为疑似的人还是陆续被处置了。虽然对才人武媚娘也一度猜疑，却因怜香惜玉，不忍下手，更因为她仅是个小女子，料定她也成不了什么气候，最后也就不了了之了。

再说那武媚娘的一生，也确实似有天命。自永徽五年（654）被高宗召入宫中，"蛾眉不肯让人，狐媚偏能惑主"，很快便在后宫站稳了脚跟。加之天生丽质，气质妖娆，在宫中力压群芳，就连她那个争气的肚皮也是见阳便开花，承露就结果。自被迎娶进宫以后，一连为高宗诞下了四个儿子和两个女儿。母以子贵，身份自然连连变化，由昭仪而至宸妃，由宸妃终至皇后。

得立皇后以后，武后还不善罢甘休，竟将被废为庶人的王皇后、萧淑妃并囚于别院。一日高宗念及二人，偷偷摸摸去冷宫探视，看到二人被残酷关押，高宗十分内疚，与二人多说了几句话，结果早已被武后的眼线告发，武后大怒，派人杖责王氏及萧氏各一百，断去其手足，做成"人彘"，又捉酒瓮中，称"令二妪骨醉"！不几日二人便被活活折磨死了。

自此，武后更加骄横，野心膨胀，"犹复包藏祸心，窥窃神器"，高宗称天皇，武后称天后，高宗上朝，武后垂帘坐后，处处专权，干涉掣肘，朝野敬称二人为"宫中二圣"。

高宗见无力回天，只好表面处处退让，暗中周旋运筹，加之自显庆年间以后，多苦风疾，于是"百司表奏，皆委天后详决"。自此，武后内辅国政数十年，威势与帝无异，直至弘道元年（683）高宗驾崩，武后又乾坤独运，作威作福二十余年，先后执政加起来达五十年之久，直至神龙元年（705），儿子和大臣不得已，只好发动兵变，才将八十二岁的她赶下台，这是后话。

再说高宗李治，当初选择武后的原因，也绝非一般人眼里的一时糊涂和本性懦弱，相反，其实他应该算是一位善于韬光养晦和运筹帷幄的君王。

回想当年太宗因太子承乾与魏王李泰等夺嫡而拼得你死我活的时候，他却以"仁孝"与"无争"的形象引起了父皇的注意，结果恰恰应了《老子》"夫唯不争，故天下莫能与之争"的名言，轻轻松松得立为新太子。

太宗驾崩之后，辅政大臣中，高宗的亲舅舅长孙无忌又暗中联合同为宰相的王皇后之舅柳奭及褚遂良，结为朋党，一时权倾朝野，对他处处掣肘。面对自己大权旁落的局面，高宗又是暗暗培植自己的势力。在这一过程中，他想起了武媚娘。不仅因她娇媚的容颜，更因为她拥有一般女子所不具备的聪明才智，而且作为他的枕边人，最为安全可靠。将其接回宫中后，二人联手果真成功扳倒了那几位地位煊赫的权臣。

岂料，高宗前门驱虎，后门进狼，武后的野心逐渐暴露。

最初，高宗也不是没有抗争过，其中麟德元年（664），就曾暗自联合宰相上官仪，准备草拟诏书，废黜武后，不料也被武后安插的耳目及时上报给了武后，武后带人前来。为了暂时隐蔽自己罢黜武后的计划，高宗只好归咎于上官仪的教唆，以牺牲臣子来保全自己。

此后，武后对高宗的监控愈发严密。眼看明斗不成，高宗转而改为与她暗暗较劲。原本他是想，只要将她那温润如玉一般的身躯，变成为他诞龙育凤的温床，便可确保自己身后无忧。

后经几年的播云布雨、推恩施泽，武后为他诞下四个儿子和一个女儿。高宗一度放下了心里的包袱，对未来充满了无限憧憬。

但眼看着儿女们一个个长大了，武后那膨胀的权力欲望却没有收敛的迹象，于是高宗又开始担心起武后身后的那帮外戚。

为了一一除掉他们，高宗又是大费周章，明打明来肯定不行，只能继续暗暗运筹——借机挑唆，令他们自相残杀。

外戚中，武元庆与武元爽是武则天同父异母的两个哥哥，但武则天父亲武士彠早年死后，她的母亲杨氏与年幼的武则天姐妹两个，孤儿寡母，可没少受这两个哥哥的欺凌。于是高宗借机旧话重提，怂恿挑唆，武后果然上当，为报早年的心头之恨，竟然亲手将两个哥哥外放和坐罪流放，致使他们先后死于非命。

铲除了武后的两个哥哥，还有她的同胞姐姐。她的姐姐还生有一个儿子和一个女儿，那母女二人也是天生丽质。高宗先是频繁征召她母女二人进宫，不久便玩起了你侬我侬的暧昧，又是封她们母子二人为"韩国夫人""魏国夫人"，又是源源不断地赏赐临幸，与二人花前月下留饮，芙蓉帐里度春宵。在武后眼皮子底下，频频肆意往来。武后看见，自然是妒火中烧，无奈之下，只好借故亲手将二人一一铲除。最后还嫁祸于她的两个叔伯兄弟武惟良和武怀运，一同将他们治罪流放了。

就连武则天姐姐的儿子贺兰敏，也是先放纵他，令其改姓袭武后父爵，待他骄横放肆、罪行昭彰以后，又是让武后亲自出面，历数其罪，尤其以"烝报祖母杨氏"——一个子虚乌有的乱伦罪将其斩杀。

铲除了武后外戚，高宗加紧培植太子势力，先太子李弘暴毙后继立李贤，李贤被武后诬陷废除后再立李显，并紧急为之配备好左膀右臂，一有机会便让太子监国，历练能力，培植其势力。不仅如此，就连太子之后都做了安排，竟打破惯例立了皇孙——太子嫡子李重照为"太孙"，并为之开府配置僚属。

身后事安排已毕，眼看武后也年事已高，这位一生励精图治，将大唐王朝的疆域扩展到极致，将大唐国运带至盛世的一代大帝，终于在他五十六岁那年，即弘道元年（683）十二月，在洛阳真观殿放心地闭上了双眼，他那颗颇有城府的心脏也停止了跳动，将龙椅传递给了三子李显。

不承想，武则天棋高一筹，尽管身为女性，但她更会隐忍，也更加心狠手辣，为了与自己的几个儿子争权，竟不惜母子相残。

为了权力，武后几年前已将长子李弘毒死于洛阳合壁宫，后将新立太子李贤废除，最后还派左金吾将军丘神功前往巴州，搜查李贤家宅并加以诬陷，逼令其自杀。

权力加速欲望，武后的欲望永无止境，还至死都不肯丢手。高宗驾崩后，武后又将已经登基的三子李显借故陷害，然后贬黜为庐陵王，流放去了房州，将继任的四子李旦降为嗣皇帝，软禁于后宫，从此开启了她改唐为周的"革命"。

对待自己的儿子们尚且如此冷酷无情，对待宗室、臣僚与士庶，武后更是心狠手辣。为了彻底清除异己，武后相继任用索元礼、周兴、来俊臣等人为狱吏，大肆鼓动告密之风，精心编织罪名构陷那些敢于反抗她的人。不仅将李唐宗室成员、旧臣逐一罗织罪名加以斩杀，就连高宗与王皇后、萧淑妃所生的诸子、公主也一个都不放过，全部斩草除根。因站错队伍而莫名其妙冤死的大小官员更是难以计数。

面对武后的淫威，有识之士无不感慨：这令人魔幻的权力！

千万人用生命换来的江山，最终却成了个别野心家作威作福的工具！创业者能用牺牲生命的代价更换一个王朝，守成者却不愿牺牲眼前小小的利益去改进一下这种权力传递的游戏，总是让历史在这种愚蠢的游戏中往复轮回！

除了淫威高压，武后深知宣传舆论的厉害，那可是把杀人不见血的"软刀子"。佛教、谶纬迷信及祥瑞，都被她利用起来，以制造舆论，替她背书。

历史的吊诡之处就在这里，当年武则天为了抬高自己的威望曾怂恿高宗压制僧尼，但到了其专权革命的时候，为了塑造自己信佛向善的良好形象，更是为了让佛教为己所用，武则天转而改投佛教，不断抬高佛教僧侣的地位。

那些混入佛门的宵小自然心领神会，都知道投桃报李的道理。其中武则天的面首薛怀义，本来就是为掩人耳目，以方便其自由出入宫闱而削发为僧的，此时便纠结党羽，制造伪经《〈大云经〉疏》与《宝雨经》，曲解《大云经》本意，引申发挥，称佛经上说到了东方"圣女"出世以后，天下就会进入太平盛世，以此暗示武则天就是东方的"圣女"。《宝雨经》更是赤裸裸，称"武则天侍奉弥勒菩萨，掌管天下"。

此二经一出，武则天立即授意天下传诵，敕令长安、洛阳及诸州各置大云寺一，以藏《大云经》，使僧升高座讲授，对撰疏僧薛怀义、云宣等九人皆赐爵县公，又赐紫袈裟、银龟袋。

经众僧一番渲染蛊惑，武则天乃当世弥勒下凡，当代唐为阎浮提主的谣言，在全国竞相流传起来。

那些善于揣摩圣意的地方僧俗官员，也是闻风希旨，推波助澜，竞相在全国大煽兴佛重教之风，开窟造佛，营建大像，制造武后即弥勒佛的氛围。

　　一时间全国各地开凿的大像石窟，有名者如河东的武州山石窟(今大同云冈石窟)、洛阳的龙门石窟、敦煌的莫高窟、川西嘉州凌云寺大弥勒佛像(今乐山大佛)等皆是。地方官为了逢迎武后，所开凿的大佛像竟一个个皆酷似武后"圣容"。

　　在这众多的造像中，虔诚佛法的王玄策也在全国多处留下了他亲历修筑与虔诚弥勒信仰的印迹。据唐人张彦远的《历代名画记》记，洛阳敬爱寺佛殿内的菩萨塑像，以及寺内树下弥勒、菩萨塑像，皆为麟德二年(665)出自宫廷大内，且明确记为以王玄策从西域所绘的菩萨像为图样塑造，还特别注明建造过程是由"王玄策指挥，李安贴金"。其次，洛阳龙门石窟宾阳洞西壁南下角有王玄策的一铺造像，旁边赫然有题记曰："王玄策……敬造弥勒像一铺，麟德二年九月十五日。"再者，炳灵寺石窟下寺区中段崖面之第54龛还有一处王玄策于高宗永隆二年(681)出使陇右期间的佛教造像，题记："大唐永隆二年闰七月八日陇右道巡察使、行殿中侍御史王玄策敬造阿弥陀佛一躯并二菩萨。"

　　狂热盲目使宗教蒙尘，佛教原本旨在救赎大众、普度众生，但被别有用心者利用后就成了打着救苦救难的旗号，公然为恶人张目，为野心家站台的工具。

　　除了佛教，武后还利用谶纬迷信及祥瑞。谶纬迷信及祥瑞本来也是人们敬畏天地神灵的本能反应，但被人利用后就成了"天命"——借上天的名义，替称孤道寡者背书的工具。

　　自古迷信者认为，有圣人出现时上天会有意出示一些祥瑞或符兆，以暗示或启发人们遵从他的意志。

　　当年王莽为神化自己而大造祥瑞和谶纬谣言，史家本来是为嘲讽那个荒唐的时代而对其详加记载，不料却被后世野心家照搬照抄，而且屡试不爽。

自高宗驾崩后，武则天急于称帝，但苦于臣下无人站出来挑头为自己鼓吹造势。长安一位名叫盖夷明的西域胡商，因诈骗和非法敛财在西市建了一座亮宝楼，坑害百姓无数，结果被百姓告到长安官府。眼看就要被案问治罪，不料这位狡诈的胡商善揣"圣意"，竟打起了投好武后的主意。率先拿一陨石去朝见，谎称为得于武氏旧宅的天降"瑞石"，并叫嚣着公开献于朝堂。结果武后大喜，不仅下令不问其罪，还封其为"献瑞将军"。

各地无赖之徒见了，纷纷效尤，史书记载，一时间"四方争言符瑞"，"妄言凤集上阳宫，赤雀见朝堂"……就连那远在边州的沙州敦煌，也是一连上奏天降甘露，木生连理，野谷生于武兴川，瑞石得于先王庙，白雀昼现，黄龙夜见，蒲昌海五色，日扬光，庆云出，等等①。

武则天的侄子魏王武承嗣更是直接指使人伪造"瑞石"，上书"圣母临人，永昌帝业"八字，授意雍州人唐同泰拿到朝廷进献，称获之于洛水。于是武后大悦，命称此石为"宝图"，当即擢授唐同泰为游击将军，又亲率皇帝及大臣拜宝石与洛水，称之为"河图洛书"②再现。

经过精心策划和大张旗鼓的蛊惑宣传，武则天见时机成熟，于是于永昌元年（689）九月九日壬午，宣布革唐命，改国号为周，改元天授，加尊号为圣神皇帝。

同时降睿宗为皇嗣，为武氏立七庙于神都洛阳，追尊其父武

---

① 沙州所见的这些祥瑞，参见敦煌文书 P.2005 与 P.2695《沙州都督府图经》。
② 河图洛书：又称"河出图""洛出书"，依据神秘的传说，黄河中浮出龙马背负着"河图"交给了伏羲。伏羲据此画八卦，后人推演出《易经》，成为中国一部揭示宇宙变化的华夏经典。又相传，大禹时，洛阳西洛宁县洛河中浮出神龟，背驮"洛书"献给大禹。这里武则天一党编造此谎言，以此暗示自己即为新出的圣人。

士彟为太尉、太原王、孝明皇帝。封兄子文昌左相武承嗣为魏王，天官尚书武三思为梁王，堂侄武懿宗等十二人为郡王。然后大赦天下，赐酺七日。

在武则天排除异己、改唐为周的"革命"在全国搞得轰轰烈烈之际，有一个人始终让她耿耿于怀，此人不是别人，正是四次出使天竺的王玄策。令人不解的是，王玄策多次奉诏出使，其中第三次出使天竺就是奉武后之命，曾替武后和高宗向佛祖进献袈裟，第四次还专程替她前去祭拜了巴米扬大佛。既然武后对他如此信赖，他又每次不辱使命，屡次立功，为何如今又如此嫉恨呢？

原来王玄策平生为人刚正不阿，在武后大肆打击唐朝旧臣、陷害忠良，又奢靡享乐的那些年里，他始终坚守原则，不曾妥协。他或是在朝堂之上据理力争，或是在各种场合毫不掩饰地表达出自己的不满与愤慨，甚至不惜当众揭露那些为了讨好武后而进献的所谓"祥瑞"真相。

权力导致腐败，绝对的权力导致绝对的腐败；谎言可以遮蔽一时的真相，但却需要无数个谎言来为之圆场。自盖夷民、唐同泰进献瑞石以后，无赖之徒纷纷效仿。一天上朝，有人将一块带有红色花纹的石头进献给武后，并大赞此石为祥瑞。身为御史的王玄策见此，厉声诘责道："何以见其祥瑞？"

来人答："以其赤心。"

站在一旁的御史李昭德亦怒斥道："此石赤心，他石尽反邪！"在朝者无不为之大笑。

进入三月，长安已是万木争荣，鲜花竞放，不料天降大雪，厚达数寸，宰相苏味道称其为瑞雪，率百官入贺。

武后视朝，听了贺表大喜，玄策却厉声责问："三月雪为瑞雪，则腊月雷可称瑞雷？"一时又引得朝堂众人哄笑，武后侧目，玄策进而昂首陈述道："阳和布令，草木发荣，今天降灾雪，怎能妄称瑞雪？臣以为味道等阿谀取悦，应该治罪！"

又有一名叫胡庆的无赖，用红漆于龟腹书"女皇万万年"数字，献于朝堂。御史李昭德上前，一把夺过乌龟，用小刀轻松刮去龟腹漆字，满朝愕然。玄策见此，奏请将胡庆伏法。而武后又是轻描淡写地称："其心亦无恶。"

最令玄策不能容忍的还是武后及其党羽对佛法的曲解和亵渎。为了使自己笃信佛法与一心向善的形象深入人心，武则天颁诏"禁屠"和"放生"，禁止天下屠杀猪羊鸡鸭等生灵，禁止在她用来赏玩的山林打猎或耕牧，不仅暴力拆迁，还对违禁所获的飞禽走兽与鱼虾，一律勒令"放生"。一时间"人皆菜色"。奉敕下去巡查禁屠令执行情况的御史王玄策看到百姓可怜，于是几次上奏，请求解除禁令，武后无奈，只好不了了之。

为了营造自己武周王朝的合法性与正统性，武氏不仅改元为"天授元年"，还把都城从长安迁到了洛阳。为此在洛阳又是大兴土木，先是命薛怀义率领上万人拆毁了洛阳的乾元殿，着手建造象征她新政权的建筑——明堂[1]。此外，她还命令胡僧筹集巨资，用以购买铜铁，建造同样象征她武周政权合法性和正统性的纪念碑——"天枢"。这些建筑，个个都是规模巨大，动辄耗费数以亿计的大工程。

身为御史的王玄策，秉持着对国家社稷与天下百姓的担当与责任，屡次挺身而出，进谏阻止这些劳民伤财之举。他的呼声自然是忠言逆耳，屡屡遭到武后的贬斥，以及武后党徒的讥讽和打击。

---

[1] 明堂：武则天下令在洛阳修建的"明堂"又称"万象神宫"，重建后称"通天宫"。

许敬宗更是找准机会,当着众人的面数落王玄策道:"太平盛世,天下晏安,公何来如此多之怨言!"周围的人听了,对玄策更是侧目。

……

眼看着朝堂上每天上演指鹿为马的荒唐事,无赖流氓与奸利小人大行其道,佛法被曲解,正人君子或被诬陷,或被孤立,玄策的内心感到无比凄凉。

不久,又一件令玄策痛心疾首的事发生了,同为刚肠嫉恶的蒋师仁遭到周兴一党的诬陷,称其与右鹰扬郎将军赵怀节等谋反。被捕下狱后,王玄策几番冒死为之叩请申冤,以至于血溅阶前。但武后最后还是不顾事实,更不顾他昔日功绩,将其无情斩杀。王玄策只身为他收尸埋葬后,万念俱消,悲痛欲绝。

回想几年前禄东赞的突然去世,已经让他备受打击。那是高宗乾封二年(667)秋天的一天,已经是他最后一次出使吐火罗等国回来后的第四年了,他和蒋师仁突然从朝廷那里得到吐蕃大论禄东赞去世的消息——那是吐蕃告哀使送来的消息,只说"大论东赞逝于'日布'",至于怎么死的不知道,只是随后又从告哀使那里得知,当时吐蕃的宫廷斗争同样异常激烈。

那天晚上,他与蒋师仁万分悲痛,二人来到几次送别禄东赞远去的开远门外的一处河滩上,向西边恭恭敬地献了一碗酒,然后两个人一言不发,喝了一夜的闷酒。

如今,蒋师仁又不明不白地被杀。

眼看着昔日为武则天嫉恨的朝野官员纷纷被构陷罗织,那些私下里曾与其一同评论时政的同僚,过去都是义正词严、一身正气,现如今一个个不是噤若寒蝉,就是闻风希旨,改变了风向,离他远去,令他怀疑人生,怀疑这个过去令他骄傲的国家。

士可杀而不可辱!

"人生孰无死,贵得死所耳",王玄策心知,在武后的淫威之下,自己必不能免,倒不是害怕那些严刑酷法、抛尸于野。早在自己走上这条仕途之路,决定以天下苍生为己任,为国家建功立业,以实现自己的人生价值之时,他就已经将生死置之度外。四次出使天竺,一路上多少艰难险阻,九死一生,在他的心中过去只有舍身为国与建功立业,不能做个博望侯,也要如他一般留名青史。

过去,他深信自然的法则和正义的力量,待黑夜黑到极致,天道自然转换,然后光亮浮现,继之便迎来晨光熹微和大道如青天的景象。

可是,如今似乎始终看不到那期盼中的晨光在东方出现。

"一切皆如梦幻泡影,如露亦如电!"人性也远比他了解的世界复杂!这位饱经沧桑的老人,他能经受住严寒、酷暑与冻馁的考验,亦能躲过野兽的袭击与敌人的刺杀,但他不能躲过朝堂的讥讽与同僚的倾轧,不能忍受小人的攻讦与官场的阴谋,更不能容忍佛法的蒙尘与信仰被亵渎。

自己效忠的国家在哪里?自己毕生追求的功名事业又在哪里?衡量正义的标准究竟又是什么?在这一连串的追问中,他深刻感受到了个人力量的渺小与无奈。他那眯缝着的双眼里,时常流露出一种老骥伏枥,志在千里的悲壮,以及面对现实又无力改变的深深痛苦……

王玄策现在变得少言寡语了,他常常回到长安,只身来到高阳原蒋师仁的墓前,或只身登上终南山,望着天边的彩云和落日的余晖,思绪万千,有时他的思绪会飘回到遥远的吐蕃、天竺或西域,那里有他青春的足迹与无尽的回忆。每一次回望,每一次叹气，每一次他的眼中都泛起点点泪光，映照出他对往昔岁月的深切怀念。

一天，他来到掩映在山林深谷间的一座佛寺，山林的幽静与声声木鱼，让他突然感到内心的明净与释然。瞬间，科考的虚荣，天竺的风云，官场的沉浮，朝堂的暗算……一切都成了过眼烟云，一切不过是权力斗争漩涡里的一粒沙！

"邦有道则仕，邦无道则隐！"老祖宗早已指明了方向！

终于，在一个落英缤纷的日子，王玄策断了发，改了僧装，身披红色袈裟，头戴毗卢僧帽，取法号为"常愍"，从此担风袖月，身影消失在了茫茫人海之中……

后　记

为了满足部分读者了解历史原貌的需要，本书所有引入的诏敕、文告与碑刻，都保留了文言文原文，主旨大意在引文前后略有说明。但若能耐心读过，对于理解全文更有裨益。

王玄策走后，正史中几乎没有留下一条有关他生死去向的明确记载。穷尽已知的所有文献，在有关唐代的佛教文献中，终于找到与他生命的最后时光可能有关的三条史料，以及一条与他侄子有关的史料。至于在他之后，有关唐朝与天竺官方继续往来的史料则有很多。在此亦逐一罗列原文于下，以飨读者：

其一，同时期的著名高僧义净法师在他所著的《大唐西域求法高僧传》中，记有一大津法师，其中记他前往天竺的经历时称：

> 遂以永淳二年，振锡南海。爰初结旅，颇有多人，及其角立，唯斯一进。乃赍经像，与唐使相逐，泛舶月余，达尸利佛逝洲。停斯多载，解昆仑语，颇习梵语……

这里记载大津法师于高宗永淳二年（683）南下到达南海以后，最初与他结伴打算前往天竺的人很多，只是后来其他人畏于路途的艰险而放弃,仅剩下他一人毅然决然地带上佛经佛像,同唐朝使臣一道乘船前往。只是他到了尸利佛逝洲①后,不知为何又停留了下来,在那里学习当地语言和梵文,再未往前走。从"与唐使相逐,泛舶月余"之句来看,所提唐使最初乘坐的海船不知是一艘还是多艘,人员也不知是一二人还是多人,都不清楚。但是,尽管这里的唐使不具姓名,考虑到此时王玄策尚在朝廷任职,很有可能与他有关,说明他可能还有第五次出使天竺的经历,但是因为不见于其他任何文献,所以正文中只好存疑阙如。

其二,同样出自义净所著的《大唐西域求法高僧传》的内容,记有彼岸、智岸二法师,称二人皆为高昌人,从小就来到京城长安,一心出家为僧。此后记:

> 既而归心胜理,遂乃观化中天。与使人王玄廓(策)相随,泛舟海中,遇疾俱卒。所带汉本《瑜伽》及余经论,咸在室利佛逝国矣。

这里所记,彼岸与智岸法师为了追求佛法的真理,于是与"使人王玄廓(策)"结伴前往中天竺,但在旅途中可能是遇到了传染疾病,均死在了海船上,他们所带的汉文经卷则被留在了室利佛逝国。

这里所记的使人究竟名为"王玄廓"还是"王玄策",今传世的义净《大唐西域求法高僧传》其他各版本都记为"廓",而民国二十一年(1932)的"支那内学院本"却记为"策"。但考察义净生活的年代与其所记人物生活的年代,唐朝出使天竺的大使就只有王玄策,

---

① 尸利佛逝洲:又称室利佛逝国,在今苏门答腊岛一带。

同时期史书中也并没有见到另有一个与之姓名相近的人,所以这里的"廓"应该为"策"的误记或误抄。

如果"王玄廓"果真为"王玄策"的误记或误抄,令人不解的是,如果所记王玄策并非出家后的他,这里所记唐朝天竺大使也真是他,则这次出使时不应该只有他一个人,即不应该仅为他个人与两个僧人结伴而去。因按照他以往的出使情况来看,每次都是带领至少十余人的使团;但如果所记为他出家以后的事,这里所记为他与两位僧人结伴而去,最后也强调此人死后留下的行李皆为经书,身份似乎相符,但这里就应该称他的法号,而不应继续称他的俗家姓名,而且不应该再称他为"使人"。总之,这里不知是为了强调他过去的特殊身份还是什么原因,所记含糊不清,很难确定。

其三,同样是义净法师的《大唐西域求法高僧传》,还记载有同一时期的另外一位前往天竺而取道海路,最后却因海船出事而随之葬身大海的常愍法师。其中记他从洛阳出发乘船南渡以后:

> 从此欲诣中天,然所附商舶载物既重,解揽未远,忽起沧波,不经半日,遂便沉没。当没之时,商人争上小船,互相战斗,其舶主既有信心,高声唱言:"师来上船!"常愍曰:"可载余人,我不去也!所以然者,若轻生为物,顺菩提心,亡己济人,斯大士行!"于是合掌西方,称弥勒佛。念念之顷,船沉身没,声尽而终,春秋五十余矣。有弟子二人,不知何许人也。嚎啕悲戚,亦念西方,与之俱没。

这里所记常愍法师与他的两个弟子,在去往天竺的途中,因商船失事而三人皆葬身大海。可歌可泣的是,面对生死,在众商人为了活命而竞相争夺小船的时候,常愍法师却口念弥勒佛,从容赴死。即使敬信佛法的船主再三邀请，他依然大义凛然地把生的机会让给别人，自己选择了与两个弟子一起赴死。在商船即将沉没前说的几句话更是让人感佩动容：自己已经看轻生死，要顺应佛意，舍己救人，这才是佛与菩萨似的大功德，也才是自己最有价值的人生！

义净这里主要是记载了作为僧人的常愍法师，在生死面前从容淡定，并舍己救人的壮烈事迹，但对于其与王玄策有无关系没有交代。因其法号与王玄策出家后的法号"常愍"只有一字之差，且字形与读音又相近或相同，而且船上也是他们师徒三位僧人，与上引彼岸、智岸法师与王玄策三人结伴，同样乘坐海船去天竺的事迹也是一一相符。只不过上引文记三人是病死在旅途中，而常愍法师他们是因商船失事而死。再者此记从容赴死的常愍法师为五十多岁，但王玄策出家时应该已经六十多岁，年龄上似乎有些差异。

这样一来，王玄策最后究竟是不是死在了去往印度的海道上？"王玄廓"是不是"王玄策"的误记或误抄？"常愍法师"的"愍"字又是不是"常愍法师"的"愍"字的误抄？以及究竟他最后是因病死在海船上，还是因商船失事壮烈而死？这些问题目前似乎都无法考证清楚。

考虑到义净所记人物与史事，皆为他的采访所得或来自口耳相传的传闻，其中出现一些舛讹是完全可以理解的，但事实真相是需要准确无误的证据来证明的，在此只好将文献与问题一并提出存疑，以俟新材料的发现与新的研究成果的出现。

其四，史书文献关于王玄策的家人与在他之后的唐朝与天竺关系的信息。对于其家人，唯有一侄子的信息见于文献。同样为出自义净所著的《大唐西域求法高僧传》，其中记有一智弘律师，

称他为洛阳人,后又记:

> 即聘西域大使王玄策之侄也……在中印度,近有八年。后向北天竺羯湿弥罗,拟之向国矣。闻与琳公为伴,不知今在何处。

这里所记的智弘律师,被明确称为西域大使王玄策的侄子,仅义净所知已经在天竺出家、游学已有八年时间,很可能即为王玄策第三次出使时带至天竺的王令智。

至于义净记他从北天竺羯湿弥罗国出发后,与之结伴欲回国的人,即义净同书有传的道琳法师。据其所记:当时有胡人见到,智弘律师与道琳法师二人结伴取西域道已经返回至迦毕试国,却因听到东去的路途为贼所阻(可能被当时的阿拉伯或吐蕃所阻断),不能通过,只好被迫又返回天竺,此后不知所终。

最后,对于王玄策之后的唐朝与天竺之间的关系,由他亲手连接或推动起来的双方文化交流与人员往来,却在源源不断地继续着,仅就史书记载的官方往来,也是屡见不鲜。而且由史书文献可见,从唐高宗后期开始,大部分的中印往来都改而取道海路。这是因为在大食日益东扩与吐蕃一度争夺西域的背景下,陆上丝绸之路时常被阻断,于是海上丝绸之路日渐兴起,波斯与大食的海上商船随即频繁往来于广州与天竺、波斯湾之间。

至唐玄宗开元年间,在从天竺返回大唐的新罗僧人慧超的行记《慧超往五天竺国传》中,就明确记载到波斯、大食人的商船经常"于西海泛舶入南海,向狮子国[①]取诸宝物……亦向昆仑国[②]取

---

① 狮子国:今斯里兰卡。
② 昆仑国:今刚果等非洲国家。

金，亦泛舶汉地，直至广州，取绫、绢、丝、绵之类……"

即是说，这些从波斯、大食来的商船，途经印度、狮子国，从这些国家甚至从非洲装载上货物，直抵广州贩卖，然后将唐朝的丝织品运回，从中牟取暴利。

另外唐代贾耽在其闻名遐迩的《皇华四达记》中还详细记述了这条从广州启航，中经佛逝国、狮子国而至南天竺之最南境的海上丝绸之路的所有航程，在此恕不赘述，但依然可以窥见昔日东西方海上往来的繁荣与持久。

正是在这条国际远洋航线日益兴盛的背景下，不断往来于中印之间而见诸佛教文献的僧侣，可谓灿若星辰，不计其数。至于随之来华的天竺各国使臣、国王，史书记载的很多，甚至中天竺王地婆西那也曾亲自来唐朝贡。此仅引录有关唐前期的部分记载如下：

> 武则天天授三年，东天竺王摩罗枝摩、西天竺王尸罗逸多、南天竺王遮娄其拔罗婆、北天竺王娄其那那、中天竺王地婆西那，并来朝献。
> 中宗景龙四年，南天竺国复遣使来朝。睿宗景云元年，复遣使贡方物。
> 玄宗开元三年二月，西天竺遣使瞿云惠成来朝朝献。
> 玄宗开元八年五月，南天竺遣使献豹皮、五色能言鹦鹉，国王尸利那罗僧伽请以战象及兵马讨大食及吐蕃等，仍求国有其军及名其军。玄宗甚嘉之，名其军为"怀德军"。
> 玄宗开元八年九月，南天竺王尸利那罗僧伽宝多枝摩为国造寺，上表求赐寺额，玄宗降敕，赐其名为"归化寺"。
> 玄宗开元八年十一月，遣使册利那罗伽宝多为南天竺国

王，遣使来朝。

玄宗开元十七年六月，北天竺国王三藏沙门僧密多献质汗等药。

开元十九年十月，中天竺国王伊沙伏摩遣其大德僧来朝贡献方物。

开元二十九年三月，中天竺国王李承恩来朝，授游击将军，放还。天宝中，累遣使朝贡①。

……

---

① 这条史料说明，很可能唐朝玄宗时还有赐姓给中天竺国王的史实。以上材料引自《旧唐书》《唐会要》《通典》《册府元龟》等。